열국지 사상열전

【 열국지로 배우는 열두 가지 지혜 】

열국지 사상 열전

발행일
2015년 1월 25일 초판 1쇄

지은이 | 신동준
펴낸이 | 정무영
펴낸곳 | (주)을유문화사

창립일 | 1945년 12월 1일
주   소 | 서울시 종로구 우정국로 51-4
전   화 | 734-3515, 733-8153
팩   스 | 732-9154
홈페이지 | www.eulyoo.co.kr
ISBN 978-89-324-7281-2 03900

* 값은 뒤표지에 표시되어 있습니다.
* 지은이와의 협의하에 인지를 붙이지 않습니다.

열국지 사상 열전

열국지로 배우는 열두 가지 지혜 — 【列國志思想列傳】—

• 신동준 지음 •

❖ 을유문화사

저자 서문

　명대 말기 풍몽룡이 쓴 『열국지』는 춘추전국시대를 다루고 있다. 무려 550년간에 달한다. 같은 난세일지라도 삼국시대의 5배가 넘는다. 시간대도 길지만 등장인물 또한 상상을 초월한다. 기본적으로 알아 두어야 할 중요 인물만도 2백여 명에 달한다. 같은 역사소설 『삼국지』의 3배에 가깝다. 성격도 크게 다르다. 『열국지』는 겉만 역사소설일 뿐 사실은 사서의 축소판이라고 해도 과언이 아니다. 내용의 90퍼센트가 모두 『춘추좌전』과 『전국책』, 『사기』, 『자치통감』 등에 나오는 일화로 채워져 있다. 구전이나 민간설화를 바탕으로 한 것은 극히 일부에 지나지 않는다. 9할 이상이 역사적 사실에 충실하다는 평을 받는 이유이다. 전체의 3할가량을 허구로 채워 넣은 역사소설 『삼국지』와 대비된다.

　『열국지』의 애독자 가운데 정관계와 학계 및 언론계 인사들이 많은 것도 이와 무관하지 않을 듯싶다. 사실史實 속에서 현재의 난국을 타개하는 지혜를 얻고자 한 결과로 보인다. 『열국지』의 가장 큰 매력은 인간학의 보고라는 사실에 있다. 원래 인문학은 인간학에 문조文藻를 덧씌운 것이다. 문文, 사史, 철哲로 치장된 문조를 벗겨 내면 그 속살인 인간학이 그대로 드러난다. 동양학의 대가인 후쿠나가 미쓰지福永光司 전 교토대 교수가 언급했듯이 동양 문화의 정수는 인간학에 있고, 이는 춘추전국시대에 활짝 꽃을 피웠다. 서양의 역사·문화가 그리스와 로마에 뿌리를 두고 있는 것과 같다.

『열국지』는 유가와 묵가, 법가, 도가, 병가, 상가, 종횡가 등의 제자백가를 정면으로 다루고 있는 점에서 일종의 사상서 성격을 띠고 있다. 법가 사상을 집대성한 『한비자』가 역사적 사실을 토대로 난세의 치도治道와 치술治術을 설파함으로써 사서의 일종으로 취급받는 것과 맥을 같이한다. 역사를 배제한 사상은 공허하고, 사상이 배제된 역사는 맹목적이다.

동양 전래의 역사·문화와 학문 사상의 뿌리인 춘추전국시대를 이해하는 것은 G2 시대의 앞날을 통찰하는 관건이기도 하다. 그런 점에서 『열국지』만큼 좋은 입문서도 없다. 다만 등장인물이 턱없이 많은 데다 전개되는 사건 또한 매우 복잡하게 뒤엉켜 있어 이를 하나로 꿰기가 쉽지 않다. 춘추전국시대를 대표하는 12명의 인물을 집중 탐사한 본서가 나름 안내서의 역할을 할 수 있으리라고 본다.

학오재學吾齋에서 저자 쓰다

제1장 ·
상가의 효시,
관중의 필선부민 必先富民

관포지교의 시작

　　　　　춘추시대 중엽 제나라 재상 관중管仲은 제환공
齊桓公을 도와 사상 첫 패업을 이룬 인물이다. 그러나 여기에는 평생 변함없는
우정을 나눈 포숙아鮑叔牙의 성원과 헌신적인 도움이 결정적으로 작용했다.
그게 바로 관포지교管鮑之交이다. 포숙아는 젊었을 때 함께 장사하면서 가난
한 관중에게 이익을 더 보도록 돕고, 생사가 엇갈리는 운명의 순간에 관중을
구해 내고, 마지막으로 재상의 자리를 관중에게 양보하는 모습을 보였다. 포
숙아가 없었다면 관중도 없었을 것이다.

　『사기』「관안열전」에 따르면 관중은 젊었을 때 포숙아와 함께 시장에서 생
선 장사를 했다. 장사가 끝나면 관중은 언제나 그날 수입에서 포숙아보다 배
이상의 돈을 가지고 돌아갔다. 이를 본 포숙아를 따르는 사람들이 늘 이같이
불평했다.

　"같이 번 돈에서 반씩 나눠 갖지 않고 관중은 배나 더 가지고 가고 있소.

그런데도 당신은 왜 가만히 있는 것이오?"

그러자 포숙아가 관중을 두둔했다.

"관중은 구구하게 돈을 탐해 나보다 배나 더 돈을 가지고 가는 것이 아니오. 그는 집안이 가난하고 식구가 많소. 내가 그에게 더 가지고 가도록 사양한 것이오."

두 사람은 또 전쟁에 함께 나간 적이 있었다. 출전할 때마다 관중은 언제나 맨 뒤로 숨었다가 싸움이 끝나 돌아올 때면 오히려 맨 앞에 서서 걸었다. 사람들이 관중을 두고 비겁한 자라고 비웃었다. 그럴 때마다 포숙아는 관중을 두둔했다.

"관중은 용기가 없거나 비겁한 게 아니다. 그에게는 노모가 계시다. 자기 몸을 아껴 노모에게 효도하려는 것이다."

관중과 포숙아는 함께 일을 하면서 서로 의견이 맞지 않은 적이 많았다. 사람들이 관중을 비난하자 포숙아는 관중을 이같이 변호했다.

"사람이란 누구나 때를 잘 만날 수도 있고 불우할 때도 있는 법이다. 만일 관중이 때를 만나 일을 하면 1백 번에 한 번도 실수가 없을 것이다."

관중은 이 소식을 듣고 찬탄했다.

"나를 낳아 준 사람은 부모이고, 나를 알아주는 사람은 포숙아이다!"

예나 지금이나 관포지교는 매우 드물다. 오히려 이와 정반대되는 오집지교烏集之交가 보편적이다. 까마귀들의 사귐이라는 뜻이다. 『관자』「형세」는 오집지교를 이같이 풀이해 놓았다.

"사람을 사귈 때 거짓을 일삼으면서 인정도 없이 은밀히 모든 것을 취하려는 자들이 있다. 이들을 일컬어 '오집지교'라고 한다. 오집지교를 통해 만나는 사람들은 비록 처음에 서로 기뻐하며 사귀지만 후에 반드시 큰 소리를 내며 다투게 된다."

오집지교는 모든 것이 관포지교와 정반대이다. 매사를 이해관계로 접근하기 때문이다. 『관자』에서 특별히 오집지교를 언급한 것은 관포지교와 너무나 대비되기 때문일 것이다.

관중이 태어날 당시 제나라는 매우 어지러웠다. 제나라 시조는 주나라 건국 원훈 여상呂尚이다. 원래 성은 강姜, 이름은 상尚이다. '여'는 그의 봉지에서 나왔다. 낚시꾼의 별칭 '강태공姜太公'은 바로 그를 지칭한 말이다. 위수 가에서 낚시를 드리우고 자신을 알아주는 사람을 기다리다가 마침내 주문왕周文王을 만나 건국의 일등공신이 됐다는 고사에서 나왔다. 여상의 또 다른 별칭인 '태공망太公望'은 주문왕이 여상을 만났을 때 자신의 조부인 태공 때부터 기다려 온 인물이라는 취지에서 나온 것이다.

제나라는 이처럼 명성이 높은 나라였다. 그러나 시간이 흘러 관중이 태어날 때는 이웃한 소국 노나라에게 업신여김을 받을 정도로 국력이 크게 피폐해 있었다. 제양공齊襄公이 여색을 너무 밝히며 정사를 제대로 돌보지 못한 게 가장 큰 원인이었다. 당시 관중과 포숙아는 각각 제양공의 이복동생인 공자 규糾와 소백小白의 스승으로 있었다. 포숙아는 장차 제양공이 소백에게 화를 입힐 것을 우려해 이내 소백과 함께 거莒나라로 달아났다. 거나라는 소백의 외가 나라였다. 관중은 급변 사태가 일어나면 공자 규가 보위 계승 1순위인 점에 주목해 마지막까지 도성인 임치성에 머물렀다. 기원전 686년 겨울 12월, 제양공이 사촌인 공손무지公孫無知 일당에게 살해당하는 일이 빚어졌다. 관중의 예상이 적중한 셈이다. 그러나 제나라 대부들이 공손무지를 토벌하기는커녕 오히려 받들고 나섰다. 관중이 전혀 예상치 못한 일이었다. 공손무지가 곧바로 손을 써 공자 규를 제거하려고 들자 관중은 공자 규와 함께 황급히 노나라로 달아났다. 망명 이듬해인 기원전 685년 봄, 제나라 대부 옹름雍廩 등이 주왕실에서 파견된 고혜高傒 등과 손을 잡고 공손무지를 제거했다. 보위에 앉을 자격을 가진 사람은 거나라로 망명한 공자 소백과 뒤늦게 노나라로 망명한 공자 규 두 사람밖에 없었다.

나이는 공자 규가 소백보다 약간 많았다. 중요한 것은 대부들의 지지였다. 공자 규가 여러모로 유리했다. 공손무지를 제거하는데 앞장선 대부 옹름 등의 지지가 결정적이었다. 노나라 장공이 제나라 대부들과 만나 공자 규를 옹립하는데 적극 협력키로 약속하고 나서면서 공자 규의 승계는 거의 굳어지는 듯했다. 사서에는 자세한 기록이 나오지 않고 있으나 관중의 역할이 컸을 것으로 짐작된다. 그러나 공자 소백도 가능성이 전혀 없는 것은 아니었다. 공손무지 제거에 앞장선 원로대신 고혜 등은 공자 소백을 지지했다. 고혜 등이 은밀히 사람을 거나라로 보내 소백에게 속히 귀국할 것을 재촉했다. 옹름 등은 이를 눈치채지 못했다. 임치성을 기준으로 할 때 거나라가 노나라보다 훨씬 가까웠다. 옹름을 좇는 사람이 수적으로 많았지만 권위 면에서는 고혜가 앞섰다. 소백이 지리적 이점을 최대한 활용해 먼저 귀국하고, 고혜가 적극 나서 대부들을 설득할 경우 역전이 가능했다. 실제로 역사는 그런 쪽으로 진행됐다.

속도 경쟁의 승리

　　　　　　　　당시 공자 규와 관중은 소백이 고혜와 은밀히 교신하며 귀국을 서두르고 있다는 소식을 뒤늦게 접하고는 황급히 길을 재촉했으나 이미 상황이 끝난 뒤였다. 당시의 상황과 관련해 『사기』와 『열국지』 및 『춘추좌전』 등의 내용이 엇갈리고 있다. 『사기』 「제태공세가」에 따르면 당시 관중이 이끄는 별동대가 급히 달려가 소백이 오는 길목을 지키고 있다가 화살을 날렸다. 소백이 풀썩 쓰러지자 관중은 소백이 죽은 것으로 알고 급히 첩보를 띄웠다. 해당 대목이다.

"그러나 화살은 소백의 혁대 갈고리에 맞았다. 소백이 거짓으로 죽은 척한 것이다. 관중이 급히 노나라로 사람을 보내 이를 보고토록 하자 공자 규의 행렬이 더욱 늦어져 6일 만에 제나라 경계에 이르게 됐다. 그러나 이때는 이미 소백이 고혜의 도움으로 보위에 오른 뒤였다."

이 기록은 많은 의문을 낳고 있다. 당시 정확한 숫자는 알 수 없으나 소백 역시 적잖은 호위 군사를 이끌고 임치성을 향해 달려갔다. 그런 상황에서 소백 일행을 향해 별다른 접전도 없이 단 한 발의 화살로 소백을 맞힐 수 있었던 것일까? 「제태공세가」는 당사자를 관중으로 묘사한 『열국지』와 달리 당사자가 누구인지 구체적으로 명시하지 않았다. 화살이 소백의 혁대에 맞은 것도 너무 공교롭다. 후대에 만들어진 허구일 공산이 크다. 『춘추좌전』의 다음 기록이 이를 뒷받침한다.

"여름, 노장공魯莊公이 군사를 보내 제나라 군사를 친 뒤 공자 규를 제나라로 들여보내려고 했다. 그러나 거나라가 가까웠기 때문에 제환공齊桓公이 공자 규보다 한발 앞서 먼저 제나라로 들어갔다."

소백이 별다른 방해도 받지 않고 급속히 귀국했고, 이어 보위에 오르자마자 곧바로 군사를 보내 공자 규의 입국을 저지했음을 시사한다. 「제태공세가」의 기록을 액면 그대로 수용할지라도 죽은 체하며 침대용 수레인 온거溫車를 타고 사지를 빠져나왔다기보다는 소수의 경기병과 함께 오솔길 등을 이용해 급히 내달렸을 공산이 크다. 온거는 상대적으로 속도가 느리다. 절체절명의 속도 경쟁 상황에서 적을 속이기 위해 온거를 타고 임치성으로 향했을 가능성은 거의 없다고 보는 게 합리적이다. 중요한 것은 소백이 공자 규보다 먼저 도착했고, 후원자 고혜가 적극 나서 대부들을 설득한 점이다. 당시 소백은 속도 경쟁에서 승리를 거둔 셈이다. 「제태공세가」의 다음 기록이 이를 뒷받침한다.

"소백이 온거를 타고 임치성을 향해 급히 달려가자 고혜 등이 즉각 내응해 그를 먼저 보위에 앉힌 뒤 곧바로 군사를 보내 공자 규 일행의 입경을 저지했다."

『열국지』는 당시 포숙아가 홀로 성안으로 들어간 뒤 대부들을 두루 찾아다니며 소백이 어진 사람임을 설득했다고 묘사해 놓았다. 「제태공세가」처럼 고혜가 직접 발 벗고 나선 결과로 보는 게 옳다. 이는 소백이 망명하기 이전에 이미 고혜를 따르며 신임을 얻은 덕분이다.

관중이어야 하는 다섯 가지 이유

소백이 제환공으로 즉위하자 제나라와 노나라 사이에 전운이 감돌았다. 노장공이 소백의 즉위를 인정하지 않은 탓이다. 공자 규와 그를 모시던 관중과 소홀의 심경은 그보다 더했을 것이다. 『춘추좌전』의 기록이다.

"가을, 노나라 군사가 간시乾時에서 제나라 군사와 접전했다가 패했다. 노장공이 패해 전차를 잃고 다른 전차를 타고 돌아왔다."

이 대목은 제나라가 이미 노나라 군사가 밀고 들어올 것을 예상해 철저히 준비했음을 시사한다. 실제로 『춘추좌전』은 노장공이 허둥지둥 달아나던 상황을 상세히 기록해 놓았다. 『사기』 「제태공세가」는 이때 제환공이 여세를 몰아 노장공에게 속히 공자 규를 죽이고, 관중과 소홀을 제나라로 압송하라는 내용의 국서를 보낸 것으로 기록해 놓았다.

"공자 규는 나와 형제이나 죽이지 않을 수 없소. 청컨대 노나라 스스로 그를 죽여 주시오. 소홀과 관중은 나의 원수이니 장차 그들을 내 손으로 직접 죽여 젓을 담금으로써 마음을 통쾌하게 하고자 하오. 이를 좇지 않을 경우 장차 노나라 도성을 포위할 것이오."

관중을 제나라로 보내 달라고 압박한 것은 포숙아의 계책이었다. 포숙아가 제환공에게 건의한 내용이 이를 뒷받침한다.

"관중의 정치적 재능이 상경인 고혜보다 뛰어나니 그를 재상으로 발탁해 쓰는 것이 가할 것입니다."

그러나 당시까지만 해도 제환공은 관중을 잘 몰랐다. 「제태공세가」에 나오는 포숙아의 건의 내용이 이를 뒷받침한다.

"군주가 장차 제나라를 다스리는 것으로 만족한다면 고혜와 저로서도 족할 것입니다. 그러나 장차 패왕覇王이 되고자 한다면 관중이 없으면 안 됩니다. 그가 보필하는 나라는 반드시 패권을 차지할 것이니 그를 놓쳐서는 안 됩니다."

『국어』「제어」에 나오는 내용은 이보다 더 구체적이다.

"신은 단지 군주의 평범한 일개 신하에 불과할 뿐입니다. 군주가 신에게 은혜를 베풀려 한다면 제가 헐벗고 굶주리지 않게만 해 주십시오. 이는 군주의 막대한 은혜입니다. 만일 나라를 잘 다스리고자 하면 이는 제가 능히 할 수 있는 일이 아닙니다. 그리하고자 하면 오직 관중이 있을 뿐입니다. 신은 다섯 가지 점에서 그를 따라갈 수 없습니다. 첫째, 백성이 편히 살며 즐거이 생업에 종사하게 할 수 있는 점에서 신은 그만 못합니다. 둘째, 나라를 다스리면서 근본을 잃지 않는 점에서 그만 못합니다. 셋째, 충성과 신의로써 백성의 신임을 얻는 점에서 그만 못합니다. 넷째, 예의규범을 제정해 천하 인민의 행동법칙으로 삼는 점에서 그만 못합니다. 다섯째, 영문 앞에서 북을 치며 전쟁을 지휘하여 백성들을 용기백배토록 만드는 점에서 그만 못합니다."

『관자』「대광」의 기록 등을 종합해 볼 때 당시 포숙아가 제환공에게 관중을 재상으로 전격 발탁하라고 건의한 게 거의 확실하다. 노나라로 보낸 국서에 속히 관중을 '압송'하라고 주문한 것은 노나라의 의심을 벗어나기 위한 고육책의 성격이 짙다. 당시 소홀은 공자 규가 노장공이 보낸 사람에 의해 죽자 곧바로 그의 뒤를 따라 스스로 목숨을 끊었다. 그러나 관중은 포숙아에게 자신을 묶어갈 것을 청했다. 포숙아와 관중이 서로 긴밀히 교신했을 가능성을 암시한다.

4유와 관중의 사상

『국어』「제어」에 따르면 당시 제환공은 친히 교외까지 나가 관중을 영접해 함께 수레를 타고 임치성으로 들어왔다. 자리에 앉은 뒤 제환공이 곧바로 치국 방략을 물었다. 관중이 대답했다.

"예禮와 의義, 염廉, 치恥는 국가의 네 가지 근본입니다. 나라의 기강을 세우고자 하면 반드시 이 네 가지 근본부터 펴야 합니다."

이는 『관자』의 첫 편인 「목민」에 나오는 내용이기도 하다. '예의염치'는 관중 사상의 핵심을 이룬다. 「목민」의 해당 대목이다.

"예의염치 4유四維를 널리 베풀면 영이 잘 시행된다. 나라를 보존하는 법도는 바로 4유를 밝히는 데 있다. 천시天時를 좇아 농경에 임함에 힘쓰지 않으면 나라의 재물이 늘지 않고, 지리地利에 힘쓰지 않으면 창고가 차지 않는다. 4유가 베풀어지지 않으면 나라는 이내 멸망하고 만다."

국가 존망의 근거를 '4유'에서 찾고 있음을 알 수 있다. 관중 사상 가운데 유가 사상과 맥을 같이하는 게 바로 4유이다. 당시 제환공은 관중으로부터 4유에 관한 얘기를 듣고는 곧바로 부국강병의 방략을 물었다.

"어떻게 해야 능히 백성을 동원할 수 있소?"

"먼저 백성을 사랑해야 합니다. 연후에 백성이 처할 길을 열어 주어야 합니다."

"백성을 사랑하려면 어찌해야 하오?"

"항상 백성과 함께 서로 손을 잡고 일하며 그 이익을 나눠 주면 백성과 서로 친할 수 있습니다. 일단 선포한 법령은 경솔히 고치지 않고 공평히 집행해야 합니다. 그러면 백성들은 절로 정직해집니다."

이는 관중 사상 가운데 법가 사상과 맥을 같이하는 대목이다. 부국강병은 법가 사상의 요체에 해당한다. 제환공이 이어 재정에 관해 물었다.

"재정은 어찌해야 효과적으로 조달할 수 있겠소?"

"산에 있는 광물을 녹여 돈을 만들고, 바다를 이용해 소금을 구우면 그 이익이 천하에 유통됩니다. 천하의 모든 물품을 거두어 두고, 때에 맞춰 무역하게 하면 장사하는 사람들이 모여들고 자연히 재화도 모일 것입니다. 그들로부터 적당한 세금을 징수해 군용을 돕는다면 어찌 재용을 걱정할 것이 있겠습니까."

이는 관중 사상의 재정·경제 사상을 요약한 것으로, 21세기에 들어와 각광을 받고 있는 이른바 상가商家의 요체에 해당한다. 당시 제환공은 재정에 이어 군사에 관해 물었다.

"군사는 어찌 조직하는 것이 좋겠소?"

"원래 군사란 정예한 것을 중시할 뿐 숫자가 많은 것을 중시하지 않습니다. 군사는 힘보다 마음이 강해야 합니다. 만일 군사를 기르고 무기를 준비하면 천하의 모든 제후들도 군사를 기르고 무기를 준비할 것입니다. 그같이 해서는 승리를 거둘 수 없습니다. 군사를 강하게 하려면 먼저 실속을 튼튼히 해야 합니다."

부국이 이뤄져야 강병이 가능하다는 논리를 전개한 것이다. 제환공과 관중은 3일 밤낮을 논의했다. 크게 탄복한 제환공은 관중을 상국으로 삼은 뒤 그의 천거를 받아들여 습붕隰朋과 영월寧越, 성보成父, 동곽아東郭牙, 빈수무賓須無 등의 인재를 대거 중용했다. 관중은 이들과 함께 먼저 제나라의 내정을 가다듬은 뒤 화폐를 만들고 제염과 광물 제련 등의 이용후생利用厚生의 조치를 취했다. 빈궁한 자들을 구제하고 능력 있는 현사를 두루 발탁하자 제나라 백성들이 모두 기뻐했다. 이후 군사 제도를 대대적으로 개편해 부국강병을 실현했다.

·

지례지법과 실창족식

·

관중은 역사상 최초로 '부국강병'을 기치로 내걸고 이를 실현시킨 사상가에 해당한다. 주목할 점은 춘추시대 첫 패업을 이루기 위해 부민富民을 생략한 채 곧바로 부국강병으로 나아가고자 한 제환공의 성급한 행보를 제지하면서 부민을 관철시킨 점이다. 『관자』「치국」의 해당 대목이다.

"무릇 치국의 길은 반드시 우선 백성을 잘살게 하는 데서 시작한다. 백성들이 부유하면 다스리는 것이 쉽고, 백성들이 가난하면 다스리는 것이 어렵다."

관자 사상을 관통하는 최고의 이념을 하나 꼽으라면 우선 백성을 부유하게 만든다는 뜻의 '필선부민必先富民'으로 표현된 '부민'에 있다. 그의 경제 사상을 이른바 '부민주의'로 요약하는 이유다. 부민은 부국강병의 대전제에 해당한다. 이는 부민이 이뤄져야 부국이 가능하고, 부국이 가능해야 강병이 실현된다는 지극히 간단한 이치에 기초해 있다. 이를 논리적으로 뒷받침하는 매우 유명한 대목이 『관자』 「목민」에 나온다.

"무릇 백성을 다스리는 목민자牧民者는 반드시 4시四時의 농경에 힘쓰고 창름倉廩을 잘 지켜야 한다. 나라에 재물이 많고 풍성하면 먼 곳에 사는 사람도 찾아오고, 땅이 모두 개간되면 백성이 안정된 생업에 종사하며 머무는 곳을 찾게 된다. 창름이 풍족하면 백성들이 예절을 알게 되고, 입고 먹는 의식衣食이 족하면 영욕榮辱을 알게 된다."

'창름'의 '창'은 곡식을 갈무리하고, '름'은 쌀을 갈무리하는 곳을 말한다. 즉, 국고의 재물을 상징한다. 여기에서 예절은 예의염치의 도덕적 가치, 영욕은 존비귀천尊卑貴賤의 국법 질서와 존엄을 말한다. 그는 국가가 존립하기 위해서는 백성들 개개인이 예의염치를 좇고 국법 질서와 국가 존엄을 이해하는 이른바 지례지법知禮知法이 전제돼야 한다고 설파한 것이다. 주목할 점은 지례지법의 관건으로 창고를 채우고 백성들을 배불리 먹이는 실창족식實倉足食을 든 점이다. 실창족식은 부민을 뜻하고, 지례지법은 나라의 부강을 의미한다. 그는 나라를 다스리는 요체로 곧 '부민→부강'의 도식을 제시한 셈이다.

그의 부민 철학은 일련의 '중본억말重本抑末' 정책으로 구체화됐다. 중본억말의 '본本'은 식재와 목축 및 어염 등의 농축수산업을 의미한다. 요즘의 경제 정책으로 표현하면 제1차 산업인 농업을 포함해 제2차 산업인 일반 제조업을 강력 후원한 것에 비유할 수 있다.

'말未'과 관련해 그가 시행한 일련의 정책을 보면 더욱 뚜렷하게 나타난다. '말'을 두고 적잖은 사람들이 상업으로 이해하고 있으나 이는 잘못이다. 그가 적극 반대한 것은 사치 소비재의 생산 및 유통을 비롯해 고리대를 주업으로 하는 금융·서비스 산업이다. 이들 산업은 백성들의 생산 의욕을 저하시켜 나라의 부강을 가로막는 걸림돌로 본 것이다. 실제로 제1, 2차 산업이 제대로 육성되지 않은 가운데 금융·서비스업을 기반으로 한 제3차 산업만 기형적으로 비대해질 경우 경제는 이내 파탄이 날 수밖에 없다.

미국의 역사학자 맥코이는 미국이 2025년쯤 바로 이런 이유 등으로 인해 급격히 몰락할 것으로 내다봤다. 역사적으로 볼 때 모든 제국은 외양상 비할 데 없이 강력한 것처럼 보였지만 사실은 제조업이 붕괴된 취약한 조직 체계로 인해 일단 충격이 가해지면 급속도로 몰락할 수밖에 없다는 것이다. 경착륙만 있고 연착륙은 존재한 적이 없다는 게 논거다. 그는 포르투갈은 1년, 소련은 2년, 프랑스는 8년, 오스만 터키는 11년, 대영제국은 17년 만에 힘을 잃었다고 진단했다. 미국은 이라크를 침공한 2003년을 기준으로 22년째가 되는 오는 2025년 대영제국과 유사한 몰락의 과정을 맞으리라는 게 그의 분석이다.

맥코이는 동양의 경우를 거론하지 않았으나 중국의 역대 왕조가 몰락한 과정도 별반 다를 바가 없다. 농업을 포함한 제조업 기반이 붕괴된 가운데 관원과 유착한 지주들의 악덕 고리대금업이 횡행하면 백성들은 근거지를 잃고 떠돌다가 이내 유적으로 돌변했다. 군웅이 사방에서 속출하면서 지방 관원들까지 이들에게 협조하는 상황이 빚어지고 이는 곧 왕조의 급속한 몰락으로 이어졌다.

관중은 결코 상업을 중본억말의 '말'로 본 적이 없다. 그는 오히려 이를 중시했다고 봐야 한다. 그가 제3차 산업에서 중시한 것은 이른바 수재輸財였다. 이는 물류物流와 인류人流를 포함한 것이다. 이는 일반 재화를 비롯해 인력 및 정보의 신속하고도 원활한 유통을 의미한다.

　그가 말한 '중본'과 '억말'은 불가분의 관계를 맺고 있다. 제조업 분야의 생산력 증대와 이를 지원하기 위한 재정 분야의 건전화 정책이 이를 뒷받침한다. 염철鹽鐵에 세금을 부과해 재정을 충당한 게 그 실례다. 그가 염철세를 통해 국부를 쌓은 뒤 패업을 이루어야 한다고 주장한 것은 바로 이 때문이었다.

　원래 소금과 철은 철제 농구로 농경을 해야 하는 농민들의 입장에서 볼 때 일상생활에 빼놓을 수 없는 것이다. 그는 이 두 가지에 세금을 부과한다면 이전의 모든 잡세를 없앨지라도 능히 국가 재정을 충당할 수 있다고 주장했다. 그의 이런 주장을 이른바 '염철론鹽鐵論'이라고 한다. 그의 염철론은 6백년 뒤 전한 제국 초기에 『염철론』이라는 책으로 정립되었다. 이는 한소제漢昭帝 때 열린 염철 회의에서 유가와 법가가 전개한 공방전을 대화체 식으로 정리한 것이다. 당시 염철 회의는 유가와 법가 사이에 부국강병에 관한 사상 투쟁의 성격을 띠고 있었다. 논의를 주도한 상홍양桑弘羊은 법가 사상에 통달한 상인 출신 관료였다. 이 회의에서 이른바 '내법외유內法外儒'라고 하는 독특한 통치 이론이 만들어졌다. 천하를 다스릴 때 겉으로는 유가의 덕치를 내세우고, 안으로는 법가의 법치를 시행한다는 것이다. 이는 경제국가 건설을 통해 예의염치를 아는 문화국가로의 이행을 추구한 관중의 통치 사상과 맥을 같이한다.

　농업 및 염철 등의 제1, 2차 산업 생산력 증대는 필연적으로 물류 및 인류의 원활한 흐름을 자극할 수밖에 없다. 관중이 제나라로 들어오거나 제나라에서 빠져나가는 모든 물류 및 인류에 대한 관세를 완전히 철폐한 이유다. 열국을 넘나들며 장사를 하는 상인들이 제나라의 도성인 임치성에 몰려든 것은 말할 것도 없다. 임치성은 전국시대 말기까지 가장 번화한 도시로 존재했다. 학자들은 임치성에 대략 20만 명 이상의 인구가 상주한 것으로 보고 있다. 물류와 인류의 원활한 유통으로 인해 농민은 물론 상공업자들의 자본과 기술이 제나라로 물밀듯이 유입됐다. 그는 금융 자산이 버블을 일으키는 것을 우려해 금·은 등의 유동성 재화가 곡물 및 염철 등의 제1, 2차 산업 생산물보다 비싸지 않도록 시장에 적극 개입해 가격 변동 등을 조절했다. 생산과 유통의 안정성을 확보하기 위한 조치였다. 21세기에 들어와 미국이 주도한 시장만능주의의 천박한 신자유주의가 굉음을 내고 붕괴한 것과 대비되는 대목이다.

부국강병의 사이클

관중의 부민 정책은 기본적으로 부국을 염두에 둔 것이다. 부국 정책과 관련해 주목할 만한 것은 '절용節用'이다. 이는 균형재정을 뜻한다. 불요불급한 사업에 대한 방만한 투자를 억제하고 남아도는 관원인 용관冗官 등을 퇴출시켜 건전한 재정을 제도화시킨 결과다. 재정의 건전화는 사치 억제 정책과 함께 실시됐다. 부국부민을 이루기 위해서는 우선 지배층의 자기 절제가 선결돼야 한다는 판단에 따른 것이다. 이를 뒷받침하는 『관자』「팔관」의 해당 대목이다.

"나라를 다스리는데 사치하면 국고를 낭비하게 되어 인민들이 가난하게 된다. 인민들이 가난해지면 간사한 꾀를 내어 나라를 어지럽게 된다."

관중은 이를 막기 위해서는 재화의 고른 분배가 이뤄져야 한다고 역설했다. 그의 이러한 주장은 땅과 노동력의 균배를 의미하는 '균지분력均地分力'과 전 인민에게 재화를 고르게 나눠 주는 '여민분화與民分貨'를 의미한다. 빈부의 격차가 적어야만 통치가 제대로 이뤄질 수 있다는 판단에 따른 것이다. 이는 공자의 주장과 맥을 같이한다. 『논어』「계씨」의 해당 대목이다.

"내가 듣건대, '유국자有國者와 유가자有家者는 재물이 적은 것을 근심하지 않고 고르지 못한 것을 걱정하며, 가난한 것을 근심하지 않고 편안하지 못한 것을 근심한다'고 했다. 대개 고르면 가난하게 되는 일이 없고, 조화를 이루면 적게 되는 일이 없고, 편안하면 기울어지는 일이 없게 된다. 이런 까닭에 먼 곳의 사람이 복종하지 않으면 문덕文德을 닦아 다가오게 하고, 이미 오게 했으면 편하게 만들어 주어야 하는 것이다."

'유국자'는 나라를 보유한 군주, '유가자'는 저택을 보유한 경대부를 말한다. 관중이 『관자』「목민」에서 제시한 '부민(실창족식)→부강(지례지법)'의 도식은 『논어』「안연」의 다음 일화에 나오는 공자의 언급과 꼭 같다. 이에 따르면 하루는 자공이 정치에 대해 묻자 공자가 이같이 대답했다.

"족식足食과 족병足兵, 민신民信이 이뤄져야 한다."

'족식'은 경제 자립, '족병'은 국방 확립, '민신'은 백성들의 대정부 신뢰를 말한다. 자공이 외적의 침공으로 인해 성이 함락되는 등의 극단적인 위기 상황을 전제로 다시 물었다.

"만일 부득이하여 반드시 하나를 버려야 한다면 세 가지 중에서 무엇을 먼저 버려야 합니까?"

"거병去兵해야 할 것이다."

'거병'은 병력의 감축을 뜻한다.

"만일 부득이하여 반드시 하나를 버려야 한다면 나머지 두 가지 중에서 무엇을 먼저 버려야 합니까?"

"거식去食해야 할 것이다. 자고로 먹지 못하면 죽을 수밖에 없으나 사람은 누구나 죽기 마련이다. 그러나 '민신'이 없으면 나라가 설 수조차 없게 된다."

'거식'은 경제의 축소를 의미한다. 공자의 이러한 주장은 일견 '족식'에 해당하는 '실창實倉'을 강조한 관중의 주장과 배치되는 것처럼 보인다. 실제로 성리학자들은 그같이 해석하면서 관중이 말한 '부민(실창족식)→부강(지례지법)' 도식은 공자 사상과 배치된다고 주장했다. 이 대목에서 공자가 '민신'을 가장 중요한 국가 존립의 요건으로 거론한 것은 국가 존립을 위한 최소한의 조건인 '족식'과 '족병'을 포기해도 좋다고 말한 게 아니다. 이런 오해가 빚어진 것은 자공이 외적의 침공으로 인해 성이 함락되는 등의 극단적인 위기 상황을 전제로 질문한 점을 간과한 데 있다. 자공이 비상 상황을 전제로 질문을 하자 공자가 '거식'과 '거병'을 차례로 언급한 이유가 여기에 있다.

공자가 마지막 구절에서 '민신'을 강조한 것은 나라가 패망의 위기에 직면 했을 때 군주가 솔선수범하는 자세를 보여야만 백성들이 그를 믿고 위기 상 황에서 마침내 벗어날 수 있다는 사실을 역설한 것이다. 지배자와 피지배자 모두 생사를 같이하는 국가 공동체의 주체라는 점을 부각시키고자 한 게 진 정한 취지이다. 결코 평시조차 '거식'과 '거병'을 해도 좋다고 말한 게 아니다. 그럼에도 성리학자들은 문맥 전체를 고찰하지 않고 '믿음이 무기나 식량보다 더 중요하다'는 황당한 풀이를 한 것이다. 이를 최초로 규명한 인물이 바로 명 대 말기에 활약한 이탁오李卓吾이다. 그는 명저 『분서』의 「잡술·병식론」에서 이같이 갈파했다.

"무릇 윗사람이 되어 백성들이 배불리 먹고 안전하게 살 수 있도록 지켜 주 기만 하면 백성들도 그를 믿고 따르며, 부득이한 상황에 이르러서도 차라리 죽을지언정 윗사람 곁을 떠나지 않을 것이다. 이는 평소 윗사람이 그들의 안 전과 식량을 충분히 제공해 주었기 때문이다. 공자가 「안연」에서 '거병'과 '거 식'을 거론한 것은 실제로 군사와 식량을 버리게 하려는 의도가 아니다. 이는 어쩔 수 없는 위기 상황을 전제로 한 것이다. 어쩔 수 없는 위기 상황에서 비 롯된 것이라면 백성들도 '거병'과 '거식'의 부득이한 상황을 감내하면서 윗사 람을 불신하는 지경까지는 이르지 않게 된다. 그래서 마지막에 '민신'을 언급 한 것이다. 그럼에도 어리석은 성리학자들은 이와 정반대로 '믿음이 무기나 식량보다 더 중요하다'고 지껄이고 있다. 이는 성인이 하신 말씀의 참뜻을 제 대로 파악하지 못한 소치이다."

이탁오는 관중이 「목민」에서 언급한 '부민(실창족식) → 부강(지례지법)' 도식 이 공자가 「안연」에서 언급한 '민신 → 족식, 족병' 도식과 완전히 일치하고 있 다는 사실을 밝혀낸 최초의 인물이다. 성리학자들이 '믿음이 무기나 식량보다 더 중요하다'는 식으로 엉뚱하게 해석한 '거병 → 거식 → 민신'의 도식은 나라가 패망할 위기에 처하는 등의 특수 상황을 전제로 한 반대 해석임을 밝혀낸 것은 탁견이다.

외적이 쳐들어왔을 때와 같은 비상 상황에서는 군민君民이 하나가 되어 싸워야 한다. 식량이 달리고 병력이 거의 소진된 상황에서 군주가 콩 한 알이라도 백성들과 나눠 먹겠다는 자세로 솔선수범해야 백성들이 군주와 생사를 같이한다는 각오로 적을 물리칠 수 있다. 공자는 바로 이 경우를 말한 것이다. 그러나 사실 이를 간취해 내는 게 그리 쉬운 일이 아니다. 내로라하는 성리학자들이 거의 빠짐없이 『논어』에 주석을 달았음에도 '거병→거식→민신'의 도식이 부국강병을 통해 백성의 신뢰를 얻는 '족식→족병→민신' 도식의 특수한 상황을 전제로 한 반대 해석이라는 것을 전혀 찾아내지 못한 게 그 증거다. 이는 성리학자들이 삼강오륜 등의 윤리 도덕을 강조하며 지나치게 유심론적으로 기울어진 탓으로 볼 수 있다. 이런 식의 논리를 외적이 쳐들어왔을 때와 같은 비상 상황에 적용하면 군민이 일치단결해 적과 싸울 생각은 하지 않은 채 매일 모여 적을 성토하는 짓이나 하는 것과 다름없다. 실제로 그런 일이 병자호란 때 남한산성에서 빚어졌다. 김상헌을 비롯한 척화파들은 연일 '독 안의 쥐' 신세가 되었는데도 산성에 들어오기 전보다 더 격한 어조로 매일 청나라 군사를 성토하는 데 여념이 없었다. 주화파인 최명길이 쓴 항서를 마구 찢으며 울분을 토로한 게 전부다.

이런 식의 인물들이 나라를 망친 것이다. 아무 대책도 없이 '오랑캐' 운운하며 자고자대自高自大한 후과다. 구한말 일본에 나라를 빼앗길 때도 똑같은 모습이 연출됐다. 명나라 역시 조선과 다를 바가 없었다. 실제로 명나라는 이탁오의 이런 지적을 받아들이기는커녕 그를 옥에 가두고 자진으로 몰아감으로써 이내 청나라에 패망하고 말았다. 대책도 없이 자고자대하는 자들의 말로가 이렇다. 공자가 단순히 느낌으로 관중의 패업을 칭송한 게 아니다.

공자와 관중이 부국강병의 방략에 일치하고 있다는 것은 『관자』와 『논어』

의 관련 대목을 비교하면 쉽게 알 수 있다. 춘추시대는 이미 초기부터 힘 있는 제후가 천자를 대신해 천하를 호령하는 모습을 보였다. 이를 역사상 최초로 이론적으로 정립해 제왕학을 만들어 낸 사람이 바로 관중이다. 그가 정립한 제왕학은 기본적으로 물은 배를 띄우기도 하지만 배를 전복시키기도 한다는 뜻의 이른바 '수가재주水可載舟, 역가복주亦可覆舟'의 이치 위에 구축된 것이다. 『관자』 「오보」에 이를 뒷받침하는 대목이 나온다.

"치국의 방법으로 백성에게 이익을 주는 것보다 나은 것이 없다."

관중 사상을 '이민利民' 내지 '부민'으로 요약하는 이유다. 백성에게 이익을 주는 이민 정책을 펼쳐야 백성이 부유해지는 부민을 달성하게 되고, 부민이 완성돼야 나라도 부유해지는 부국이 가능해지고, 부국이 돼야 강병도 실현할 수 있다는 게 그의 주장이다.

그는 이런 기조 위에서 군민일체君民一體의 필요성을 역설했다. 『관자』 「군신상」 편에 "군주가 백성과 더불어 일체를 이루는 것이 곧 나라로써 나라를 지키고 백성으로써 백성을 지키는 길이다"라고 강조한 게 그 증거이다. '이민'을 전제하지 않은 한 '부민'은 달성할 길이 없다.

법철학의 케이프혼

관중보다 1백여 년 뒤에 태어난 공자는 『논어』에서 제자들과 함께 관중을 수시로 언급하며 '인仁'을 풀이했다. 난세를 평정한 관중의 뛰어난 업적에 공명한 결과다. 그러나 공자가 관중을 온통 칭찬한 것은 아니다. 「팔일」에 관중의 비례非禮를 크게 비판한 일화가 나온다. 이에 따르면 하루는 공자가 관중을 두고 이같이 평했다.

"관중은 그릇이 작구나."

어떤 사람이 물었다.

"관중은 검소합니까?"

"관중은 여러 부인을 두었으니 어찌 검소할 수 있는가?"

어떤 사람이 다시 물었다.

"그러면 관중은 예를 알았습니까?"

공자가 대답했다.

"군주만이 색문塞門을 설치할 수 있는데도 그 또한 이를 두었다. 군주만이 반점反坫을 둘 수 있는데도 그 또한 이를 두었다. 그가 예를 안다면 누가 예를 알지 못한다고 하겠는가?"

'색문'은 안이 들여다보이지 않게 세우는 차단벽을 말하고, '반점'은 제후들이 친선을 도모할 때 술잔을 되돌려 놓기 위한 설비를 뜻한다. 관중은 제후가 아니다. 주왕실의 입장에서 보면 제후의 신하일 뿐이다. 이를 배신陪臣이라고 한다. 쉽게 말해 신하의 신하에 불과하다. 배신은 '색문'과 '반점'을 설치할 수 없다. 주나라 왕실의 법질서에서 보면 일종의 월권이다. 공자는 관중의 직분에 어울리지 않는 사치를 통렬하게 지적한 셈이다.

그러나 공자는 관중이 이룬 업적을 극찬했다. '팬'에 가깝다. 관중이 비록 사적으로는 비례를 저질렀으나 공적으로는 천하를 일거에 안정시키는 대공을 세웠다고 평가한 결과다. 『논어』 「헌문」의 다음 일화가 이를 증명한다. 하루는 제자 자로가 스승인 공자에게 이같이 말했다.

"제환공 소백이 공자 규를 죽였을 때 공자 규의 신하 소홀은 그를 위해 죽었으나 관중은 그를 위해 죽지 않았습니다. 그러니 관중을 어질지 못하다고 해야 할 것입니다."

공자가 말했다.

"제환공이 제후들을 규합하며 병거兵車를 동원하지 않은 것은 모두 관중의 공이다. 그 누가 그가 이룬 인仁을 넘을 수 있겠는가!"

극찬이다. 첫 패업을 이룬 제환공의 공은 전적으로 관중 덕분이라고 평한 결과다. 공자는 왜 관중을 이토록 칭송한 것일까? 같은 「헌문」에 이를 짐작하게 해 주는 일화가 나온다. 하루는 자공이 공자에게 말했다.

"관중은 어진 사람이 아닌 듯합니다. 제환공이 공자 규를 죽일 때 주군을 좇아 죽지 못하고 나아가 제환공을 섬겼으니 말입니다."

공자가 말했다.

"관중은 제환공을 도와 제후들을 단속하고, 일광천하一匡天下의 업적을 이뤘다. 덕분에 백성들이 지금까지 그 혜택을 받고 있는 것이다. 그가 없었다면 우리는 지금 머리를 풀고 옷깃을 왼편으로 여미는 오랑캐가 되었을 것이다. 어찌 그를 필부가 작은 절개를 위해 목숨을 끊는 것에 비유할 수 있겠는가."

'일광천하'는 일거에 천하를 바로잡았다는 뜻이다. 공자는 바로 관중이 천하를 바로잡고 외적의 침입으로부터 중원의 역사와 문화를 수호한 점을 높이 산 것이다. 관중이 이룬 업적을 존왕양이尊王攘夷로 평가한 결과다. 존왕양이는 왕실을 보호하고 이적의 침입을 물리쳤다는 뜻이다.

공자가 관중의 비례를 지적하면서도 그가 이룩한 공적을 높이 산 것을 두고 흔히 '일포일폄一褒一貶'이라고 한다. 공자의 관중에 대한 일포일폄은 '폄貶'보다는 '포褒'에 무게를 둔 것이다. 공자 규를 모시던 소홀이 주군을 좇아 죽은 것을 두고 필부의 작은 절개에 비유한 것은 관중의 사치와 비례는 시비를 걸 것도 없다는 취지를 드러낸 것이나 다름없다. 공자가 관중을 인자仁者에 비유한 구절이 이를 뒷받침한다.

훗날 순자와 한비자 역시 공자처럼 관중이 패업을 이룬 것을 높이 평가했다. 난세에는 치세와 전혀 다른 이치가 작동한다는 사실을 통찰한 결과다. 그럼에도 맹자만큼은 관중의 패업을 맹렬히 비판했다. 난세에도 오직 덕치를 통해서만 천하를 평정할 수 있다는 확신 탓이다. 『맹자』 「양혜왕 상」 편을 보면 제환공의 공적을 묻는 제선왕齊宣王의 질문에 이같이 일축한 내용이 나온다.

"공자의 제자들은 제환공과 진문공晉文公 같은 패자의 공적에 관해 말하는 사람이 없기 때문에 후세에 전술傳述된 것도 없습니다."

패업 자체를 인정할 수 없다는 신념에서 나온 것으로 해석할 수밖에 없다. 실제로 그는 왕도와 패도를 엄격히 분리한 뒤 왕도의 정당성을 역설했다. 열국의 통치권자들에게 자신이 주장하는 왕도가 정당하면서도 실현 가능성이 가장 높다는 점을 강조하기 위해서였다. 『맹자』「공손추 상」편에 이를 뒷받침하는 대목이 나온다.

"힘으로 '인'을 가장하는 자를 패자라 한다. 패자는 반드시 큰 영토를 가지고 있어야 한다. 덕으로 '인'을 행하는 자를 왕자라 한다. 왕자는 큰 나라를 보유하지 않아도 좋다."

그는 왕도가 정당성과 실현 가능성 면에서 패도와 비교가 안 될 정도로 우월하다는 것을 이런 식으로 표현한 셈이다. 그가 볼 때 춘추5패 가운데 가장 혁혁한 공을 세운 제환공과 관자의 패업은 성왕成王이 이룬 왕업을 훼손시킨 것에 불과했다. 이를 뒷받침하는 일화가 「공손추 상」편에 나온다. 이에 따르면 하루는 공손추가 스승인 맹자에게 물었다.

"부자夫子가 제나라의 요직에 오르면 관중과 안영의 공적을 다시 일으킬 수 있겠습니까?"

맹자가 대답했다.

"그대는 오직 관중과 안영만 알고 있으니 실로 제나라 사람이다. 예전에 어떤 사람이 증자의 아들인 증서曾西에게 '그대와 자로 가운데 누가 더 현명한가?'라고 묻자 증서가 황송해하며 대답하기를, '그분은 우리 선친도 경외한 분이었소'라고 했다. 그가 또 '그렇다면 그대와 관중은 누가 더 현명한가?'라고 묻자 증서가 발끈하며 불쾌한 표정으로 대답하기를, '그대는 어찌 나를 관중에 비교하는가. 관중은 군주를 섬기면서 저토록 군주의 신임을 독차지하고 국정을 전담하며 저토록 오래도록 재상의 자리에 있었지만 공적은 저토록 보잘 것이 없었다. 그대는 어찌하여 나를 관중에 비교하는 것인가'라고 했다. 이처럼 관중은 증서조차 비교되기를 원치 않은 인물인데 그대는 나보고 관중처럼 되라고 하는 것인가?"

공손추가 반박했다.

"관중은 그 군주인 제환공을 패자로 만들었고, 안영은 그 군주인 제경공齊景公의 이름을 세상에 떨치게 만들었습니다. 그런데도 관중과 안영이 오히려 부족하다고 하는 것입니까?"

"제나라와 같이 큰 나라를 가지고 왕자를 만드는 것도 손바닥을 뒤집는 것처럼 쉬운 일인데 하물며 패자를 만든 것이야 말할 게 있겠는가?"

공손추가 말했다.

"그러하니 제자인 제가 더욱 갈피를 잡기 어렵습니다. 주문왕의 덕으로도 1백 년밖에 살지 못해 그 덕은 천하에 두루 미치지 못했습니다. 주무왕周武王과 주공周公이 그 뜻을 이어받아 힘써 실천한 후에야 비로소 주나라를 세워 널리 덕을 펼 수 있었습니다. 지금 왕자가 되는 것이 그토록 쉬운 것처럼 말하면 주문왕도 본받기에 부족하다는 것입니까?"

"주문왕을 어찌 제나라의 군주와 같이 논할 수 있겠는가? 지금이 왕도를 행할 때이다. 하·은·주가 가장 번성한 때에도 사방 1천 리가 넘는 나라가 없었다. 그러나 제나라는 그만큼 넓은 땅을 갖고 있다. 제나라는 현재 도성에서 사방의 경계에 이르기까지 어디서든 닭 우는 소리와 개 짖는 소리를 들을 수 있을 정도로 많은 백성들이 살고 있다. 그러니 땅을 더 넓힐 필요도 없고, 백성을 더 모을 필요도 없다. 이제 인정仁政을 베풀고 왕도를 행하기만 하면 그 누구도 제나라 군주가 왕자가 되는 것을 막을 수 없다. 그러나 훌륭한 왕자가 나타나지 않은 지가 요즘처럼 오래된 적이 없고, 백성들이 학정에 시달려 초췌해진 것이 요즘처럼 심한 적이 없었다. 굶주린 자는 무엇이나 먹고, 목마른 자는 무엇이나 마시는 법이다. 공자가 이르기를, '덕의 유행은 파발마를 두어 명령을 전하는 것보다 빠르다'고 했다. 지금과 같은 때에 만승지국인 제나라가 인정을 펼치면 백성들은 크게 기뻐할 것이다. 일은 옛날 사람의 절반만 해도 그 공은 틀림없이 그 갑절이나 될 것이다. 지금이 바로 그러한 때이다."

맹자가 거론한 주문왕의 '인정'은 사실 후대인들이 미화해 놓은 것이다. 객관적으로 볼 때 주문왕과 주무왕은 무력을 동원해 주군의 나라인 은나라를 뒤엎었다. 고금동서를 통틀어 맹자가 말하는 식의 왕도로 새 나라를 건설한 적은 단 한 번도 없다. 그의 이런 극단적인 주장은 지나치게 원칙에 얽매인 나머지 공자까지 용인하고 나선 패업의 의미를 제대로 읽지 못했다는 지적을 면하기 어렵다.

맹자보다 1세대 뒤에 태어난 순자는 주어진 현실을 토대로 패도를 긍정적으로 수용했다. 이는 '치국평천하' 차원에서 관자의 패업을 높이 평가한 공자의 기본 입장을 복원하는 작업이기도 했다. 『순자』 「왕제」의 해당 대목이다.

"관중은 밭과 들을 개간하고 창고를 충실하게 했다. 점차로 상을 줌으로써 인민을 선도하고 형벌을 엄격히 함으로써 인민들을 바로잡았다."

관중이 실시한 부국강병의 통치술을 높이 평가한 것이다. 순자의 관중에 대한 평가는 공자의 평가보다 훨씬 긍정적이다. 그는 어제보다 오늘을 중시하는 현실주의자였다. 잘 알지도 못하는 옛 성왕의 왕도를 추구하기보다는 후대의 군주들로부터 치도의 전형을 찾아내는 편이 더 낫다는 게 그의 생각이었다. 그의 이런 생각은 곧 맹자에 대한 공격으로 이어졌다. 『순자』 「비십이자」의 해당 대목이다.

"옛 군주를 본받으면서도 그 정통을 알지 못하고 있다. 이는 곧 맹자의 죄이다."

이는 입만 열면 '성왕' 운운하는 맹자의 이상주의를 통렬히 비판한 것이다. 훗날 순자는 이 때문에 성리학자들에 의해 이단으로 몰리기도 했다. 그러나 그는 맹자가 입으로만 성왕의 인의를 들먹일 뿐 그 기본 취지를 제대로 이해하지 못하고 있는 점을 정확히 파악하고 있었다.

순자가 생각한 왕도의 요체는 예치禮治에 있었다. 이는 공자가 역설한 군자정치 이념과 맥을 같이한다. 순자는 왕도가 바람직하나 현실적으로 불가능할 때에는 패도 또한 무방하다는 입장을 취한 셈이다. 맹자가 일체의 패도를

'왕도'를 가장한 '강도强道'로 규정한 것과 극명한 대조를 이루고 있다. 공자 사상이 맹자가 아니라 순자로 이어졌다는 주장을 뒷받침하는 대목이다.

순자의 이런 입장은 그의 제자인 한비자에게 그대로 이어졌다. 난세에는 도덕적인 왕도를 아예 포기하고 오직 무력과 법치에 기초한 패도를 관철시켜야만 치국평천하의 대업을 이룰 수 있다는 게 그의 주장이었다. 맹자와 정반대되는 것이다. 결과적으로 그는 스승이 역설한 예치를 법치로 대치시킴으로써 도덕과 정치를 철저히 분리해 낸 셈이다. 왕도와 패도, 덕치와 법치의 대립이 한비자에 이르러 극명한 대비를 이루게 된 배경이 여기에 있다.

일찍이 서양은 프랑스혁명을 전후해 '신 앞의 평등'을 '법 앞의 평등'으로 전환시킨 것을 계기로 증거주의에 입각한 명실상부한 법치를 구가했음에도 법과 도덕의 구분 문제를 놓고 오랫동안 고심했다. 도덕이 요구하는 바를 전부 법으로 강제할 수 없기에 생긴 고민이었다. 이를 두고 독일의 법학자 예링은 이같이 탄식했다.

"법과 도덕의 관계는 법철학의 케이프혼이다."

법과 도덕의 간극을 끝까지 추적하다 보면 남미 최남단의 곶인 케이프혼을 항해하는 배처럼 이내 좌초할 소지가 크다는 좌절감을 드러낸 것이다. 여기서 나온 것이 바로 "법은 최소한의 도덕이다"라는 금언이다. 그러나 동양에서는 이미 수천 년 전에 이에 대한 해법을 찾아낸 바 있다. 『논어』「위정」에 나오는 공자의 언급이 그것이다.

"정형政刑으로 다스리고자 하면 백성들이 이를 면하려고만 하여 이내 부끄러움을 모르게 된다. 그러나 덕례德禮로 다스리고자 하면 부끄러움을 알고 선한 마음을 갖게 된다."

공자는 법치 위에 예치의 세계가 존재하고 있음을 통찰한 것이다. 그가 『논어』「계씨」에서 "예를 배우지 않으면 제대로 설 수 없다"고 강조한 것도 같은 맥락에서 나온 것이다. 예치를 법치 위에 둘 경우 케이프혼 운운의 탄식은 나올 수 없게 된다. 도덕의 세계를 무리하게 법의 세계로 끌어내리려는 시도를 할 필요가 없기 때문이다. 순자의 제자들이 완성시킨 『예기』 「곡례 상」 편에서는 예치와 법치의 적용을 이같이 분류해 놓았다.

"예는 서인까지 내려가지 않고, 형은 대부에게 미치지 않는다."

지배층에 대해서는 법치보다 도덕적 수위가 높은 예치의 잣대를 적용해야 한다는 유가의 입장을 요약해 놓은 것이다. 동양의 '노블레스 오블리주' 전통은 바로 여기서 나왔다. 『관자』에서는 예치를 '예의염치'로 풀이해 놓았다. 위정자가 예치의 세계를 무시한 채 법치의 세계에 함몰돼 법리 공방을 전개할 경우 자칫 순자가 경고한 위도危道 내지 망도亡道로 치달을 소지가 크다.

•

경중가의 시대

•

관중을 효시로 하는 상가의 가장 큰 특징은 현대적 의미의 정치와 경제를 하나로 녹인 데 있다. 현재 중국 학계는 관중을 효시로 하는 사상 최초의 정치경제학파를 애덤 스미스에서 시작한 서구의 자유주의 경제학과 대비시켜 통상 경중가輕重家로 부르고 있다. '경중'이라는 용어는 『관자』 「경중」 편에서 따온 것이다. 중국에서는 주나라 때부터 상품의 생산과 조절, 화폐의 유통, 당국의 물가 통제 등을 '경중'으로 불렀다. 관중도 『관자』에서 개방적인 대외무역을 통한 모든 재화의 원활한 유통, 상평창을 통한 물가 안정과 사회 안정망의 구축, 소금과 철의 전매제도를 통한 재정 확충 방안 등을 '경중'으로 표현해 놓았다. 청대 말기 일부 변법개혁파가 영어 '이코노믹스economics'를 '경중학輕重學'으로 번역한 것도 이런 맥락에서 이해할 수 있다. 일본이 '이코노미economy'를 경세제민經世濟民의 약자인 '경제'로 번역하며 메이지유신을 강력 추진한 것과 같은 취지다. 중국 역시 비슷한 시기에 나름 독자적인 경제 발전 전략을 추진했음을 알 수 있다.

그러나 청일전쟁에서 일본이 승리를 거두면서 변법개혁파의 번역어인 '경중'과 '경중학'은 이내 사라지고 말았다. 그 자리를 메이지유신을 성사시킨 일본의 번역어 '경제' 내지 '경제학'이 차지했다. 21세기에 들어와 중국 학자들은 관자가 제시한 정치경제학을 다시 '경중학'으로 명명하고 나섰다. 중국 전래의 역사·문화에서 새로운 패러다임을 찾겠다는 의지의 표현이다. 실제로 베이징대를 포함한 중국의 유수 대학 경영대학원은 『관자』를 기본 텍스트로 삼으면서, '사회주의 시장경제'의 특징을 이른바 '관자 경제학'의 관점에서 해석하고 있다.

객관적으로 볼 때 관중을 효시로 하는 정치경제학파를 '경중가'로 부르는 것은 약간 문제가 있다. 그보다는 '상가'로 표현하는 게 더 낫다. 관중은 농업을 중시했지만 사농공상士農工商에서 최하층으로 분류된 상업을 농업 못지 않게 중시했다. 제자백가 가운데 유일한 경우다. 나아가 『관자』의 내용을 보면 국가가 시장에 적극 개입하는 일련의 재정 경제 정책은 「경중」뿐만 아니라 「승마」와 「구부」 편에서도 두루 강조되고 있다. 관중을 효시로 하는 정치경제학파를 '경중가'로 명명할 경우 「승마」와 「구부」 편이 간과될 소지가 크다.

동양에서는 원래 경제를 나라를 다스리고 세상을 구한다는 뜻의 경국제세의 약자로 사용했다. 세상을 다스리고 백성을 구한다는 뜻의 '경세제민'의 약자로 사용한 것은 나중의 일이다. '경세제민' 표현은 수나라 때 왕통王通의 『문중자』 「예악」에 처음으로 나온다. 청나라 말기 무술정변戊戌政變이 일어나자 이를 주도한 강유웨이처럼 경륜을 지닌 재야의 인재를 등용하기 위해 새로운 과거 제도를 신설할 바 있다. 그 명칭이 '경제특과經濟特科'였다. 후대로 넘어오면서 '경제'가 '경국제세'보다 '경세제민'의 의미로 널리 사용되기 시작했음을 알 수 있다.

현대적 의미의 '이코노미'를 '경제'로 번역한 일본에도 원래는 '경세제민'이라는 용어가 존재하지 않았다. '경세' 내지 '경국'이 '제민'과 따로 사용됐을 뿐이다. 그러던 것이 에도시대에 들어와 '경세제민' 용어가 널리 사용되기 시작했다. 여기에는 청나라 초기 중국에서 발달하기 시작한 고증학이 경세치용經世致用을 역설한 게 커다란 영향을 미쳤다. 일본의 유학자를 비롯해 네덜란드 학문을 공부하는 난학자蘭學者 모두 유사한 취지의 경세제민론을 펼치기 시작했다. 대표적인 작품이 다자이 슌다이太宰春臺의 『경제록』이다. 그는 이같이 풀이했다.

"무릇 천하와 국가를 다스리는 것을 '경제'라고 한다. 세상을 바로잡아 백성을 구제할 의무가 있다는 뜻이다."

그가 말한 경세제민학은 요즘의 경제학에 정치학과 정책학, 사회학 등을 총괄한 개념에 가깝다. 그러나 에도시대 후반 화폐 경제가 활성화하면서 경제 개념이 사회생활을 영위하는데 필요한 생산과 소비 및 매매 등의 활동을 뜻하게 됐다. 조선의 정조 때 활약한 에도의 유학자 카이호 세이료海保青陵가 바로 그런 의미로 경제를 정의한 대표적인 사례에 속한다. 당시 경제가 가장 발달한 오사카에서는 금융업에 종사하는 자를 일컬어 '경제가經濟家'로 칭했다. 현대적 의미의 경제와 별반 차이가 없다.

영어 이코노미를 경제로 번역한 것은 에도시대 말기 『국부론』을 비롯한 서구의 고전경제학 서적이 일본에 소개된 이후이다. 일본에서 나온 최초의 서양경제학 입문서는 메이지유신이 빚어지기 1년 전인 1867년에 나온 칸다 타카히라神田孝平 번역의 『경제소학』이다. 이 책은 영어 '폴리티컬 이코노미political economy'를 '경제학'으로 번역해 놓았다. 이해 말에 나온 최초의 서양 유학생 후쿠자와 유키치福沢諭吉의 『서양사정』 「외편」도 그같이 번역했다.

그러나 '경제' 내지 '경제학'이 '이코노미' 내지 '폴리티컬 이코노미'의 번역어로 널리 사용된 것은 1870년 니시 아마네西周의 『백학연환』이 나온 뒤이다. 여기서는 '이코노미'를 나눠 번역했다. '홈 이코노미home economy'를 가정家政, '폴리티컬 이코노미'를 경제經濟로 구분해 번역한 게 그렇다. 1881년에 나온 『철학자휘』는 여기서 한발 더 나아가 '이코노믹스'를 개인 내지 기업 차원의 이코노미와 구별해 이재학理財學으로 번역했다. 메이지유신 초기에 설립된 각종 학교의 경제학과 명칭이 모두 '이재학과'로 표현된 이유다. '이재학'은 지금의 재정학財政學과 같은 말이다.

이후 국가 차원의 재정과 기업 차원의 이코노미를 포괄한 '경제' 용어가 널리 사용되기 시작했다. 경제학과를 '이재학과'로 표현하는 관행이 사라진 이유다. 이즈음 '경제' 내지 '경제학'이 청나라로 수출돼 중국 고유의 '경중' 내지 '경중학' 용어를 밀어내게 됐다. 객관적으로 볼 때 현대적 의미의 '경제' 내지 '경제학'의 수용은 메이지유신을 이론적으로 뒷받침한 일본 학자들의 공이 컸다고 할 수 있다.

오늘날 관자가 사상 최초로 창시한 정치경제학은 다시 부활하고 있다. 정치경제학은 애덤 스미스와 마르크스 등 고전 경제학자들이 말한 '진정한 의미의 경제학'이기도 하다. 실제로 1821년 4월 런던에서 제임스 밀, 리카도, 맬서스 등을 주요 회원으로 '정치경제학 클럽'이 발족한 바 있다. 리카도의『경제학 및 과세의 원리』를 비롯한 각종 저서의 간행과 런던대학의 설립 등이 이어지면서 정치경제학의 학문 체계를 보다 확고히 하고자 하는 취지에서 발족된 것이다. 이 단체는 이후 제본스, 마샬, 피구, 케인즈 등 주요 경제학자를 회원 또는 명예회원으로 맞이하면서 계속 활동을 이어갔으나 1880년 무렵부터는 기세가 이전만 못했다. '폴리티컬 이코노미'를 뜻하는 '정치경제학' 용어 대신 '경제학'을 뜻하는 '이코노믹스' 명칭이 점차 확산되기 시작한 배경이다.

그러나 '정치경제학' 용어는 1920년대 초반까지만 해도 '경제학' 용어와 동일한 비중으로 사용됐다. 그러던 것이 제1차 세계대전 이후 오직 '이코노믹스' 용어만 통용되는 상황이 빚어져 21세기 현재까지 이어져 오고 있다. 유럽에서 유행한 '정치경제학'의 별칭인 재정학 내지 거시경제학을 물리치고 미국 중심의 미시경제학이 득세한 결과다.

21세기에 들어와 새삼 정치경제학 용어가 부쩍 늘어나고는 있으나 학자마다 그 의미를 다양하게 사용하고 있어 정치와 경제를 하나로 녹인 정치경제학 본연의 모습을 되찾을 수 있을지 여부는 미지수이다. 원래 애덤 스미스에 의하면 정치경제학은 국민과 국가를 모두 부유하게 만드는 것을 목적으로 한다. 관자를 효시로 하는 상가가 사상 최초로 제시한 정치경제학이 부민富民을 전제로 부국강병을 역설한 것과 같은 취지이다.

고금동서의 역사가 보여 주듯이 국가와 시장은 명확히 분리할 수 있는 게 아니다. 국가가 개입하는 정도와 수준을 조절하는 게 중요하지 자유방임주의를 뜻하는 과거의 '레세페르laissez-faire'처럼 양자를 엄격히 구분하려 드는 것은 시장을 독과점 업체의 폭리 행위에 내맡기는 것과 같다. 미국이 주도하는 신자유주의 경제도 마찬가지다. 마르크스가 제시한 획일적인 국가 통제 경제도 문제지만 이런 식의 레세페르 또한 시장과 나라를 공히 망치는 길이다. 양자의 조화가 필요한 이유다. 미국과 중국이 천하의 패권을 놓고 한 치의 양보도 없이 다투는 21세기 G2시대는 과거의 춘추시대를 방불케 한다. 관중을 효시로 하는 상가의 본령인 정치경제학의 근본 취지를 되살필 필요가 있다.

제2장 •
진문공의 패업,
정패正覇와 휼패譎覇

19년간의 망명 생활

　　　　　　진문공 중이重耳는 제환공에 이어 사상 두 번째로 패업을 이룬 인물이다. 그는 19년에 걸친 망명 생활 끝에 보위에 올라 패업을 이뤘다. 이후 진晉나라는 춘추시대 말기까지 무려 2백여 년 동안 줄곧 중원의 패자를 자처했다. 진나라가 지리적으로 중원의 한가운데를 차지하고 있었던 점이 적잖이 기여한 게 사실이나 애초부터 그가 기반을 확고히 다져 놓았기에 가능한 일이었다.

　제환공이 패업을 이룰 당시 진나라는 진문공의 부친 진헌공晉獻公이 다스리고 있었다. 진헌공은 나름 뛰어난 군주이기는 했으나 여색을 너무 밝혔다. 이게 진문공으로 하여금 무려 19년간에 걸친 망명 생활을 하도록 한 배경이 됐다.

　당초 진헌공은 공자 시절 가賈나라에서 정실부인을 맞이했으나 불행히도 둘 사이에는 아들이 없었다. 이때 진헌공은 부친인 진무공의 애첩인 제강齊姜과 은밀히 사통해 아들 신생申生과 훗날 진목공秦穆公의 부인이 된 진목희秦穆

姬를 낳았다. '신생'이라는 이름은 진헌공이 서모인 제강과 사통해 낳은 아이를 '신씨'라는 백성의 집에 주어 기르게 한 데서 나온 것이다. 진헌공은 부친의 뒤를 이어 즉위한 후 제강을 정실로 삼으면서 신생도 궁 안으로 불러들여 태자로 삼았다. 정실인 가희賈姬는 이미 죽고 없었다.

이에 앞서 진헌공은 신생을 얻기 전에 이미 융국戎國의 두 여인을 첩으로 맞아들여 두 아들을 두고 있었다. 대융大戎 출신 호희狐姬가 낳은 아들이 바로 진문공 중이였다. 소융小戎 출신 여인도 이오夷吾를 얻었다. 이오는 중이에 앞서 보위에 올랐다가 인심을 잃어 그의 자손들 모두 비명횡사하는 불운의 주인공 진혜공晉惠公이다. 신생의 모친 제강이 오래 살지 못하고 진목희를 낳은 뒤 이내 후유증으로 숨을 거두자 진헌공은 죽은 가희의 여동생을 첩으로 삼아 제강이 난 딸을 키우게 했다.

이로부터 얼마 안 돼 진헌공은 군사를 일으켜 지금의 섬서 성 임동현 동쪽에 살던 여융驪戎을 쳤다. 융족의 일종인 여융은 남작의 작위를 받고 진나라 부근에 둥지를 튼 소국이었다. 여융의 군주는 두 딸을 바치며 강화를 청했다. 장녀의 이름은 여희驪姬, 차녀는 소희小姬였다. 여희는 미인이었다. 사서는 진헌공이 여희를 총애한 나머지 그녀의 말을 모두 들어주었다는 식으로 기록해 놓았다.

여희 소생은 해제奚齊이고, 소희 소생은 탁자卓子이다. 여희는 이내 자신의 소생을 후계자로 세우고자 했다. 먼저 진헌공을 졸라 정실이 되었다. 남은 문제는 어린 아들 해제를 태자로 삼는 일이었다. 기원전 666년, 여희가 어릿광대인 우인優人 시施를 끌어들였다. 그는 진헌공의 총애를 입고 있었다. 여희가 우인 시에게 말했다.

"나는 태자를 끌어내리고 내 아들을 세울 생각이오. 세 공자의 무리가 반발하면 적잖은 어려움이 뒤따를 수밖에 없소. 어찌하면 좋겠소."

우인 시가 대답했다.

"먼저 신생부터 제거해야 합니다. 신생은 사람이 순수하고 긍지가 높아 차마 다른 사람에게 나쁜 짓을 하지 못합니다. 순수한 사람은 모욕을 견디지 못하고, 긍지가 높은 사람은 문제가 발생할 경우 스스로를 자책하며 극단적인 선택을 합니다. 그를 모욕하는 것이 가장 효과적입니다."

"긍지가 높은 사람이 어찌 스스로를 사지로 몰아넣겠소?"

"치욕을 아는 사람이기 때문에 오히려 모욕하기가 쉽습니다. 자존심이 강하기에 작은 모욕에도 몸 둘 바를 모르는 것입니다. '지나친 순수함은 우둔함에 가깝다'고 했습니다. 그의 순수함은 작은 모욕에도 커다란 상처를 받게 만들고, 그의 어리석음은 스스로를 궁지로 몰아넣을 것입니다."

진헌공에게는 두 명의 총신이 있었다. 양오梁五와 동관오東關五가 그들이다. 여희는 그 두 사람을 매수했다. 매수된 두 사람은 진헌공에게 건의했다.

"곡옥曲沃은 군주의 종읍宗邑이고, 포성蒲城과 이굴二屈은 매우 중요한 변경입니다. 종읍을 유력한 인물이 다스리지 않으면 백성들이 두려워할 줄 모르게 되고, 변경 역시 유력한 인물이 다스리지 않으면 융적이 야심을 품게 됩니다. 태자 신생으로 하여금 곡옥을 다스리게 하고, 중이와 이오로 하여금 포성과 이굴을 지키게 하면 백성들이 두려워해 따르고, 융적 또한 두려움에 떨게 될 것입니다."

'종읍'은 종가宗家와 마찬가지로 시조가 출생한 고을을 말한다. 진헌공이 이를 따르자 나머지 공자들도 모두 변경으로 쫓겨났다. 지금의 산시 성 익성현인 도성 강도絳都에는 오직 여희 소생인 해제만 남게 되었다. 당시 진헌공은 연일 해제를 새 태자로 삼아야 한다는 여희의 간청에 시달렸다. 기원전 656년 겨울, 여희가 곧바로 우인 시와 대책을 상의했다.

"군주가 이미 나에게 태자를 살해한 뒤 해제를 세울 것을 허락했소. 다만 대부 이극里克이 반대할까 걱정이오. 어찌해야 좋겠소?"

신생이 곡옥으로 쫓겨난 지 10년 뒤의 일이다. 우인 시가 대답했다.

"제가 그의 마음을 돌려놓겠습니다."

우인 시가 이극에게 말했다.

"군주는 이미 여희에게 태자를 살해하고 해제를 세우는 것을 허락했다고 합니다. 계책이 모두 세워졌습니다."

"태자를 제거하는 것은 차마 할 수 없소. 나는 중립을 지킬 생각이오."

다음 날 아침 이극이 대부 비정祗鄭을 만났다.

"우인 시가 말하기를, '군주의 계책이 이미 서 있고 해제를 태자로 삼을 준비를 마쳤다'고 했소."

"그대는 그에게 무엇이라고 했소?"

"나는 중립을 지키겠다고 했소."

"참으로 애석한 일이오. 중립을 지키겠다고 말해 오히려 그들의 음모를 도와준 꼴이 되었소."

"지난 일을 후회한들 무슨 소용이 있겠소. 그대는 장차 어찌할 생각이오?"

"오직 군주를 따를 뿐이오."

이극이 말했다.

"군주에게 아부하며 태자를 제거하는 일에 가담할 수는 없소. 나는 장차 은퇴할 생각이오."

다음 날 이극은 칭병하고 조회에 나가지 않았다. 며칠 뒤 선군인 진무공晉武公의 사당에 제사를 올리게 되었다. 마침 병이 난 진헌공이 해제를 보내 제사를 주재하게 했다. 태자 신생은 여희의 소생인 해제가 자신을 대신해 제사를 올리게 된 것을 심각하게 생각하지 않았다. 이로부터 한 달 뒤 여희가 사람을 신생에게 보냈다.

"군주가 꿈속에서 태자의 생모인 제강을 보았다고 하니 속히 제사를 지내도록 하시오."

신생이 조상들의 사당이 있는 곡옥으로 가 생모인 제강을 제사 지낸 뒤 제사용 술과 고기를 바쳤다. 마침 진헌공은 사냥하러 나가고 없었다. 여희는 진헌공이 돌아오자 술 속에 짐새의 깃털에 있는 독인 짐독鴆毒을 타고 고기 속에 맹독성 독초인 오두독烏頭毒을 집어넣었다. 주방장이 술과 고기를 내오자 여희가 말했다.

"제사용 고기가 온 곳이 멀기 때문에 반드시 먼저 검사해 보아야 한다."

술을 땅에 붓자 땅이 곧바로 덩어리처럼 부풀어 올랐고 고기를 개에게 먹이자 이내 쓰러져 죽었다. 여희는 짐짓 애통해했다.

"태자가 이토록 잔인할 줄 몰랐습니다. 이는 소첩과 해제 때문입니다."

화가 난 진헌공은 태자의 스승을 죽였다. 이 소식을 들은 신생은 곡옥으로 몸을 피했다. 신생의 휘하가 물었다.

"어찌하여 진나라를 떠나지 않으려는 것입니까?"

"안에서 부모의 핍박을 받고 밖에서 제후들로부터 비웃음을 당하면 이중으로 곤경에 처하게 된다. 어차피 죽음을 피할 수 없다면 차라리 여기에서 군명을 받드느니만 못하다."

결국 신생은 목을 매 자살했다. 당초 신생을 폐할 생각을 가장 먼저 품은 사람은 진헌공이다. 여희는 오히려 이를 말렸다. 물론『춘추좌전』과『사기』는 이를 우인 시의 사주를 받은 여희의 간계로 기록해 놓았다. 그러나『국어』「진어」에는 신생이 부친인 진헌공을 제거하려는 음모를 꾸몄다가 도중에 발각되자 여희가 태자 신생을 찾아가 자진을 부추긴 것으로 되어 있다. 사실 신생은 적인狄人들을 무찌르고 개선한 뒤 자진할 때까지 약 4년간의 행보에 불투명한 점이 많다. 진문공이 보위에 오르면서 여희에 관한 얘기가 심히 왜곡되어 있었을 가능성을 시사한다. 「진어」의 기록이 이런 의구심을 뒷받침하고 있다.

신생이 자진한 직후 중이와 이오 두 사람은 곧바로 자신들의 근거지로 황급히 도주했다. 『사기』는 당시 상황을 이같이 기록해 놓았다.

"진헌공은 두 아들이 자신을 배견하러 왔다가 말도 없이 돌아간 사실을 전해 듣고는 크게 분노했다. 이에 두 아들에게 모반 의사가 있는 것으로 생각했다."

기원전 655년 봄 1월, 진헌공이 내시 역할을 하는 시인寺人 발제에게 명하여 군사를 이끌고 가 포성에 있는 중이를 치게 했다. 도성에 있던 대부 호돌狐突은 이 소식을 듣자마자 즉시 둘째 아들 호언狐偃을 불렀다.

"태자가 세상을 떠났으니 응당 중이가 보위에 올라야 한다. 지금은 상황이 여의치 않으니 우선 형 호모狐毛와 함께 공자 중이를 도와 망명토록 해라."

중이는 두 형제로부터 시인 발제가 군사를 이끌고 쳐들어온다는 얘기를 듣고 크게 놀랐다. 세 사람이 포성을 떠나려 하는데 발제의 군사가 성 밖에 당도했다. 중이가 담을 뛰어넘는 순간 뒤따라온 발제가 칼로 내리쳤다. 간발의 차이로 옷소매만 잘리고 무사히 담을 넘어 도주할 수 있었다. 호언이 건의했다.

"제나라와 초나라로 가는 길은 매우 멀고 험합니다. 차라리 적인의 땅으로 가느니만 못합니다. 그들과 희로애락을 같이하면 진나라의 정국 변화를 차분히 지켜볼 수 있습니다."

중이는 호모 형제와 함께 적翟 땅에 이르렀다. 적翟은 오랑캐를 뜻하는 적狄과 같다. 얼마 후 조최趙衰를 비롯해 위주魏犫와 전힐顚頡, 개자추介子推, 선진先軫 등의 대부들이 수레를 몰고 적 땅으로 왔다. 조최가 말했다.

"공자가 관후하다는 사실을 알고 장차 공자를 모시기 위해 고국을 떠나왔습니다."

"우리는 형제나 다름없소. 내가 어찌 그대들의 은덕을 잊을 수 있겠소!"

당시 이오는 굴성에 머물러 있었다. 그는 왜 망명길에 오르지 않은 것일까? 이오는 시종 진헌공의 명에 순종했다. 대부 극예郤芮과 여생呂甥 등이 공자 이오를 감싸고 돈 것도 한 이유로 들 수 있다. 진헌공은 이오를 신임하고 있었다.

•

대상대란

•

공자 중이가 망명한 해인 기원전 655년 가을 9월, 진헌공이 괵虢나라 토벌에 들어간 지 석 달 만에 괵나라를 손에 넣었다. 이해 12월, 진나라 군사가 철군 도중 길을 빌려준 우虞나라까지 병탄했다. 여기서 '가도멸괵假道滅虢'과 '순망치한脣亡齒寒'의 성어가 나왔다. 4년 뒤인 기원전 651년 여름, 제환공이 규구葵丘에서 제후들과 회맹했다. 진헌공이 뒤늦게 규구로 향하던 가운데 주왕실의 집정인 재공宰孔과 만났다. 이때 재공이 충고했다.

"회맹에 참여하지 않는 것이 좋을 것이오. 제나라 군주는 이미 북으로는 산융, 남으로는 초나라를 친 바 있소. 이번 회맹은 서쪽을 도모하기 위한 것이오. 지금 서쪽의 진晉나라는 혼란에 빠져 있지 않소? 군주는 국내의 일에 전념하는 것이 좋을 것이오."

진헌공이 곧바로 귀환했으나 이내 병이 나 자리에 누웠다. 병세가 날이 갈수록 위독해지자 대부 순식을 불렀다.

"과인이 들건대 선비의 근본은 충신忠信이라고 했소. 무엇을 충이라 하고 무엇을 신이라 하는 것이오?"

"전력을 다해 군주를 섬기는 것을 충이라 하고, 죽을지언정 약속을 어기지 않는 것을 신이라 합니다."

"과인은 어린 태자를 경에게 부탁하오. 경은 나의 뜻을 저버리지 마시오."

순식이 울며 대답했다.

"어찌 목숨을 걸고 충성을 다하지 않겠습니까!"

진헌공이 세상을 떠나자 해제가 상주 역할을 했다. 겨우 11세였다. 이극은 해제를 제거한 뒤 망명 중인 공자들을 부를 생각으로 순식을 찾아가 물었다.

"지금 장자인 공자 중이를 모시지 않고 첩의 소생을 세우면 누가 복종하겠소. 망명 중인 공자들의 무리가 장차 해제를 죽이려 하오. 그대는 어찌할 생각이오?"

"군주가 남긴 고아를 죽이려 들면 나에게는 죽음만이 있을 뿐이오."

이후 이극이 역사力士를 시켜 해제를 척살하자 순식은 해제의 시체를 껴안고 통곡했다.

"태자를 보호하지 못했으니 이는 나의 죄이다."

여희가 순식에게 말했다.

"아직 탁자가 있소!"

여희의 생질 탁자는 겨우 9세에 불과했다. 이극의 수하들이 달려들어 순식의 품에 안겨 있는 탁자를 빼앗아 전각 밑으로 내던졌다. 대로한 순식이 칼을 뽑아 이극에게 달려들었으나 이극의 부하들이 휘두른 칼에 맞아 숨이 끊어졌다. 여희는 후원에 몸을 던졌다. 비참한 최후였다. 이극이 곧 심복을 적翟 땅으로 보내 공자 중이에게 이를 보고했다. 중이는 호언을 불러 물었다.

"이극이 나를 옹립코자 하오."

"선공先公이 죽었는데 애도도 하지 않고 오히려 나라를 취하고자 하는 것은 도리에 어긋납니다."

"내란이 일어나지 않았으면 누가 나를 영접코자 했겠소?"

"부모가 죽는 것이 대상大喪이고, 형제간에 싸우는 소리가 담장 밖으로 넘어가는 것이 대란大亂입니다. 지금 일거에 대상대란이 일어났는데 이를 틈타 보위에 올라서는 안 됩니다."

이를 보고받은 이극이 다시 사람을 이오에게 보냈다. 양梁나라에 망명 중인 이오는 이미 양나라 군주의 딸과 결혼해 아들까지 하나 두고 있었다. 그는 부친인 진헌공이 세상을 떠났다는 소문을 듣자마자 자신의 본거지였던 굴 땅을 엄습해 점거했다. 이런 상황에서 진나라 사자가 자신을 모시러 온다는 얘기를 듣고는 뛸 듯이 기뻐했다. 함께 망명 생활을 하던 대부 극예도 부추겼다.

"백성들이 불안해하니 누가 감히 우리를 저지하겠습니까? 속히 보위에 오르도록 하십시오."

이오를 지지했던 대부 여생이 극예와 교신하며 조정의 대부들을 설득했다.

"장차 제후들이 우리나라를 도모하지나 않을까 걱정이오. 서쪽 진秦나라에 도움을 청하도록 합시다."

진헌공이 죽자마자 불과 한 달 사이에 두 명의 후사가 잇달아 신하에게 피살된 것은 보통 문제가 아니었다. 여생이 사람을 진목공에게 보냈다.

"장차 군주의 명을 좇아 진晉나라의 새 군주를 세우고자 합니다. 만일 군주가 우리 진나라를 은혜롭게 배려한다면 우리 선군과 맺은 우호를 잊지 않으리라고 봅니다."

진목공이 말했다.

"나는 공자 중이를 보위에 앉힐 생각이다."

그러자 공자 집이 반대했다.

"패업을 이루고자 한다면 이오를 세우고 뒤에서 조종하느니만 못합니다."

진목공이 이를 받아들여 군사를 출동시켰다. 중원의 패자인 제환공도 진나라가 극심한 혼란에 빠져 있다는 소식을 듣고 곧 사자를 각 제후국에 보냈다. 제후들이 군사를 이끌고 고량주의 원산지인 지금의 산시 성 임분시 고량高粱에 모였다. 제환공은 대부 습붕을 시켜 군사를 이끌고 가 진秦나라 및 왕실의 군사와 합세하게 했다. 습붕이 이들과 만나 공자 이오를 옹립키로 의견을 모았다.

기원전 650년 겨울 11월, 공자 이오가 곧 즉위했다. 그가 진혜공이다. 진헌공이 숨을 거둔 지 두 달만이다. 진혜공은 왕실을 포함해 천하를 호령하는 중원의 패자 제환공과 서쪽에서 막강한 세력을 구축한 진목공 등으로부터 고루 승인을 얻은 셈이다.

진문공 중이가 19년에 걸친 망명 생활을 해야 했던 근본 이유가 바로 여기에 있다. 『춘추좌전』을 비롯한 사서 모두 중이가 호언의 말을 좇아 보위에 오를 것을 건의한 이극과 진목공의 제의를 거부한 것으로 기록해 놓았다. 그러나 먼저 보위에 오르는 게 순리였다. 그럼에도 중이는 이를 거부한 것이다. 사서의 기록을 액면 그대로 믿을 수 없는 이유다. 후대인의 가필 혐의가 짙다.

당시 진목공이 이오를 택한 것은 이오가 땅을 떼어 주기로 약속했기 때문이다. 황하 이남에 늘어선 다섯 성을 포함해 동쪽으로 옛 괵나라 땅인 괵략虢略을 비롯해 남쪽으로 화산華山, 영내에 있는 해량성解梁城 등이 대상이었다. 이극을 포함한 진나라 대부들에게도 유사한 약속을 했다. 이들 모두 현실적인 이익을 앞세워 이오의 즉위를 도운 것이다. 주 왕실과 제환공의 경우는 명분을 중시한 까닭에 중이와 이오 가운데 누가 보위에 오를지라도 크게 괘념치 않았다. 이오가 주 왕실과 제환공에게는 땅을 떼어 준다는 식의 약속을 하지 않은 이유다.

범주지역의 은혜

진혜공 이오는 즉위하자마자 중이를 모시고 있는 호언 형제의 부친인 호돌을 상대부로 삼았다. 호돌이 원로대신이었기 때문에 예우한 것이다. 이어 즉위에 큰 도움을 준 여생과 극예를 중대부로 삼고 수족처럼 움직이는 심복 도안이를 하대부로 삼았다. 동시에 사자들을 주 왕실과 제환공 및 진목공 등에게 보내 사의를 표했다. 그러나 진목공에게 땅에 대해서는 아무런 언질도 하지 않았다. 진혜공도 후환이 두려운 나머지 대부들을 모아 놓고 이 문제를 논의했다. 이극이 말했다.

"군주가 즉위 초부터 이웃 나라에 신용을 잃어서는 안 됩니다. 기왕 약속한 바에는 이를 지켜야 할 것입니다."

그러나 여생이 반대했다.

"성을 하나 둘 떼어 준다고 하여 신의를 지켰다는 소리를 듣기는 어렵습니다. 오히려 진나라의 비위를 거스를 뿐입니다. 아예 주지 않느니만 못합니다. 일단 사자를 보내 기한을 최대한 늦춰 장차 이를 없었던 것으로 하는 것이 옳을 것입니다."

진혜공이 이를 좇아 대부 비정을 사자로 보냈다. 진혜공은 귀국하기 전에 비정에게도 땅을 떼어 주기로 약속했었다. 그러나 이를 지키지 않자 비정은 속으로 진혜공을 원망했다. 그가 진나라로 가 사정을 자세히 말하자 진목공이 대로했다.

"이오가 과인을 속였다."

그러자 비정이 은밀히 말했다.

"우리 진나라 대부들은 모두 군주의 은덕에 깊이 감복하고 있습니다. 그런데 여생과 극예 등이 이를 반대하고 있습니다. 군주가 이들을 유인해 죽인 뒤 군사를 동원해 공자 중이를 도우면 신들이 안에서 내응토록 하겠습니다."

진목공이 이를 받아들였다. 당시 이극 등은 진혜공이 약속한 땅을 주기는 커녕 여생과 극예만을 신임하고 자신들을 푸대접하자 점차 원망하는 마음을 품게 되었다. 이를 눈치챈 극예 일파가 진혜공을 부추겼다.

"장차 이극이 공자 중이와 내통해 반기를 들면 이를 어찌 막겠습니까? 후환을 미리 제거하느니만 못합니다."

"무슨 명분으로 제거한단 말이오?"

"이극은 해제와 탁자를 죽이고 선군의 유명을 받은 대부 순식까지 죽였습니다. 그 죄는 비할 바 없이 큽니다."

극예가 이극을 찾아갔다.

"그대는 이미 두 명의 군주와 한 명의 대부를 죽였소. 군주는 이극의 군주가 되는 것은 참으로 어려운 일이라고 했소."

이 말을 들은 이극은 칼을 뽑아 들고 하늘을 향해 탄식했다.

"나에게 죄를 씌우고자 한다면 무슨 이유인들 못 붙이겠소? 아, 충성을 다한 것이 죄가 되니 지하에서 무슨 면목으로 순식을 대한다는 말인가."

그러고는 이내 칼에 엎어져 죽었다. 토사구팽을 당한 셈이다. 당시 진목공은 극예 등을 제거할 생각으로 대부 영지를 진나라에 보빙사報聘使로 보냈다. 비정도 영지를 좇아 귀국했다. 진목공은 진혜공이 약속한 땅을 모두 반환하면서 많은 예물까지 보냈다. 미끼였다. 진목공이 보낸 국서에 그 속셈이 담겨 있었다.

'우리 두 나라는 인척간이니 땅을 두고 다툴 처지가 아니오. 과인은 귀국
의 여생과 극예 및 극칭 등 3명의 대부와 만나 두 나라의 화친 문제를 논의
코자 하오.'

진혜공이 즉시 여생 등을 진나라로 보내려고 하자 여생 일파는 진목공의
속셈을 눈치채고 이같이 건의했다.

"아직 나라가 안정이 안 돼 장차 세 대부가 여유를 갖게 되면 귀국에 보내
드리겠다고 하고 먼저 진나라 사자를 돌려보내십시오."

기원전 650년, 비정이 무리들을 모아 향후 대책을 논의하다가 기밀이 누
설돼 모두 죽임을 당했다. 비정의 아들 비표가 진秦나라로 달아난 뒤 진목공
에게 속히 진혜공의 응징에 나설 것을 읍소했지만 진목공은 때가 오기를 기
다렸다.

기원전 647년 겨울, 진혜공이 즉위한 후 거듭 기근이 들자 곧 대부 경정을
진목공에게 보내 양곡을 팔 것을 청했다. 그러자 진목공이 대책을 논의했다.

"진晉나라가 약속한 5개 성읍은 우리에게 주지 않으면서 이제 흉년이 들어
곡식을 꾸러 왔으니 어찌하는 것이 좋겠소?"

백리해가 말했다.

"재앙을 당한 이웃 나라를 돕는 게 도리입니다."

이에 비표가 반대했다.

"하늘이 재앙을 내린 것입니다. 이 기회를 놓쳐서는 안 됩니다."

그러자 진목공이 말했다.

"그 군주는 악하지만 백성들이야 무슨 죄가 있겠는가!"

진목공은 곡식 수만 석을 진나라로 실어 보냈다. 이때 곡식을 나르는 행렬
이 서쪽 진秦나라 도성인 옹성雍城에서 중원 진晉나라 도성인 강도까지 끊이
지 않고 이어졌다. 『춘추좌전』은 이를 '범주지역汎舟之役'으로 표현해 놓았다.
'범주'는 양식을 실은 배를 강에 띄웠다는 뜻이다. 이듬해인 기원전 646년 가
을, 이번에는 진秦나라에 기황이 들었다. 진목공이 진혜공에게 사자를 보내

식량 지원을 청했다. 이를 두고 진혜공은 군신들을 모아 놓고 상의했다. 이때 진혜공의 외숙인 대부 괵역이 말했다.

"이미 진나라의 원한을 샀는데 곡식을 보내 준들 무슨 소용이 있겠습니까?"

그러자 경정이 반박했다.

"이미 그들에게 땅을 주지 않는 일로 이익을 얻었습니다. 지난해에는 '범주 지역'의 도움을 받기도 했습니다. 지금 신의를 버리고 이웃 나라를 배반하면 또다시 우리에게 환난이 있을 때 누가 도와주겠습니까?"

그러자 괵역이 화를 냈다.

"지금 양식을 보내면 원한을 줄이기는커녕 오히려 적을 더 강하게 만드는 꼴이 되오. 차라리 안 주느니만 못하오."

이에 진혜공은 진나라 사자 냉지를 불러 이같이 둘러댔다.

"우리는 5년 동안 흉년이 들었다가 금년에야 풍년이 든 형편이오. 겨우 백 성들이 먹을 정도밖에 남아 있는 게 없소."

기원전 645년 가을, 진혜공의 배은망덕한 행위에 크게 노한 진목공이 마 침내 군사를 일으켰다. 진목공의 군사는 이미 오래전에 준비를 한 까닭에 연전연승하며 파죽지세로 쳐들어왔다. 이해 9월 13일, 진목공의 군사가 한 원韓原 땅까지 진격해 영채를 차렸다. 전국시대 때 한韓나라의 영토가 된 곳 이다. 진혜공도 10리쯤 떨어진 곳에 영채를 세우고 대치했다. 얼마 후 한 원에서 접전이 벌어졌다. 예상대로 싸움은 싱겁게 끝났다. 진목공의 압승 이었다. 진혜공은 포로가 되고, 그의 군사들 모두 무기를 버리고 진목공 의 영채로 가 투항했다.

진목공은 철군 도중 진혜공의 신병 처리 문제를 상의했다.

"진후晉侯를 죽이는 것이 좋겠소, 아니면 밖으로 내쫓아 버리는 것이 좋겠 소, 그도 아니면 그를 돌려보내 복위시키는 것이 좋겠소? 어느 쪽이 우리에 게 유리하겠소?"

의견이 분분해 결론이 나지 않았다. 이때 공손지가 건의했다.

"진晉나라는 아직 멸망시킬 수 없습니다. 그를 죽이면 서로 미움만 쌓게 됩니다."

진목공이 이를 좇아 곧 진혜공을 지금의 산시 성 호현인 영대靈臺의 이궁에 안치한 뒤 군사 1천여 명으로 하여금 영대를 지키게 했다. 당시 진목희는 이복동생인 진혜공이 포로가 되어 도성으로 끌려온다는 소식을 듣고 크게 놀랐다. 곧 태자 앵罃을 이끌고 누대 위에 땔나무를 쌓게 한 뒤 그 위에 올라가 앉았다. 진목희의 사자가 급히 진목공이 있는 곳으로 달려가 그녀의 말을 전했다.

"진후가 이른 아침에 들어오면 첩은 저녁에 죽고, 저녁에 들어오면 다음 날 아침에 죽을 것입니다. 오직 군주의 결단에 달려 있습니다."

이에 진목공이 급히 사자를 보냈다.

"과인은 멀지 않은 날에 진후를 본국에 돌려보낼 것이니 부인은 추호도 상심치 마시오."

이해 11월, 진목공이 진혜공을 돌려보냈다. 이를 계기로 진목공은 중원 진나라의 황하 이동 지역을 차지한 뒤 관원을 두어 다스리기 시작했다. 이 지역을 통상 하동河東이라고 한다. 진목공 사후 이 땅은 다시 중원 진나라에 빼앗겼다. 서쪽 진나라가 이 땅을 되찾은 것은 전국시대 중기 진효공秦孝公 때이다. 상앙의 계책 덕분이었다. 하동은 전략적으로 커다란 의미를 지니고 있었다. 진나라가 동쪽으로 진출하기 위해서는 반드시 이 지역을 차지해야만 했다. 진목공은 바로 그 가능성을 처음으로 연 것이다.

•

진진지의를 이루다

•

당초 진혜공은 공자 시절 양나라로 망명했을 때 양나라 군주의 딸 양영粱嬴을 부인으로 맞아들여 아들 어圉와 딸 첩妾을 낳았다. 진혜공이 즉위하자 어가 태자에 봉해졌으나 진혜공이 포로로 잡혔다가 풀려날 당시 진秦나라에 인질로 가게 되었다. 기원전 641년 가을, 진목공이 대군을 보내 양나라를 병탄했다. 이 와중에 태자 어의 외조부인 양나라 군주가 전사하자 태자 어가 원한을 품었다. 기원전 638년 가을, 진혜공이 병이 나 자리에 누웠다. 태자 어가 진나라에 인질로 잡혀 온 지 7년이 지난 시점이었다.

"대부들이 다른 공자를 보위에 앉힐지도 모를 일이다. 차라리 도중에 잡힐지라도 본국으로 달아나느니만 못하다."

도주하기 직전 그는 진목공의 딸이자 자신의 부인인 회영懷嬴에게 물었다.

"그대와 함께 고국으로 돌아갈까 하오만 어떻소?"

회영이 말했다.

"그대는 진晉나라 태자로 이곳에 와 곤욕을 당하고 있으니 돌아가고자 하는 것은 당연한 일이 아니겠습니까? 부친이 저를 그대에게 보낸 것은 그대의 마음을 붙잡아 두기 위한 것입니다. 그대를 따라가면 부친의 명을 버리는 일이 됩니다. 이 사실을 결코 발설하지는 않을 것입니다."

마침내 태자 어는 변복을 한 뒤 달아났다. 뒤늦게 이 소식을 들은 진목공이 대로했다.

"하늘이 이자를 돕지 않을 것이다."

그러나 병석의 진혜공은 크게 기뻐하며 태자 어에게 당부했다.

"공자 중이가 장차 외세를 끌어들여 보위를 빼앗고자 할 터이니 한시도 방심해서는 안 된다. 매사를 대부 여생 및 극예 등과 상의해 차질이 없도록 하라."

이듬해인 기원전 637년 가을 9월, 태자 어가 진회공晉懷公으로 즉위했다. 그는 백부인 공자 중이가 두려워 곧 이같이 하명했다.

"진나라 신하로서 공자 중이를 따라 국외로 망명한 자들의 부모와 친척들은 석 달 이내에 망명한 자들을 모두 소환토록 하라. 기한 내에 돌아오면 과거는 모두 불문에 붙일 것이다. 그렇지 않을 경우 당사자는 물론 부모, 친척들을 결코 용서하지 않을 것이다."

공자 중이의 외조부이자 원로대신인 대부 호돌은 두 아들을 부르지 않았다. 진회공이 호돌을 잡아들인 뒤 설득하자 호돌이 말했다.

"신의 자식들을 불러들이는 것은 그들에게 두 마음을 가르치는 것이 됩니다. 아비가 자식에게 두 마음을 가르치고서야 어떻게 군주를 섬길 수 있겠습니까?"

호돌은 목이 달아났다. 진회공은 이 일로 인해 반년 뒤 보위에서 쫓겨나고 참혹한 죽음을 맞이했다. 당초 공자 중이가 적 땅에 머물 당시 적 땅의 군주가 이웃 부락의 숙외叔隗와 계외季隗를 포로로 잡아다가 공자 중이에게 바쳤다. 중이는 계외를 아내로 삼으면서 숙외를 조최에게 주어 아내로 삼게 했다. 이후 계외는 백숙伯儵과 숙류叔劉를 낳고, 숙외는 조돈趙盾을 낳았다. 조돈은 훗날 진晉나라의 최고 권신이 된 인물이다. 기원전 644년, 중이가 마침내 제환공의 힘을 빌려 보위에 오를 생각으로 부인 계외에게 이같이 말한 바 있다.

"나를 25년 동안만 기다려 주시오. 그러고도 내가 돌아오지 않으면 그때 개가토록 하시오."

계외가 말했다.

"저는 이미 25세입니다. 다시 25년을 기다렸다가 개가하려면 아마도 그 이전에 관 속에 들어가 있어야 할 것입니다. 저는 그냥 기다릴 것입니다."

중이는 적 땅으로 망명한 지 12년째가 되던 이해에 마침내 일행과 함께 제나라로 향했다. 중이가 제나라에 이르자 제환공은 중이에게 공족의 딸을 아내로 삼게 하고 그녀를 제강齊姜이라고 불렀다. 중이는 제나라에서의 생활에 크게 만족했다. 이후 7년 동안 제나라에 머물렀다. 기원전 638년, 조최 등이 모여 대책을 논의했다.

"지금 제나라의 새 군주는 선군인 제환공의 패업을 잇기는커녕 제후들의 인심마저 잃고 있소. 다른 나라로 가서 기회를 만듭시다."

그러나 중이는 제강에 혹해 떠날 생각을 하지 않았다. 조최 등이 동문 밖의 상음衆陰이라는 곳으로 가 뽕나무 밑에 빙 둘러앉아 대책을 논의했다. 호언이 말했다.

"떠날 채비만 갖춰지면 공자를 유인하는 것은 쉬운 일이오. 그보다는 장차 어디로 가는가 하는 것이 더욱 중대한 일이오."

조최가 말했다.

"지금 송나라가 패업을 도모하고 있으니 송나라로 가도록 합시다. 가서 우리와 뜻이 같지 않으면 다시 초나라로 갑시다."

공교롭게도 제강의 시비侍婢가 뽕나무 위에서 뽕잎을 따다가 이들의 얘기를 듣게 됐다. 제강은 비밀이 누설될까 두려운 나머지 곧 시비를 독살한 뒤 중이에게 말했다.

"지금 진나라를 구할 수 있는 사람으로 당신 이외에 누가 있겠습니까? 당신이 머뭇거리며 결단을 미루면 오히려 재앙을 입을 것입니다."

"나는 여기서 늙어 죽을 것이오."

제강이 힐책했다.

"제나라는 이미 정사가 쇠퇴해 오랫동안 머물 곳이 못됩니다. 속히 제나라를 떠나야만 합니다. 어찌하여 작은 향락에 연연해 현실에 안주하려는 것입니까?"

중이가 받아들이지 않자 제강이 호언을 불러 상의했다. 이날 밤 제강이 술상을 차려 놓고 중이에게 권했다. 중이가 대취해 쓰러지자 호언 등이 중이를 이불에 싸 수레에 태웠다. 그들은 어둠 속에서 임치성을 벗어났다. 밤길을 달린 지 한참 되었을 때 중이가 비로소 술에서 깨어났다.

"너희들이 어찌하여 미리 나에게 알리지도 않고 이렇듯 성 밖으로 나를 끌어낸 것이냐?"

호언이 말했다.

"제나라로부터 이미 1백 리나 멀리 떨어졌습니다. 돌아갈 수 없습니다."

화가 난 중이가 옆에 있던 위주의 창을 빼앗아 호언을 찌르려고 했다. 호언이 황급히 수레에서 뛰어내려 달아나자 중이가 창을 들고 뒤쫓으며 말했다.

"만일 일이 이뤄지지 않으면 너의 살을 씹어 먹고야 말 것이다."

"장차 일이 이뤄지지 않으면 저는 어디서 죽을지도 모릅니다. 그러니 누가 들에 버려진 시체를 먹겠습니까? 일이 이뤄지면 진나라의 모든 것 가운데 가장 부드럽고 신선한 음식을 즐겨 먹게 될 터인데 어느 겨를에 이 비린내 나는 고기를 먹겠습니까?"

중이가 할 수 없이 일행과 함께 수레에 올라 송나라를 향해 갔다. 당시 송 양공宋襄公은 홍수泓水의 싸움에서 크게 패해 실의에 빠져 있을 때였다. 상처도 심각했다. 언제 완쾌될지 알 수 없었다. 중이 일행이 떠나려고 하자 그는 양식과 필요한 물품을 넉넉히 지급했다.

며칠 후 일행이 초나라에 이르렀다. 초성왕楚成王은 군주를 대접하는 예로써 맞아들였다. 하루는 일행을 궁중으로 불러 크게 연회를 베풀어 대접했다. 초성왕이 중이에게 넌지시 물었다.

"공자가 만일 귀국하게 되면 무엇으로 과인에게 보답할 생각이오?"

"미녀와 보옥, 비단은 군주가 갖고 있는 것입니다. 그러니 제가 무엇으로 보답할 수 있겠습니까?"

"비록 그렇기는 하나 아무튼 장차 어찌 보답할 생각이오?"

중이가 정색했다.

"만일 군주의 은덕으로 귀국한 후 진·초 두 나라 사이에 전쟁이 일어나 양쪽 군사가 중원에서 만나게 되면 저는 군주를 피해 90리 뒤로 물러날 것입니다. 만일 퇴병하겠다는 군주의 명을 얻지 못한다면 왼손에 활, 오른손에 화살통을 쥐고 군주와 한번 겨뤄 보겠습니다."

투자문의 뒤를 이어 영윤이 된 성득신이 초성왕에게 말했다.

"진나라 공자를 제거하지 않으면 장차 초나라의 큰 우환이 될 것입니다."

그러나 초성왕은 반대했다.

"하늘이 초나라를 돕는다면 누가 능히 초나라를 위협할 수 있겠소? 그러나 그렇지 않으려 한다면 진나라에 뛰어난 인물이 또다시 나타나지 않을 리 있겠소? 하물며 진나라 공자는 뛰어난 인재요. 하늘이 그를 돕고 있소."

초성왕이 공자 중이를 해쳤으면 천하인의 인심을 크게 잃었을 것이다. 당시 진목공은 진혜공에 이어 그의 아들인 진회공으로부터 또다시 배신을 당하자 크게 화가 나 있었다. 중이 일행이 초나라에 있다는 소식을 들은 그는 곧 공손지를 초성왕에게 보냈다. 중이가 초성왕에게 말했다.

"저는 모든 것을 군주에게 맡겼습니다. 귀국하지 않을 것입니다."

초성왕이 말했다.

"중원의 진나라는 우리 초나라와 멀리 떨어져 있으나 서쪽 진나라와는 서로 경계를 접하고 있소. 더구나 진백秦伯은 매우 어진 사람으로 지금 진후晉侯와 갈등을 빚고 있소. 이는 하늘이 공자를 돕는 것이오. 속히 떠나도록 하시오."

초성왕은 군사들로 하여금 중이 일행을 서쪽 진나라 경계까지 호송하게 했다. 이듬해인 기원전 637년 봄, 중이 일행이 진나라에 당도하자 진목공이 교외까지 나와 영접했다. 진목희도 이복동생 중이를 극진히 대접했다. 하루는 진회공의 부인으로 있다가 진나라에 홀로 남게 된 회영이 중이를 위해 대야에 물을 부어 주다 잘못하여 물을 튀게 했다. 옷이 젖은 중이가 회영에게 손을 내저으며 한쪽으로 비킬 것을 요구했다. 그러자 회영이 화를 냈다.

"우리나라와 그대 나라는 동등한 나라인데 어찌하여 저를 업신여기는 것입니까?"

중이가 급히 의관을 벗은 뒤 꿇어앉아 빌었다. 이 소식을 들은 진목공이 중이를 찾아와 사과했다.

"공자 어圉가 인질로 와 있을 때 내가 그 아이를 시켜 시중을 들게 한 적이 있소. 그 아이는 그 점만 빼고는 나무랄 데가 없는 아이요. 나는 감히 공자에게 그 아이를 부인으로 맞이하라고 청할 수는 없소. 단지 그 아이를 거둬 주기만 하면 족하오."

중이에게 회영은 생질녀인 동시에 조카며느리이기도 했다. 호언이 간했다.

"장차 공자 어의 국가를 취하고자 하는데 그의 처자를 취하는 게 무슨 대수겠습니까?"

당시도 정략결혼이 일반화되어 있었다. 중이가 마침내 회영을 부인으로 맞아들였다. 여기서 '진진지의秦晉之誼'라는 성어가 나왔다. 두 나라 군주들이 대대로 혼인 관계를 맺어 우호를 다진 데서 나온 말이다. 그러다 후대에 혼인 및 혈맹의 관계를 맺은 국가 관계를 흔히 '진진지의' 내지 '진진지호秦晉之好'로 표현하게 됐다. 이해 9월, 호돌이 참형에 처해진 사실을 전해 들은 호모 형제가 가슴을 치며 통곡했다. 호모가 중이를 찾아가 말했다.

"신의 늙은 부친이 참형을 당하고 말았습니다."

"귀국 즉시 그대들의 원수를 갚아 주겠소."

중이는 수레를 타고 궁으로 들어가 진목공에게 군사 지원을 호소했다. 진목공은 흔쾌히 응낙했다.

"이제 비로소 때가 왔소. 과인은 공자를 위해 앞날의 모든 일을 떠맡도록 하겠소."

진목공이 친히 군신들과 함께 병거 4백 승을 이끌고 공자 중이 일행을 호송했다. 사서는 이를 '기강지복紀綱之僕'으로 표현했다. 훈련이 잘된 능력 있는 병사와 노복을 뜻한다. 진목공이 사위인 공자 중이에게 최상의 호의를 베풀었음을 암시한다. 회영도 중이와 함께 귀국길에 올랐다. 19년간에 걸친 망명 생활을 청산하는 역사적인 순간이었다.

•

잘린 옷소매의 인연

•

기원전 636년 봄 1월, 진목공이 강변에서 성대한 송별연을 베풀었다. 그가 문득 황하를 굽어보며 중이에게 부탁했다.

"귀국 후 부디 과인을 잊지 마시오."

"군주의 은덕으로 귀국하게 되었는데 어찌 잊을 리 있겠습니까?"

대부들이 대거 중이에게 투항하자 진회공은 황급히 고량으로 도주했다. 진목공은 공자 중이가 무사히 진晉나라 군사를 접수했다는 소식을 듣고서야 비로소 도성인 옹성으로 돌아갔다. 중이 일행은 곡옥으로 들어가 조상의 사당에 참배하며 귀국을 고했다. 사회士會와 주지교舟之僑, 양설직羊舌職, 순림보荀林父, 선멸先蔑 등 30여 명의 대부가 중이를 영접하기 위해 곡옥 땅으로 달려왔다. 중이는 그날로 강도에 입성에 곧바로 보위에 올라 진문공이 되었다. 당시 진문공은 이미 62세에 달해 있었다. 패업을 이루기에는 시간이 얼마 남지 않은 상태였다.

진문공도 서둘렀다. 먼저 사람을 고량 땅으로 보내 숨어 있던 진회공을 척살했다. 사서에는 당시 상황이 구체적으로 서술돼 있지 않다. 참살을 당했을 공산이 크다. 당시 문득 안면을 바꿔 중이 일행을 영접한 여생과 극예는 크게 불안해했다. 이들은 마침내 진헌공의 명을 좇아 중이를 죽이러 갔다가 옷소매만 끊어 가지고 온 발제와 연락해 반란을 꾀했다. 발제는 힘이 장사였다. 이해 봄 3월 29일 그믐날을 거사일로 잡았다. 역모에 가담할 사람이 속속 모여들기 시작했다. 거사 직전 발제가 은밀히 궁으로 찾아가 알현의 청을 넣었다. 진문공이 알자謁者를 보내 이같이 전했다.

"전에 너는 하룻밤이 지난 뒤 공격하라는 명령에도 불구하고 그날로 나를 공격했다. 이후 내가 적 땅에 망명해 있을 때도 사흘 밤이 지난 뒤 척살하라는 명을 무시하고 이틀 만에 이르렀다. 네가 내리친 칼에 잘린 옷소매를 아직도 내가 가지고 있다. 너는 속히 어디론가 종적을 감추는 것이 좋을 것이다."

발제가 이같이 회답했다.

"신하가 군명을 받들 때는 두 마음이 없어야 하니 이는 고례의 법도입니다. 신은 모시는 군주가 미워하는 자를 제거하는 데에 온 힘을 기울여 이를 완수코자 했을 뿐입니다. 저에게 군주는 포성으로 도망했을 때는 포성 사람, 적인의 땅으로 도주했을 때는 적인으로 보였을 뿐입니다. 제환공은 관중이 혁대 고리를 맞춘 원한이 있음에도 불구하고 그를 과감히 발탁했습니다. 군주가 소매가 잘린 사건의 원한을 지금껏 품고 있다는 사실을 알았다면 저는 벌써 떠났을 것입니다. 그리되면 전에 저지른 죄로 인해 군주 곁을 떠날 사람이 매우 많을 것입니다.”

진문공이 크게 놀라 곧바로 발제를 불러들였다. 발제가 여생 및 극예의 반란 모의를 자세히 고하면서 이같이 건의했다.

“속히 성을 빠져나가 진秦나라 군사를 불러오십시오. 그래야만 그들을 평정할 수 있습니다. 신은 이곳에 있다가 내응하겠습니다.”

진문공이 급히 샛길로 빠져나가 황하를 건넜다. 지금의 산시 성 조읍인 왕성王城에 도착한 뒤 사람을 진목공에게 보내 회동을 청했다. 왕성에 도착한 진목공이 자세한 내용을 전해 듣고는 진문공을 안심시켰다.

“천명은 이미 정해진 것이오. 크게 근심치 마시오.”

이런 사실을 까마득히 모르는 여생과 극예 등이 거사 당일인 3월 29일 그 믐날 밤에 마침내 반기를 들었다. 궁궐 사방에서 불길이 치솟기 시작했다. 사방에서 여생과 극예의 무리들이 이리저리 뛰어다니며 큰 소리로 외쳤다.

“중이는 달아나지 말라.”

여생과 극예는 진문공을 죽이려고 사방을 뒤졌으나 결국 실패했다. 그들은 조최 등이 부하들을 이끌고 불을 끄러 몰려오자 급히 황하 강변까지 도주했다. 발제가 말했다.

“위나라에 있는 공자 옹雍을 모셔다가 군주로 세우면 중이가 설령 타 죽지 않았을지라도 다시는 보위에 오르지 못할 것입니다.”

두 사람은 황하를 건넜다가 진문공에 의해 목이 달아나고 말았다. 진문공이 여생과 극예의 일당을 모두 도륙하려고 하자 조최가 간했다.

“너무 엄히 다루면 인심을 잃습니다.”

이에 진문공은 대사령을 내렸다. 여생과 극예 일당은 매우 많아 온갖 유언비어가 나돌았다. 이때 진문공 밑에서 잔일을 하며 창고를 지키던 두수가 궁궐 앞에 나타나 배견을 청했다. 그는 중이가 망명해 있을 때 창고 안의 재물을 훔쳐 도망간 적이 있지만 그 재물들을 진문공의 귀환을 위해 모두 요긴하게 썼다. 진문공은 이런 사실을 알 리가 없었다. 두수가 알현을 청했을 때 진문공은 마침 머리를 감고 있었다. 그가 면회를 거절하자 두수가 알자를 통해 이같이 전했다.

"나라 안에 있던 사람들은 사직을 지켰고, 군왕을 따라 망명한 사람들은 말고삐를 잡고 군왕을 위해 열심히 뛰어다니며 일했습니다. 양쪽 모두 자신이 해야 할 일을 한 것인데 어찌하여 나라 안에 있던 사람들만 벌을 받아야 합니까? 일국의 군주로서 필부에 대한 작은 원한을 가슴속에 품고 있다면 죄를 두려워할 사람이 매우 많을 것입니다."

진문공이 급히 옷을 입고 두수를 불러오게 했다. 두수가 물었다.

"군주는 여생과 극예의 일당이 얼마나 많은지 아십니까?"

"매우 많다는 얘기는 들었소."

"그들은 비록 용서를 받았지만 속으로는 여전히 의심하고 있습니다. 군주는 마땅히 그들을 안심시킬 수 있는 방도를 생각해야만 합니다."

"어찌해야만 하오?"

"지난날 제가 재물을 훔쳐 달아났기 때문에 군주가 많은 고생을 했습니다. 이 나라 백성치고 이를 모르는 사람이 없습니다. 그러니 만일 군주가 외출할 때 제가 군주의 수레를 모는 것이 어떻겠습니까? 그러면 그들은 의심을 풀 것입니다."

이후 두수가 진문공의 수레를 몰고 밖으로 나가자 이를 본 여생과 극예의 무리들이 모두 크게 놀랐다. 신기하게도 유언비어가 일순 사라졌다. 진문공은 두수에게 다시 궁중의 창고를 맡겼다. 진나라가 더욱 안정된 것은 말할 것도 없다.

진문공의 패업

당초 진문공은 망명을 떠나기 전 두 번이나 새 부인을 맞이한 적이 있었다. 첫 번째 아내는 서영이다. 그러나 그녀는 일찍 죽었다. 두 번째 아내는 복길이다. 그녀는 아들 하나와 딸 하나를 낳았다. 아들 이름은 환驩, 딸의 이름은 백희伯姬였다. 복길도 진문공이 포성에 있을 때 죽었다. 진문공은 망명을 떠날 때 자식을 버리고 갔다. 그때 두수는 진문공의 두 어린 남매를 거두어 포성 땅 수씨네 집에 맡긴 뒤 곡식과 음식을 넉넉히 대 주었다.

두수가 진문공에게 이 사실을 고하자 진문공이 크게 놀라 수씨 집에 있는 자식들을 데려오게 했다. 이어 진문공은 문영文嬴으로 하여금 두 남매의 어머니 역할을 맡게 한 뒤 공자 환을 태자로 삼았다. '문영'은 회영을 말한다. 사람들은 진문공에게 시집온 이후의 회영을 그같이 칭했다. 이어 딸 백희를 조최에게 시집보냈다. 이후 백희는 조희趙姬로 불렸다. 조희는 조최와의 사이에서 조동趙同과 조괄趙括, 조영趙嬰을 낳았다. 이때 적인들이 계외季隗를 진나라로 돌려보내면서 진문공의 두 아들인 백숙과 숙류를 자신들이 키울 수 있도록 해 줄 것을 청했다. 진문공이 이를 허락했다. 얼마 후 제효공齊孝公도 제강을 진나라로 보냈다. 문영은 계외와 제강이 오자 부인의 지위를 양보했다. 이에 제강이 첫째 부인, 계외가 그다음, 문영이 마지막 순서가 되었다.

당시 조희는 적인들이 진문공의 부인인 계외를 진나라로 보내자 곧 조최에게 계외의 여동생인 숙외와 그녀가 낳은 조돈을 불러들일 것을 청했다. 조최가 난색을 표하자 조희가 설득했다.

"집정하는 사람이 새로 총애하는 사람을 얻었다고 하여 옛사랑을 잊는다면 어찌 백성들을 신복信服시킬 수 있습니까?"

조희는 조돈이 재주가 있는 것을 알고 누차 진문공에게 청해 조돈을 조최의 적자로 삼은 뒤 자신이 낳은 세 아들을 조돈의 밑에 서게 했다. 또 조최로 하여금 숙외를 정실로 삼게 한 뒤 자신은 그 밑의 사람이 되었다.

진문공은 망명을 같이했던 사람들과 국내에서 내응한 사람들에 대한 논 공행상을 한 뒤 나라를 안정시키는 데 온 정성을 기울였다. 인재들을 널리 구한 뒤 적소에 임용했다. 군공을 세운 자를 크게 포상하고, 예로써 빈객을 접대했다. 이어 세금을 경감하고, 출입 관세를 줄이고, 상거래를 편리하게 하고, 궁지에 몰린 사람을 보살피고, 농경을 장려하며 상호 부조토록 권유하고, 재정의 쓰임새를 줄이고, 전량錢糧을 풍부히 비축했다.

진문공은 19년간에 걸친 망명 생활을 통해 백성들의 고통을 누구보다도 잘 알고 있었다. 그는 이런 일련의 개혁 조치를 통해 진나라의 피폐한 기풍을 완전히 새롭게 바꿔 놓았다. 제환공의 뒤를 이어 춘추시대 제2의 패자가 되기 위한 모든 조건이 구비된 셈이다. 기원전 633년 겨울, 초성왕이 4개국 군주와 함께 연합군을 이끌고 가 송나라를 포위했다. 송나라의 대사마 공손 고固가 급히 진나라로 가 구원을 청했다. 호언이 일전을 권했다.

"초나라는 얼마 전에 처음으로 조나라의 지지를 얻었고 위나라와 혼인 관계를 맺었습니다. 우리가 조나라와 위나라를 치면 초나라는 반드시 그 나라들을 구원하려 할 것입니다. 그리되면 제나라와 송나라는 초나라의 위협으로부터 벗어날 수 있게 될 것입니다."

이듬해인 기원전 632년 봄 1월, 진문공이 군제를 2군에서 3군으로 개편한 뒤 마침내 출격 명령을 내렸다. 망명 시절 자신을 박대했던 조나라를 칠 생각으로 위나라에 길을 빌려줄 것을 청했으나 위나라는 이를 허락하지 않았다. 진나라 군사는 길을 돌아 조나라를 친데 이어 곧바로 위나라로 쳐들어가 오록五鹿 땅을 점령했다.

이해 2월, 진문공이 제소공齊昭公과 지금의 허난 성 복양현인 염우歛盂에서 동맹을 맺었다. 이때 위성공衛成公이 맹약에 참여할 뜻을 밝혔으나 진문공이 허락하지 않았다. 화가 난 위성공이 초나라에 기대려고 했지만 오히려 위나라 사람들이 위성공을 축출했다. 이해 3월 10일, 진나라 군사가 조나라 도성을 함몰시키고 조공공曹共公을 사로잡았다. 진문공은 조나라와 위나라 땅의 일부를 송나라에 떼어 주었다. 당시 초성왕은 이미 철군해 초나라 변경인 신申 땅에 머물러 있었다. 곧 초나라 장수 성득신에게도 송나라에서 철수할 것을 명했다.

"진나라 군주는 19년간 망명했다가 결국 진나라를 차지했소. 세상의 온갖 역경과 간난을 고루 겪어 사람의 속마음을 모두 꿰뚫고 있소. 속히 철군토록 하시오."

그러나 성득신은 곧바로 사람을 보내 반대 의사를 전했다.

"감히 반드시 공을 세우려고 하는 것이 아닙니다. 단지 차제에 출격을 훼방하는 소인배들의 입을 막고자 할 따름입니다."

초성왕은 크게 노해 소수의 병력만 내주었다. 성득신이 사자를 진나라 진영에 보내 이같이 전했다.

"진나라가 먼저 위나라 군주를 복위시키고 조나라 땅을 원래대로 회복시켜 주시오. 그러면 초나라도 송나라에 대한 포위를 풀고 철군하겠소."

호언이 진문공에게 건의했다.

"성득신은 무례하기 그지없습니다. 초나라를 대파할 수 있는 이번 기회를 놓쳐서는 안 됩니다."

선진이 동조했다.

"은밀히 조나라와 위나라의 영토를 회복시켜 주어 그들을 초나라로부터 떼어 놓은 뒤 초나라 사자를 억류해 성득신을 격노하게 만드십시오. 나머지 대책은 싸움의 전개 양상을 보아 가며 강구하면 됩니다."

조나라와 위나라는 과연 초나라와의 관계를 끊겠다고 밝혔다. 성득신이 대로해 먼저 공격을 가해 왔다. 진나라 군사가 90리를 물러서자 진나라 장수들이 의아해하며 물었다.

"초나라 군사는 이미 출병한 지 오래되어 사기가 크게 떨어져 있는데 무슨 까닭으로 뒤로 물러서는 것입니까?"

호언이 진문공 대신 말했다.

"우리 군사가 90리를 후퇴한 것은 초나라 군주가 전에 베푼 은혜에 보답하려는 것이오. 우리가 뒤로 물러서 초나라 군사도 돌아간다면 곧 목적을 달성하는 것이니 더 이상 무엇을 바라겠소? 그러나 초나라 군사가 돌아가려 하지 않는다면 저들은 명분을 잃게 되오. 이때 응징하는 게 가할 것이오."

성득신은 철군을 거부했다. 이해 여름 4월 3일, 진문공이 송나라 및 제나라 군사 등과 함께 허난 성 진류현인 성복에 주둔했다. 성득신의 군사는 성복 일대의 휴鄈 땅을 등지고 진을 쳤다. 그런 다음 성득신은 대부 투발을 진문공에게 보냈다.

"한번 힘을 겨뤄 보고자 하니 청컨대 군주는 수레 위에서 이들이 싸우는 것을 구경토록 하시오. 저 또한 군주와 함께 관람할 것이오."

진문공이 이를 받아들였다. 진문공이 전군을 사열하면서 이같이 격려했다.

"젊은이를 앞세우고 연장자를 뒤에 세워 예절이 있으니 가히 승리할 만하다."

4월 4일, 진나라 군사가 유신의 북쪽에 진세를 펼쳤다. 초나라의 성득신은 정예병 6백 명을 이끌면서 이같이 장담했다.

"오늘 반드시 진나라 군사를 모두 없애 버릴 것이다."

대회전이 시작되자 진나라 장수 서신이 말에게 범 가죽을 씌운 뒤 먼저 초나라 연합군을 향해 정면으로 치고 들어갔다. 이들이 혼비백산해 도주하자 초나라 우군도 궤멸됐다. 초나라의 좌군도 진나라의 유인책에 휘말려 이내 궤멸되고 말았다. 단지 성득신이 이끄는 초나라 중군만 무사했다. 진나라 군사는 사흘 동안 초나라 군사들이 주둔했던 곡 땅에 머물며 노획한 군량을 먹었다. 4월 8일, 초나라 군사가 곡 땅에서 철군하는 것으로 결국 성복의 대회전은 개전한 지 6일 만에 진나라 군사의 대승으로 귀결되었다. 사가들은 이를 이른바 '성복지역城濮之役'이라고 한다. 진나라가 이후 2백 년 동안 중원의 패권을 장악하게 된 결정적인 싸움이었다. 4월 29일, 진나라 군사가 지금의 허난 성 원무현인 정나라의 형옹 땅에 이르자 주양왕^{周襄王}이 진나라 군사를 위로하려 했다. 곧 천자의 행궁을 허난 성 형택현인 천토^{踐土}에 지었다. 5월 14일에는 주양왕이 연회를 베풀어 진문공을 대접하는 한편 왕자 호^虎 등을 보내 진문공을 후백^{侯伯}으로 임명했다. 후백은 '제후들의 영수'라는 의미로 패자와 같다. 진문공은 주양왕이 참석한 천토회맹을 통해 마침내 명실상부한 춘추시대의 두 번째 패자가 되었다.

제환공 때 남북이 충돌한 적이 있기는 하나 외교전으로 일관한 까닭에 무력 충돌로 발전하지는 않았다. 성복지역은 초나라가 중원의 대표와 정면 충돌한 첫 번째 사례에 해당한다. 이 싸움을 계기로 천하의 패권은 자연 진나라로 돌아갔다. 춘추시대에 사상 처음으로 남북을 아우른 진정한 의미의 패자가 등장한 셈이다.

•

멸국치현의 시대

•

기원전 628년 겨울, 진문공이 병이 나 자리에 눕게 되었다. 병이 위독해지자 이내 조최 등의 원로대신들을 불러들였다.

"경들은 세자 환^驩을 받들어 과인이 이뤄 놓은 패업을 결코 다른 나라에 빼앗기지 않도록 힘써 주시오."

그러고는 이내 숨을 거두었다. 이때 그의 나이는 68세였다. 19년간에 걸친 망명 생활 끝에 나이 61세가 되어 보위에 오른 후 4년 만에 남방의 강국 초나라를 무력으로 제압하고 명실상부한 패자가 된 그는 8년 동안 천하를 호령하다가 마침내 숨을 거두고 만 것이다. 공자 환이 장례를 치른 뒤 곧바로 보위에 올랐다. 그가 바로 진양공^{晉襄公}이다. 그는 진문공의 패업을 잇기에는 여러모로 자질이 부족한 인물이었다. 진나라가 초나라의 도전에 고전하게 된 이유다. 천하대세는 진문공을 대신할 만한 새로운 패자를 찾고 있었다. 진문공의 뒤를 이어 패자가 된 사람은 초장왕楚莊王이었다.

그는 초나라가 천하의 제후를 호령할 수 있는 막강한 힘을 지니고 있음을 보여 준 최초의 인물이다. 중국의 역대 왕조 가운데 남쪽에서 흥기하거나 북방 기마민족의 압박을 받아 남쪽으로 밀려 내려온 정권 모두 초나라의 옛 땅인 장강 일대를 기반으로 잔명을 이어갔다. 기본 틀이 바로 춘추시대 중엽 초장왕에 의해 만들어졌다. 그러나 초나라는 초장왕 이후 이내 패권을 잃었다. 덕분에 중원의 진나라가 반사이익을 누리며 중원을 호령하게 됐다.

훗날 공자는 진문공을 제환공과 비교하며 일정 부분 깎아내렸다. 도덕적인 평가를 내린 결과다. 천자를 자신이 주재하는 회맹 장소까지 불러낸 게 가장 큰 이유였다. 비록 천자가 제후국을 순행하는 형식을 취했으나 사실 당시 천자를 강압적으로 끌어낸 것이나 다름없다. 『춘추공양전』이 아예 천토라는 지명을 밝히지 않은 게 그 증거다. 『춘추공양전』은 그 이유를 이같이 풀이해 놓았다.

"어찌하여 천자가 천토에 있다고 기록하지 않은 것일까? 그것은 제후가 천자를 초치招致할 수 없기 때문이다."

이 구절은 주양왕을 강압적으로 초치한 진문공의 비례非禮를 용서할 수 없다는 취지를 담고 있다. 공자도 같은 입장에 서 있었다. 그는 『논어』 「헌문」에서 진문공을 이같이 질타했다.

"제환공은 바르면서 술수를 부리지 않았으나 진문공은 술수를 부리면서 바르지 않았다."

똑같은 패업인데도 제환공의 패업은 이른바 '정패正覇', 진문공의 패업은 이른바 '휼패譎覇'로 나눈 것이다. 훗날 주희는 공자가 정패와 휼패를 나눈 배경과 관련해 이같이 풀이했다.

"제환공은 초나라를 칠 때 대의를 내세워 말하고 속임수를 쓰지 않았다. 그러나 진문공은 위나라를 쳐 초나라를 싸움으로 끌어들이고 음모로써 승리를 취했으니 그 속임이 매우 심했다. 두 사람의 다른 일도 이와 같은 것이 많다. 공자가 이를 언급함으로써 그 숨은 사실을 드러낸 것이다."

'존왕'을 제대로 이행하지 않았다고 질타한 것이다. 이는 '존왕양이'의 대의를 높이 받든 『춘추공양전』이 진문공을 비판한 것과 맥을 같이한다. 그러나 객관적으로 볼 때 진문공의 패업을 제환공보다 한 수 낮게 평한 것은 타당성을 찾기 힘들다. 엄밀히 말하면 제환공도 진문공 못지않게 존왕을 거스른 바 있다. 천자만이 행할 수 있는 봉선을 행하려고 시도한 게 그 증거다. 진문공은 사상 최초로 무력을 동원해 초나라를 제압하고 중원의 패권을 확고히 한 장본인이다. 제환공도 이루지 못한 일이다. 그런 점에서 제환공과 진문공의 패업을 공자처럼 굳이 정패와 휼패로 나눌 필요는 없다. 한비자가 바로 이런 입장에 서 있었다. 『한비자』「난일」에 나오는 공자의 진문공에 대한 평가는 『논어』에 나오는 공자의 평가와 대비되고 있다.

"공자가 진문공에 관한 얘기를 듣고 말하기를, '진문공의 패업은 당연했다. 임기응변의 권모술수도 알고, 만대에 이득이 되는 방략까지 알았기 때문이다'라고 했다."

공자가 이런 말을 했는지는 알 길이 없다. 그러나 공자 역시 제환공의 존왕양이 행보를 극찬한 것과 같은 맥락에서 진문공이 구사한 임기응변의 계책을 수용했을 공산이 크다. 이는 공자도 정패와 휼패의 차이에 크게 의미를 두지 않았을 가능성을 시사한다. 『춘추좌전』을 보면 이를 뒷받침할 만한 공자의 언급을 쉽게 찾을 수 있다. 『논어』에서는 찾아보기 어려운 대목들이다. 이를 두고 『논어』와 『춘추좌전』 등이 서로 다른 공자의 모습을 전하고 있다고 해석할 필요는 없다. 『논어』에서도 이를 뒷받침할 만한 대목을 능히 찾아낼 수 있다. 크게 보면 치국평천하 이치를 언급한 『논어』와 『춘추좌전』, 『도덕경』, 『한비자』 등의 관련 내용은 서로 모순된 게 아니다. 단지 관점의 차이에 지나지 않는다. 치국평천하의 본질이 다를 리 없다.

그럼에도 제환공과 진문공의 패업에는 분명히 차이가 나는 대목도 있다.

바로 제환공이 보여 준 계절존망繼絶存亡의 행보가 진목공의 패업 행보에는 거의 나타나지 않고 있는 점이다. '계절존망'은 나라의 후사를 잇게 하고, 패망한 중원의 제후국을 부흥시킨다는 뜻이다. 굳이 찾는다면 조나라를 멸했다가 곧바로 다시 부활시킨 것 정도밖에 없다. 그것도 이적에 의해 멸했던 게 아니라 그 자신이 사적인 한풀이 차원에서 없애 버렸다가 다시 복원시켜 준 것에 불과하다. 그런 점에서 계절존망이 존왕양이의 중요한 징표로 나타난 제환공의 패업과는 현격한 차이가 있다. 그 이유는 무엇일까?

당시에는 이른바 멸국치현滅國置縣 현상이 일반화하고 있었다. 이는 군소 제후국을 병탄해 자국의 지방 현으로 편입하는 것을 말한다. 진문공은 제환공과 달리 조나라를 멸한 뒤 그 땅을 열국에 나눠 주는 행동을 거침없이 자행했다. 제환공이 보여 준 계절존망의 행보와는 정반대된다. 그러나 진문공에 앞서 이를 시행한 나라는 사실 초나라였다.

진문공은 표면상 제환공처럼 계절존망을 전면에 내세웠으나 사실 초나라처럼 멸국치현 흐름에 적극 가담한 셈이다. 겉과 속이 달랐던 것이다. 진문공 때에 이르러 중원의 패권국이 멸국치현에 동참하게 된 데에는 세족들의 세력 다툼과 무관하지 않았다. 진문공의 치세 때에는 이런 현상이 가려져 있었을 뿐이다. 실제로 진문공이 세상을 떠나자마자 진나라 세족들 간의 세력 다툼이 표면화하기 시작했다. 공자가 제환공과 진문공의 패업을 정패와 휼패로 나눈 것도 바로 이 때문이다. 천하대세가 시간이 지날수록 더욱 각박한 양상으로 전개되고 있었음을 짐작할 수 있다.

진문공 중이의 패업과 관련해 가장 주목할 것은 그의 초인적인 인내심이다. 그는 19년에 걸친 망명 생활 끝에 마침내 보위에 올라 천하를 호령했다. 춘추전국시대를 통틀어 유일무이한 경우다. 이후에도 이런 경우는 없었다. 온갖 굴욕을 참으며 때가 오기를 기다린 점에서 인내심의 표상으로 삼을 만하다.

춘추시대 말기 월왕 구천도 유사한 모습을 보였으나 온갖 굴욕을 참아낸

두 사람의 인욕忍辱 행보는 그 내용이 약간 다르다. 월왕 구천의 인욕은 군주의 지위로 전쟁에 패해 포로가 된 상황에서 빚어진 것이다. 목표는 오직 오왕 부차에 대한 설욕 하나밖에 없었다. 이에 반해 진문공의 인욕은 보위에 오르지도 못한 상황에서 19년 동안 정처 없이 떠돌아다닐 때 나온 것이다. 군주가 될 가능성이 거의 보이지 않는 일개 공자公子의 신분이었던 까닭에 굴욕의 폭과 심도가 훨씬 넓고 깊었다. 이것이 바로 후대의 사가들이 진문공의 인욕 행보를 극찬하는 이유다.

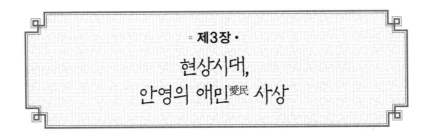

제3장 •

현상시대,
안영의 애민愛民 사상

공자와 사마천의 상반된 평가

　　춘추시대 말기에 활약한 현상賢相 안영晏嬰은 관중 사후 대략 1백여 년 뒤에 태어난 공자와 거의 비슷한 시기에 살았다. 두 사람은 한 번도 조우한 적이 없다. 『논어』에는 안영에 대한 공자의 언급이 딱 한 번밖에 안 나온다. 공자가 안영을 그다지 높게 평가하지 않았음을 알 수 있다. 「공야장」의 해당 대목이다.

　　"안영은 사람과 더불어 사귀기를 잘하여 사람들이 오래도록 그를 공경했다."

　　칭송이기는 하나 극찬은 아니다. 안영은 자가 중仲이고, 시호는 평平이다. 시호와 자를 합친 '평중'을 이름 '영' 대신 사용해 흔히 '안평중晏平仲'으로 불린다. 『춘추좌전』에도 '안평중'으로 기록돼 있다. 안영이 지은 것으로 알려진 『안자춘추』에는 공자와 안영에 관한 일화가 모두 여섯 번 나온다. 여기서는 공자가 안영에게 누차 굴복당하는 것으로 묘사돼 있다. 공자가 안영을 그다지 높게 평가하지 않은 데 따른 보복인지도 모른다. 안영을 추종하는 자들의 손에 의해 『안자춘추』가 편제된 결과로 보인다. 여기에 나오는 공자와 안영과 관련된 일화가 대부분 역사적 사실과는 동떨어진 것이기는 하나 당시 일각에서는 공자보다 안영을 더 높이 평가하는 흐름이 존재했음을 보여 준다.

공자의 안영에 대한 평가는 『논어』에서 모두 네 곳에 걸쳐 정나라 집정대부 자산子産을 극찬한 것과 대비된다. '자산'은 후술하는 바와 같이 공자의 사상적 스승으로 『논어』에 나오는 군자의 '롤 모델'이기도 하다. 이에 반해 사마천은 춘추전국시대에 등장한 현상 가운데 안영을 가장 높이 평가했다. 『사기』 「열전」에 패도를 추구한 자산을 포함시키지 않은 것도 공자와 대비된다. 사마천은 『사기』 「관안열전」에서 그 이유를 이같이 밝혔다.

"관중은 세인이 흔히 '현신'이라고 말하지만 공자는 그의 그릇이 작다고 지적했다. 주나라의 왕도가 쇠미한 가운데 제환공이 현명한 제후였는데도 불구하고 그에게 왕도를 적극 권하는 대신 패도를 추구한 것을 지적한 게 아니겠는가? 안자는 제장공齊莊公이 대부 최저에게 죽임을 당하자 시신 위에 엎드려 곡을 하고 예를 다한 후 떠났다. 이것이 어찌 '의를 보면 용기를 드러내지 않은 적이 없다'고 말하는 사례가 아니겠는가? 간언을 할 때는 군주의 면전에서 심기를 거스르며 시비를 가리는 범안犯顔을 행했으니 이 어찌 '나아가면 군주에게 충성을 다할 것을 생각하고, 물러나면 군주의 과실을 보완한다'는 취지에 부합한 게 아니겠는가? 안자가 다시 살아난다면 나는 비록 말채찍을 들어 마부 노릇을 할지라도 이를 크게 기뻐하며 택할 것이다."

안영을 얼마나 사모했는지를 능히 짐작하게 해 주는 글이다. 관중을 '관자'로 칭하지 않고 굳이 '관중'으로 표현한 데 반해 안영을 높여 '안자'로 표현한 것 자체가 두 사람에 대한 그의 기본 입장을 그대로 반영하고 있다. 공자와 사마천이 패도를 행한 자산 및 관중과 왕도를 행한 안영을 두고 이처럼 극명하게 엇갈린 행보를 보인 것은 난세에 대한 인식 차이에서 비롯된 것이다.

공자는 군주에게 간언을 할지라도 '범안'을 하는 식의 '면절정쟁面折廷爭'을 그다지 높이 평가하지 않았다. 자칫 역린으로 인해 무고히 목숨을 잃을까 우려한 것이다. 이에 반해 사마천은 안영의 면절정쟁을 높이 평가했다. 제장공이 시해를 당했을 때의 행보를 두고 "의를 보면 용기를 드러내지 않은 적이 없다"고 평한 것도 같은 맥락이다. 죽는 것보다 더욱 수치스런 궁형을 당하고도 선친의 유업인『사기』의 집필을 끝내 완수한 사마천은 죽음을 무릅쓰고 신하의 도리를 다한 자들을 보고 동병상련의 느낌을 받았을 것이다.

객관적인 역사적 사실을 기록하는데 충실한『춘추좌전』의 경우는『논어』및『사기』가 거의 아무런 관심도 기울이지 않은 진나라와 오나라의 현상인 숙향叔向과 계찰季札의 행보를 매우 소상하게 소개해 놓고 있다. 관중과 안영의 행보에 관한 기록보다 오히려 많다. 특히 관중의 경우는 매우 소략하기 그지없다. 숙향과 계찰은 안영처럼 왕도를 행한 인물이다. 후대의 맹자처럼 왕도를 극도로 숭상한 경우에 속한다.

『춘추좌전』의 자산에 대한 기록은 숙향 및 계찰과 비교할 때 비슷하거나 약간 많은 수준이다. 특별한 의도가 있었다고 보기보다는 사료 자체의 차이로 인해 이런 불균형이 있었다고 보면 이상하게 생각할 것도 없다. 그러나 『춘추좌전』도 중요 대목마다 이른바 '군자왈君子曰'의 사평을 가해 놓았으며 전체적으로 볼 때 패도보다 왕도를 높였다. 숙향과 계찰의 행보를 자세히 소개한 이유를 여기서 찾을 수 있다.

세 번 뛰어오르다

　　　　　　　　　　『안자춘추』는 안영에 관한 많은 일화를 실어놓았으나 어디까지가 역사적 사실에 기초한 것인지 짐작하기가 쉽지 않다.

공자에 관한 온갖 일화를 실어 놓은 『공자세가』에 비유할 만하다. 그보다는 『춘추좌전』에 실려 있는 일화를 토대로 그의 행보를 살펴보는 게 훨씬 낫다.

제장공은 야심이 많은 인물이었다. 그는 진나라에게 빼앗긴 중원의 패자 자리를 되찾아오고자 했다. 기원전 552년, 진나라에 내분이 일어났다. 권력 다툼에서 패한 난씨欒氏의 일족인 난영이 초나라로 망명했다가 이듬해 가을에 제나라로 망명해 왔다. 제나라에는 이미 난씨의 무리인 지기知起와 중항희中行喜, 주작州綽, 형괴邢蒯 등이 망명해 있었다. 제장공은 난영이 망명해 왔다는 소식을 듣고 크게 기뻐했다. 그러자 안영이 간했다.

"우리는 진나라와 결맹했습니다. 신의를 잃으면 자립할 수 없습니다. 그런데 이제 난씨를 받아들여 장차 어디에 쓰려는 것입니까?"

제장공이 크게 웃었다.

"우리 제나라는 진나라와 필적할 만한 나라요. 그러니 우리가 그들보다 약하다고 말할 수는 없소. 과인이 어찌 진나라를 섬길 수 있겠소?"

난영이 제장공을 배견하면서 눈물로 도움을 청하자 제장공이 위로했다.

"너무 심려치 마시오. 경이 다시 진나라로 돌아갈 수 있도록 도와주겠소."

제장공은 내심 난영을 이용해 진나라를 친 뒤 중원의 패권을 차지할 속셈이었다. 제장공의 이런 야심을 무턱대고 탓할 수는 없다. 문제는 실력이었다. 객관적으로 볼 때 제나라는 여러모로 진나라와 비교가 되지 않았다. 그러나 그는 이를 무시했다. 얼마 후 진나라가 오나라와 국혼을 맺으려 한다는 이야기를 듣고는 곧 난영을 불렀다.

"이번에 진나라 군주의 딸이 오나라로 출가한다고 하니 우리나라도 예의 차원에서 잉첩媵妾 한 사람을 진나라로 들여보낼 생각이오. 듣건대 그대는 곡옥 땅의 장수 서오胥午와 가까운 친구 사이라고 하니 이번 기회에 그와 손잡고 진나라를 치는 것이 어떻겠소?"

'잉첩'은 귀인에게 시집가는 여인이 데리고 가던 시첩侍妾을 말한다. 대개 신부의 질녀와 여동생으로 충당했다. 난영이 대답했다.

"곡옥 땅 사람들이 비록 저를 좋아할지라도 진나라 도성을 치기는 어렵습니다. 반드시 군주가 군사를 이끌고 와 후원해 주어야만 합니다. 제가 먼저 곡옥 땅을 출발해 진나라 도성으로 쳐들어갈 터이니 군주는 위나라를 친다는 소문을 낸 뒤 복양 땅을 경유해 북향하여 진나라를 치도록 하십시오. 양면으로 협공하면 능히 진나라 도성을 깨뜨릴 수 있습니다."

기원전 550년 가을, 제장공이 대군을 이끌고 가 위나라를 친 뒤 곧바로 여세를 몰아 중원의 진나라를 치려고 했다. 안영이 주변 사람에게 말했다.

"군주는 힘만 믿고 맹주의 나라를 치고자 하니 만일 성공하지 못하면 나라의 복이지만 덕행도 없으면서 전공을 세우게 되면 반드시 우환이 군주의 몸 위에 떨어질 것이다."

권신 최저崔杼도 제장공에게 간했다.

"진나라를 쳐서는 안 됩니다. 신이 듣건대 '소국이 대국의 화란을 틈타 해를 가하면 반드시 재앙을 입는다'고 했습니다. 군주는 이를 깊이 헤아리십시오."

그러나 제장공은 듣지 않았다. 이때 진수무陳須無가 최저에게 물었다.

"장차 군주를 어찌할 생각이오?"

"나는 이미 군주에게 진언했으나 군주가 들어주지 않았소. 만일 군신들이 위급해지면 군주가 어찌 존재할 수 있겠소. 그대는 당분간 이에 개입하지 마시오."

시해할 뜻을 밝힌 것이다. 진수무는 훗날 전국시대에 강씨의 제나라를 탈취한 전씨田氏의 조상이 된 인물이다. 이들은 제나라를 탈취할 즈음 성씨를 '진씨'에서 '전씨'로 바꿨다. 당시 제장공은 진나라로 쳐들어가 처음에는 큰 성공을 거뒀다. 파죽지세로 진공한 뒤 지금의 산시 성 심수 부근에서 진나라 군사의 시체로 커다란 봉분을 만들어 전승을 기념한 게 그 증거다.

그러나 곧바로 진나라 군사의 반격이 이어졌다. 제장공의 지원을 믿고 곡옥에서 반기를 든 난영 일당이 패주하자 제장공은 오히려 진나라 군사의 침공을 걱정해야 하는 신세가 되고 말았다. 게다가 그는 이 와중에 대부 최저의 아내와 사통하다가 참변을 당했다. 기원전 548년 여름 5월, 최저가 제장공을 자신의 집으로 유인해 살해했다. 안영이 우려했던 일이 마침내 현실로 나타난 셈이다. 제나라 대부들은 이 소식을 듣고는 크게 놀라 두문불출한 채 조정에서 명이 내리기를 기다렸다. 제장공의 시신이 아직 최저의 집에 방치되어 있는데도 아무도 가 볼 생각을 하지 않았다. 이때 대부 안영만은 변란 소식을 듣자마자 즉시 최저의 집을 향해 달려갔다. 시종이 물었다.

"순사할 생각입니까?"

"죽은 군주가 오직 나만의 군주이겠는가? 순사할 이유가 없다."

"그럼 망명할 것입니까?"

"그것이 내 죄인가? 망명할 이유가 없다."

"그렇다면 귀가할 것입니까?"

"군주가 세상을 떠났는데 내가 어찌 집으로 돌아갈 수 있겠는가? 오직 사직을 지킬 뿐이다. 군주가 사직을 위해 죽으면 따라 죽을 수 있고, 사직을 위해 망명하면 따라서 망명할 수 있다. 그러나 군주가 자신을 위해 죽거나 망명할 경우 그의 총신이 아니라면 누가 감히 같이 죽거나 망명하겠는가? 하물며 신하가 모시던 군주를 시해한 상황에서 내가 어찌 그를 위해 죽거나 망명할 수 있겠는가?"

안영은 최저의 집으로 들어가 시신의 허벅지 위에 이마를 대고 호곡하고 군주가 죽었을 때 세 번 펄쩍 뛰어오르는 조문 의식인 3용三踊을 한 뒤 물러나왔다. 이 광경을 보고 어떤 사람이 최저에게 말했다.

"반드시 안영을 죽여야만 우리가 비난을 면할 수 있습니다."

"안영은 뛰어난 현자로 백성들의 신망을 받고 있다. 그를 죽였다가는 민심을 잃게 될 것이다. 그를 살려 두어야만 민심을 얻을 수 있다."

안영은 곧 백성들의 신임을 얻고 있는 대부 진수무를 찾아가 물었다.

"새 군주를 모셔야 하지 않겠소?"

"명망은 상경인 고지高止와 국하國夏에게 있고, 실질 권력은 이제 최저와 경봉慶封의 손에 장악되었으니 나에게 무슨 힘이 있겠소?"

안영이 돌아가자 진수무는 이내 수레를 타고 송나라로 달아났다. 안영이 고지와 국하를 찾아가 문의하자 이들 역시 진수무처럼 대답했다.

"최저가 장차 이 나라 실권을 잡고 일당인 경봉이 그를 도울 터이니 우리가 무엇을 주장할 수 있겠소?"

안영이 크게 탄식하며 집으로 돌아갔다. 사실 후사를 세우는 일은 안영의 능력 밖이었다. 쿠데타를 일으킨 최저와 경봉이 곧 고지와 국하를 불러들여 새 군주의 옹립 문제를 논의했다. 고지와 국하가 사양하자 경봉도 이 일을 최저에게 일임했다. 최저가 말했다.

"제영공齊靈公의 아들 공자 저구杵臼가 장성했으니 새 군주로 옹립하는 것이 어떻겠소? 더구나 공자 저구의 생모는 바로 노나라 대부 숙손교여叔孫僑如의 딸이니 장차 노나라와의 관계도 좋아질 것이오."

모든 대부들이 이에 찬동했다. 결국 공자 저구가 제장공의 뒤를 이어 보위에 올랐다. 그가 바로 춘추시대 말기에 제나라의 중흥을 이룬 제경공齊景公이다. 저구가 즉위하자 최저가 집정대부인 우상右相, 경봉이 그다음인 좌상左相이 되었다. 당시에는 '우'가 '좌'보다 높았다. 최저가 제나라 시조인 강태공의 사당인 태궁太宮으로 가 삽혈歃血하면서 대부들 앞에서 이같이 맹세했다.

"대부들 가운데 최저 및 경봉과 함께 뜻을 같이하지 않는 자가 있으면 큰 벌을 받을 것이다. 이는 하늘이 증명할 것이다."

'삽혈'은 굳은 약속의 표시로 개나 돼지, 말 따위의 피를 서로 나누어 마시거나 입에 바르던 일을 말한다. 최저가 삽혈한 뒤 경봉과 고지 및 국하 등이 차례로 맹세했다. 마침내 안영의 차례가 되었다. 그는 하늘을 우러러 크게 탄식한 뒤 이같이 맹세문을 고쳐 읽었다.

"나 영嬰이 만일 군주에게 충성하고 사직을 이롭게 하는 자와 가까이하지 않으면 큰 벌을 받을 것이다. 이는 하늘이 증명할 것이다."

최저 등이 무력을 배경으로 대부들에게 맹세를 강요하는 험악한 상황에서 안영은 나름 신하가 나아가야 할 길을 명확히 제시한 것이다. 극도로 어지러운 상황에서 이를 행하는 것은 그리 쉬운 일이 아니다. 기개와 소신이 있기에 가능했던 일이다.

당초 제나라의 공자들은 최저의 난이 일어났을 때 대거 망명했다. 최저와 경봉이 망하자 제경공이 그들을 모두 불러들여 식읍을 돌려주었다. 이때 안영에게도 지금의 산둥 성 창읍현인 패전邶殿과 패전에 딸려 있는 60개 성읍을 하사했으나 안영은 받지 않았다. 대부 고채가 의아해하며 물었다.

"부는 모든 사람들이 바라는 것인데 어찌하여 그대 홀로 그렇지 않은 것이오?"

"경봉은 식읍을 탐하다가 끝내 망명하게 됐소. 지금 내가 보유하고 있는 고을에 패전의 땅을 더하게 되면 사람의 욕심을 꽉 채우게 되오. 욕심을 꽉 채우면 망명할 날이 얼마 남지 않을 것이고, 망명하면 결국 한 고을도 소유할 수 없게 되오. 내가 패전의 땅을 받지 않은 것은 부를 싫어해서가 아니고 내가 지니고 있는 부를 잃게 될까 두려워하기 때문이오."

이 말을 들은 고채도 일단 식읍을 받아들였다가 이후 모두 제경공에게 돌려주었다. 안영의 얘기를 듣고 느낀 바가 있었던 것이다. 후대의 사가들이 안영을 두고 사마천과 마찬가지로 군주를 바르게 보필하는 정신貞臣의 표상으로 삼은 이유를 짐작하게 해 주는 일화다.

•

안영의 화이부동

•

『안자춘추』에 나오는 일화는 대부분 안영의 뛰

어난 지혜를 보여 주는 내용으로 채워져 있다. 이는 믿을 바가 못 된다. 다른 사서에는 전혀 나와 있지 않기 때문이다. 『춘추좌전』에 안영의 지혜를 엿볼 수 있는 일화가 실려 있다. 기원전 522년 겨울, 제경공이 학질에 걸린 지 1년이 지나도록 낫지 않자 대부 양구거梁丘據가 건의했다.

"군주의 병환이 제후들의 근심이 되고 있으니 이는 제사를 담당하는 축사祝史의 죄입니다. 제후들은 정황도 모른 채 우리가 귀신에게 불경스럽게 대했기 때문이라고 생각하고 있습니다. 어찌하여 축사를 처형하지 않는 것입니까?"

제경공이 이를 안영에게 말하자 안영이 만류했다.

"전에 초나라 대부 굴건屈建이 진나라 대부 조무趙武에게 사회士會의 덕에 관해 물었습니다. 그때 조무가 말하기를, '그분은 충성을 다해 일하며 사심이 전혀 없습니다. 그의 축사가 귀신에게 특별히 빌 것이 없습니다'라고 했습니다. 이 얘기를 들은 초강왕이 말하기를, '신령과 사람이 모두 원한이 없으니 사회가 빛나는 덕행으로 군주를 도와 패자가 되도록 한 것은 당연한 일이다'라고 했습니다."

제경공이 안영에게 물었다.

"양구거는 과인이 귀신을 잘 섬긴다고 했소. 그래서 귀신을 제대로 섬기지 못한 축사를 주살하려는 것이오. 그런데 그대는 왜 이런 말을 하는 것이오?"

안영이 대답했다.

"만일 덕행이 있는 군주가 있게 되면 상하가 서로 원망하지 않고, 행동에 어긋나는 일이 없고, 그의 축사가 귀신에게 진실을 고하게 됩니다. 귀신이 그 제사를 받음으로써 나라는 복을 받게 되고, 축사도 복 받는 일에 참여하게 됩니다. 그러나 황음한 군주를 만나면 상하가 서로 원망하며 사욕을 마음껏 채우게 됩니다. 이때 축사가 귀신에게 진실을 고하면 이는 군주의 죄과를 고하는 셈이 됩니다. 그렇다고 잘못을 덮어 두고 좋은 일만 들어 고한다면 이는 거짓을 고하는 셈이 됩니다. 귀신은 그 제사를 받지 않음으로써 나라는 재앙을 입게 되고, 축사 또한 그 피해를 입게 됩니다."

"그러면 어찌해야만 하오?"

"축사를 처형해서는 안 됩니다. 지금 백성들은 모두 크게 피폐해 착취하는 자들을 저주하고 있습니다. 만약 기도가 효력이 있는 것이라면 저주도 같은 효력이 있을 것입니다. 영토 내에 있는 사람의 수효를 생각해 보십시오. 축사가 축도를 아무리 잘한다 할지라도 어떻게 수많은 사람의 저주를 이겨 낼 수 있겠습니까? 만일 군주가 축사를 주살코자 하면 먼저 덕을 닦은 뒤에라야 가능할 것입니다."

제경공은 크게 놀라 곧바로 좌우에 명하여 너그러운 정사를 폈다. 도성 부근의 관문을 헐고, 금령을 폐지하고, 세금을 감경하고, 채무를 탕감시켰다. 이상은 『춘추좌전』에 나오는 기록이다. 인간의 이지理智를 중시한 점에서 공자와 상통한다. 관중과 자산, 안영 등은 사상사적으로 모두 같은 범주에 속해 있다. 실제로 공자가 안영의 영향을 크게 받았음을 뒷받침하는 일화가 『춘추좌전』에 수록돼 있다. 안영이 제경공에게 먼저 덕을 닦을 것을 설득한 그해 12월, 제경공이 지금의 산둥 성 박흥현인 패택沛澤에서 사냥을 했다. 제경공이 활을 이용해 수렵 담당 관원인 우인虞人을 부르자 우인이 응하지 않았다. 제경공이 사람을 보내 그를 잡아오게 하자 우인이 말했다.

"전에 선군은 사냥할 때 전旃으로 대부를 부르고, 활로 선비를 부르고, 피관皮冠으로 우인을 불렀습니다. 신은 피관을 보지 못했기 때문에 감히 나아가지 못했습니다."

'전'은 적색의 구부러진 자루에 달린 깃발을 말하고, '피관'은 사냥할 때 쓰는 흰 사슴가죽으로 만든 관을 뜻한다. 이 말을 들은 제경공은 곧 우인을 풀어주었다. 사냥에서 돌아오자 대부 양구거가 수레를 급히 몰고 와 알현했다. 제경공이 크게 기뻐했다.

"오직 그대만이 과인과 마음이 맞소."

그러자 곁에 있던 안영이 반박했다.

"그는 군주의 비위를 맞추는 사람일 뿐입니다. 그가 어찌 군주의 마음과 맞는 사람이겠습니까?"

제경공이 물었다.

"마음이 맞는 것과 비위를 맞추는 것이 어떻게 다르오?"

안영이 대답했다.

"우선 마음이 맞는 것은 마치 국을 만드는 것과 같습니다. 생선이나 고기를 조리할 때 우선 땔나무를 이용해 끓입니다. 이어 소금과 젓갈, 매실 등으로 간을 맞춥니다. 맛이 부족한 듯하면 양념을 더하고 지나치면 덜어냅니다. 이에 윗사람이 그 국을 먹으면 마음이 평온해집니다. 군신지간도 이와 같습니다. 군주가 가하다 할지라도 불가한 것이 있을 때는 신하가 그것을 지적해 더욱 완전하게 만듭니다. 군주가 불가하다고 할지라도 그중 가한 것도 있을 때는 신하가 이를 지적해 불가한 것을 제거하도록 합니다. 이로써 정사가 공평하게 되어 예를 벗어나지 않게 되고 백성들도 남의 것을 빼앗고자 하는 마음이 없게 됩니다. 지금 양구거는 이와 다릅니다. 군주가 가하다고 하면 그 또한 가하다고 하고, 불가하다고 하면 그 또한 불가하다고 합니다. 만일 맹물을 이용해 맹물의 간을 맞추려 하면 누가 이를 마실 수 있겠습니까? 금슬^{琴瑟}의 어느 한 가지 소리만 연주하면 누가 이를 들을 수 있겠습니까? 비위를 맞추는 것이 도리에 맞지 않은 것은 바로 이와 같습니다."

안영은 『논어』에서 군자의 덕목으로 언급한 이른바 화이부동^{和而不同}을 설명한 셈이다. 『논어』 「자로」에 동일한 취지의 공자 언급이 나온다.

"군자는 화이부동^{和而不同}하고, 소인은 동이불화^{同而不和}한다."

화이부동은 조화를 이루되 편당을 짓지 않고, 동이불화는 편당을 지으면서 조화를 이루지 못하는 것을 뜻한다. '화'와 '동'은 다르다는 취지로 말한 안영의 화여동이^{和與同異} 주장은 「자로」에 나오는 공자의 화이부동과 맥을 같이하고 있다. 더구나 공자는 제나라로 망명에 가까운 유학을 떠난 적도 있다.

제나라에 머무는 동안 안영과 양구거에 관한 얘기를 들었을 가능성을 배제할 수 없다. 『춘추좌전』에 나오는 축사 및 양구거와 관련한 두 가지 일화는 『안자춘추』에도 약간 각색되어 실려 있다.

『안자춘추』에 나오는 일화 가운데 역사적 사실과 동떨어져 있음에도 귀감이 될 만한 일화가 하나 있다. 비난은 자신이 떠안고 공은 주군에게 돌린 일화이다. 이에 따르면 하루는 안영이 외국에 사자로 나간 사이 제경공이 급히 새 궁궐을 짓기 시작했다. 안영의 제지를 받지 않게 된 것을 기회로 삼은 것이다. 마침 추운 겨울인데다 서두르는 바람에 얼어 죽는 자가 매우 많았다. 당연히 비난의 목소리가 높아졌다.

얼마 후 임무를 마치고 돌아온 안영이 이 사실을 알게 됐다. 보고하는 자리에서 백성들 사이에 유행하는 '극심한 추위에 몸이 어니 아, 어찌할거나! 임금 때문에 집안사람들이 헤어졌으니 아, 어찌할거나!'라는 내용의 노래를 소개하며 눈물을 흘렸다. 그러자 제경공이 사과했다.

"잘 알았소, 즉각 중지시키도록 하겠소."

안영은 거듭 절을 올리고 나온 뒤 수레를 몰아 공사장으로 달려갔다. 그런 다음 이렇게 말했다.

"군주에게 궁궐 하나 지어 드리는 게 너무 늦지 않소? 서두르시오!"

이 말을 들은 인부들은 안영을 크게 원망했다. 이때 문득 공사를 중지하라는 명령이 전달되었다. 인부들이 일제히 환호성을 올리며 군주를 칭송했다. 이 일화는 물론 후대인이 만들어 낸 것이지만 나름 안영이 어떤 방식으로 주군을 보필했는지를 잘 보여 주고 있다. 안영이 이처럼 뛰어난 신도臣道를 발휘했음에도 제나라가 진나라를 제압하고 명실상부한 패자가 되지 못한 것은 제경공이 보여 준 군도君道에 일정한 한계가 있었던 사실과 무관하지 않다.

사마양저와 안영

　　　　　　　　　제경공이 보여 준 '군도'에 일정한 한계가 드러
난 것은 그의 엉성한 패업을 보면 쉽게 알 수 있다. 기본적으로 제경공은 결코
암군은 아니었다. 안영과 같은 인물을 재상으로 발탁해 정사를 편 사실이 이
를 뒷받침한다. 그러나 결코 현군도 아니었다. 안영이 백성들에게 널리 자선을
베풀고 있는 진씨 일족을 경계할 것을 수시로 주문했음에도 이를 흘려들으며
오직 진나라를 누르고 중원의 패자로 군림하는 데 열중했기 때문이다.

　아무리 뛰어난 신하가 곁에서 보필할지라도 군주 자신이 뛰어나지 못하면
일정한 한계를 드러낼 수밖에 없다. '군도'와 '신도'는 손바닥이 마주쳐 소리가
나는 것처럼 서로 호흡이 맞아떨어져야만 한다. 그나마 제경공이 나름 동방
의 패권을 과시하게 된 것도 안영 덕분으로 볼 수 있다.

　제경공이 중원의 패자인 진나라와 어깨를 나란히 한 데에는 당대 최고의
병법가인 사마양저^{司馬穰苴}를 곁에 둔 사실과 무관하지 않을 듯싶다. 『사기』에
따르면 그의 원래 성은 진씨^{陳氏}이나 제경공 때 발탁돼 군사권을 통괄하는
대사마의 직책을 맡은 까닭에 '사마양저'로 불리게 됐다. 훗날 강씨의 제나라
를 찬탈한 진씨의 일족인 셈이다. 『사기』는 그를 천거한 안영의 배경 설명을
이같이 기록해 놓았다.

　"그는 진씨의 서얼입니다. 그러나 문장에 뛰어나 외교적 대응인 응대사령
^{應對辭令}에 능하고, 무예 또한 뛰어나 적에게 위엄을 떨치는 데 능합니다. 한번
불러서 시험해 보도록 하십시오."

　제경공이 이를 좇아 그와 군사 문제를 논한 뒤 크게 기뻐하며 곧바로 대사
마에 임명했다고 한다. 그러나 당초 안영은 제장공의 패업 행보에 커다란 회
의를 표한 바 있다. 이후 제경공을 모시면서도 기본 입장에는 변화가 없었을
것으로 보인다. 그가 사마양저를 천거했다기보다는 제경공의 패업에 동조하

는 자가 적극 발굴해 천거했을 공산이 더 크다.

중요한 것은 누가 천거했는지 여부가 아니라 제경공이 당대의 병법가인 그를 과감히 발탁해 일시 천하를 호령하는 패업을 이룬 데 있다. 그가 지었다는 병서 『사마법』은 21세기 현재까지도 전해지고 있다. 그러나 내용 가운데 상당 부분은 후대인의 가필로 보는 게 옳다. 일각에서는 후대의 위서로 보기도 한다. 『춘추좌전』에 그에 관한 기록이 전혀 나오지 않고 있는 점 등이 논거로 제시되고 있다.

사마양저처럼 중요한 인물의 행적이 왜 『춘추좌전』에 전혀 언급돼 있지 않은 것일까? 『사기』 「사마양저열전」은 그가 대사마에 발탁돼 군공을 세웠으나 곧 무함을 받고 파직된 뒤 이내 병사한 것으로 기록해 놓았다. 이게 사실이라면 대사마에 발탁돼 병사할 때까지의 기간이 극히 짧았던 탓에 별다른 기록을 남기지 못했을 수 있다. 그래도 여전히 의문은 남는다. 열전에는 그가 뛰어난 병법을 구사해 전공을 거둔 사례가 오직 하나밖에 소개돼 있지 않다. 그 시기가 구체적으로 언제인지도 알 길이 없다. 나아가 내용 자체도 항간의 소문을 토대로 편제한 느낌이 강하다. 일각에서 사마양저를 가공의 인물로 보는 이유다.

사실 「사마양저열전」만으로는 사마양저가 과연 어떤 인물이고, 어떻게 해서 제경공과 만나게 되었는지 등을 파악하기가 쉽지 않다. 원래 『춘추좌전』은 이름이 단 한 번 거명되는 사람에 이르기까지 해당 대목과 관련한 사람을 거의 모두 망라하고 있다. 『춘추좌전』에 그의 이름이 단 한 번도 거명되지 않은 것은 미스터리다. 과연 사마양저는 어떤 인물이기에 베일에 싸여 있는 것일까?

열전에 따르면 사마양저가 장군에 임명된 지 얼마 안 돼 연나라와 진나라 연합군이 제나라의 북변을 침공했다. 제경공이 사마양저에게 명해 군사를 이끌고 가 이들을 영격하게 하자 사마양저가 건의했다.

"신이 미천한 신분으로 문득 발탁돼 장수가 된 까닭에 병사들이 신의 명령을 좇지 않고, 백성들이 신을 불신할까 우려됩니다. 군주가 평소 총애하는 신하로서 백성들의 존경을 받는 사람을 하나 골라 전군을 감독하게 해 주십시오. 그래야만 신의 명령이 잘 시행될 것입니다."

이에 제경공은 대부 장가莊賈를 시켜 전군을 감독하게 했다. 사마양저가 사은하고 물러나온 뒤 장가와 약속했다.

"내일 정오에 일제히 출발할 것이오. 군문에서 만나도록 합시다."

다음 날 사마양저가 군중에 이르러 좌우에 명해 장대를 세워 그림자를 재고, 물동이를 두어 물이 떨어지는 것을 재도록 한 뒤 장가를 기다렸다. 평소 교만했던 장가는 자신의 군사를 지휘 감독하는 것으로 생각해 서두르지 않았다. 그는 출정을 전송하는 손님들과 술을 마시며 시간을 흘려보냈다. 사마양저가 보낸 사자가 와서 재촉하는데도 태연히 술만 마셨다. 어느덧 정오가 지나자 사마양저는 이내 장대와 물동이를 치우게 했다. 곧 단 위로 올라가 전군에게 필요한 사항을 지시했다.

해가 서산으로 기울 무렵 장가가 군영에 도착했다. 사마양저가 물었다.

"감군監軍은 어째서 이처럼 늦게 오는 것이오?"

"대부와 친척들이 환송연을 베푸는 바람에 늦었소."

"무릇 장수 된 자는 명을 받은 날로부터 집을 잊고, 군중에서 약속하면 바로 가족을 잊고, 북채를 잡고 북을 치면 일신을 돌보지 않는 법이다. 지금 적군이 깊이 침범해 나라가 소란하고, 병사들이 변경에 그대로 노출돼 있고, 군주가 침식을 제대로 못해 음식을 먹어도 맛을 모르고, 백성들은 운명을 군주 한 사람에게 걸어 놓은 상황이다. 어느 겨를에 환송연을 즐길 수 있단 말인가?"

이어 그는 군법 담당관인 군정軍正을 불렀다.

"시간을 어기고 나중에 왔을 때 군법은 그 죄를 어찌 다스리는가?"

"참형입니다."

장가가 크게 놀라 급히 사람을 제경공에게 보내 이를 고하게 했다. 그러나 보고되기 이전에 이미 목이 잘려 삼군에 전시傳尸됐다. '전시'는 군법을 어긴 자의 시체를 군내에 두루 돌려 경각심을 지니도록 만드는 것을 말한다. 당시 뒤늦게 보고를 받은 제경공은 급히 사자를 시켜 부절符節을 갖고 가 장가를 구하게 했다. 사자가 부절을 높이 들고 군중 속으로 수레를 급히 몰고 들어가 자 사마양저가 외쳤다.

"장수는 출정하면 군명을 받지 않는 법이다."

이어 군정에게 물었다.

"군중에서 수레를 급히 몰아 내달린 자에게는 어떤 벌을 내려야 하는가?"

"참형입니다."

이 말을 들은 사자가 크게 두려워하자 사마양저가 말했다.

"군명을 받고 왔으니 죽일 수는 없다. 그러나 군법을 굽힐 수도 없다. 그러니 대신 저 수레를 몬 자를 참하고, 수레의 왼쪽 일부를 부수고, 왼쪽 말의 목을 베도록 하라."

이를 삼군에 돌리고 사자를 시켜 전말을 보고토록 한 뒤 곧바로 진군했다. 그는 진군 도중 우물 가에 영채를 차린 뒤 병사들의 식사와 막사 등을 일일이 점검해 질병과 치료 여부 등을 살폈다. 장군용 군량을 풀어 병사들을 먹이고, 군량을 병사들과 똑같이 나눈 뒤 식사량은 가장 병약한 자의 수준에 맞췄다.

3일 후 출발하려고 하자 병자들조차 다투어 길을 재촉하면서 싸움에 임하고자 했다. 이 소문을 들은 진나라 군사는 이내 철수했다. 연나라 군사도 황급히 황하를 건너 철군했다. 이에 급격히 그 뒤를 추격해 점령된 땅을 모두 수복한 뒤 철수했다. 제나라에 도착할 즈음 군사들을 해산하면서 출병 직전에 맺은 맹서를 푼 뒤 도성으로 들어갔다. 이에 제경공은 대부들을 이끌고 교외로 나와 영접하고 사마양저에게 대사마의 벼슬을 내렸다. 그러자 진씨에 대한 백성들의 칭송이 날로 높아갔다.

이상이 『사기』 「사마양저열전」의 관련 대목이다. 그러나 제경공의 재위 기간 가운데 진나라와 연나라가 합세해 제나라를 친 적은 없다. 오히려 기원전

536년 겨울에 제경공이 직접 진나라로 가 허락을 받은 후 이듬해 봄에 연나라를 쳤다. 승승장구하던 제나라 군사는 연나라가 강화 협상에서 미희를 시집보내면서 옥항아리 등을 바치자 이내 철군했다. 사마양저 일화는 대략 이를 토대로 만들어진 것으로 짐작된다.

설령 그럴지라도 사마양저를 완전히 가공의 인물로 볼 수는 없다. 사마천이 「사마양저열전」을 편제한 데에는 그만한 이유가 있다고 보는 게 타당하다. 비록 후대인이 만들어 낸 가공의 일화를 다수 수록하고 있기는 하나 『안자춘추』에도 사마양저의 뛰어난 면모를 짐작하게 해 주는 일화가 실려 있다.

하루는 제경공이 궁중에 모든 희첩들을 모아 놓고 술을 마셨다. 밤이 제법 깊었는데도 흥이 나지 않자 제경공이 문득 좌우에 이같이 명했다.

"술과 음식을 안영의 집으로 옮기도록 하라. 내가 가서 그와 함께 이 밤을 즐길 것이다."

안영은 제경공이 온다는 소식을 듣고 급히 관복을 입고 대문 밖으로 나갔다. 이미 대문 밖에는 어가가 당도해 있었다. 안영이 황망히 앞으로 나가 영접했다.

"무슨 변란이라도 일어났습니까?"

제경공이 웃으며 대답했다.

"아무 일도 없소."

"그렇다면 밤중에 어찌하여 신의 집에 행차하셨습니까?"

"과인이 혼자 좋은 술과 음악을 즐길 수 없어 함께 즐기고자 온 것이오."

그러자 안영이 정색했다.

"청컨대 나라에 관한 일과 다른 나라 제후들에 관한 일이라면 신과 상의하십시오. 군주의 주변에 좋은 술과 음악을 즐길 수 있는 사람이 많을 터이니 신은 관여하고 싶지 않습니다."

제경공이 크게 무안해하며 곧 수레를 돌려 사마양저의 집으로 갔다. 사마양저는 제경공이 온다는 소식을 듣고 곧 갑옷을 입고 대문 밖에 나가 제경공을 영접했다.

"외적이 침공해 온 것입니까, 아니면 누가 모반이라도 한 것입니까?"

"그런 일은 없소."

"그렇다면 어찌하여 이 밤중에 신의 집까지 행차하신 것입니까?"

"과인이 장군과 함께 좋은 술과 음악을 즐기기 위해 온 것이오."

사마양저 역시 정색했다.

"무릇 적군을 막고 역적을 죽이는 일만은 신을 불러 상의하십시오. 좋은 술과 음악을 함께 즐길 수 있는 사람은 군주 주변에도 많습니다. 어찌 갑옷을 입은 신하가 필요하겠습니까?"

제경공이 크게 무안해하며 어쩔 줄 몰라 하자 좌우에서 물었다.

"이만 궁으로 돌아가시겠습니까?"

"어찌 그냥 돌아갈 수 있겠는가? 대부 양구거의 집으로 가자."

양구거는 제경공이 온다는 소식을 듣고 대로까지 나가 제경공을 영접했다. 제경공은 양구거의 집으로 들어가 관과 겉옷을 벗고 양구거와 함께 술과 음악을 즐겼다. 그런 다음 새벽닭이 운 뒤에야 비로소 궁으로 돌아갔다. 이튿날 안영과 사마양저가 함께 입궐해 말했다.

"앞으로는 밤중에 신들의 집에 찾아와 술을 즐기는 일이 없도록 하십시오."

제경공이 두 사람을 칭송했다.

"그대들 두 사람이 없었다면 과인이 어찌 나라를 다스릴 수 있겠소? 그러나 양구거 같은 사람마저 없다면 과인은 무료해서 어찌하겠소? 과인은 그대들의 직무를 방해하지 않을 터이니 그대들도 과인을 너무 간섭하지 마시오."

안영과 사마양저가 제나라의 두 기둥으로 활약했음을 짐작하게 해 주는 일화다. 주목할 것은 제경공의 마지막 언급이다. 양구거와 같은 신하가 군주에게는 결코 쓸모없는 존재가 아니라는 것이다. 양구거는 말 그대로 소인배다. 그러나 군주 곁에는 안영 및 사마양저처럼 문무 각 분야에서 뛰어난 인물도 필요하지만 소인배 또한 필요하다. 제경공이 언급했듯이 군주의 '무료' 때문이다. 명신을 곁에 둔 군주는 사실 할 일이 없다. 뛰어난 신하들이 모든 것을 알아서 잘하기 때문이다.

맹자를 비롯한 유가는 명신을 얻어 덕정을 베풀면 군주는 베개를 높이 베고 자는 고침이와高枕而臥를 할 수 있다고 주장했다. 반대로 한비자를 비롯한 법가는 상과 벌을 제대로 사용해야 고침이와가 가능하다고 반박했다. 유가의 왕도든 법가의 패도든 간과한 게 하나 있다. 바로 군주의 고침이와가 자칫 군주를 폐인으로 만드는 것일 수도 있다는 사실이다. 바로 '무료' 때문이다. 적정 수준에서 군주의 무료를 달래 줄 사람이 필요하다. 군주도 사람이기 때문이다. 양구거와 같은 인물이 이에 속한다.

문제는 무료를 달래 주는 유신諛臣과 나라의 기둥인 정신貞臣이 서로 섞이지 않도록 통제할 수 있는 군주의 균형 감각이다. '공'과 '사'를 구분하는 차원에서 접근하면 큰 문제가 없다. '유신'은 군주 개인의 신변잡사를 포함해 극히 사적인 영역을 논의할 수 있는 대상이다. 이에 반해 '정신'은 국가 대사를 포함해 매우 공적인 영역을 상의하는 대상이다. 공적인 일을 논의하는 당사자와 사적인 일을 논할 수는 없는 일이다. 반대의 경우도 마찬가지다. 유가와 법가는 바로 이런 점을 간과하고 군주의 고침이와를 논한 것이다.

『안자춘추』에 나오는 이 일화는 바로 이 점을 지적한 것으로 볼 수 있다. 물론 이 일화는 고침이와의 전제 조건인 명장현상名將賢相에 초점을 맞추고 있다. 주인공은 안영과 사마양저다. 제나라가 제경공 때에 들어와 진나라와 어깨를 나란히 하며 중원의 패권을 다툴 수 있었던 것은 바로 공적인 영역에서 뛰어난 면모를 지닌 두 사람이 있었기에 가능했음을 짐작할 수 있다.

원래 안영과 같은 현상은 비록 드물기는 하지만 전혀 없는 것은 아니다. 그와 비슷한 시기에 정나라 자산과 진晉나라 숙향 등이 활약한 게 그 증거다. 그러나 당시까지만 해도 사마양저와 같은 뛰어난 병법가는 존재하지 않았다. 최소한 『손자병법』의 저자인 손무가 등장하기 전까지만 해도 병법가로 불릴 만한 사람은 사마양저가 유일했다. 그는 춘추전국시대를 통틀어 가장 먼저 출현한 병가의 시조에 해당한다. 제경공으로서는 커다란 행운을 만난 셈이다. 이를 뒷받침하는 『사기』「사마양저열전」의 마지막 대목이다.

"사마양저가 연나라와 진나라 연합군을 물리치는 대공을 세우자 대부 포씨鮑氏와 고씨高氏, 국씨國氏 등이 그를 무함했다. 제경공이 이를 받아들여 물러나게 하자 그는 이내 병이 나 죽고 말았다. 사마양저의 일족인 진기陳乞 등이 이들에게 원한을 품었다. 이후 전씨로 성을 바꾼 후손 전상田常은 제간공齊簡公을 시해할 때 이들 일족을 도륙했다. 전상의 손자인 전화田和가 자립해 제위왕齊威王으로 즉위했다. 그는 용병에 뛰어났다. 이는 사마양저의 병법을 좇은 결과다. 이에 제후들이 제나라에 무릎을 꿇고 조현하게 되었다."

골자인즉, 사마양저가 세족들의 무함으로 횡사하는 바람에 여러 업적을 쌓을 기회를 놓치게 됐고, 이후 그의 일족인 전씨가 원수를 갚고 강씨의 제나라를 찬탈하게 되었다는 것이다. 사마양저는 어렸을 때부터 나름 병법을 열심히 연구했고, 이후 일족을 위해 제나라의 대사마가 돼 공을 세워 병권을 틀어쥐게 되었다. 그러나 진씨의 발호를 두려워한 세족들이 '모반' 운운하며 적극 견제에 나서자 마침내 제경공이 이를 받아들였을 가능성을 시사한다. 나아가 21세기 현재까지 전해지고 있는 『사마법』 역시 그의 병법 이론이 제법 반영됐다고 보는 게 합리적이다. 삼국시대 당시 병법의 대가인 조조는 『사마법』을 자주 인용했다. 그의 병서가 널리 읽혔음을 대략 짐작할 수 있는 대목이다.

•

요얼을 물리치도록 권하다

•

　　　　　　　원래 제나라를 대표하는 호족은 진씨가 아니다. 진씨는 제환공 때 진陳나라에서 도주해 온 진경중陳敬仲의 후손으로 일종의 망명 세력에 지나지 않았다. 제경공 때에 들어와 이들이 문득 세력을 키우기 전까지만 해도 제혜공齊惠公의 후손인 난씨欒氏를 포함해 대대로 정경을 지낸 고씨高氏와 국씨國氏, 포숙아의 후손인 포씨鮑氏 등이 가장 유력한 가문으로 존재했다. 이들 가운데 난씨가 가장 강력했다. 이들은 고씨와 손을 잡고 진씨 및 포씨와 대립했다. 기원전 532년 여름, 진경중의 5세손인 진무우陳無宇에게 어떤 사람이 와서 이같이 고했다.

"난시欒施와 고강高彊이 진씨와 포씨 가문을 공격하려고 합니다."

진무우가 집안사람들을 무장시킨 뒤 곧 포국鮑國을 찾아갔다. 포국도 이미 집안사람들을 무장시켜 놓고 있었다. 진무우가 포국에게 말했다.

"저들이 우리를 공격하려 한다는 얘기가 사실이 아닐지라도 우리가 이미 집안사람들을 무장시켰다는 얘기를 듣게 되면 반드시 우리를 몰아내려고 할 것이오. 그들이 술을 마시는 기회를 이용해 우리가 기습 공격을 가하는 것이 어떻겠소?"

이들은 난씨와 고씨에게 선공을 가했다. 고강이 외쳤다.

"우리가 군주를 호위하며 지지를 받으면 장차 진씨와 포씨가 어디로 가겠는가?"

그러고는 곧 궁궐 정전의 남문인 호문虎門을 공격했다. 마침 이때 안영은 조복을 입고 호문 밖에 서 있었다. 그는 이들 4족四族으로부터 지지 요청을 받았지만 어느 쪽도 편들지 않았다. 안영의 수하가 물었다.

"진씨와 포씨를 돕는 것이 어떻겠습니까?"

"그들에게 어디 도와줄 만한 점이 있는가?"

"그러면 난씨와 고씨를 돕는 것이 어떻겠습니까?"

"그들이 어찌 진씨나 포씨보다 나은 사람들이라고 할 수 있는가?"

"그렇다면 돌아가는 것이 어떻겠습니까?"

"군주가 공격을 당하고 있는데 어디로 간단 말인가?"

얼마 후 제경공이 부르자 급히 궁궐 안으로 들어갔다. 이때 제경공이 점을 쳤다. 대부 왕흑王黑에게 군주의 깃발인 이른바 영고비靈姑鉟를 들려 교전하는 것을 점치자 길하다는 점괘가 나왔다. 이에 왕흑이 영고비를 들고 세족들의 싸움에 끼어들었다.

며칠 뒤 제나라 도성인 임치성의 서문인 직문稷門에서 교전이 벌어졌다. 그 결과 난씨와 고씨가 대패했다. 도주하던 가운데 추격군에 의해 도성의 동남 문인 녹문鹿門에서 다시 크게 패했다. 이에 난시와 고강은 노나라로 도주하게 되었다. 싸움이 끝난 후 진씨와 포씨가 난씨와 고씨의 재산을 나눠 가졌다. 안영이 진무우에게 건의했다.

"그들의 재산을 군주에게 넘겨주도록 하시오. 겸양은 덕행의 근본이고 다른 사람에게 양보하는 것은 미덕이오. 무릇 혈기가 넘치면 누구나 경쟁심이 발동하기 때문에 이익은 억지로 구할 수 있는 게 아니오. 도의를 생각하는 것이 다른 사람을 이기는 길이오. 도의는 이익의 근본이오. 이익을 많이 쌓으면 요얼妖孼이 나타나게 되오. 단번에 이익을 쌓아 두지 않는 게 오히려 이익을 서서히 커지도록 만드는 길이오."

'요얼'은 요악한 귀신의 재앙을 말한다. 진무우는 난씨와 고씨의 재산을 제경공에게 바친 뒤 거昔 땅으로 물러나 휴식을 취했다. 이어 망명 중인 공족들에게 그들의 재산과 땅을 넘겨주었다. 이밖에도 공자나 공손으로서 봉록이 없는 사람에게는 사적으로 자신의 봉읍을 나눠 주었다. 그는 빈궁한 고아나 과부들에게도 자신이 보유하고 있는 곡식을 나눠 주면서 이같이 말했다.

"『시詩』에 이르기를, '하사받은 상을 널리 베풀어 주나라를 세웠네!'라고 했소. 이는 시사施舍를 칭송한 것이오. 제환공이 이같이 하여 패자가 되었소."

제경공이 이를 높이 사 진무우에게 거 땅 부근의 성읍을 하사했으나 그는 사양했다. 제경공의 모친 목맹희穆孟姬가 진무우를 위해 지금의 산둥 성 고당高唐 일대를 진무우에게 줄 것을 요청했다. 제경공이 이를 받아들였다. 당시 진씨가 행한 일을 두고 수많은 사람들이 입이 마르게 칭송했음에 틀림없다. 제경공이 모친 목맹희의 말을 좇아 고당 땅을 봉지로 하사한 게 그 증거다. 이후 연합 세력인 포씨마저 진씨와 대립하다 사라짐으로써 제나라의 권력은 진씨 손에 들어가게 됐다. 진씨가 전씨로 성을 바꿔 강씨의 제나라를 찬탈하게 된 배경이 여기에 있다.

진씨를 포함한 제나라의 4대 세족이 일족의 흥망을 걸고 사투를 벌일 때 안영이 중립을 취한 것은 높이 평가할 만하다. 안영이 중시한 것은 사직이었다. 4대 세족이 서로 다투는 것은 안영의 손에서 벗어난 일이었다. 그는 4대 세족 간의 이전투구 끝에 살아남은 세족에게 군주를 섬기며 백성들에게 덕을 베풀어 후일을 도모할 것을 충고했다. 강씨의 제나라가 다른 씨족의 나라로 바뀌는 것은 그 이후의 일이다. 덕이 있는 자에게 천명이 옮겨 간다는 유가의 천명론을 수용한 결과로 해석할 수 있다.

주목할 점은 그가 새로운 진씨 세력에 전혀 아부하지 않고 제경공을 끝까지 보필하며 신하가 걸어가야 하는 신도를 충실히 실천한 점이다. 최저가 제장공을 시해했을 때 보여 준 자세와 하등 다를 바가 없다. 맹자가 백성을 군주보다 높인 취지와 같다. 맹자도 내심 안영을 크게 존경했던 것으로 추정된다. 『맹자』「공손추 상」편에 따르면 제자인 공손추가 관중과 안영을 칭송하자 맹자는 안영은 쏙 빼놓은 채 오직 관중만 거론하며 그의 패업을 혹독하게 비판했다. 『맹자』에서 안영을 거론한 유일한 사례다. 최고의 재상으로 평가받는 관중과 안영 가운데 관중만 도마 위에 올려놓고 난도질을 한 것은 최소한 안영에 대해서만큼은 나름 높이 평가했음을 방증한다. 더욱이 맹자는 안영으로부터 사상적 세례를 적잖이 받았을 것으로 보인다.

안영의 애민 사상

맹자는 『맹자』「진심 하」편에서 "백성이 귀하고, 사직은 다음이고, 군주는 가볍다"고 역설했다. 이른바 '귀민경군貴民輕君'

사상이다. 안영의 행보와 닮아 있다. 안영이 늘 백성의 고통과 이익을 염두에 두고 정사를 편 사실이 이를 뒷받침한다. 『춘추좌전』에 이를 알 수 있는 일화가 나온다. 안영이 진晉나라에 사자로 가 당대의 현대부인 숙향과 대화를 나누던 기원전 539년 당시, 제경공이 안영을 위해 새 집을 지어 주었다. 안영이 귀국했을 때 집은 이미 완성돼 있었다. 제경공이 안영에게 권했다.

"그대의 집은 시장에서 가깝고, 저습하고 협소하며 시끄럽고 먼지가 많으니 살기에 좋지 않소. 통풍이 잘돼 쾌적하고 높은 지대에 지은 집으로 바꿔 살도록 하오."

그러나 안영은 이를 사양했다.

"그곳은 저의 선조가 살던 곳으로 신에게는 이미 사치스러운 곳입니다. 신이 선조의 사업을 계승하기에 부족하기 때문입니다. 신은 시장에 가까이 살면서 조석으로 필요한 것을 쉽게 구할 수 있으니 이는 신에게 크게 이롭습니다. 그런데 어찌 감히 마을 사람들을 번거롭게 하겠습니까?"

제경공이 웃으면서 물었다.

"그대가 시장 가까이 사는 것이 편하다고 하니 그렇다면 과연 물건들 값이 얼마나 나가는지나 알고 있소?"

"이미 그로 인해 이로움이 있는데 어찌 모를 리 있겠습니까?"

"그렇다면 무엇이 비싸고 무엇이 싼 것이오?"

"의족은 비싸고 일반 신발은 쌉니다."

당시 제경공은 월형刖刑을 남용했다. 월형은 왼쪽 발뒤꿈치를 끊는 형벌이다. 의족의 일종인 '용踊'을 파는 사람이 매우 많았던 이유다. 제경공은 안영의 말을 듣고 크게 놀라 곧 형벌을 줄였다. 이때 안영은 원래 자신의 이웃에 살던 주민들을 모두 불러 모은 뒤 이같이 말했다.

"속담에 이르기를, '집의 호오好惡를 점치는 것이 아니라 오직 이웃의 호오를 점친다'고 했소. 여기 몇 분은 이미 이웃의 호오를 점친 뒤 내 이웃으로 살아왔소. 그런데 내가 새로 집을 지어 여러분의 점복을 어긋나게 하는 것은 매우 상서롭지 못한 일이오. 군자는 예에 맞지 않는 짓을 하지 않고 소인은 상서롭지 못한 짓을 범하지 않는 게 고례의 법도요. 그러니 내가 어찌 감히 이를 어길 수 있겠소?"

그러고는 곧 새 집을 헐어 모든 것을 이전과 똑같이 복구해 놓은 뒤 이웃 사람들로 하여금 원래 살던 곳으로 들어가 살게 했다. 당초 제경공은 이를 허락하지 않았으나 안영이 거듭 청하자 이내 허락했다. 이를 두고 『춘추좌전』은 이같이 평해 놓았다.

"어진 사람의 말은 그 이로움이 얼마나 광대한가. 안자의 한마디 말에 제경공이 형벌을 줄였다."

이 일화들은 『안자춘추』가 아닌 『춘추좌전』에 수록돼 있는 만큼 역사적 사실로 믿을 만하다. 이웃집을 헐어 새 집을 만들고 거처로 삼는 일은 생각해 볼 문제다. 만일 큰 집을 원한다면 다른 곳에 있는 큰 집을 장만해 옮기면 될 것을 왜 굳이 이웃집을 헐어 큰 집을 지은 뒤 여생을 보내려고 하는 것일까? 쉽게 이해되지 않는다. 자신을 이웃으로 삼고 있는 것을 자랑스럽게 생각하는 이웃 사람들의 기대를 저버릴 수 없어 새 집을 헌 안영의 고사와 대비된다.

안영의 이런 애민 행보는 천도天道보다 인도人道를 중시한 그의 기본 철학과 무관하지 않다. 이를 뒷받침하는 일화가 있다. 기원전 516년, 제나라에 혜성이 나타나 제경공이 사람을 보내 푸닥거리를 하도록 하자 안영이 만류했다.

"이는 무익한 일로 오직 신령을 속일 뿐입니다. 천도는 의심할 수 없고 천명은 착오가 없는데 무슨 이유로 푸닥거리를 하는 것입니까? 하늘에 혜성이 나타난 것은 더러운 것을 씻어 내리는 것입니다. 군주에게 패덕이 없는데 또 무엇을 빌려는 것입니까? 만일 패덕이 있다면 빈다고 하여 어찌 이를 줄일 수 있겠습니까? 『시』에 이르기를, '광명정대하게 하늘을 섬기니 많은 복을 누리네. 덕행이 천명을 어기지 않으니 사방의 모든 나라가 귀순하네!'라고 했습니다. 군주가 덕을 어긴 일이 없으면 사방의 나라가 따를 터인데 어찌 혜성을 걱정하겠습니까?『시』에 또 이르기를, '내게는 거울이 없으니 있다면 오직 하나라 걸桀과 은나라 주紂뿐이네. 정사가 혼란하니 백성들이 끝내 유망流亡했네!'라고 했습니다. 만일 덕행이 천명을 어기고 혼란스럽게 되면 백성들이 장차 유망할 것이니 푸닥거리를 한들 어찌 이를 보완할 수 있겠습니까?"

이 말을 들은 제경공은 곧 푸닥거리를 그치게 했다. 안영이 중시한 것은 현실에 입각한 민생 안정이었다. 이런 일화도 있다. 하루는 제경공과 안영이 정전에 함께 앉아 있을 때였다. 제경공이 문득 이같이 탄식했다.

"이 얼마나 아름다운 집인가! 내가 죽은 뒤 누가 여기서 살게 될까?"

안영이 반문했다.

"감히 묻건대 그게 무슨 뜻입니까?"

제경공이 대답했다.

"나는 덕이 있는 자가 장차 이 궁전을 차지할 것이라 생각하오."

안영이 말했다.

"그 말씀대로라면 아마 진씨陳氏가 차지할 것입니다. 진씨는 비록 큰 덕은 없으나 백성들에게 은덕을 베풀고 있습니다. 그는 무게 등을 재면서 공전公田에서 징세할 때에는 작은 용기를 쓰고 백성에게 베풀 때는 커다란 용기를 사용합니다. 군주의 징세는 많고 진씨의 시사는 후하니 백성들이 그를 따르는 것입니다.『시』에 이르기를, '비록 그대에게 줄 덕행은 없지만 정성을 다해 노래하고 춤춰야만 한다네!'라고 했습니다. 지금 백성들이 진씨의 덕행을 기려 노래하며 춤추고 있습니다. 만일 군주의 후대가 정사를 조금이라도 게을리 하고 그때까지 진씨가 망하지 않는다면 이 나라는 장차 진씨의 나라가 되고 말 것입니다."

제경공이 물었다.

"과연 그렇다면 어찌해야 좋겠소?"

안영이 대답했다.

"오직 예禮만이 이를 막을 수 있습니다. 예에 부합하면 사적으로 베푸는 은혜는 국가 단위에서 베푸는 은혜만 못합니다. 그리되면 백성들은 함부로 이주하지 않고, 농민은 땅을 떠나지 않고, 상공인은 하는 일을 고치지 않고, 선비는 도의를 벗어나지 않고, 관원은 직무를 태만히 하지 않고, 대부는 공가公家의 이익을 사적으로 취하지 않게 됩니다."

"참으로 옳은 말이오. 나는 지금까지 그리하지 못했소. 이제야 비로소 예로써 나라를 잘 다스릴 수 있다는 사실을 알게 되었소."

안영이 말했다.

"예로써 나라를 잘 다스릴 수 있다는 사실은 매우 오래된 것입니다. 예는 천지와 나란히 하는 것으로 군주가 명을 내리면 신하는 공손히 받들고, 아비가 자애로우면 자식은 효도하며, 형이 인애하면 아우는 공경하며, 남편이 화목하면 아내는 부드러우며, 시어미가 자애로우면 며느리는 잘 따르게 되니 이것이 바로 예입니다. 군주는 명을 내리되 도리에 어긋나지 않고, 신하는 명을 공손히 받들되 두 마음을 품지 않고, 아비는 자애롭되 자식을 가르치고, 자식은 효도하되 때로는 간하고, 형은 인애하되 친근히 대하며, 아우는 공경하되 순순히 따르고, 남편은 화목하되 의리를 지키고, 아내는 부드럽되 마음을 바르게 하고, 시어미는 자애롭되 며느리의 간언을 좇고, 며느리는 순종하되 완곡하게 뜻을 밝힙니다. 이것이 예의 좋은 모습이라고 할 수 있습니다."

제경공이 탄복했다.

"참으로 좋은 말이오. 나는 이제야 비로소 예를 숭상해야만 한다는 사실을 듣게 되었소."

이 일화는 '인의仁義'를 강조한 맹자와 달리 '예치禮治'를 역설한 순자 사상과 맥을 같이한다. 사상사적으로 볼 때 안영은 도덕주의를 역설한 맹자와 도덕과 법의 절충을 꾀한 순자 사이를 오가고 있다. 그러나 결코 한비자처럼 법을 앞세우는 법가 쪽으로는 나아가지 않았다. 순자 및 한비자처럼 군주를 높이는 존군尊君을 역설하면서도 맹자처럼 애민愛民을 앞세운 게 그 증거다. 이는 공자 사상과 취지를 같이하는 것이다. 탁월한 신도 행보다.

『안자춘추』에는 안영의 애민 행보를 보여 주는 사례가 나온다. 이에 따르면 하루는 제경공이 아끼는 말이 마구간을 관리하는 어인圉人의 실수로 갑자기 죽고 말았다. 대로한 제경공이 그 어인을 잡아 사지를 잘라 죽이라고 명했다. 우연히 그 자리에 있던 안영은 옆에 있던 관원이 칼을 들고 자리에서 일어서려 하자 이를 만류하며 제경공에게 이같이 말했다.

"옛날 요순시대에 사람들의 사지를 잘라 죽일 때 어느 부분부터 잘랐는지 군주는 알고 계십니까?"

제경공이 깨달은 바가 있어 곧 그 어인을 옥에 가두라고 명했다. 그러자 안영이 이같이 청했다.

"이는 자신이 무슨 죄를 저질렀는지도 모르고 죽는 것이니 소인이 군주를 위해 그 죄를 따지겠습니다. 그래서 자신의 죄를 알게 한 뒤 옥에 가두도록 하십시오."

제경공이 허락하자 안영이 그 어인을 나무랐다.

"너는 세 가지 죄를 저질렀다. 군주가 너에게 말을 기르도록 명했는데 너는 말을 죽게 했다. 이것이 첫 번째 죄이다. 또 군주가 가장 아끼는 말을 죽게 했으니 이것이 두 번째 죄이다. 또한 군주가 말 한 마리 때문에 사람을 죽일 지경에 이르게 만들었고, 백성들이 이 얘기를 들으면 군주를 원망할 것이고, 제후들이 들으면 필시 우리나라를 가볍게 여길 것이다. 이것이 세 번째 죄이다. 그래서 너를 옥에 가두는 것이다."

옆에서 이 얘기를 듣고 있던 제경공이 크게 한숨을 내쉬며 이같이 명했다.

"그만 풀어 주도록 하라. 과인이 잘못했다!"

『열국지』는 제경공 48년(기원전 500년) 여름에 노정공魯定公이 제경공과 협곡夾谷 산둥 내무현에서 만났을 때 공자가 안영과 만난 것으로 묘사해 놓았으나 이는 잘못이다. 당시 공자를 상대한 사람은 안영이 아니라 양구거이다.

『열국지』는 안영이 무력을 동원해 노정공을 압박하는 식의 꼼수를 쓴 것으로 기록해 놓았다. 이는 안영의 평소 행보와 어울리지 않는다. 이 꼼수를 낸 사람은 『춘추좌전』에 나오듯이 양구거와 함께 참석한 대부 이미犁彌로 보는 게 옳다. 『사기』는 '이서犁鉏'로 기록해 놓았다. 그렇다면 이처럼 중요한 회동에 재상인 안영은 어디에 있었던 것일까? 아마도 이 일 직전에 사망한 것으로 보인다. 이를 뒷받침하는 『사기』 「제태공세가」의 해당 대목이다.

"제경공 48년, 제경공이 노정공과 협곡에서 만났다. 이서가 말하기를, '공구는 예는 알지만 용기가 없습니다. 만일 내萊 땅 사람을 시켜 무기를 들고 노나라 군주를 겁박하면 반드시 군주가 뜻하는 바대로 이룰 수 있을 것입니다'라고 했다. 제경공은 공자가 노정공을 도와 장차 패업을 이룰까 두려운 나머지 이를 좇았다. 마침내 본격적인 회맹이 시작될 즈음 공자가 단 위로 올라가 담당 관원인 유사有司에게 명해 무기를 들고 춤을 춘 자들의 목을 베게 한 뒤 예로써 제경공을 설득했다. 제경공이 크게 부끄러워한 나머지 빼앗은 땅을 노나라에게 돌려주고 사과한 뒤 돌아갔다. 이해에 안영이 죽었다."

공자는 이 협곡 회동에서 실지를 회복하는 대공을 세워 마침내 '사士'에서 하대부下大夫의 '대부' 신분이 되어 노나라의 조정에 참석하게 됐다. 공자의 삶에 하나의 전기가 된 사건이다. 안영의 죽음은 제경공보다 10년 앞섰다. 주목할 것은 안영 사후 제나라가 쇠락의 길을 겪기 시작한 점이다. 제나라와 팽팽한 긴장 관계를 유지하던 중원의 패자 진나라도 세족들의 권력 다툼으로 인해 크게 쇠락하기 시작했다. 이때 남방의 강국 초나라 역시 잇따른 궁정 쿠데타 등으로 인해 크게 어지러웠다. 이를 틈타 문득 제나라 아래쪽에 위치한 오나라가 흥기하기 시작했다. 이른바 '오월시대'가 열리기 시작한 것이다.

안영이 활약할 당시에는 뛰어난 재상들이 우후죽순처럼 등장했다. 안영을 포함해 정나라 재상 자산, 진나라의 숙향, 오나라의 계찰 등이 그들이다. 이 점에 주목해 사람들은 이들이 활약한 시기를 '현상賢相시대'로 부르기도 한다. 시기적으로는 오월이 천하를 호령하는 오월시대보다 약 1세대 정도 앞선다. 당시 여러 나라에 현명한 재상이 이처럼 동시에 출현한 것은 춘추전국시대를 통틀어 처음 있는 일이다.

현상시대를 대표하면서 늘 검소한 모습으로 국정에 매진한 안영의 행보는 백성의 안녕과 민생에 방점을 찍은 내치內治의 전형에 해당한다. 우리말에 "안에서 새는 바가지 밖에서 안 새랴!"라는 속담이 있다. 내치가 전제돼야 외치가 가능하다는 얘기다.

제4장

군자의 롤 모델,
자산의 관맹호존 寬猛互存

자산이 가진 네 가지 도

　　　　정나라 재상 자산子産은 안영과 같은 시기에 재상으로 있었다. 공자보다 한 세대 정도 앞선 인물이다. 자산은 기원전 522년에 세상을 떠났다. 공자는 재상을 지내지 않은 까닭에 자산 및 안영 등과 같은 범주에 넣을 수 없다. 후대인들은 공자가 노나라의 재상을 지낸 것으로 미화해 놓았으나 이는 사실과 다르다. 공자는 신분 세습의 당시 상황에서 공경대부公卿大夫 밑에 있는 사족士族 가운데 가장 밑에 있는 하사下士 집안 출신이었다. 아무리 노력해도 대부의 직급으로 올라가는 게 거의 불가능했다. 이미 많은 제자를 가르치며 명성을 떨쳤던 공자가 천하 유세를 떠나기 직전 가장 높이 올라간 신분이 대부 가운데 가장 낮은 하대부下大夫였다. 천하 유세 과정에서 열국의 제후들로부터 비록 공경대부에 준하는 대우를 받기는 했으나 신분만큼은 여전히 노나라의 하대부였다. 14년간에 걸친 천하 유세 끝에 고국인 노나라로 돌아왔을 때의 신분 역시 하대부였다.

그의 제자와 주변 사람들이 그를 두고 부자夫子로 부른 것은 그가 대부 신분으로 상승한 것을 유념한 결과다. '부자'는 당시 대부 이상의 신분을 지닌 사람을 지칭할 때 사용하는 통상적인 존칭어이다. 『맹자』 「공손추 상」 편에서 맹자의 제자 공손추가 맹자를 두고 '부자'로 칭한 게 그 증거다. 공자는 고전을 정리하고 수많은 제자를 육성해 최초의 학단學團인 유가儒家의 조종이 되었다는 점에서 '현상'보다는 '제자백가'의 효시로 보는 게 옳다.

『논어』의 「공야장」에는 공자와 동시대 내지 1~3세대 앞선 시대에 활약한 인물들에 대한 공자의 평이 수록돼 있다. 자산과 안영을 포함해 위나라 대부 공어孔圉, 노나라 대부 장손진臧孫辰, 초나라 영윤 투자문鬪子文, 제나라 집정대부 진수무陳須無, 노나라 집정대부 계손행보季孫行父, 위나라 집정대부 영유甯兪 등이 그들이다. 춘추시대 후기의 중요 인물을 거의 망라한 셈이다. 이들의 활약은 『춘추좌전』과 『사기』에 소상히 소개돼 있다. 『논어』에는 세 곳에 걸쳐 자산에 대한 공자의 평이 나온다. 모두 칭찬 일색이다. 관중에 대한 평이 네 곳에 걸쳐 나오고 있음에도 비난과 칭찬이 뒤섞여 있는 것과 대비된다. 이는 자산을 군자의 모델로 삼은 결과다. 이를 뒷받침하는 평이 「공야장」에 나온다.

"자산에게는 군자의 도가 네 가지 있었다. 몸소 행하면서 공손했고, 윗사람을 섬기면서 공경스러웠고, 백성을 양육하면서 은혜로웠고, 백성을 부리면서 의로웠다."

자산이야말로 군자인 신하가 갖춰야 하는 덕목을 모두 갖췄다는 칭송에 해당한다. 행기이공行己以恭, 사상이경事上以敬, 양민이혜養民以惠, 사민이의使民以義가 그것이다. 유사한 내용이 『춘추좌전』 「노문공 2년」 조에도 나온다. 공자가 언급한 이들 네 가지 '신도'의 덕목 가운데 사상이경을 제외한 행기이공과 양민이혜 및 사민이의의 세 가지 덕목은 '군도'의 덕목이기도 하다. 군주는 사상이경 대신 능력과 덕성을 두루 감안해 신하들을 발탁하고 활용하는 이른바 용하이능用下以能의 덕목을 지녀야 한다.

군도와 신도의 분기점이 여기에 있다. 군도와 신도의 차이는 바로 사상이경과 용하이능에 있다고 해도 과언이 아니다. 나머지 덕목은 군도와 신도 사이에 별다른 차이가 없다. 군주와 신하는 치국평천하를 구현하기 위한 상호 경쟁자이자 보완자의 관계에 있기 때문이다. 공자를 비롯한 제자백가가 하나같이 군도와 신도를 동시에 언급하며 군주와 신하를 치국평천하의 두 축으로 간주한 이유다. 이른바 군신공치君臣共治이다. 공자를 조종으로 하는 유가 사상을 두고 군도와 신도를 핵심어로 삼는 '군자학'으로 평하는 것도 바로 이 때문이다. 실제로 공자는 이른바 군자학을 정립하는 데 모든 삶을 바쳤다. 14년간의 천하 유세를 행한 데서 알 수 있듯이 그 과정은 파란만장했다. 공자가 자산을 신도의 모델로 삼은 것은 바로 이런 경험에서 우러나온 것이다. 이를 뒷받침하는『논어』「헌문」의 해당 대목이다.

"정나라는 외교사령外交辭令을 만들 때 먼저 비심裨諶이 초안을 만들고, 유길游吉이 그 내용을 검토하고, 자우子羽가 이를 다듬고, 마지막으로 동리東里에 사는 자산이 윤색을 하여 완성시켰다."

공자가 자산을 포함해 이들 4명의 대부를 공히 칭송한 것은 이들이 서로 자신의 장점을 최대한 발휘하면서 일치단결해 약소국 정나라를 강소국으로 만든 점을 높이 평가한 결과다. 비심과 유길 및 자우는 모두 자산이 천거한 사람들이다. 결국 인재를 고루 등용해 나라를 다스린 자산을 극찬한 것이나 다름없다. 「헌문」에서 자산을 비롯한 정나라의 현대부들을 일일이 거명하며 칭찬을 아끼지 않은 것은 공자가 한 세대 앞선 자산을 사숙하며 그의 탁월한 신도 행보를 깊이 연구했을 가능성을 시사한다.

공자가 생전에 괴력난신怪力亂神을 멀리한 것도 이와 무관하지 않다. 『논어』「술이」에 따르면 '괴력난신'은 괴이怪異와 용력勇力, 패란悖亂, 귀신鬼神에 관한 일을 말한다. 이성적으로 설명하기 어려운 불가사의한 존재나 현상을 지칭한다. 주희는 공자와 달리 귀신을 믿었다. 그가『주역』에 의거해 자주 점복을 친 이유다. 원래『주역』은 점복에 대한 해석에서 출발한 것이기는 하나 결코 점을 치는 책이 아니다. 이를 권장한 것은 더욱 아니다. 그보다는 우주 만물의 변역 이치를 깨달아 통치에 만전을 기하라고 주문하고 있다. 그럼에도 주희는 점을 치는 등의 미신에 빠졌다. 이 대목에 대한 주희의 해석을 보면 이를 쉽게 알 수 있다.

"귀신은 조화의 자취이다. 공자가 '괴력난신'을 언급하지 않은 것은 귀신이 비록 바르지 않은 것은 아니나 사람들이 만물의 이치를 꿰지 않고는 그 뜻을 쉽사리 찾아낼 수 없었기 때문이다. 그래서 가벼이 사람들에게 말하지 않은 것이다."

이는 공자에 대한 일대 왜곡에 해당한다. 주희의 얘기인즉, 공자도 내심 귀신의 조화를 믿었으나 단지 사람들이 사물의 깊은 이치를 제대로 헤아리지 못한 채 이에 매달릴까 우려해 드러내 놓고 말하지 않았다는 것이다. 완전히 거꾸로 해석해 놓은 셈이다. 이는 『논어』 「선진」에 나오는 일화를 보면 쉽게 확인할 수 있다.

하루는 자로가 귀신을 섬기는 방법을 묻자 공자가 힐난했다.

"사람을 제대로 섬기지 못하는데 어찌 능히 귀신을 섬길 수 있겠는가?"

자로도 물러서지 않았다.

"감히 죽음에 대해 묻고자 합니다."

공자가 거듭 책망했다.

"삶도 제대로 알지 못하는데 어찌 죽음을 알 수 있겠는가!"

공자는 자로처럼 우직한 자들이 괴력난신을 탐구 대상으로 삼는 도인 내지 종교가가 될까 봐 우려한 것이다. 그럼에도 송대의 성리학자들은 스스로 도인을 자처하며 정반대의 길로 나아갔다. 성리학을 도학道學 내지 이학理學으로 부른 게 그 증거다. 주희가 점복을 맹신하며 괴력난신을 완전히 뒤집어 해석할 때 이미 그런 불길한 조짐이 드러났다. 성리학은 윤리·도덕은 물론 귀신과 관련한 괴력난신과 사후의 세계까지도 탐구 대상으로 삼았다. 그러고는 이를 실학實學이라고 불렀다. 이는 내심 괴력난신을 꺼린 공자의 학문을 허학虛學으로 간주한 결과다. 주희가 실학 내지 이학 및 도학 등으로 칭한 성리학이야말로 동서고금의 사상사를 통틀어 허학의 대표적인 사례에 속한다.

자산은 생전에 '천도는 멀고 인도는 가깝다'며 하늘에 제사를 지낼 것을 단호히 거절한 바 있다. 공자가 괴력난신을 멀리한 것과 닮았다. 『춘추좌전』에 따르면 기원전 524년 여름 5월, 큰 바람이 불었다. 바람이 더욱 거세지더니 송나라와 위나라, 진나라 등에서 화재가 일어났다. 대부 이석里析이 자산에게 이같이 말했다.

"이는 하늘의 경고입니다. 장차 커다란 이변이 생겨 백성이 사방으로 흩어지고 나라가 거의 망하는 지경에 이르게 될 것입니다. 도성을 미리 옮겨 화를 피하는 것이 가하지 않겠습니까?"

"설령 그럴지라도 나 홀로 천도 여부를 결정할 수는 없소."

이때 대부 비조裨竈가 자산에게 말했다.

"내 말을 듣지 않으면 정나라도 장차 큰불이 날 것이오."

나라의 보물을 내달라는 주문이었다. 정나라 사람들 모두 비조의 말을 좇을 것을 청했다. 그러나 자산은 듣지 않았다. 대부 유길이 간했다.

"나라의 보물은 백성을 지키기 위한 것입니다. 만일 화재가 나면 나라가 거의 망하게 됩니다. 지금 비조가 나라를 구할 수 있다고 하는데 집정은 무엇을 아끼려는 것입니까?"

"천도는 아득하고 멀지만 인도는 매우 가깝소. 천도가 인도에 미치는 게 아닌데 무엇을 근거로 천도로써 인도를 안다는 것이오? 더구나 비조가 어찌 천도를 알 수 있겠소? 그는 워낙 말을 너무 많이 하니 간혹 맞아떨어지는 경우가 있을지는 모르겠소."

그러고는 끝내 보물을 내주지 않았다. 얼마 후 정나라에도 큰 화재가 일어났다. 자산이 세족과 관원을 총동원해 진화에 나섰다. 역대 군주의 신주를 신속히 옮기면서 곡식 및 무기 창고 담당 관원 등에게는 각자 맡은 바 임무를 충실히 수행하도록 독려했다. 아울러 유사시에 대비해 궁궐의 경계를 철저히 하면서 궁인들을 안전한 곳으로 대피시켰다.

군대를 지휘하는 사마司馬에게는 군사를 동원해 불길이 이르는 쪽에 늘어서서 불길을 잡도록 했다. 또 백성들에게는 대열을 지어 차분히 안전한 곳으로 대피하게 했다. 그러고 나서 화재가 난 이튿날, 관원을 보내 각자 자신들이 징발한 인부들을 잘 단속시켰다. 화재로 인해 집을 잃은 사람들을 기록한 뒤 그들의 세금과 요역 등을 면제하고 집 지을 재료를 공급하기도 했다. 그러자 이내 불길이 잡혔다. 송나라와 위나라 등도 자산이 하는 것을 보고 모두 이를 좇아 불길을 잡았다.

『사기』「정세가」는 불길을 잡은 뒤 자산이 이같이 말한 것으로 기록해 놓았다.

"하늘에 제사를 지내며 비는 것은 인간이 스스로 덕을 닦느니만 못하다."

이는 바로 천도와 인도 문제의 정곡을 찌른 것이다. 춘추전국시대 당시 제자백가 사이에 커다란 논쟁이 벌어진 사안 가운데 하나가 바로 이 문제이다. 이는 크게 둘로 나뉜다. 하나는 맹자가 주장한 이른바 '천인합일설天人合一說'이다. 하늘의 이치를 뜻하는 천도가 인간이 나아가야 할 길을 뜻하는 윤리·도덕적인 인도에 직접적인 영향을 미친다는 생각에 기초한 것이다.

이와 대비되는 것이 순자가 얘기한 이른바 '천인상분설天人相分說'이다. 만물이 순환하며 운행하는 천도의 이치는 자연의 법칙이고, 세상의 흥망성쇠와 치란 등의 순환 이치는 인간 자신의 현우賢愚와 근만勤慢 등에 따른 것으로 천도와 인도는 서로 다르다는 입장이다. 오늘날의 관점에서 볼 때 천인합일설은 진리의 절대성을 전제로 한 도덕철학의 입장이고, 천인상분설은 진리의 상대성을 인정하는 매우 과학적인 접근임을 알 수 있다. 관중을 비롯해 공자와 순자가 바로 이런 입장에 서 있었다. 인간의 이지理智에 전폭적인 신뢰를 보낸 결과다. 이들은 동서를 통틀어 인간학 내지 인문학의 효시에 해당한다.

'인의'의 발명가, 묵자

천인합일설의 가장 큰 문제는 절대 불변의 진리를 상정한 데 있다. 맹자가 인의예지의 4단설四端說을 주장하며 인성은 절대적으로 선하다는 식의 논리를 전개한 게 그것이다. 그가 자연의 절대 법칙인 천도가 항구 불변이듯이 인간의 4단 역시 본질적으로 선할 수밖에 없다는 성선설을 주장한 것은 바로 이 때문이다.

4단설과 성선설은 이후 남송대의 주희에 의해 성리학의 이기론理氣論으로 정립되면서 수천 년 동안 동아시아 역대 왕조의 군왕과 사대부들의 정신세계를 옥죄었다. 중국이 아편전쟁을 계기로 반식민지의 길로 치닫고 조선이 일본의 식민지가 된 것도 천인상분설의 과학 정신을 이단시한 후과로 볼 수 있다.

맹자는 인의예지의 4단을 역설했지만 키워드는 '인의'이다. 이는 원래 묵가의 이론을 차용한 것이다. 묵가 사상의 가장 큰 특징은 일종의 인격신인 '하늘'이 인간 세상에 적극 개입해 화복을 내리는 이른바 '천지天志'를 발동한다고 주장한 데 있다. 하늘이 불변의 진리인 '천도'를 기준으로 인간 세상에 복을 내리기도 하고, 징벌을 가하기도 한다는 것이다. 기본 취지에서 선악 논리에 입각한 서양의 기독교 사상과 별반 차이가 없다.

묵가 역시 탄생 시점인 전국시대 초기부터 소멸 시점인 말기에 이르기까지 서양의 중세 수도승처럼 스스로 의식주를 해결하는 집단 생활을 영위하며 평화운동인 비전非戰과 검약운동인 비악非樂을 역설했다. 열국의 백성들이 크게 호응한 덕분에 묵가는 맹자가 활약하는 전국시대 말기에 도가와 더불어 가장 큰 세력을 떨치는 제자백가가 되었다.

묵자는 원래 유가를 공부하다가 도중에 독립해 묵가를 완성한 인물이다. 공자의 '인'에 '의'를 접목시킨 것은 그의 창견이다. '인의'가 『논어』에는 단 한 번도 나오지 않고 있는 데 반해 『묵자』에 29번이나 나오고 있는 게 그 증거다. 『논어』에 나오는 '의'는 '이利'와 대비된 개념이다. 군자는 소인과 달리 불의한 이익은 결코 취하지 않는다고 역설한 게 그 증거다. 그럼에도 맹자 등이 이를 이상하게 해석하는 바람에 격렬한 논쟁이 빚어졌다. 이른바 의리지변義利之辨이다.

묵자가 '인의'라는 매우 독창적인 용어를 만들어 낸 데에는 나름 속사정이 있다. 이들은 스스로 의식주를 해결하며 비전과 비악에 방점을 찍었지만 그 취지는 사뭇 다르다. 기본적으로 '비전'은 끊임없이 이어지는 전쟁으로 온갖 부세賦稅에 시달리는 백성의 염원을 반영한 것이다. 이에 반해 '비악'은 후장厚葬 관행을 포함한 관혼상제의 복잡한 예식으로 먹고사는 속유俗儒를 비판한 것이다. 이들의 농간으로 인해 더욱 곤궁한 삶을 살 수밖에 없었던 서민들의 절망이 투영된 결과다.

'비전'이 정치·외교 및 군사 분야에 관한 서민들의 이상론을 담고 있고, '비악'이 경제·사회 및 문화 등에 관한 서민들의 현실 개선 의지를 반영한 이유다. 비전, 즉 평화로 상징되는 서민들의 이상은 위정자들이 내세운 이상과 별반 다를 바가 없다. 열국의 모든 제후들은 백성들을 동원할 때 평화를 얻기 위해 전쟁을 한다고 떠벌렸다. 힘이 곧 정의로 통하던 난세에 명분과 현실이 괴리된 대표적 사례다. 학술 단체라기보다는 일종의 교단 성격을 띤 묵가는 '의'에 입각한 천화天禍에 방점을 찍으면서도 반대급부의 보상 원리인 천복天福을 설명하기 위해 '인' 개념을 적극 활용했다. 묵자가 '인'과 '의'를 하나로 묶은 인의를 사상 처음으로 천지의 작동 원리로 제시한 배경이다.

맹자도 묵자처럼 인의를 기치로 내걸었다. 『맹자』 「양혜왕 상」 편에 나오듯이 부국강병의 방안을 묻는 양혜왕의 질문에 오직 인의만 있다고 역설한 게 그 증거다. 그러나 맹자의 인의는 사실 '의'에 모든 초점을 맞춘 것에 지나지 않는다. '인'은 공자의 권위를 빌리기 위한 장식물에 불과하다는 얘기다. 맹자의 인의가 묵가의 인의보다 훨씬 강고하고 과격한 성격을 띠게 된 것은 바로 이 때문이다.

맹자는 불의한 군주는 일개 사내에 불가하므로 보위를 뒤엎고 주살해야 마땅하다고 주장했다. 사상 최초의 폭군방벌론이다. 묵자는 천지를 거스른 나라와 백성에게 천화가 떨어지는 근거로 의를 들먹였다. 겁나는 얘기다. 제후들이 볼 때 천화가 반드시 제후의 머리 위에만 떨어지는 게 아닌 만큼 일면 여유를 보일 여지가 있다.

그러나 맹자의 인의의 얘기는 차원이 다르다. 천화의 초점이 제후에게 맞춰져 있기 때문이다. 맹자는 사실상 천지와 동일한 개념인 천도를 들먹이며 이에 어긋난 짓을 행한 군주를 일언지하에 불의한 군주로 낙인찍었다. 불의한 군주가 치러야 하는 대가는 끔찍하다. 신하들에 의해 보위에서 쫓겨나는 것은 양반이다. 자신은 물론 처자식까지 처참하게 죽을 수도 있다. 속유들이 묵가에서 차용한 인의 개념을 적극 활용하면 속된 말로 열국 제후들의 등을 쳐 먹을 수도 있게 된 셈이다. 순자가 맹자를 속유의 장본인으로 지목한 이유다. 이를 뒷받침하는 『순자』 「유표」의 해당 대목이다.

"옛 성왕을 들먹이며 어리석은 제후들을 속여 의식衣食을 구하면 이는 속유이다. 후세의 왕을 본뜨고 제도를 통일하면 이를 대유大儒라고 한다."

순자는 입만 열면 요순을 들먹인 맹자를 속유의 전형으로 비판한 것이다. 「유표」에서는 맹자의 이름을 거론하지 않았으나 『순자』 「비십이자」에서는 실명을 밝혔다.

"지금 사람들은 옛 군주를 본받으면서도 그 유래를 알지 못한다. 이는 곧 맹자의 죄이다!"

이는 맹자가 왕도의 표상인 요순 등을 들먹이며 열국의 군주들을 협박한 것을 지목한 것이다. 맹자가 끊임없이 왕도를 내세운 데는 그의 이상주의적인 성향이 크게 작용한 게 사실이나 순자가 지적했듯이 금품이나 뜯어내려는 속유들의 행태와 전혀 무관한 것도 아니었다. 열국의 제후들 가운데 그의 주장을 받아들인 사람은 아무도 없었다. 그럼에도 그는 화려한 수레를 탄 채 수많은 제자들을 이끌고 천하를 주유했다. 천하 유세 도중 제자들이 굶주려 일어날 생각도 못하고 이곳저곳을 떠도는 바람에 '상갓집 개' 소리를 들어야 했던 공자와 너무나 대비되는 대목이다.

맹자가 사상 최초로 폭군방벌론을 거론한 것도 이와 무관하지 않다고 보아야 한다. 그게 열국의 제후들을 겁나게 만드는 데 가장 효과가 컸기 때문이다. 열국의 제후들이 그의 주장에 내심 콧방귀를 뀌면서도 겉으로는 예를 다하며 후하게 대접한 이유다. 실제로 맹자는 부지런히 열국을 돌아다녔지만 한곳에 오래 머물지 못했다. 아무도 그가 곁에 오래 머무는 것을 달갑게 여기지 않았기 때문이다. 오직 제나라에서만 객경客卿으로 일시 머물렀으나 이 또한 오래가지 못했다.

순학과 소라이학

동양 3국은 성리학의 족쇄로 인해 서양과 정반대의 길을 걸었다. 정치를 도덕에 통합 내지 예속시킨 게 그것이다. 19세기 중엽 이후 중국과 조선이 서구 열강 및 일본의 침탈 대상으로 전락한 이유다. 놀랍게도 일본의 경우는 18세기 초에 서양처럼 정치와 도덕을 분리하는 쪽으로 나아갔다. 일본 제왕학의 비조로 불리는 에도시대의 오규 소라이荻生徂徠로부터 시작된 이른바 '소라이학徂徠學'은 마키아벨리처럼 현실의 힘을 배경으로 한 패도를 추구했다.

생전에 '일본 학문의 천황'으로 불리며 사상계를 지배하다가 지난 20세기 말에 타계한 마루야마 마사오丸山眞男는 소라이학이야말로 일본 근대성의 출발이라고 주장했으나 이는 부분적으로만 타당하다. 소라이학은 순자가 전국시대 말기에 제자백가 사상을 집대성한 순학荀學의 재발견에 불과하다. 중국과 조선이 순자의 패도 대신 맹자의 왕도에 뿌리를 둔 성리학을 맹종한 결과 도덕과 철학 면에서는 진보했는지 몰라도 정치 사상 면에서는 크게 후퇴한 데 따른 반사이익일 뿐이다. 그러나 순학의 재발견을 과소평가해서는 안 된다. 20세기 초까지도 중국과 조선은 그것을 전혀 눈치채지 못했기 때문이다. 그런 점에서 마루야마가 『일본정치사상사』에서 메이지유신의 사상적 기반이 된 요시다 쇼인吉田松陰이 소라이학의 뒤를 이은 것을 높이 평가한 것은 나름 일리가 있다.

그럼에도 소라이학의 뿌리가 순학에 있다는 것 또한 부인할 수 없는 엄연한 진실이다. 마루야마는 극구 소라이학과 순학의 차이점을 역설했으나 논거가 약하다. 순학 역시 공학孔學의 재발견에서 출발한다. 순자는 제자백가 사상을 두루 섭렵한 뒤 맹학孟學으로 오염된 공학을 재정립했다. 공학은 곧 군자학에 해당하고, 군자학은 『논어』에 나와 있듯이 자산을 모델로 한 것이다. 자산 사상의 가장 큰 특징은 정치를 도덕에서 분리시킨 데 있다. 『춘추좌전』에 이를 뒷받침하는 유명한 일화가 나온다. 이른바 형정刑鼎이 그것이다. 형정은 법조문을 '정'에 새겨 널리 반포한 것이다. 이 일화에 따르면 기원전 536년 3월, 자산이 정鼎에 형벌 조항을 주조해 넣었다. 중국 최초의 성문법에 해당한다. 이 소식을 들은 진나라의 숙향이 사람을 보내 자산에게 이런 내용의 서신을 전했다.

"당초 나는 그대에게 커다란 희망을 지녔으나 이제는 끝났소. 옛날 선왕들은 일의 경중을 따져 죄를 다스렸을 뿐 형법을 정하지 않았소. 이는 백성들이 법을 이용해 다투려는 마음을 일으킬까 두려워했기 때문이오. 그럼에도 범죄를 완전히 방지하지 못했소. 이로 인해 올바른 정사로 독려하고, 도덕으로 권장하고, 근면으로 가르쳤소. 백성은 이같이 해야만 비로소 부릴 수 있고 그래야만 화란이 생기지 않는 법이오.

지금 그대는 정나라를 다스리면서 경작지의 경계를 엄히 하고, 형정을 주조하여 백성들을 안정시키려고 하고 있소. 그러나 이는 매우 어려운 일이 아니겠소? 『시』에 이르기를, '주문왕을 본받자 만방이 믿고 따르네!'라고 했소.

이같이 하기만 하면 어찌 형법이 필요하겠소? 백성들이 쟁송의 근거를 알게 되면 장차 예를 버리고 형법 조문을 끌어들일 것이오. 그리되면 송곳 끝 같은 작은 일조차 모두 법조문을 끌어 대 다툴 것이 뻔하오. 결국 범법이 날로 극심해지고 뇌물이 성행하게 되어 그대가 살아 있는 동안 정나라는 극히 쇠미해지고 말 것이오. 내가 들건대 '나라가 장차 망하려 하면 반드시 법령이 많아진다'고 했소. 이는 지금의 정나라를 두고 한 말일 것이오."

그러자 자산이 이같이 회신했다.

"과연 그대의 말씀과 같소. 나는 재주가 없어 후대의 이익을 고려치 못하고 오직 당대만을 구하려 하고 있소. 다만 이미 일이 진행되어 그대의 명을 받들 수 없게 되었소. 그러나 어찌 감히 그대가 베푼 커다란 가르침의 은혜야 잊을 리 있겠소."

그러고는 형정의 규정을 좇아 엄격히 법을 시행했다. 약소국 정나라가 부강한 나라로 탈바꿈한 배경이 여기에 있다. 숙향은 왕도의 상징에 해당한다. 이는 그가 자산의 형정 주조를 비판한 글을 보면 쉽게 알 수 있다. 그럼에도 자산은 자신의 당초 의지를 관철시켰다. 정나라가 수시로 강대국의 침략을 받는 약소국의 신세를 벗어나기 위해서는 부국강병이 필요하고, 이를 위해서는 형정의 주조를 통한 강력한 법치가 불가피하다고 판단한 결과다. 그의 이런 패도 행보는 숙향의 왕도 주장과 극명한 대비를 이룬다. 공자는 바로 자산의 이런 행보를 높이 평가한 것이다.

고금을 막론하고 왕도와 덕치는 인기가 많다. 부드럽고 관대하기 때문이다. 이에 반해 패도와 법치는 사람들의 원망을 듣기 십상이다. 엄하고 가혹하기 때문이다. 그러나 종기를 앓는 아이를 치유하기 위해서는 아이가 우는 것을 무릅쓰고 종기의 뿌리를 뽑는 근치根治가 필요하다. 약소국 정나라가 처한 상황은 중원의 패자인 진나라와 다를 수밖에 없다. 정나라는 종기를 앓는 아이와 유사했다. 자산이 세족들은 물론 백성들로부터 커다란 원성을 들으면서도 법치에 기초한 부국강병책을 강력히 추진한 이유다. 그 효험을 뒷받침하는 일화가 『춘추좌전』에 실려 있다. 이에 따르면 자산이 집정한 지 1년이 되자 일반인들이 이러한 노래를 지어 자산을 비난했다.

의관을 몰수하자 부자들은 이를 감추고	取我衣冠, 而褚之
전주를 몰수한 뒤 정비해 나눠 주었네	取我田疇, 而伍之
누가 자산을 죽이면 기꺼이 도와주리라	孰殺子産, 吾其與之

여기서 '의관'은 사치를 금지시킨 것을 상징한 것이다. 자산은 관중과 마찬가지로 부국강병책을 실시하면서 사치를 엄금했다. 그러자 세족을 비롯한 가진 자들이 이를 감추는 소동이 일어난 것이다. 여기의 저褚는 감춰 숨긴다는 뜻의 저儲와 통한다. 전주田疇는 대대적인 토지 구획 정리와 세제의 개편을 의미한다. 재정을 확충하려는 시도였다. 이런 일련의 변법으로 인해 그는 커다란 원성을 들어야만 했다. "누가 자산을 죽이면 기꺼이 도와주리라"는 얘기를 스스럼없이 내뱉은 데서 당시 그가 시행한 일련의 부국강병책이 매우 혹독하게 진행됐음을 암시한다. 그러나 그 효과는 컸다. 『춘추좌전』은 3년 후 정나라 백성들이 이런 노래를 지어 그의 업적을 칭송했다고 기록해 놓았다.

우리 자제를 자산이 잘 가르쳐 줬네	我有子弟, 子産誨之
우리 농토를 자산이 크게 늘려 줬네	我有田疇, 子産殖之
자산이 죽으면 누가 그 뒤를 이을까	子産而死, 誰其嗣之

"누가 자산을 죽이면 기꺼이 도와주리라"며 원성을 퍼붓던 정나라 백성들은 3년 후 자신의 자식들을 잘 이끌고 재산을 크게 불려 준 자산에게 칭송을 아끼지 않으며 그의 사후를 염려한 것이다. 교육 정책과 경제 정책이 일대 성공을 거뒀음을 암시하는 구절이다. 『사기』「정세가」는 이같이 기록해 놓았다.
"정성공 5년, 자산이 죽자 정나라 사람들이 모두 슬피 울었다. 마치 부모가

죽은 듯이 슬퍼했다. 자산은 사람을 대할 때 인애했고 군주를 섬기면서 충후^{忠厚}했다. 공자가 일찍이 정나라를 지날 때 자산을 만나 형제처럼 지냈다는 얘기가 있다. 그는 자산이 죽었다는 소식을 듣고는 '백성을 자애롭게 돌보는 옛사람의 유풍이 있었다'며 슬피 울었다."

안영이 죽었을 때 공자가 울었다는 기록은 없다. 그러나 자산이 죽었을 때는 달랐다. 자산이 죽었다는 소식을 듣고 슬피 울었다는 내용은 『춘추좌전』 「노소공 22년」 조의 기록을 그대로 인용한 것이다. 원문은 '고지유애古之遺愛'이다. 백성을 사랑하는 애민의 표상으로 간주한 것이다. 이는 진나라의 현상 숙향을 두고 공자가 '고지유직古之遺直'으로 평한 것과 대비된다. 이는 '정직한 옛 사람의 유풍이 있었다'는 뜻이다. 고지유애보다 한 급 떨어지는 것임은 말할 것도 없다. 군도와 신도를 막론하고 그 출발점은 백성을 사랑하는 '애민'에 있기 때문이다.

자산의 삶을 '고지유애'로 평한 것은 극찬이다. 실제로 『논어』와 『춘추좌전』과 『사기』 등을 막론하고 사서와 제자백가서에 나오는 공자의 인물평 가운데 '고지유애'의 칭송을 받은 사람은 자산이 유일하다. 「정세가」의 기록 가운데 공자가 생전에 자산을 만나 형제처럼 지냈다는 이야기는 후대인들이 만들어 낸 이야기를 그냥 옮겨 놓은 것에 지나지 않는다. 이런 허구가 만들어진 것 자체가 공자가 자산을 깊이 사숙했음을 뒷받침한다.

•

자산의 변법

•

자산이 활약할 당시 천하는 중원의 진나라와 남방 강국 초나라의 각축으로 인해 크게 어지러웠다. 약소국 정나라는 두 강대국의 틈새에서 무수한 침략을 받으며 심한 고초를 겪었다. 설상가상 격으로 내부적으로 세족들의 정쟁이 그치지 않았다. 이 상태가 지속될 경우 이내 패망할 수밖에 없었다.

자산은 바로 이런 절체절명의 위기 상황에서 집정의 자리에 올라 20여 년 동안 부국강병을 추구해 마침내 내우외환에 시달리는 패망 위기의 정나라를 독자적인 목소리를 내며 자주독립을 이룬 강소국으로 탈바꿈시킨 것이다. 당시의 기준에서 볼 때 이는 기적에 가까웠다. 뛰어난 리더십을 지닌 지도자를 만나면 아무리 절체절명의 위기 상황에 처한 나라일지라도 문득 크게는 천하를 호령하는 강대국이 될 수 있고, 작게는 열강에 얕보이지 않는 강소국을 만들 수 있음을 보여 준 사례다.

이와 정반대의 사례 역시 쉽게 찾아볼 수 있다. 20세기 중반만 해도 아시아에서 일본과 대만에 이어 가장 앞선 나라로 평가받았던 필리핀이 최빈국으로 전락한 게 그 증거다. 소수의 세족들이 거대한 장원을 보유하며 나라의 부를 과점한 후과다. 자산이 이른바 구부제丘賦制를 시행한 이유가 여기에 있다.

형정을 주조하기 2년 전인 기원전 538년에 실시된 이 제도의 핵심은 경작하는 사람에게 토지를 나눠 주는 이른바 경자유전耕者有田과 일하면서 싸우는 경전耕戰에 있다. 1구丘인 전답 16정井마다 말 1필, 소 3두를 공출供出했는데 이 제도는 경제와 군사를 하나로 통합한 것이 특징이다. 그러나 증세 효과로 인해 반발도 만만치 않았다. 전에는 공동으로 경작하여 나오는 수확물을 세금으로 냈지만 구부제로 인해 부담이 더 늘어난 결과다. 세족은 세족대로, 농민은 농민대로 사방에서 불만을 마구 터뜨렸다. 자산을 제거해야 한다는 노래가 유행한 배경이다. 그러나 3년 뒤 그 효과가 나타나면서 문득 모든 사람이 그를 칭송했다. 국내의 정치, 경제를 일신하고 의연한 외교를 통해 정나라를 열국 외교의 허브로 만든 비결이 여기에 있다.

현재 많은 학자들은 자산이 행한 일련의 개혁 조치의 특징을 크게 세 가지로 요약하고 있다. 첫째, 형정의 주조이다. 이는 세족들의 불법 행위를 억제했다는 긍정적인 평가를 받고 있다. 둘째, 구부제이다. 이는 농민들을 병사로 동원한 제도로 갑사甲士의 신분 제한을 철폐했다는 점에서 매우 획기적인 조치로 평가되고 있다. 셋째, 경지 정비이다. 이는 정목공의 아들인 공자 비騑가 시행한 이른바 '전혁田洫' 조치를 계승한 것이다. 농지의 구획 정리와 관개용수의 정비를 포함해 농민을 5호 단위의 이른바 '오伍'로 편성한 조치를 말한다. 생산력의 향상과 군제 개편을 동시에 꾀한 것이다. 이로 인해 식량 증산에 커다란 기여를 했다는 평가를 받고 있다. 주목할 것은 이런 일련의 개혁 조치와 더불어 사치를 엄격히 금하는 조치를 동시에 취한 점이다. 그는 의복이나 거마 등을 신분에 맞게 규정하고 위반자는 엄벌로써 다스렸다. 신분에 맞지 않는 사치를 엄금한 것이다. 이는 개혁의 효과를 극대화하기 위한 부수적인 조치로 볼 수 있다.

그가 실시한 일련의 변법은 관중이 사농공상의 4민四民을 엄격히 통제할 때 이미 실시한 것이다. 자산의 사상적 뿌리가 관중으로 올라가고 있는 이유다. 문화대혁명 시절 사인방은 관중과 순자를 유가가 아닌 법가로 분류했다. 공자 이전에 출현한 관중을 두고 유가와 법가의 분류 잣대를 들이대는 것은 잘못이다. 굳이 말하면 그는 유가와 법가, 도가 등 제자백가의 사상적 연원에 해당한다. 순자를 유가가 아닌 법가로 분류한 것도 지나쳤다. 순자가 역설한 '예치'가 법가의 '법치'와 종이 한 장 차이밖에 없는 것이 사실이나 왕도를 전혀 인정하지 않은 제자 한비자와는 분명한 차이가 있다. '왕도'의 인정 여부가 유가와 법가를 가르는 분기점에 해당한다.

물론 순자도 열국의 제후들에게 왕도가 가장 바람직한 까닭에 가급적이면 왕도를 지향할 것을 적극 권했다. 그러나 순자 스스로 왕도가 현실적으로 구현하기 매우 어렵다는 사실을 잘 알고 있었다. 그가 맹자처럼 열국의 제후들 면전에서 인의를 내세우며 면박을 주는 식의 황당한 행보를 하지 않은 이유다. 이는 패도를 통해 천하 통일을 이룰 수밖에 없다는 사실을 내심 수긍하고 있었음을 방증한다.

한비자가 도덕과 정치에 양다리를 걸치고 있는 예치의 왕도를 과감히 폐기하고 오직 법치의 패도만을 역설한 것도 이와 무관할 수 없다. 후대의 성리학자들은 바로 이런 점 등을 근거로 순자를 문묘에서 쫓아내 버렸다. 이들이 정치를 도덕의 시녀로 전락시키며 공허한 사변 논쟁을 일삼은 배경이다.

오규 소라이는 명나라 때에 들어와 순자가 공자의 사당에서 쫓겨난 배경을 통찰했다. 주희의 해석만이 금과옥조로 통하던 시절에 이를 통렬히 비판한 조선조 후기의 정약용조차 오규 소라이의 수준까지 나아가지는 못했다. 이는 정약용이 오규 소라이의 제왕학에서 한비자의 냄새를 짙게 맡은 사실과 무관하지 않다.

공학이 맹학이 아닌 순학으로 이어졌음을 간파한 오규 소라이는 일본 제왕학을 정립하는 과정에서 순학의 수준을 뛰어넘어 한비자의 한학韓學을 과감히 채용했다. 공직에 진출코자 하는 제자들에게 유가 경전 이외에도『한비자』등의 법가 사상서는 물론 실질적인 법률 지식을 익힐 것을 권한 게 그 증거다. 그의 학당에는 실무 법률을 가르치는 강의가 따로 개설돼 있었다. 북송 말기 왕안석王安石은 과거 시험에 법률 과목을 끼워 넣으려고 시도했다가 사대부들의 반발로 좌절한 바 있다. 유학을 전수하는 학당에서 실무 법률을 강의한 것은 동북아 3국의 전 역사를 통틀어 처음 있는 일이다. 일본 제왕학의 성립 과정이 간단치 않았음을 방증한다.

오규 소라이가 한비자에 커다란 관심을 기울인 데에는 한비자가 자산을 극찬한 사실과 무관하지 않다. 한비자는 공자와 마찬가지로 관중보다 자산을 더욱 높이 평가했다. 법가의 효시를 관중이 아닌 자산으로 간주한 결과다. 이를 뒷받침하는『한비자』「외저설 좌상」의 해당 대목이다.

"하루는 정간공鄭簡公이 자산을 재상으로 임명하면서 말하기를, '술을 마셔도 즐겁지 않거나, 제기祭器가 크지 않거나, 종·북·피리·거문고 소리가 제대로 울리지 않는다면 이는 과인의 잘못이오. 그러나 정사가 일정하지 않고, 나라가 안정되지 못하고, 백성이 다스려지지 않고, 경전耕戰에 마음을 합치지 못하면 이는 그대의 잘못이오. 그대가 맡은 직분이 있고 과인이 맡은 직분이 있소. 각기 그 직분을 잘 지켜나가야 할 것이오'라고 했다. 자산이 물러나와 정사를 맡은 지 5년이 되자 나라 안에 도적이 없어지고, 길에 흘린 것을 줍는 자가 없고, 복숭아나 대추 등 과일이 거리에 주렁주렁 열려 있어도 따 가는 자가 없고, 송곳을 길에 떨어뜨릴지라도 3일 안에 돌아오고, 3년 동안 흉년이 들어도 백성이 굶주리는 일이 없었다."

자산이 정간공 때 재상이 됐다고 기록한 것은 착오다. 그가 재상이 된 것은 훨씬 이후의 일이다. 사마천은 『사기』를 저술하면서 이 대목에 주목했다. 비록 열전을 따로 편제하지는 않았으나 「순리열전」에 이를 거의 그대로 실어 놓은 게 그 증거다.

"자산은 정나라 대부 가운데 한 사람이다. 정소공鄭昭公이 총애하는 서지徐摯를 재상으로 삼자 나라가 어지러워졌다. 상하가 서로 반목하고 부자가 서로 불화했다. 이후 시간이 흘러 자산이 재상이 되자 1년 만에 소인배들의 못된 장난이 사라졌고, 노인들은 무거운 짐을 나르지 않게 됐고, 어린애들은 밭을 갈지 않게 되었다. 2년 후에는 시장에서 외상으로 물건을 파는 사람이 없어졌다. 3년 후에는 밤에 문을 잠그는 일이 없어졌고, 길에 떨어진 물건을 줍는 자가 없게 되었다. 4년 후에는 농구를 논밭에 두고 귀가할 수 있게 되었고, 5년 후에는 군적 등의 호적이 필요 없게 되었다. 3년의 복상 기간을 명하지 않아도 저절로 잘 지켜지게 되었다."

'서지'는 역사적으로 존재하지 않는 인물이다. 사마천 역시 역사적 사실 면에서는 한비자와 유사한 오류를 범했다. 그러나 중요한 것은 『한비자』와 『사기』 모두 자산이 정사를 잘 펼친 덕분에 백성들이 태평한 세월을 누리게 됐다고 주장한 점이다. 나름 역사적 사실에 부합한다.

주목할 것은 『한비자』와 『사기』에 나오는 내용이 『예기』 「예운」에 나오는 대동大同의 이상 세계와 똑같은 점이다. 여기에서도 길에 떨어진 물건조차 손을 대는 일이 없는 순박한 풍속을 태평성대의 중요한 징표로 그려 놓았다. 이른바 '도불습유道不拾遺' 성어가 고전에 두루 나온 이유다. 하나의 성어가 이처럼 원래의 출처를 알 수 없을 정도로 여러 전적의 일화에 동시에 출현한 것은 매우 드문 일이다.

언로를 개방하다

사람을 단박에 알아보는 식견을 통상 '지인지감知人之鑑'이라고 한다. '지감'은 줄임말이다. 자식을 가장 잘 아는 사람이 부모이고, 신하를 가장 잘 아는 사람이 군주이다. 제갈량은 뛰어난 재상이었지만 지감에서는 유비에 미치지 못했다. 신도와 군도의 차이가 여기서 난다. 공자는 신도와 군도를 모두 포함한 군자학의 정립을 위해 평생 애썼지만 그 자신도 지감의 한계를 통감한 적이 있다. 『논어』 「공야장」에 이를 뒷받침하는 일화가 나온다.

이에 따르면 하루는 제자 재여宰予가 낮잠 자는 것을 보고 공자가 크게 탄식했다.

"썩은 나무에는 조각할 수 없고, 거름흙으로 쌓은 담장에는 흙손질을 할 수 없다. 내가 재여에 대해 무엇을 꾸짖겠는가!"

그러고는 자신의 짧은 지감을 자탄했다.

"전에 나는 남을 대하면서 그의 말만 듣고 그의 행실을 믿었다. 그러나 이제는 남을 대하면서 그의 말을 들은 뒤 그의 행실을 살피게 되었다. 재여로 인해 이를 고치게 된 것이다."

천하의 공자도 제자 재여가 게으른 사람이라는 것을 뒤늦게 깨달은 것이다. 이처럼 지감은 매우 어려운 일이다. 군도를 체득한 군주일지라도 별반 차이가 없다. "열 길 물속은 알아도 한 길 사람 속은 모른다"는 우리말 속담이 이를 방증한다. 자산도 유사한 경험을 한 바 있다.

기원전 548년 겨울, 자산은 뒤늦게 대부 연명然明이 현명한 것을 알고 곧 그에게 정치에 관해 물었다. 연명이 대답했다.

"백성 보기를 자식을 돌보듯이 해야 합니다. 또한 어질지 못한 자를 보면 마치 매가 참새를 쫓듯이 가차 없이 주륙하면 됩니다."

자산이 크게 기뻐하며 이 얘기를 대부 유길에게 전하면서 이같이 말했다.

"전에는 연명을 만나면 그의 얼굴만을 보았으나 이제는 그의 마음을 보게 되었소."

유길이 물었다.

"과연 정치란 무엇입니까?"

자산이 대답했다.

"정사를 돌보는 것은 농사짓는 일과 같소. 밤낮으로 국사를 생각하되 그 시초부터 잘 생각해야 마침내 좋은 결과를 이룰 수 있소. 조석으로 힘써 행하되 행한 일이 당초의 생각을 넘지 않도록 해야만 하오. 마치 농사를 지으며 농지의 경계를 넘지 않듯이 하면 잘못하는 일이 적을 것이오."

정치를 농사에 비유해 설명한 사람은 자산이 처음이다. 공자는 다양한 방법으로 대답했지만 가장 널리 알려진 것은 '군군신신君君臣臣, 부부자자父父子子'이다. 제 역할을 하는 것을 중시한 것이다. 요체를 꿴 것이기는 하나 자산의 비유와 비교할 때 빨리 와 닿지 않는다. 과연 군주가 군주답고, 신하가 신하다운 일이 무엇인지 계속 의문이 남기 때문이다.

쉬운 비유를 할 수 있다는 것은 핵심을 꿰고 있다는 뜻이다. 『춘추좌전』에 수록된 이 일화는 바로 자산이 농사짓는 농부의 심경으로 정사에 임했음을 방증하고 있다. 자산이 뛰어난 경세가이자 책략가라는 사실은 이미 간략히 살펴본 바 있다. 그렇다면 자산이 뛰어난 재상임을 뒷받침하는 구체적인 예에는 무엇이 있을까?

사서와 제자백가서에 나오는 얘기를 종합하면 크게 두 가지를 들 수 있다.

인재를 천거하는 거현擧賢과 언론 개방이 그것이다. '거현'은 신도의 핵심에 해당한다. 관중을 천거한 포숙아가 그 실례다. 이는 이미 앞서 관포지교를 검토할 때 자세히 살펴본 바 있다. 거현의 전제 조건은 지감이다. 지감이 없으면 거현을 제대로 할 수 없다. 공자는 정치의 요체를 거현으로 요약한 바 있다. 『논어』「자로」에 관련된 일화가 나온다. 이에 따르면 공자의 제자 중궁仲弓이 노나라의 실력자인 계씨의 가재家宰가 되었다. 그가 곧 스승인 공자를 찾아와 정치의 요체가 무엇인지 물었다. 공자가 대답했다.

"우선 유사有司보다 먼저 행하고, 작은 허물은 용서하고, 현재賢才를 등용하는 것이다."

중궁이 다시 물었다.

"어찌해야 현재를 알아보고 등용할 수 있는 것입니까?"

공자가 대답했다.

"네가 먼저 알고 있는 사람 중에서 현재를 등용하면 네가 모르는 현재를 남들이 그대로 놓아두겠는가?"

'가재'는 여러 직책을 겸한 가신을 의미한다. '유사'는 소관 직책의 해당 관원을 지칭한다. 공자는 계씨의 가신이 된 제자 중궁에게 우선 유사에게 일을 맡긴 뒤 그 공적을 살필 것을 권했다. 이는 자신을 수고롭지 않게 하면서 일을 성취하는 방법이기도 하다. 일종의 역할 분담을 통한 통합 관리를 권한 셈이다.

두 번째로 부하의 작은 허물을 너그러이 용서해 줄 것을 권했다. 형벌의 남용을 방지하려는 취지다. 세 번째로 '현재'를 적극 추천할 것을 권했다. 방점이 여기에 찍혀 있다. 계씨의 핵심 참모가 된 중궁에게 자신의 지모만으로 주군을 받들 생각을 버리도록 권한 것이다. 삼국시대 당시 조조의 핵심 참모인 순욱이 당대의 책사인 정욱과 순유 등을 천거한 것을 생각하면 될 것이다. 신도의 요체가 바로 여기에 있다.

일찍이 관중도 제환공이 곧바로 재상으로 발탁하려고 하자 자신의 한계를 인정하며 여러 인재를 천거했다. 습붕과 영월, 성보, 빈수무, 동곽아 등이 그들이다. 습붕은 외교, 영월은 경제, 성보는 군사, 빈수무는 사법, 동곽아는 언론에 뛰어났다.『관자』에 나오는 기록만으로 보면 대사간^{大司諫}에 임명된 동곽아는 역사상 첫 언론 담당관에 해당한다. 당시 관중은 제환공에게 재상이 행하는 거현의 효능을 이같이 설명했다.

"군주가 나라를 다스리고 병력을 튼튼히 하려면 이들 5명이 있을 뿐입니다. 그러고도 다시 패업을 원한다면 신이 비록 재주는 없으나 군명을 좇아 모든 힘을 다하도록 하겠습니다."

능력을 좇아 발탁해 부리는 이른바 택능사지^{擇能使之}와 현자를 임용해 그 능력에 따라 부리는 임현사능^{任賢使能}을 언급한 것이다. 자산도 관중과 마찬가지로 택능사지와 임현사능의 기본 원칙을 충실히 좇았다. 집정의 자리에 오르자마자 자신을 도와 정사를 돌볼 인재를 대거 발탁해 적재적소에 배치한 게 그 증거다. 그는 곁에 언론 담당관을 두지 않았다. 이는 본인을 포함해 주변 인재들이 언관의 역할을 대행한 결과다. 이를 뒷받침하는 일화가『춘추좌전』에 나온다. 이에 따르면 기원전 542년 겨울, 정나라 백성들이 향교^{鄕校}에 모여 집정대부 자산이 취한 일련의 조치를 놓고 득실을 논했다. 여기의 향교는 후대의 학교가 아닌 집회 장소를 말한다. 이를 못마땅하게 생각한 대부 연명이 자산에게 건의했다.

"향교를 헐어 버리면 어떻겠습니까?"

자산이 반대했다.

"무슨 이유로 그리한단 말이오? 사람들이 조석으로 일을 마친 뒤 모여 놀면서 집정의 정사가 잘되었는지를 논하면 그들이 좋아하는 것은 실행하고 싫어하는 것은 개혁하면 되는 것이오. 그들의 논평이 곧 나의 스승인 셈인데 어찌 향교를 헐어 버린단 말이오? 나는 '선행에 충실하여 원망을 막는다'라는 말은 들어보았으나 '위세로써 원망을 틀어막는다'는 말은 들어본 적이 없소. 어찌 위세로 그들의 논평을 막을 수 있겠소. 이는 개울물의 흐름을 막는 것과 같소. 방죽을 크게 터서 한꺼번에 흐르게 하면 많은 사람을 상하게 하오.

그리되면 사람들을 구할 길이 없소. 방죽을 조금 터놓아 물을 서서히 흘려보내는 것만 못하오. 향교를 허무는 것은 내가 그들의 논평을 받아들여 약으로 삼는 것만 못하오."

연명이 탄복했다.

"저는 이제야 비로소 집정이 대사를 이룰 수 있는 사람이라는 사실을 깨달았습니다. 만일 그대의 말대로 행한다면 장차 우리 정나라는 전적으로 그대를 의지할 것입니다. 그대를 의지하는 사람이 어찌 저와 같은 조정 대신들에 한정되겠습니까?"

『춘추좌전』은 이때 공자가 이 말을 듣고 이같이 자산을 칭송했다고 기록해 놓았다.

"나는 장차 어떤 사람이 자산을 두고 어질지 못하다고 말할지라도 결코 믿지 않을 것이다!"

공자가 자산을 얼마나 깊이 사숙했는지를 짐작하게 해 주는 대목이다. 자산은 언론 소통의 중요성을 공식적으로 언급한 최초의 인물이다. 언론 소통의 중요성은 공자의 자산에 대한 칭송을 통해 쉽게 알 수 있다. 언로를 늘 개방했으므로 관중 때처럼 따로 간의대부를 둘 필요가 없었던 셈이다.

훗날 명군 당태종은 휘하에 뛰어난 인재들을 적재적소에 배치해 이른바 정관지치貞觀之治의 성세를 구가한 바 있다. 인재를 곁에 두고 언로를 활짝 개방한 덕분이다. 방현령房玄齡은 계책, 두여회杜如晦는 결단, 위징魏徵은 간언에 뛰어났다. 당태종이 이들 인재와 정치를 논한 얘기가 『정관정요』에 자세히 기록되어 있다. 방현령과 두여회 및 위징 등은 자산의 휘하에 있던 대부 자우와 비간, 유길 등에 비유할 만하다.

정치와 도덕을 구분한 자산의 사상적 뿌리는 멀리 관중으로 연결되고 있다. 관중은 일찍이 '족식足食 → 지례知禮'의 도식을 제시한 바 있다. 형정의 주조를 통해 알 수 있듯이 자산은 이를 구체적으로 실천한 최초의 인물에 해당한다. 큰 틀에서 볼 때 마루야마가 일본 고유의 제왕학으로 자랑한 소라이학의 뿌리는 자산 및 관중의 사상으로 연결되는 셈이다. 춘추전국시대에 활약한 모든 제자백가의 사상이 순자에 의해 집대성됐다. 동양은 도덕을 예학禮學, 정치를 왕패王霸로 정리한 '순학'이 완성되는 전국시대 말기에 완벽한 수준의 제왕학을 완성한 셈이다.

그럼에도 당나라 때 유종원 등에 의해 맹학이 존중되기 시작한 뒤 남송의 주희에 이르러 오직 맹학만을 높이는 성리학이 출현하면서 정치가 도덕의 노예로 전락하는 사태가 빚어진 것이다. 전국시대 말기에 이런 가능성을 염두에 두고 도덕과 정치를 보다 엄격히 분리할 것을 주장한 사람이 바로 한비자였다. 그의 스승인 순자는 도덕과 정치의 연결 고리인 왕도를 끝까지 붙들고 있었다. 그러나 한비자는 왕도를 철저히 부인하면서 정치의 세계에는 오직 패도만이 존재한다고 역설했다. 마키아벨리의 주장과 하등 다를 바가 없는 것이다. 그러나 21세기의 관점에서 보면 정치와 도덕의 세계를 엄밀히 구별하면서도 이상 정치에 대한 지향을 잃지 않았던 순학은 오직 현실 정치만을 역설한 한비자의 한학보다 뛰어난 바가 있다. 정치가 도덕의 시녀 내지 노예가 돼서는 안 되나 결코 현실 정치에만 매몰돼 이상 정치를 포기해서도 안 되기 때문이다.

전쟁과 평화, 치세와 난세의 순환 논리는 『도덕경』과 『주역』에서 역설하고 있듯이 밤낮의 명암明暗과 사계절의 한온寒溫 교체처럼 상호의존적이다. 한쪽이 극에 달하면 다른 한쪽이 서서히 생장하기 마련이다. 어둠이 그 속에 밝음의 씨를 품고 있고, 온기 속에 한기의 씨가 내포된 결과다. 서양은 이런 이치를 잘 모르는 까닭에 정치가 도덕과 구별된다는 사실만 알았을 뿐 양자가 서로 긴밀히 연결돼 있다는 사실은 무시해 버렸다. 이에 반해 동양은 양자가 상호 연결된 사실에 너무 집착한 나머지 정치를 도덕의 시녀로 삼는 우를 범하고 말았다.

치도의 여러 유형

『춘추좌전』에 따르면 병으로 자리에 누워 사경을 헤매던 자산은 곧 자신이 수명이 다 된 것을 알고 대부 유길을 불러 이같이 당부했다.

"내가 죽게 되면 그대가 틀림없이 집정이 될 것이오. 오직 덕이 있는 자만이 관정寬政으로 백성을 복종시킬 수 있소. 그렇지 못한 사람은 맹정猛政으로 다스리느니만 못하오. 무릇 불은 맹렬하기 때문에 백성들이 이를 두려워하므로 불에 타 죽는 사람은 많지 않소. 그러나 물은 유약하기 때문에 백성들이 친근하게 여겨 쉽게 가지고 놀다가 이로 인해 매우 많은 사람이 물에 빠져 죽게 되오. 그래서 관정을 펴기가 매우 어려운 것이오."

그러나 유길은 자산의 당부를 제대로 이행하지 않았다. 맹정을 펴지 못하고 관정으로 일관하자 도둑이 급속히 늘어났다. 그러자 유길은 크게 후회했다.

"내가 일찍이 자산의 말을 들었더라면 이 지경에 이르지는 않았을 것이다."

그러고는 곧 보병을 출동시켜 무리 지어 숨어 지내는 도둑들을 토벌했다. 그 결과 도둑이 점차 뜸해졌다. 이를 두고 공자는 이같이 평했다.

"참으로 잘한 일이다. 정치가 관대해지면 백성이 태만해진다. 태만해지면 엄히 다스려 바르게 고쳐 놓아야 한다. 정치가 엄하면 백성이 상해를 입게 된다. 상해를 입게 되면 관대함으로 이를 어루만져야 한다. 관대함으로 백성들이 상처 입는 것을 막고 엄정함으로 백성들의 태만함을 고쳐야 정치가 조화를 이루게 되는 것이다. 『시』에 이르기를, '다투거나 조급하지 않고, 강하지도 유하지도 않네. 정사가 뛰어나니 온갖 복록이 모여 드네!'라고 했다. 이는 관정과 맹정이 잘 조화된 지극한 정치를 말한 것이다."

공자의 평은 왕도와 패도를 섞어 쓰는 이른바 '관맹호존寬猛互存'의 이치를 언급한 것이다. 그럼에도 성리학자들은 맹자처럼 오직 왕도만을 주장하는 우를 범했다. 오랫동안 관중과 자산을 제대로 평가하지 못한 것도 이와 무관하지 않다.

춘추시대 전 시기를 통틀어 관중과 자산만큼 국기國紀를 바로잡아 나라를 부강하게 만들고, 백성들로 하여금 평안히 생업에 종사하게 하고, 천하를 병란의 위협으로부터 구해 낸 인물도 없다. 두 사람 모두 공자가 갈파했듯이 관맹호존의 입장을 취한 결과다. 왕도와 패도를 섞어 쓰는 게 관건이다.

자산이 집정할 당시 정나라가 처한 상황은 외부적으로 진나라와 초나라의 압력이 날로 강화되고, 내부적으로는 권력 다툼이 극에 달하는 등 패망의 위기가 최고조에 달했을 때다. 그가 집정하기 이전까지만 해도 정나라가 아침에 진나라에 붙었다가 저녁에 초나라에 붙는 식의 이른바 조진모초朝晉暮楚의 기회주의 외교가 거듭된 이유다. 자산은 이를 근원적으로 치유하려 했다. 그는 먼저 국내 정치를 안정시켰다. 세족들이 둘로 나뉘어 유혈전을 펼칠 때 시종 중도의 입장에 서서 내분을 진정시킨 이유다. 이후 그는 곧 '조진모초'의 기회주의 외교를 뜯어고치기 위해 발 벗고 나섰다.

먼저 그는 진·초 양국의 내정을 면밀히 검토했다. 그들이 정나라에 원하는 바가 무엇인지를 파악하기 위한 조치였다. 마지막으로 정나라가 그들에게 해 줄 수 있는 게 무엇인지를 따졌다. 당시 2백 년 가까이 중원의 패자를 자처해 온 진나라는 겉으로는 명분을 내세웠지만 사실은 실리를 더 챙겼다. 허장성세로 기세 싸움을 벌이면서 초나라와의 정면충돌을 최대한 피한 게 그 실례다. 이에 반해 초나라는 자부심에 커다란 상처를 입고 있었다. 막강한 실력을 지니고 있었음에도 여전히 중원의 제후국들로부터 소외당하고 있었기 때문이다. 초나라의 숙원은 최소한 중원의 제후국들로부터 진나라와 더불어 G2의 일원으로 인정받는 일이었다. 그 시금석이 정나라였다. 자산은 우선 초나라의 소외감을 풀어 주고 G2의 일원으로 대접하는 쪽에 초점을 맞췄다. 정중한 내용의 외교 문서를 작성한 이유다. 초나라가 크게 만족해한 것은 말할 것도 없다.

이때 그는 G1을 자처한 진나라의 심기를 거스르지 않기 위해 세심한 주의를 기울였다. 교역과 민간외교를 확충해 나가는 방식으로 기존의 동맹 관계를 다지며 신뢰 관계를 더욱 두텁게 쌓은 이유다. 진나라가 이의를 제기하지 않은 것은 말할 것도 없다. 초나라의 자부심을 만족시켜 주면서 동시에 민간외교를 적극 활용해 진나라를 만족시키는 절묘한 책략을 구사한 덕분이다.

현대의 리더십 이론에서는 통상 군도를 1인자의 리더십, 신도를 2인자의 리더십으로 해석하고 있다. 고금동서를 막론하고 1인자의 리더십은 2인자의 보필이 없으면 빛을 발할 수 없고, 2인자의 리더십 또한 1인자의 전폭적인 지원이 없으면 제 기량을 발휘하기 어렵다. 경서와 사서를 포함한 동양의 모든 고전이 군도와 신도를 동시에 언급하는 이유다. 춘추전국시대에는 많은 책사들이 등장해 다양한 책략을 펼쳤다. 이들 책사들의 난세지략은 기본적으로 군도가 아닌 신도 차원에서 나온 것이다.

통상 군도와 신도를 통틀어 치도治道라고 한다. 군주와 신하를 천하 경영의 두 축으로 간주한 결과다. 치도를 통해 이루고자 하는 과업은 흔히 대업大業으로 통칭한다. 대업은 치도의 수준에 따라 크게 제업帝業, 왕업王業, 패업霸業, 강업疆業으로 요약된다. 제업으로 나아가는 길을 제도帝道, 왕업은 왕도王道, 패업은 패도霸道, 강업은 강도疆道로 부른다. 『순자』「왕제」는 이같이 정리해 놓았다.

"왕자王者는 사람을 얻고자 하고, 패자霸者는 동맹국을 얻고자 하고, 강자疆者는 땅을 얻고자 한다. 사람을 얻고자 하는 자는 제후를 신하로 삼고, 동맹국을 얻고자 하는 자는 제후를 벗으로 삼고, 땅을 얻고자 하는 자는 제후를 적으로 삼는다. 그러나 싸우지 않고 승리하고, 공격하지 않고 얻고, 무력 동원의 수고를 하지 않고도 천하를 복종시키는 경우가 있다. 이들 세 가지 요건을 아는 자는 원하는 바대로 취할 수 있다. 왕자가 되고 싶으면 왕자, 패자가 되고 싶으면 패자, 강자가 되고 싶으면 강자가 될 수 있다."

원하는 바대로 왕자와 패자, 강자가 될 수 있는 것은 가장 높은 단계의 치도인 제도를 언급한 것이다. 이를 도식으로 그리면 다음과 같다.

치도	군도君道	제도帝道	왕도王道	패도霸道	강도强道
주체	군인君人	제자帝者	왕자王者	패자霸者	강자强者
대업	군업君業	제업帝業	왕업王業	패업霸業	강업强業
이념	군덕君德	무위無爲	인의仁義	예법禮法	무덕武德
학파	백가百家	도가道家	유가儒家, 묵가墨家	법가法家	병가兵家, 종횡가縱橫家

치도와 반대되는 것은 이른바 난도亂道이다. 패망의 길로 나아간다는 것을 말한다. 크게 위도危道와 망도亡道로 요약된다. 이를 설명한 『순자』「왕제」의 해당 대목이다.

"왕자는 백성을 부유하게 만들고, 패자는 선비를 부유하게 만들고, 강자는 대부를 부유하게 만들고, 위자는 가까운 자들을 부유하게 만들고, 망자는 군주 자신을 부유하게 만든다."

자산이 이룬 외교적 업적은 강대국의 틈에 낀 약소국의 생존과 독립, 국가적 존엄의 유지로 집약된다. 이를 위해서는 '왕도'를 전면에 내세우면서 '패도'를 실현하는 게 관건이다.

제5장·
사과사철四科四哲,
자공의 유상儒商 정신

관중을 닮은 자공

공자는 평소 이재理財와 언변言辯 등에서 발군의 재능을 보인 자공을 볼 때마다 빈궁한 처지에 빠져 있는 안연을 생각하며 크게 안타까워했다. 너무나 대비됐기 때문이다. 실제로 제후들은 거만의 재산을 모은 데다 공자의 학문까지 익힌 자공을 볼 때마다 허리를 굽실대며 같은 반열에 있는 제후로 대접했다. 그러면서 안연에 대해서는 초빙하여 치국의 방략을 물을 생각조차 하지 않았다. 사서를 보면 제후들 가운데 안연을 입에 올린 사람은 전무했다. 물론 안연 자신이 그런 부름에 응할 생각이 전혀 없었기 때문이라고 생각할 수도 있다. 그러나 당시 제후들이 외양상 공자의 수제자인 안연을 무시하는 듯한 모습을 보인 것은 부인할 수 없다.

객관적으로 볼 때 안연이 추구한 학행學行과 덕행德行은 자공과 대비된다. 주목할 것은 제자인 안연과 자공에 대한 공자의 평이 자산과 관중에 대한 평과 맥을 같이하고 있는 점이다. 『논어』 「헌문」에 이를 뒷받침하는 일화가 나온다. 하루는 어떤 사람이 공자에게 물었다.

"자산은 어떤 사람입니까?"

"그는 혜인惠人이다."

"자서子西는 어떤 사람입니까?"

자서는 초나라의 영윤을 지낸 초소왕楚昭王의 동생 공자 신申을 말한다. 공자가 구체적인 언급을 피했다.

"아, 그 사람, 그 사람!"

다시 관중에 관해 물었다.

"관중은 사치하며 예를 지키지 않았다고 하는데 그게 사실입니까?"

"그는 생전에 제나라 대부 백씨伯氏의 병읍騈邑 3백 호를 빼앗은 적이 있다. 그러나 백씨는 거친 밥을 먹으면서도 죽을 때까지 그를 단 한 번도 원망하지 않았다."

공자가 자서에 대한 언급을 피한 것은 자서가 초나라를 추종하는 소국들로부터 뇌물을 받아먹고 전횡하다가 마침내 대부들의 미움을 받아 비명횡사한 것을 우회적으로 비판한 것이나 다름없다. 관중을 평하면서 백씨를 언급한 것은 관중이 비록 사치를 하는 등의 비례를 저지르기는 했으나 천하를 안정시키는 대업을 이룬 만큼 크게 탓할 수는 없다는 취지에서 나온 것이다. 관중이 사치를 행했는지 여부에 대해서는 문헌마다 기록이 엇갈리고 있다. 『논어』는 관중이 비록 존왕양이의 패업을 이뤘음에도 사치를 행했다는 쪽에 서 있다. 이 대목도 그중 하나다.

자산을 '혜인'으로 평가한 것은 극찬이다. 대개 '은혜로운 사람'으로 풀이하고 있으나 이는 백성을 사랑하는 사람으로 해석하는 게 옳다. 삼국시대 위나라의 가규賈逵가 그같이 풀이했다. '애愛'와 '혜惠'는 서로 통한다. 공자의 인물평 가운데 '혜인'은 최상의 평에 해당한다. 백성을 사랑하며 은혜를 베풀었다는 뜻을 지니고 있기 때문이다. 치국평천하의 궁극적인 목표는 결국 '혜인'일

수밖에 없다는 점에서 당연한 것이기도 하다. 그럼에도 후대의 주희는 이를 완전히 거꾸로 해석해 놓았다.

"관중의 덕은 그 재주를 이기지 못했고, 자산의 재주는 그 덕을 이기지 못했다. 두 사람 모두 성인의 학문에 대해 하나같이 들은 게 없다."

관중은 재주만 뛰어난 지신智臣에 불과하고, 자산은 덕만 높을 뿐 재주는 이에 미치지 못하는 용신庸臣 수준에 불과하다는 혹평을 가한 것이다. 이는 『춘추좌전』및『사기』의 기록과 정면으로 배치된다. 자산은 중원의 패자로 군림한 진나라 평공으로부터 이른바 '박물군자博物君子'라는 칭송을 받은 현자였다. '사물의 이치를 두루 꿴 당대의 군자'라는 뜻이다. 그런 그를 '용신'으로 매도한 것은 커다란 왜곡이다.

『논어』를 보면 공자의 안연에 대한 평은 자산, 자공에 대한 평은 관중에 가깝다. 안연에 대해서는 칭송 일색이고, 자공에 대해서는 일정 부분 경계하는 얘기를 한 게 그렇다. 『논어』「공야장」에 공자 스스로 자신은 제자인 안연만 못하다고 찬탄한 대목이 나온다. 이에 따르면 하루는 공자가 자공에게 물었다.

"사賜야, 너와 회回 가운데 누가 나으냐?"

자공이 대답했다.

"제가 어찌 감히 회를 바라볼 수 있겠습니까. 회는 하나를 들으면 열을 알고, 저는 하나를 들으면 둘을 압니다."

공자가 말했다.

"그만 못하다. 나와 너는 그만 못하다!"

후대의 많은 학자들은 마지막 구절을 보며 크게 곤혹스러워했다. 어떻게 만세의 사표인 공자가 제자인 안연보다 못하다고 말할 수 있단 말인가? 그러나 이게 사실이다. 『논어』는 공자의 제자들이 생전에 기록해 놓은 스승의 어록을 토대로 만들어진 것이다. 감히 멋대로 수정할 수 있는 게 아니다.

일부 학자들은 마지막 구절의 원본인 '오여여불여吾與女弗如'의 '여與'를 '허許'

로 해석해 '나는 네가 그만 못함을 인정한다'는 식의 억지 풀이를 시도했다. 스승인 공자가 스스로 제자인 안연만 못하다는 식으로 인정했을 리 없다는 선입견에서 비롯된 것이다. 그러나 『순자』의 첫 편인 「권학」에 나와 있듯이 사제의 관계는 청출어람靑出於藍의 관계이다. 제자가 스승보다 뛰어나야 학문이 진보한다. 안연이 스승인 공자보다 뛰어난 면모를 보였다고 해서 이상하게 생각할 게 없다. 『장자』는 바로 이런 입장에 서 있었던 것이다. 그런 의미에서 원문의 '여與'는 조사로 간주해 '나와 너는 그만 못하다'로 풀이하는 게 자연스럽다.

장자는 여기서 한 발 더 나아갔다. 『장자』에 안연이 스승인 공자보다 더 높은 수준의 도인으로 묘사돼 있는 게 그 증거다. 공자는 도인인 제자 안연의 말을 들은 이후에 고개를 끄덕이며 뒤늦게 깨닫는 모습을 보이는 덜 떨어진 스승으로 나온다. 일각에서 안연을 장자의 사상적 스승으로 간주하는 것도 바로 이 때문이다. 『장자』에 나오는 일화를 보면 이런 추론이 아주 터무니없다고만 볼 수는 없다.

공자는 관중의 패업을 높이 평가하면서도 개인적인 덕행 면에서는 비례를 저질렀다며 "그릇이 작다"는 등의 혹평을 가했다. 관중은 단지 존왕양이의 위대한 패업을 이룬 까닭에 개인 차원의 비례가 양해됐을 뿐이다. 이는 재주가 덕을 뛰어넘는 자공에 대한 공자의 평과 맥을 같이한다. 『논어』에는 자공을 안연만 못하다고 단정한 일화 이외에도 공자가 뛰어난 재주를 지닌 자공에 대해 적잖은 우려를 표시한 일화가 나온다. 「선진」에 나오는 공자의 언급이다.

"회回는 거의 도에 가까웠으나 돈 버는 일에는 예측하면 거의 맞추지 못했다. 이에 대해 사賜는 스승의 명을 받아들이지 않고 재화를 늘렸으나 돈 버는 일을 예측하면 거의 매번 맞췄다."

안연이 "돈 버는 일을 예측했으나 거의 맞추지 못했다"는 점에 주목할 필요가 있다. 이 대목은 안연도 자공처럼 돈 버는 일에 관심이 있었음을 보여 준다. 돈벌이에 관심이 있는 것과 돈벌이에 나서는 것은 차원이 다르다. 안연은 관심만 표명했을 뿐 자공처럼 직접 나선 것은 아니다. 타고난 학자 타입이다. 그는 자공이 거만의 재산을 모아 스승의 학문을 전파하는 데 큰 공헌을 하자 나름 호기심 차원에서 여러 예측을 해 봤을 것이다. 다만 안연과 공자 모두 학자 타입인지라 예컨대 주식에 관심을 표명하기는 했으나 주식에 투자할 생각은 전혀 없었다고 보는 게 옳다. 재주도 없고, 자신들의 영역도 아니라고 생각했을 것이다. 공자가 남는 시간에 거문고를 타는 등 휴식을 즐긴 것도 같은 맥락이다.

사서에는 안연이 공자처럼 거문고를 타는 등의 여가 활동을 즐겼다는 기록이 전혀 나오지 않고 있다. 그는 그 시간에 오직 책을 읽고 오솔길을 소요하며 사색을 즐긴 게 확실하다. 만일 장자가 안연을 사숙했다는 일부 학자의 주장이 사실이라면 『장자』의 첫머리에 「소요유」가 편제된 것도 결코 우연으로 볼 일이 아니다. 공자가 제자인 자공을 향해 "너와 나는 안연만 못하다!"고 말한 것도 이와 무관하지 않아 보인다.

이는 공자의 자공에 대한 평이 관중에게 '일포일폄'의 평을 내린 취지와 맥을 같이하고 있음을 방증한다. 공자는 기본적으로 관중이 패업을 이뤘듯이 자공이 거만의 자산을 모은 것을 나름 높이 평가했다. 그러나 관중이 비례를 저지른 것처럼 자공 역시 "스승의 명을 받아들이지 않고 재화를 늘리는" 잘못을 저지른 점에 대해서는 공자도 비판을 가했다.

공자가 안연과 자공을 공히 수제자로 인정하면서도 안연에게 보다 점수를 더 준 배경이 여기에 있다. 관중에게 일포일폄의 평가를 내리면서 유독 군자의 '롤 모델'인 자산에 대해서만큼은 칭송 일변도의 평을 내린 것과 닮았다. 공업功業과 학덕學德을 망라한 총평에서 공자는 자공을 관중, 안연을 자산에 비유했음을 짐작할 수 있다.

맹자의 무항산이 낳은 폐단

공자는 안연이 평생 가난한 삶 속에서도 학문과 덕행의 연마에 매진하며 빈궁한 처지를 한 번도 원망하지 않은 것을 높이 평가했다. 세속적인 이익과 대비되는 '군자의 의義'를 역설한 공자의 언급이 『논어』「술이」에 나온다. 이는 안연을 염두에 둔 것이다.

"거친 밥을 먹으며 물을 마시고 팔을 굽혀 베개로 삼을지라도 즐거움이 또한 그 안에 있다. 불의한 방법으로 얻은 부귀는 나에게 뜬구름과 같다."

이 구절은 학덕을 연마하는 군자의 자세를 논한 공자의 언급 가운데 백미白眉에 속한다. 이를 두고 주희의 사상적 스승인 정이천은 풀이하기를, "공자가 거친 밥을 먹고 물을 마시는 것을 즐거워한 것이 아니라, 거친 밥을 먹고 물을 마시면서도 그 즐거움을 그칠 수 없다고 말한 것이다"라고 했다. 공자가 말한 취지에 맞아떨어진다.

공자는 부귀를 멀리해야 한다고 주장한 적이 없다. 열국의 제후들로부터 제후에 버금가는 대우를 받으며 부귀를 누린 제자 자공을 안연과 똑같이 높이 평가한 사실이 이를 뒷받침한다. 공자가 말하고자 한 기본 취지는 '불의한 부귀'를 멀리하는 데 있다. 뒤집어 풀이하면 자공처럼 '불의하지 않은 부귀'는 얼마든지 취하라고 권한 것이나 다름없다.

실제로 공자 자신이 노나라의 권신인 계씨 등에게 제자들의 취직을 부탁하는 등 제자들의 먹고사는 문제에 지대한 관심을 기울였다. 오직 '불의한 부귀'만을 꺼렸을 뿐이다. 부귀해야 많은 사람에게 덕을 베풀 수 있다는 간단하면서도 엄중한 '인도'의 기본 이치를 통찰한 결과로 볼 수 있다. 공자는 '의로운 부귀, 의로운 빈천 ↔ 불의한 부귀'의 도식을 주장한 셈이다. 그러나 맹자가 이를 거꾸로 해석해 '의로운 빈천 ↔ 일체의 부귀'의 도식을 제시했다. 부귀 자체가 인성의 선한 측면을 오염시킬 수 있다고 판단한 데 따른 것이다.

『맹자』「등문공 상」편에 해당 구절이 나온다.

"백성들이 살아가는 방법으로 말하면 항산恒産이 있는 자는 항심恒心이 있게 되고, 항산이 없는 자는 항심이 없게 된다. 항심이 없으면 방탕·편벽·사악·사치한 행동을 하게 된다. 그들이 이로 인한 죄에 빠진 연후에 쫓아가 처벌하는 것은 백성들을 그물질하는 것이다."

'항산'은 안정적인 생업, '항심'은 안정된 심사를 의미한다. 생업이 안정되지 못하면 백성들이 사특한 마음을 품게 되어 이내 죄를 짓게 되고, 끝내 법리들이 내던지는 법망에 걸려들어 어육이 됨으로써 결국 나라가 망하게 된다는 것이다. 나름 일리 있는 지적이다. 주목할 것은 맹자가 '항산항심'을 강조했음에도 일정한 예외를 인정한 점이다. 이를 뒷받침하는 『맹자』「양혜왕 상」편의 해당 대목이다.

"일반 백성은 항산이 없으면 항심을 지닐 수 없다. 그러나 오직 선비만큼은 항산이 없으면서도 항심을 지닐 수 있다."

사대부들에게는 항산 여부에 아랑곳하지 않는 항심을 역설한 것이다. 그는 '이利'를 보면 오히려 '의義'를 생각해야 한다는 『논어』「헌문」의 '견리사의見利思義' 논리로 자신의 이런 주장을 합리화했다.

문제는 견리사의를 확대 해석해 상공업을 천시한 데 있다. 농업을 치국의 절대적인 전제 조건으로 삼는 중농주의가 바로 그것이다. 이는 선부후교先富後敎를 역설한 공자의 기본 취지를 거스르는 것이다. 인구와 경지 면적이 균형을 유지하는 한 중농주의도 일리가 있다. 맹자가 활약했던 전국시대 말기만 해도 개간하지 않은 토지가 사방에 산재했다. 그가 백성들에게 토지를 고루 나눠 주는 정전법井田法과 수확량의 10분의 1을 거두는 철법徹法을 제시한 것은 바로 이 때문이다.

'부민'은 피치자인 백성들에게 경지의 고른 분배를 통해 이룰 수 있고, '교민'은 치자인 군주 및 사대부들의 검박한 삶을 통해 이룰 수 있다는 게 그의 생각이었다. 동양에서 수천 년 동안 농업을 본업, 상업을 말업으로 간주하는 숭본억말崇本抑末이 부민의 기본 정책으로 채택된 이유다.

그러나 중농주의 정책의 가장 큰 문제는 제한된 경지로는 늘어나는 인구를 제대로 먹여 살릴 수 없다는 데 있다. 위정자들이 사대부들에게만 적용되는 '항산에 아랑곳하지 않는 항심'의 논리를 백성들에게까지 확대 적용해 근검절약을 강요한 이유다. 그러나 이 또한 미봉책에 지나지 않는다. 상속이 거듭될수록 경지가 더욱 세분화되고, 결국 모든 백성이 빈곤에 허덕이는 상황이 초래될 수밖에 없기 때문이다.

백성들이 상속 토지를 한 자식에게 몰아주는 대신 나머지 자식들은 상공업에 종사하는 자구책을 강구한 배경이 여기에 있다. 이는 인구 폭발 압력에 직면한 지역에서부터 자연스럽게 진행되었다. 이것이 송대 이후 세계 최고의 부를 축적한 산시 성의 진상晉商과 안후이 성의 휘상徽商, 광둥 성의 조상潮商 등이 등장하게 된 역사적 배경이다.

전국을 하나의 시장으로 묶어 낸 이들의 등장은 곧 재화의 유통을 촉진하면서 곡물 이외에도 산림 및 수산자원을 활용한 농산물의 증산과 수공업의 '가내공장화'를 부추겼다. 거부의 출현은 정부 재정의 비약적인 증대로 이어졌고, 이는 최하층으로 분류된 상인들이 '사士'의 주류를 형성하는 새로운 시대를 만들어 냈다. 그럼에도 조선조는 성리학을 유일무이한 통치 사상으로 내세운 까닭에 시종 농업을 치국의 근본으로 간주하는 우를 범했다. 조선조가 피폐를 면치 못하다가 끝내 일제의 식민지로 전락한 것도 이와 무관하지 않다. 중농주의를 채택함으로써 '구조적 빈곤'을 자초한 후과다.

기본 취지 면에서 백성들의 '항산항심'을 역설한 맹자의 주장은 개국 통상을 통한 '부민'을 역설한 관중의 주장과 별반 차이가 없다. 그러나 맹자는 사대부의 '무항산'을 역설함으로써 성리학자들이 백성들에게까지 '무항산'을 강요하는 빌미를 제공했다. 실제로 주희는 모든 재산 증식 행위를 부정적으로 파악해 군자는 모든 욕망을 태워 없애 버려야 한다는 '멸욕설滅欲說'을 주장했다. 산속에서 수도하는 선승의 삶을 강요한 셈이다. 군주를 포함해 모든 신민의 '균빈^{均貧}'을 자초한 꼴이다.

조선조 중엽 이른바 북학파로 불린 박지원과 박제가 등이 지금의 베이징인 연경^{燕京}에 사신으로 다녀온 뒤 하나같이 개국 통상을 통한 '부민'을 역설한 것은 바로 이 때문이었다. 당시 한정된 토지로는 아무리 생산성을 높일지라도 민생 문제를 근원적으로 해결할 수 없었다. 시대 자체가 '중농'에서 '중상'으로 전환할 것을 강요하고 있었다. 이들 북학파의 주장은 당시 서구 열강이 중상주의에 입각한 부국강병을 추구한 흐름과 부합하는 것이었다. 그러나 조선조는 세도정치가 등장하면서 절호의 기회를 놓치고 말았다. 세도가들이 도시 상공업 발달로 인한 막대한 이익을 국가 재정의 확충에 활용하기는커녕 수단 방법을 가리지 않고 자신의 사복으로 채운 결과다. 고종이 뒤늦게 이른바 광무개혁을 시도했으나 이미 늦은 뒤였다. 실제로 러일전쟁을 승리로 이끈 일본은 승전 직후 광무개혁을 모두 무효화시켰다. 때를 잃으면 이런 참사를 당한다.

화식열전과 식화지

존왕양이 차원에서는 관중의 업적이 자산보다 뛰어난 바가 있다. 그러나 관점을 치국안민^{治國安民}으로 돌리면 얘기가 약간 달라진다. 중원의 패자 진나라와 남방의 패자 초나라 사이에 끼어 목소리 한 번 제대로 내지 못하고 매번 시달림을 받던 정나라가 문득 제 목소리를 내며 남북의 허브 국가로 등장한 것은 놀라운 일이다. 모두 자산이 부국강병을 실현해 독자 외교를 실현한 덕분이다. 공자가 치국안민을 이룬 자산을 존왕양이의 상징인 관중보다 더 높이 평가한 배경이 여기에 있다.

상가 이론을 집대성한 사마천은 기본적으로 공자는 물론 장자와도 달랐다. 공자 제자들의 사적을 수록한 『사기』「중니제자열전」에서 절반 이상을 자공의 얘기로 채워 놓은 게 그렇다. 이재와 언변 등에 뛰어난 자공을 가장 높이 평가한 결과다. 춘추전국시대의 제후들과 별반 다를 바가 없다. 공자가 가장 높이 평가한 제자 안연에 대해 사마천이 이처럼 '박한' 모습을 보인 것은 안연이 현실과 괴리된 학행과 덕행을 추구했음을 방증한다.

『사기』에서 21세기의 경제·경영 이론과 관련해 주목되는 것은 8편으로 구성된 「서」 가운데 경제 정책을 다루고 있는 「평준서」와 70편에 달하는 「열전」의 맨 마지막에 편제된 「화식열전」이다. 「평준서」는 전한 초기의 경제 상황을 소상히 소개해 놓고 있다. 후한 초기 반고는 『한서』를 쓰면서 「평준서」를 참조해 「식화지」를 편제했다. 「식화지」는 해당 왕조의 경제사를 정리해 놓은 점에서 매우 귀중한 자료에 해당한다. 역대 왕조의 정사는 『신오대사』를 제외하고 모두 「식화지」의 명칭을 사용하고 있다. 「식화지」가 빠진 경우는 『보송서』 「식화지」처럼 후대에 보완하기도 했다. 경제사를 얼마나 중시했는지를 짐작할 수 있다.

원래 '식화'란 명칭은 『서경』의 홍범팔정洪範八政에 나오는 '일왈식이왈화一曰食二曰貨'라는 구절에서 따온 것이다. 천하를 다스리는 여덟 가지 기본 원칙 가운데 먹는 것이 가장 중요하고 그다음으로 재화가 중요하다는 취지를 담고 있다. 말 그대로 먹을 것과 재화에 대한 기록이라는 뜻으로 「식화지」는 한 시대의 사회·경제 역사를 집약해 놓은 것이다.

『한서』 이래 『명사』에 이르기까지 역대 중국 정사에는 「식화지」가 빠진 적이 없다. 『명사』에서 「식화지」는 백미로 꼽히고 있다. 조익은 『이십이사차기』에서 "근대의 여러 사서 중에 명사明史만큼 완벽한 것은 없다"고 칭송한 바 있다. 명나라의 경제사를 그만큼 체계적으로 정리해 놓았다는 뜻이다. 『명사』 「식화지」의 주요 내용 가운데 특기할 만한 것은 토지 소유자가 스스로 토지를 신고토록 한 경리법經理法이다. 이는 『금사』 및 『원사』의 「식화지」에는 나오지 않는 것이다.

『사기』의 「화식열전」은 경제 정책 및 경제사를 정리해 놓은 「평준서」나 후대 정사의 「식화지」와 달리 춘추시대 말기부터 전한 초기에 이르는 시기에 거부가 된 자들의 이야기를 실어 놓은 점에서 매우 독특하다. 「화식열전」을 사상 최초의 경제경영 이론서로 간주하는 이유다. 중국의 전 역사를 통틀어 「화식열전」과 같은 경제경영 이론서는 두 번 다시 나타나지 않았다. 「화식열전」의 독창성과 위대함이 여기에 있다.

「화식열전」은 다양한 사업으로 거만의 재산을 모은 총 52명의 인물이 소개되어 있다. 이들 모두 각 시기별로 다양한 방법으로 부를 쌓았다. 총 71가지의 사업과 활동이 소개돼 있다. 이들 가운데 태공망 여상과 관중, 계연, 범리, 백규 등 5명은 경제 이론가인 동시에 뛰어난 사업가에 해당한다.

주목할 점은 「화식열전」이 21세기에 그대로 적용해도 좋은 매우 진보적인 경제 사상을 담고 있는 점이다. 일례로 유가들이 입만 열면 떠드는 인의에 냉소를 보내면서 사람들이 삶의 질을 높이고 부자가 되고 싶어 하는 것을 인의에 앞서는 인간의 본성으로 못 박은 점을 들 수 있다. 사마천은 제환공이 사상 첫 패업을 이룬 것은 경제력 때문이고, 진시황이 천하를 통일한 것도 경제가 밑거름이 됐기에 가능했다고 보았다. 중농 대신 중상에 방점을 찍은 관중의 상가 이론을 그대로 수용한 결과이다. 공자의 수제자 자공을 대서특필한 것도 이런 맥락에서 이해할 수 있다.

「화식열전」에서 말하는 '화貨'는 조개가 상품과 화폐로 변용돼 사용되고 있는 점에 착안해 조개 패貝와 변화할 화化를 조합해 만든 회의문자이다. 조개를 화폐로 사용할 당시의 원시경제 상황을 반영하고 있다. '식殖'은 증식을 뜻한다. '화식'은 곧 자원의 생산 및 교환을 통해 재화의 이익을 추구하는 상공업 활동을 의미한다. 사마천은 『사기』 「태사공자서」에서 「화식열전」을 편제하게 된 배경을 이같이 기술해 놓았다.

"포의布衣의 필부가 정사에 해를 끼치지도 않고, 백성을 방해하지도 않고, 때에 따라 매매하면서 그 이식으로 재부를 쌓았다. 지자知者도 이를 택한 바 있다. 그래서 「화식열전」을 열전의 제69편에 편제하게 된 것이다."

거만의 재산을 모은 부상대고富商大賈에 대한 그의 기본적인 입장이 잘 드러나 있다. 사마천은 부상대고가 되는 비결을 성일誠壹에서 찾았다. 한결같은 정성의 결과로 본 것이다. 이익을 향해 무한 질주하는 인간의 호리지성好利之性이 바뀔 리 없다. 21세기의 경제경영 이론을 방불하는 「화식열전」의 존재는 바로 고금일여古今一如의 진실을 웅변하고 있다.

중농주의와 중상주의

서양의 민주정은 아리스토텔레스가 『정치학』에서 역설했듯이 인기 영합으로 치달을 경우 중우정치로 타락할 소지가 크다. 2011년에 터져 나온 그리스의 디폴트 위기가 그 증거다. 민주정의 상징인 투표 행위가 오히려 민주정을 타락시키는 도구로 전락할 수 있음을 극명하게 보여 준다. 그리스는 이미 기원전에 그런 경험을 한 바 있다. '소크라테스의 독배'가 그렇다.

투표를 근간으로 하는 서구의 민주 공화정을 인류가 발전시킨 최상의 통치 제도로 생각하는 것 자체가 도그마에 지나지 않는다. 민주정은 공화정하고만 잘 어울릴 수 있다고 생각하는 것 또한 편견일 뿐이다. 푸틴의 사례를 통해 알 수 있듯이 러시아의 대통령은 내용 면에서 볼 때 사실 선출된 차르에 가깝다. 중국의 경우도 비록 직접 선거 방식은 아니지만 정치국 내에서 치열한 후계 경쟁을 벌여 낙점을 받은 뒤 인민대표대회의 추인을 받는 점에서 간접선거 방식을 통한 선출된 황제로 볼 수 있다. 한국의 대통령도 행태 면에서 선출된 왕의 모습에서 크게 벗어나지 않는다. 한비자는 비록 소크라테스의 독배 사실을 알지는 못했으나 서양식의 민주정치가 중우정치로 타락할 소지가 크다는 사실을 통찰하고 있었다.『한비자』「오두」의 다음 대목이 이를 뒷받침한다.

"요임금이 천하를 다스릴 당시 매조미쌀 등으로 만든 떡 모양의 밥에 야채와 콩잎으로 만든 국을 먹었다. 겨울에는 사슴의 가죽옷을 입고, 여름에는 갈포 옷을 입었다. 비록 지금 문지기 생활을 하는 자일지라도 입고 먹는 것이 이보다 덜하지 않다. 우왕이 천하를 다스릴 때도 크게 다르지 않았다. 왕 자신이 직접 쟁기와 괭이를 들고 백성에 앞서 일했다. 당시 천자의 자리를 양보한 것은 문지기 같은 대우를 버리고, 노비 같은 노동에서 벗어나기 위한 것이었다. 천하를 양보하는 것이 결코 대단한 일이 아니었다. 그러나 지금은 상황이 다르다. 요즘의 고을 현령은 어느 날 갑자기 죽어도 그 자손이 대대로 수레를 타고 다닐 만큼 부귀해지는 까닭에 그 자리를 크게 중시한다. 자리 양보의 의미가 달라진 탓이다. 고대에는 심지어 천자의 자리까지도 쉽게 양보했지만 지금은 일개 현령의 자리를 떠나는 것도 매우 어렵게 여긴다. 요즘 사람이 미관말직을 놓고 서로 다투는 것은 인격이 낮기 때문이 아니라 이권에 따른 실속이 많기 때문이다. 그래서 성인은 재화의 많고 적음과 이권의 크고 작음을 헤아려 다스렸다. 형벌이 가볍다고 하여 자비로운 것도 아니고, 엄하고 무겁다고 하여 난폭한 것도 아니다. 백성의 습속에 맞도록 모든 일을 행했을 뿐이다. 일은 시대의 변화에 따라야 하고, 대비책 역시 일에 맞춰야 한다."

인간의 본성은 원래 이기적이고, 모든 인간관계는 이기심에 기초한 이해관계의 끈으로 연결돼 있다는 사실을 통찰한 결과다. 스승인 순자가 역설한 예치를 버리고 법치를 택한 이유가 여기에 있다. 그가 볼 때 가장 가까운 부부관계도 결코 이해관계의 끈에서 자유로운 게 아니었다.『한비자』「내저설 하」편에 이를 뒷받침하는 일화가 소개돼 있다. 이에 따르면 하루는 위衛나라에 사는 어느 부부가 기도를 할 때 처가 이렇게 빌었다.

"비나이다. 저희가 공짜로 삼베 5백 필을 얻게 해 주십시오!"

남편이 힐난했다.

"어찌 그리 적은가?"

그러자 처가 대답했다.

"그것보다 많으면 당신이 앞으로 첩을 들이겠지요!"

부부조차 동상이몽의 서로 다른 꿈을 꾸고 있다는 얘기다. 하물며 부부도 아니고 피를 나눈 형제도 아닌 군주와 신하, 사용자와 노동자 사이는 더 말할 것도 없다. 이익이 있는 곳을 향해 무작정 달려가는 인간의 호리지성은 모든 인간관계에 예외 없이 적용된다. 난세일수록 인간의 호리지성은 더욱 적나라한 모습을 보인다. 『한비자』「오두」의 해당 대목이다.

"흉년이 든 이듬해 봄에는 어린 동생에게도 먹을 것을 주지 못하지만, 풍년이 든 해의 가을에는 지나가는 나그네에게도 음식을 대접한다. 이는 골육지간을 멀리하고 나그네를 아끼기 때문이 아니라 식량의 많고 적음에 따른 것이다. 옛날 사람이 재물을 가볍게 여긴 것은 어질었기 때문이 아니라 재물이 많았기 때문이고, 요즘 사람이 재물을 놓고 서로 다투는 것은 인색하기 때문이 아니라 재물이 적기 때문이다."

유가에서 인간의 본성이라고 얘기하는 인의예지 역시 풍년이 들어 나그네에게 곡식을 주는 선행에 불과하다는 게 한비자의 생각이었다. 식량이 모자랄 경우 관중이 역설한 예의염치는 설 땅이 없게 된다. 『관자』가 전편에 걸쳐 백성에게 이로움을 안기는 이민利民을 역설한 배경이 여기에 있다. 한비자가 법치를 기치로 내세운 것도 바로 이 때문이다. 사마천은 『사기』「화식열전」에서 호리지성을 이같이 비유했다.

"천하가 희희낙락한 것은 모두 이익을 위해 모여들기 때문이고, 천하가 흙먼지가 일 정도로 소란스런 것은 모두 이익을 찾아 떠나기 때문이다. 지금 조나라와 정나라 땅의 미인들은 얼굴을 아름답게 꾸미고 긴 소매를 나부끼며 경쾌한 발놀림으로 춤을 추어 보는 이들의 눈과 마음을 설레게 만든다. 그들이 천 리 길을 마다하지 않고 달려가는 것은 부를 좇아 물불을 가리지 않고 내달리는 것과 같다."

예치를 전면에 내세운 순자는 예치만으로도 능히 혼란을 막고 나라와 백성을 바르게 이끌 수 있다고 보았다. 그가 무력에 기초한 패도를 현실적인 천하 통일 방안으로 적극 수용하면서도 왕도를 가장 이상적인 천하 통일 방안으로 내다본 이유다. 『순자』 「의병」의 해당 대목이다.

"예란 다스림의 궁극이고, 강고해지는 근본이며, 위세를 펴는 길이고, 공명을 얻는 귀결점이다. 군주가 예를 따르면 천하를 얻고, 예를 따르지 않으면 나라를 망치게 된다."

공자가 역설한 극기복례克己復禮를 해법으로 제시한 것이나 다름없다. 그를 두고 제자백가 사상을 두루 흡수해 공자 사상을 집대성했다고 평가하는 이유다. 사마천도 왕도를 전면에 내세우기는 했으나 인간의 호리지성에 보다 깊은 관심을 기울여 현실적인 해법을 제시했다는 점에서 순자와 맥을 같이했다. 다만 방법론에서 약간의 차이가 있다. 그가 볼 때 순자의 주장은 관중이 역설한 이민利民의 방식보다는 한 단계 낮은 교민敎民의 방식에 해당한다. 가르쳐 깨우치는 교민의 방식은 자연스레 이익을 안겨 주는 이민의 방식보다 작위적인 요소가 훨씬 많아 호리지성과 충돌을 일으킬 소지가 크다. 「화식열전」에서 『관자』의 이민 방략을 특서하며 유가의 교민 해법보다 훨씬 현실적이고 효과적이라고 역설한 것도 바로 이 때문이다.

관중과 사마천 등의 상가가 제시한 해법이 바로 부민부국이다. 부민을 통해 부국을 이루면 천하를 호령하는 것도 자연스럽게 이뤄진다는 게 요지이다. 강병强兵을 굳이 언급하지 않은 것은 부국의 자연스런 결과로 본 탓이다. 다만 관중은 부국이 강병의 전제 조건이라고 언급했지만 부국 자체가 강병으로 연결되는 것은 아니라고 보았다. 그러나 부민부국의 궁극적인 목표가 예의염치를 아는 문화대국의 건설에 있다는 점에서는 관중과 사마천 모두 일치하고 있다. 이들의 부민부국 주장을 하나로 묶어 '상가'로 정의하는 이유다. 상가의 가장 큰 특징은 상공업의 진흥을 통한 부민부국의 달성에 있다.

유가 및 법가의 중농주의에 대비되는 중상주의에 해당한다.

상가는 호리지성의 강도를 유가에 비해 훨씬 높게 평가한 경우에 속한다. 이에 입각한 상가의 부민부국 주장은 21세기의 관점에서 볼지라도 탁견이다. 실제로 민생 문제가 해결되지 않는 한 위정자가 아무리 솔선수범해 극기복례를 외칠지라도 실효를 거두기가 어렵다. 관중이 '부민' 내지 '이민'을 통치의 요체로 내건 것은 바로 이 때문이다. 인간의 호리지성을 순자보다 훨씬 절실하게 평가한 결과다.

한비자도 스승인 순자가 역설한 예치의 교민 방식으로는 결코 인간의 호리지성을 제대로 통제할 수 없다고 본 점에서는 상가와 맥을 같이하고 있다. 그러나 해법이 전혀 다르다. 상가는 시장을 자유롭게 만든 뒤 인간의 호리지성을 달리 표현한 이른바 '보이지 않는 손'에 의해 부민부국을 이룰 수 있다고 보았다. 국가는 시장 질서를 교란하는 자들을 솎아 내기만 하면 된다. 문제는 이게 제대로 작동할 수 있는가 하는 점이다. 상가는 가능하다고 보았다. 그러나 한비자는 상가의 이런 주장에 회의적인 반응을 보였다. 인간의 호리지성이 그대로 드러나는 시장은 결코 '보이지 않는 손'에 의해 자율적으로 균형을 이루기는커녕 간상奸商의 놀이터에 불과하다는 게 한비자의 생각이었다. 농부가 농사를 짓다가 전사로 활약할 수 있도록 본업인 농업을 적극 장려해야 하고, 이를 해치는 말업인 상공업을 적극 억제해야 한다는 중농억상重農抑商을 역설한 배경이 여기에 있다. 이를 뒷받침하는 『한비자』 「오두」의 해당 대목이다.

"무릇 명군의 치국 정책을 보면 상공인과 놀고먹는 유식지민遊食之民의 숫자를 줄이면서 그 신분을 낮춘다. 극히 적은 사람만이 본업인 농사에 종사하려 하고, 대다수가 말업인 상공업으로 나아가려 하기 때문이다. 지금 세상은 관작을 돈으로 살 수 있다. 관작을 돈으로 살 수 있게 되면 상공인의 신분이 천하지 않게 된다. 상공업의 수익이 농사의 몇 배나 되는 까닭에 농사를 짓고 전쟁터에 나가 공을 세우는 경전지사耕戰之士보다 더 존경을 받는다. 그리되면 바르고 곧은 경전지사는 적어지고, 상공업에 종사하는 자만 많아지게 된다."

왕도를 역설한 맹자 역시 한비자처럼 상인을 질시했다. 악덕 상인들이 독과점을 통해 폭리를 취한 탓이다. 이를 뒷받침하는 『맹자』 「공손추 하」 편의 해당 대목이다.

"옛날에 시장에서 교역하는 것은 자신이 갖고 있는 물건을 갖고 와 자신이 갖고 있지 않은 물건과 바꾸기 위한 것이었다. 시장을 관할하는 관원은 그것을 감독만 했을 뿐이다. 그런데 한 천한 사내가 나타나 사방이 훤히 보이는 높은 곳에 올라가 좌우를 둘러보며 시장의 이익을 그물질하듯 거둬가 버리기 시작했다. 교역에 세금을 징수하는 것은 바로 그로부터 시작된 것이다."

여기서 '농단壟斷'이라는 성어가 나왔다. 이는 각 시장의 시세 차이를 이용해 이익의 극대화를 꾀하는 독과점을 말한 것이다. 자유 시장의 '보이지 않는 손'을 통한 치부致富보다 국가의 '보이는 손'에 의한 균부均富를 중시한 점에서 맹자와 한비자는 서로 통한다. 그러나 궁극적인 목표는 상반된다. 도덕률인 인의예지를 인간의 본성으로 파악한 맹자가 중농주의를 통해 궁극적으로 이루고자 한 것은 덕치국가이다. 이에 반해 한비자가 이루고자 한 것은 부국강병을 통한 법치국가이다. 같은 중농주의 노선인데도 그 내용만큼은 하늘과 땅만큼의 차이가 있다.

안연이 자공을 이겼을 때

흔히 장자를 노자의 사상적 후계자로 간주하고 있지만 이는 잘못이다. 장자는 입세간入世間의 노자 사상과 달리 불가처럼 출세간出世間으로 나아간 점에서 노자와 엄히 구분할 필요가 있다. 많은 전문가들이 노자 사상을 제대로 풀이한 책으로 『장자』가 아닌 『한비자』를 드는 이유다. 실제로 대승불교로 통칭되는 불가의 선종은 장자 사상에 불가의 외피를 입힌 것에 지나지 않는다.

사마천은 『사기』를 저술하면서 노자와 한비자를 하나로 묶어 「노자한비열전」을 편제했다. 한비자를 장자와 쌍벽을 이루는 노자 사상의 한 지류로 파악한 결과다. 불행하게도 한무제가 유학을 유일한 관학으로 인정하는 이른바 독존유술獨尊儒術을 선포한 후 이런 사실이 무시 내지 간과됐다. 오직 단단하고 강한 것만 숭상한 성리학이 사상계를 지배하면서 이런 왜곡 현상이 더욱 심화됐다.

사물의 정면에 초점을 맞춘 유학을 유일무이한 관학으로 내세운 한무제의 '독존유술' 선언은 제자백가 사상에 기초한 원래의 제왕학을 질식토록 만드는 단초에 해당한다. 실제로 역사는 그런 방향으로 진행됐다. 한무제가 '독존유술'을 선언하면서 부상대고를 억제하기 위해 염철전매鹽鐵專賣를 실시한 탓이다. 부상대고의 폭리를 막고 재정을 확충하려 한 것은 나름 수긍할 수 있으나 이를 계기로 상가의 맥이 사실상 끊어지게 된 것은 커다란 손실이었다.

춘추시대 중엽 제환공이 관중의 보필을 받아 사상 첫 패업을 이루기 전까지 제나라는 자국의 특산물인 어염魚鹽이 다른 나라로 유출되는 것을 막았다. 국방을 강화하기 위한 재정 확충의 필요성 때문이었다. 당시 제나라는 어염을 가장 많이 산출하는 나라였다. 그러나 패업을 이룬 후 이런 제한 조치를 푼 것은 물론 관세도 물리지 않았다. 재화의 원활한 교환을 통해 물가 교란을 제도적으로 차단하고, 주변국에 덕을 베풀기 위한 조치였다.

관중은 기본적으로 상인의 폭리는 시공간의 제약에 따른 재화 수급의 불균형에 의해 촉발된다고 보았다. 관시關市에 대한 비과세와 도전刀錢 등의 화폐 유통을 통해 재화의 원활한 흐름을 조장한 것은 바로 이 때문이었다. 제나라의 수도 임치가 춘추시대는 물론 전국시대 말기에 이르기까지 천하제일의 상업도시이자 문화도시로 우뚝 선 배경이다. 전국시대 중기 이후에는 이런 도시가 도처에 산재했다. 열국의 수도가 중심이 된 것은 말할 것도 없다. 전한 초기 만해도 이런 흐름이 지속됐다. 그러나 독존유술 이후 이게 불가능해졌다. 도시의 발전이 멈춘 것이다.

고금동서를 막론하고 도시의 발전이 멈추는 순간 소비가 줄고, 소비가 줄면 생산도 줄게 되고, 결국 근근이 먹고사는 빈약한 농업경제로 회귀할 수밖에 없다. 중농주의의 한계가 여기에 있다. 유학을 유일한 관학으로 내세운 독존유술의 폐해가 이처럼 컸다.

상가의 흐름이 단절된 데에는 유학자들이 안빈낙도安貧樂道를 실천한 공자의 제자 안연을 극도로 높이면서 의도적으로 자공의 유상儒商 행보를 깎아내린 게 크게 작용했다. 중농주의로 일관한 역대 왕조 모두 중상을 역설한 사마천의 주장을 극도로 꺼린 나머지 이전 왕조의 사서를 편찬할 때 「평준서」를 모방한 「식화지」만 편제하고 「화식열전」은 아예 편제할 생각을 하지 않았다. 상가의 존재가 오랫동안 묻힌 근본 배경이다.

문화대혁명 때 사인방은 관중을 법가의 효시로 간주했으나 사실 그는 법가뿐만 아니라 유가와 도가, 병가, 상가 등 제자백가 사상의 원류에 해당한다. 그 자신이 중상을 통한 부국강병을 역설한 데서 알 수 있듯이 『관자』의 내용 자체가 법가와 병가, 도가, 상가의 사상을 고루 반영하고 있다. 다만 여타 제자백가와 달리 부국강병의 요체를 부민富民에서 찾으면서 중상을 역설한 점이 두드러지게 나타날 뿐이다. 관중을 상가의 효시로 간주하는 이유다.

공문사과와 사과십철

자공은 유상의 상징인 동시에 종횡가의 효시로도 일컬어진다. 사마천이 『사기』 「중니제자열전」을 자공의 유세 행보로 가득 채운 게 그 증거다. 일면 열심히 공부하면서 일면 거만의 부를 쌓은 자공은 종횡술을 일종의 마케팅 상술로 활용했을지도 모를 일이다.

원래 종횡가는 책략과 유세를 두 축으로 삼고 있다. 이를 집약해 놓은 게 전설적인 귀곡^{鬼谷} 선생의 저서로 알려진 『귀곡자』이다. 첫 편인 「벽합」은 책략과 유세 기교의 총론에 해당한다. 시종 자유자재로 마음의 문을 여닫으며 상대를 조종한다는 뜻이다. 이 명칭은 『주역』을 관통하는 음양론^{陰陽論}을 그대로 수용한 결과다. 『귀곡자』의 종횡술을 통상 음양술^{陰陽術}로 부르는 이유다.

「벽합」에서는 문을 여는 것은 양도^{陽道}, 닫는 것은 음도^{陰道}로 본다. 시종 열어 놓거나, 정반대로 계속 닫아 놓을 수도 있다. 상대의 움직임과 반응, 심경변화 등에 따라 여닫는 게 관건이다. 21세기 경제경영 전략 차원에서 보면 마케팅 상술에 그대로 적용할 만하다. 이를 뒷받침하는 「벽합」의 해당 대목이다.

"마음을 열고 닫는 벽합술의 유세는 감추는 음과 드러내는 양을 적절히 섞어 사용하는 식으로 구사한다. 품행이 고상한 자에게 유세할 때는 밝게 드러내는 사안을 언급하고, 품행이 비열한 자에게 유세할 때는 은밀히 감춰야 하는 사안을 언급한다. 비소^{卑小}한 것은 모두 음에 속하는 만큼 스스로를 낮춰 뜻이 협애한 자에게 부합하고, 고대^{高大}한 것은 모두 양에 속하는 만큼 고상한 화법으로 뜻이 고원한 자에게 부합한다. 이리하면 원하는 바대로 출입이 가능해져 가지 못할 곳이 없게 된다. 개인이나 대부 및 제후는 물론 천자도 설득할 수 있다. 그 대상이 한없이 작기도 하고, 한없이 크기도 하다. 손익^{損益}과 거취^{去就}, 찬반^{贊反} 모두 음양의 원리로 통제할 수 있다."

대다수 사람들이 종횡가의 효시로 전국시대 중기에 활약한 소진과 장의를 들고 있다. 유가는 이들에 대해 극히 비판적인 모습을 견지하면서도 자공에 대해서만큼은 전혀 다른 모습을 보여 주었다. 대표적인 인물이 전한 말기의 유학자 양웅^{揚雄}이다. 그의 저서 『법언』「연건」에 따르면 하루는 어떤 사람이 양웅에게 물었다.

"장의와 소진이 귀곡자의 모략을 배운 뒤 종횡가의 유세를 행하여 각각 중국을 10여 년 동안 편안하게 만들었다는 주장이 옳은 것입니까?'

양웅이 대답했다.

"그들은 모두 거짓을 말했다. 성인은 그들을 혐오했다."

어떤 사람이 다시 물었다.

"공자의 책을 읽고 장의와 소진처럼 유세하는 것은 어떻습니까?"

양웅이 대답했다.

"봉황의 울음소리로 맹금의 깃털을 자라게 하는 것이 참으로 심하다!"

어떤 사람이 반박했다.

"그같이 말하지만 공자의 제자 자공도 그런 유세를 하지 않았습니까?"

양웅이 말했다.

"세상이 어지러운데도 이를 해결하지 못하는 것을 놓고 자공은 크게 부끄럽게 생각해 유세한 것이다. 이에 반해 유세를 통해 부귀를 얻지 못한 것을 놓고 장의와 소진은 부끄럽게 생각했다. 자공은 장의 및 소진과 기본 입장이 달랐다."

어떤 사람이 또 물었다.

"장의와 소진은 그 재주가 뛰어나 앞사람이 밟아 보지 못한 길을 걸은 게 아니겠습니까?"

양웅이 대답했다.

"옛날 순임금은 간사한 인물의 채용을 거부했다. 그대는 재능이라 했지만 그대가 말하는 재능은 우리들이 말하는 재능과 다르다."

양웅이 장의와 소진을 질타하면서 자공을 극구 변호하고 나선 이유는 크게 세 가지다. 첫째, 자공이 공자의 수제자라는 점이다. 훌륭한 선생 밑에서 뛰어난 인물이 나오는 것은 당연하다는 논리가 내재돼 있다. 둘째, 자공의 애국 행보를 칭송했다. 고금을 막론하고 군사와 외교는 나라의 안위를 지키기 위한 것이다. 셋째, 자공의 유세 책략을 높이 평가했다. 자공의 유세 일화가 『사기』「중니제자열전」과 『오월춘추』에 두루 소개돼 있는 사실이 이를 뒷받침한다.

당초 공자는 생전에 많은 제자를 두었다. 제자들은 각양각색이었다. 가난뱅이로 살다 요절한 수제자 안연을 비롯해 완력을 쓰던 잡배 출신인 자로, 귀족 출신인 남궁괄 등도 있었다. 이중에서도 자공은 가장 눈길을 끈다. 『사기』「중니제자열전」에는 요즘의 외교관에 해당하는 당대 최고의 유세가, 『사기』「화식열전」에는 당대 최고의 부상富商 가운데 한 사람으로 소개돼 있다. 중국의 전 역사를 통틀어 뛰어난 학식과 언변, 치부를 동시에 이룬 사람은 오직 자공밖에 없다.

이는 그가 사안을 접할 때마다 가장 현실적인 차원에서 해법을 찾아낸 사실과 무관하지 않다. 또 다른 공자의 수제자 안연이 늘 이상적인 차원에서 도학을 추구한 것과 대비된다. 『논어』에 나오는 자공 관련 기사는 모두 35개 장에 이르고 있다. 이는 자로에 이어 가장 많은 것으로 자공이 공자의 만년에 지근거리에서 모시면서 공자의 위대한 면모를 실감한 사실과 무관하지 않다. 그는 인류 역사에서 공자에 필적할 사람은 없다고 단언하면서 공자에 대해 한없는 존경을 표했다. 『맹자』「공손추 상」편에 나오는 그의 언급이 이를 뒷받침한다.

"한 나라의 예법을 보면 그 군주의 정치를 알 수 있고, 한 나라의 음악을 들으면 그 군주의 덕을 알 수 있다. 백세百世 후 백세 동안의 군주들을 평가하면 어떤 군주도 이러한 평가 기준에서 벗어날 수 없다. 이런 기준에서 볼 때 사람이 생겨난 이래 부자夫子만 한 사람은 없었다."

자공은 여러 제자들 가운데 공자로부터 커다란 총애를 받은 몇 안 되는 제자 가운데 한 사람이었다. 그가 공자 사후 상례를 주재한 것은 제자들 가운데 나이도 많고 능력이 뛰어난 점도 있었지만 공자와 매우 가까웠던 점이 크게 작용했다. 공자 사후 삼년상을 치른 뒤 다시 3년 동안 시묘한 이유다. 스승에 대한 한없는 존경이 없이는 불가능한 일이다. 『논어』「자장」에는 이를 뒷받침하는 일화가 나온다. 그는 노나라 권신인 숙손씨의 종주宗主인 숙손무숙叔孫武叔이 공자를 헐뜯은 얘기를 듣고는 이같이 스승을 옹호했다.

"부자를 헐뜯으려 해도 아무 소용이 없다. 부자는 결코 헐뜯을 수 없기 때문이다. 다른 현자들은 비록 뛰어나기는 하나 언덕과 같이 쉽게 넘을 수 있으나 부자는 마치 해와 달 같아 결코 넘을 수 없다. 사람들이 비록 해와 달을 헐뜯을 생각으로 스스로 절연코자 해도 이것이 어찌 해와 달에 손상을 입힐 수 있겠는가? 단지 스스로 분수를 헤아리지 못한 사실만 드러낼 뿐이다."

자공은 아첨하지 않고도 섬기는 사람을 기쁘게 할 수 있고, 원칙을 포기하지 않고도 출세할 수 있는 재주를 가지고 있었다. 외향적인 성격과 내성적인 성격을 겸비한 그는 난세에 가장 잘 적응할 수 있는 사람이기도 했다. 그는 특히 유창한 언변으로 열국을 종횡무진으로 뛰어다니며 협상을 이끌어 내는 등 당대 최고의 외교관으로 명성을 떨쳤다. 그의 언변은 커다란 폭포수가 거침없이 아래로 쏟아지는 식의 현하지변懸河之辯에 비유할 만하다. 『논어』「선진」의 다음 대목이 이를 증명한다.

"실천이 독실해 덕행에 능한 제자로는 안연과 민자건, 염백우, 중궁을 들 수 있다. 언변에 능해 응대사령에 뛰어난 제자로는 재아와 자공이다. 재주가 많아 정사에 능한 제자로는 염유와 자로이다. 박학하여 문학에 능한 제자로는 자유와 자하 등이 있었다."

이 대목에 나오는 덕행과 언어, 정사, 문학을 흔히 공문사과孔門四科라고 한다. 요즘으로 치면 도덕, 외교, 정치, 학문에 해당한다. 모두 10명이 거론돼 있다. 이들을 사과십철四科十哲이라고 한다. 4개 분야에서 이름을 떨친 10명의 철인哲人이라는 뜻이다. 사과십철 가운데 가장 두드러진 인물 4명을 꼽으라면 덕행의 안연, 외교의 자공, 정치의 자로, 학문의 자하를 들 수 있다. 안연은 인仁, 자로는 의義, 자공은 지知, 자하는 예禮에서 가장 뛰어났다. 결국 공문

사과는 곧 인의예지를 달리 표현한 것이나 다름없다. 일각에서는 이들을 특별히 '사과사철四科四哲'로 부른다. 이들 가운데 안연과 자로는 공자보다 먼저 죽었고, 자공은 현실 정치에 깊이 개입했던 까닭에 제자를 제대로 육성할 수 없었다. 제자를 대거 육성해 공자의 학문과 사상을 후세에 전한 인물은 자하였다.

21세기 G2 시대의 관점에서 볼 때 사과사철 가운데 가장 눈에 띄는 인물이 바로 자공이다. 「선진」에서 언급했듯이 그는 응대사령에 뛰어났다. 응대應對는 상대의 물음이나 요구 따위에 응하여 상대하는 것을 말한다. 비즈니스 협상 내지 외교 협상과 같은 뜻이다. 손님을 맞아들여 접대하는 응대應待와 구별해야 한다. 사령辭令은 '응대應對하는 말'을 뜻한다. 흔히 외교사령外交辭令으로 사용한다. 외교관들처럼 자기의 감정을 감추고 상대편에게 듣기 좋게 말하는 사교적인 말을 뜻한다.

스탠포드대 경영대학원 교수 제프리 페퍼는 외교사령을 기업 경영에 적극 도입할 것을 주장한 바 있다. 그는 자신의 저서 『사람이 경쟁력이다』에서 외교사령이 현대의 기업 경영에서 얼마나 중요한지를 경험적 사례를 통해 이같이 제시했다.

"디즈니랜드는 급사, 관리인, 경비원 등의 용어를 쓰지 않는다. 무엇보다 중요한 것은 방문객들을 '관광객'이라 부르지 않고 '손님'이라고 부른다는 점이다. 손님에게 버릇없이 대하기는 어려운 법이다. 이렇게 바뀐 용어로 인해 종업원들이 바람직한 행동을 하게 된다. 많은 기업이 디즈니랜드로부터 교훈을 얻은 이유다. 텍사스 오스틴의 외곽에 있는 한 기업의 경영진은 낙후된 시설을 새것으로 교체한 것만이 아니라 용어도 고쳤다. 청소부를 '객실 수행원'으로 부른 게 그렇다. 이 전략은 대성공을 거두었고 회사는 경이로운 흑자 전환을 이뤄 냈다."

『귀곡자』에 나오는 유세 기술이 바로 외교사령이다. 21세기 경제경영 용어로 해석하면 일종의 마케팅에 뛰어났다는 얘기가 된다. 고금을 막론하고 뛰어난 언변은 해박한 지식이 전제되지 않으면 안 된다. 창조적인 발상도 여기서 나온다. 언변과 지식, 창조는 마치 둥근 원처럼 서로 꼬리에 꼬리를 물고 있는 모습을 하고 있다.

그럼에도 후대인들의 자공에 대한 평가는 매우 인색했다. 그가 이재에 밝았던 탓이다. 금전을 멀리하는 사대부들의 허위의식이 만들어 낸 기형적인 모습이다. 대표적인 일화로 서진시대에 군사총책인 태위太尉로 있던 왕연王衍을 들 수 있다.

진회제 영가 5년(311년) 5월, 도적 토벌을 명분으로 낙양을 빠져나간 동해왕 사마월이 급사하자 장병들이 그의 관을 싣고 황급히 동쪽으로 철군했다. 이 소식을 들은 갈족의 수령 석륵石勒이 경기병을 이끌고 급히 운구 행렬을 추격했다. 이에 서진의 군사 10여만 명이 몰살을 당했다. 태위 왕연을 비롯해 양양왕 사마범 등 6명의 왕과 수십 명의 고관들이 모두 포로로 잡혔다. 석륵이 술을 몇 잔 마신 후 장막 앞에 꿇어앉은 왕연에게 서진의 쇠망 원인을 묻자 왕연이 자세히 설명했다. 그러자 사마범이 초원에 꿇어앉은 채 큰 소리로 꾸짖었다.

"오늘의 일을 두고 어찌 시끄럽게 떠드는 것인가!"

일이 이미 이 지경이 되었으니 시끄럽게 떠들지 말라고 일갈한 것이다. 왕연은 용모가 뛰어나 젊었을 때부터 당대의 최고 미남자로 칭송을 받으며 많은 여인들의 선망의 대상이었다. 젊었을 때 명사인 산도山濤를 예방한 적이 있었는데 산도는 오랫동안 그를 쳐다보다가 이내 길게 탄식했다. 그가 떠나려고 하자 산도는 이같이 말했다.

"그 어떤 여인이 영형아寧馨兒를 낳았단 말인가! 그러나 천하의 백성을 오도하는 자가 반드시 이 사람이 아니라고 말할 수는 없을 것이다."

'영형아'는 당시의 구어로 '이런 아이'를 뜻하는 말이다. 여기서 뛰어난 미모를 지닌 아이를 지칭하는 '영형아'라는 성어가 나왔다. 당시 왕연은 스스로를 공자의 수제자인 자공에 비유하며 여러 사람들 앞에서 『도덕경』과 『장자』를 강론하곤 했다. 유상의 효시인 자공을 자처하며 무위자연을 역설한 노자와 장자를 강론하는 것 자체가 모순된 행동이었다. 실제로 사람들 모두 그가 하는 말이 앞뒤가 맞지 않는 점을 지적하며 의문을 제기했다.

그럼에도 그는 되는 대로 말을 바꾸어 가며 자신의 얘기를 이어 나갔다. 여기서 입에서 나오는 대로 함부로 지껄여 댄다는 뜻의 '신구자황信口雌黃'이라는 성어가 나왔다. 누런 종이에 글을 쓰면서 잘못되었을 때 유황과 비소가 섞인 자황을 덧칠한 뒤 다시 글씨를 쓴 데서 나온 말이다. 임의로 첨삭한다는 뜻이다.

가장 황당한 것은 스스로 고아한 척하며 '돈'이라는 말 자체를 아예 입에 올리지 않은 위군자의 행보이다. 하루는 부인이 이를 시험하기 위해 밤에 돈 꾸러미를 그의 침상 앞에 놓았다. 왕연이 아침 일찍 일어나 이를 보고는 이같이 소리쳤다.

"아도물阿賭物을 갖다 치워라!"

'아도물'은 당시의 구어로 '이 물건'이라는 뜻이다. '돈'이라는 말 자체를 입에 올리지 않기 위해 이런 황당한 화법을 구사한 것이다. 위군자의 전형이 아닐 수 없다. 사가들은 그의 이런 행태를 두고 "충정의 마음이 없었다"고 비판해 놓았다.

후대의 사대부들이 자공에 대해 각박한 평가를 내린 것도 왕연의 허위의식과 닮았다. 공자와 자공은 매우 각별한 관계였다. 사마천이 「화식열전」에서 자공이 막강한 재력을 바탕으로 제후들의 허리를 굽히게 만들고, 스승 공자와 제후들의 만남을 주선했기에 공자의 명성이 널리 알려지게 되었다고 기록해 놓은 게 그렇다. 뛰어난 언변을 자랑한 자공은 마케팅의 대가에 해당한다. 그러나 사대부들은 종횡술을 잡술로 여겼다. 이재에 밝았던 자공을 깎아내리고 이재에 무능했던 안연을 극도로 높인 배경이다.

자공의 유상 정신

유상의 효시인 자공의 행보는 글로벌 비즈니스맨의 롤 모델로 삼을 만하다. 불행하게도 사서를 통해서는 구체적인 사례를 찾아보기 힘들다. 극히 단편적인 내용에 그치고 있기 때문이다. 자공을 유상의 효시로 언급한 『사기』 「화식열전」조차 소략하기 그지없다.

"자공은 일찍이 공자에게서 배웠다. 물러나서는 고국인 위나라에서 벼슬을 했다. 조나라와 노나라 사이에서는 물자를 사 두고 내다 파는 등의 장사를 했다. 공자의 제자 70여 명 중에 자공이 가장 부유했다."

자공이 사두마차를 타고 제후들을 방문할 때 제후들이 내려와 그와 대등한 예를 차렸다는 얘기가 덧붙여져 있으나 그의 비즈니스 행보를 추론하는 데에는 큰 도움을 주지 못한다. 『사기』 「중니제자열전」에도 단편적인 대목이 나온다.

"자공은 시세를 좇아 물건을 매매하여 많은 이익을 챙겼다. 늘 고국인 위나라와 노나라를 위해 일하면서 집 안에 천금을 쌓아 두었으나 말년에는 제나라에서 숨을 거뒀다."

이상이 자공의 비즈니스 행보에 관한 기록의 전부이다. 이것만으로는 과연 그가 어떤 식으로 거만의 재산을 모았는지 자세히 헤아리기가 쉽지 않다. 비록 빈약한 내용이기는 하나 추론이 전혀 불가능한 것은 아니다. 크게 두 가지다.

하나는 그가 조나라와 노나라 사이에서 "물자를 사 두고 내다 파는" 등의 장사를 했다는 점이다. 원문에는 폐착육재廢著鬻財로 되어 있다. '폐착'은 물자를 창고에 들여놓거나 방출한다는 뜻이다. 여기서 폐廢는 방放, 착著은 치置와 통한다. '육재'는 재화를 내다 판다는 뜻이다. 물건 값이 계절 요인 등에 따라 들쭉날쭉하는 점에 주목해 값이 쌀 때 창고에 쟁여 놓았다가 값이 오르면 내다 파는 식으로 시세 차익을 남겨 큰 재산을 모았음을 알 수 있다.

다른 하나는 그가 위나라 출신이라는 점이다. 위나라는 주 왕실의 왕성이 있는 지금의 허난 성 낙양 인근에 있었는데 상업이 매우 발달한 곳이었다. 어렸을 때부터 상인들이 물자 교역을 통해 커다란 이문을 남기는 것을 보고 자랐을 공산이 크다. 맹자의 모친이 시장 근처로 집을 옮긴 뒤 맹자가 장사꾼을 흉내 내는 것을 보고 서당 근처로 옮겼다는 맹모삼천孟母三遷과 대비되는 어린 시절을 보냈을 것으로 짐작된다. 자공이 남다른 언변에 기초해 탁월한 종횡술을 구사한 것도 어렸을 때의 이런 환경과 무관하지 않다고 보는 게 합리적이다. 그가 공히 유상과 종횡가의 효시로 불리게 된 게 결코 우연이 아니었음을 알 수 있다.

『논어』를 보면 자공의 뛰어난 유상 행보를 짐작하게 해 주는 대목이 적지 않다. 「자한」의 다음 일화가 대표적이다. 하루는 자공이 공자에게 물었다.

"여기 아름다운 옥이 있다고 치면 선생님은 이를 궤짝 속에 넣어 감춰 두겠습니까, 아니면 좋은 상인이 나타나기를 기다렸다가 팔겠습니까?"

공자가 대답했다.

"팔아야지, 팔아야 하고말고! 다만 나는 제값을 쳐줄 선고善賈를 기다리고 있을 뿐이다."

예로부터 '선고'의 고賈를 놓고 가격을 뜻하는 가價와 상인을 뜻하는 고估로 풀이하는 견해가 대립해 왔다. 육덕명陸德明은 『논어석문』에서 이를 '가'로 보아 '좋은 가격'으로 풀이했다. 그러나 옛날에는 보옥과 같이 귀중한 물건은 아무나 파는 것이 아니라 이를 전문적으로 판매하는 상인이 따로 있었다. 이에 대해 오규 소라이는 『논어징』에서 '고'로 보아 '좋은 상인'으로 해석했다. 문맥상 이게 옳다.

이 일화는 공자도 자공이 이재에 밝은 유상의 자질을 갖추고 있다는 사실을 깊이 인정했음을 방증한다. 이재에 밝다는 것은 그만큼 실용적이고, 현실적이라는 뜻이다. 안연과 자공이 극단적으로 대비되는 엇갈린 삶을 산 이유다. 자공이 허례허식을 꺼린 것도 바로 이 때문이다. 자공과 공자 모두 현실과 유리된 형식은 철폐 내지 개혁해야 한다는 입장을 견지하고 있었다. 다만 공자는 예제禮制 형식 속에 담겨 있는 역사 정신을 잊어서는 안 된다고 본 점이 약간 다를 뿐이다. 공자는 결코 인순고식의 낡은 제도를 껴안고 가자는 입장이 아니었다. 「자한」에 나오는 공자의 다음 언급을 보면 그가 얼마나 실용적이었는지 쉽게 알 수 있다.

"원래는 검소한 예관禮冠인 마면麻冕이 예제에 맞다. 그러나 지금은 생사로 만들었어도 매우 검소하니 나는 뭇사람들을 따르겠다."

공자와 자공 모두 기본 입장만큼은 실용주의에 입각해 있었음을 알 수 있다. 다만 당대 최고의 부를 이룬 자공이 혹여 덕을 닦는 일을 게을리하지나 않을까 걱정한 것은 사실이다. 『순자』「법행」에 나오는 다음 일화가 그 증거다.

하루는 자공이 공자에게 물었다.

"군자가 옥을 귀하게 여기고 옥과 유사한 옥돌을 천하게 여긴 것은 무슨 연고입니까."

공자가 대답했다.

"아니, 사賜야, 그게 무슨 말이냐! 군자가 어찌 많다고 천하게 여기고, 적다고 귀하게 여길 리 있겠는가? 무릇 옥은 군자의 덕행에 비유할 만한 것이다. 부드럽고 윤택이 나는 것은 인仁, 견실하고 무늬 결이 있는 것은 지知, 강고하며 굴하지 않는 것은 의義, 각이 져 있을지라도 사람을 상하게 하지 않는 것은 행行, 꺾일지언정 굽히지 않는 것은 용勇, 옥의 티와 옥빛이 나란히 드러나는 것은 정情, 두드리면 소리가 맑고 높게 퍼지면서 멀리까지 들리고 그치면 딱 멈추는 것은 절도 있는 언사인 사辭에 비유할 만하다. 옥돌에 새겨 넣은 문양이 아무리 아름다울지라도 옥 자체의 밝은 빛만 못한 것이다. 『시경』「진풍, 소융」에서 이르기를, '늘 군자의 성정을 말하니, 온화하기가 마치 옥과 같네!'라고 했다. 바로 이를 두고 한 말이다."

자공이 옥과 옥돌을 비유한 것은 재화의 희소성에 따른 값의 귀천을 물은 것이다. 경제학의 기본 원리에 해당한다. 이에 대한 공자의 대답은 동문서답이다. 옥을 군자의 덕에 비유한 게 그렇다. 질문의 논지를 비켜 간 것이다. 공자는 거만의 부를 이룬 자공이 혹여 교만해진 나머지 덕을 닦는 일을 게을리할까 우려해 동문서답을 한 것으로 보인다.

고금을 막론하고 큰 부를 이룬 자는 교만을 떨게 마련이다. 서민들이 지키는 예제를 우습게 여기며 방자한 모습을 보이기 십상이다. 공자는 『논어』「헌문」에서 이같이 말한 바 있다.

"가난하면서 속으로 원망하지 않는 일은 어렵고, 부유하면서 겉으로 교만하지 않은 모습을 보이기는 쉽다."

이를 두고 주희는 풀이하기를, "가난에 처하기는 어렵고 부에 처하기는 쉽기 때문이다"라고 했다. 이 또한 엉터리 해석이다. 21세기에 들어와 미국을 비롯한 선진 각국에서 중산층이 빈곤층으로 대거 몰락하고 있는 현상이 증명하듯이 그 반대로 보는 게 옳다. 빈곤층으로 몰락하기는 쉬워도, 상류 부유층으로 진입하기는 어렵다. 공자가 여기서 방점을 찍은 것은 빈자와 부사의 '속'과 '겉'이다.

고금을 막론하고 가난하면서 아쉬운 소리를 하지 않는 것은 거의 불가능에 가깝다. 안연의 사상적 후계자인 장자조차도 빈곤을 견디지 못해 아는 사람에게 아쉬운 소리를 했다가 알맹이 없는 얘기를 듣고는 분노를 폭발시켰다. 『장자』「외물」에 그 일화가 나온다.

하루는 장자가 끼니를 잇지 못해 친구인 감하후監河侯에게 양식을 빌리러 갔다. 그러자 감하후가 말했다.

"알았소. 내가 나중에 봉읍에서 나오는 세금을 받아 선생에게 3백 금金을 빌려주겠소. 그러면 되겠소?"

이 말을 들은 장자는 발끈하며 안색을 바꿨다.

"내가 어제 이리로 올 때 도중에 나를 부르는 자가 있었소. 뒤돌아보니 수레바퀴 자국의 물웅덩이에 붕어 한 마리가 있었소. 내가 묻기를, '붕어야, 너는 거기서 무엇을 하는 것이냐?'라고 했소. 붕어가 대답하기를, '나는 동해의 물결에서 튕겨져 나온 해신海神의 신하이오. 그대에게 한 말, 한 되의 적은 물이라도 있으면 그것으로 나를 살려 주시오'라고 했소. 그래서 내가 말하기를, '알았다. 내가 바야흐로 남쪽 오나라와 월나라의 왕에게 유세하러 가려는데 그때 서강西江의 물을 거꾸로 흐르게 해서 그대를 맞이하도록 하겠다. 이제 됐는가?'라고 했소. 그러자 붕어가 발끈하며 안색을 바꿔 말하기를, '나는 지금 내가 늘 함께하던 물을 잃어버려 몸 둘 곳이 없는 신세요. 지금 한 말, 한 되의 물만 있으면 능히 살 수 있소. 그런데 그대가 이처럼 말하니 차라리 일찌감치 나를 건어물 가게에서 찾는 게 나을 것이오!'라고 했소."

여기서 학철부어涸轍鮒魚라는 성어가 나왔다. 『장자』 「대종사」에 나오는 학천지어涸泉之魚와 같은 뜻이다. 먼 곳의 물로는 가까운 불을 끄지 못하는 것처럼 몹시 고단하고 옹색한 상황을 뜻한다. 공자가 "가난하면서 속으로 원망하지 않는 일은 어렵다"고 지적한 대표적인 사례에 해당한다. 안연은 특이하게도 이런 모습을 보이지 않았다. 장자보다 한 수 위다. 많은 사람들이 장자를 노자가 아닌 안연의 사상적 후계자로 보는 것도 이와 무관하지 않다.

공자가 "부유하면서 겉으로 교만하지 않은 모습을 보이기는 쉽다"고 언급한 것은 이른바 위군자를 지목한 것이다. 자공은 당대 최고의 부를 쌓았는데도 학행과 덕행의 수련을 게을리하지 않았다. 부유하면서 '겉'뿐만 아니라 '속' 또한 교만하지 않은 진정한 군자였다. 공자가 안연을 자신의 사상적 후계자로 간주하면서도 동시에 자공의 유상 행보를 높이 칭송한 이유다.

공자는 결코 부귀와 빈천 자체를 놓고 좋고 나쁘다는 식으로 비난한 적이 없다. 겉모습이 아닌 그 내용 자체에 주목한 결과다. 『논어』 「태백」에 나오는 다음 언급이 그 증거다.

"천하에 도가 통하면 몸을 드러내 벼슬하고, 그렇지 못하면 몸을 숨긴다. 나라에 도가 있을 때는 빈천이 부끄러운 일이나, 도가 없을 때에는 오히려 부귀가 부끄러운 일이다."

정당한 방법으로 얻은 부는 마땅히 즐길 만하지만, 부당한 방법으로 부를 모으는 것은 치욕이라고 지적한 것이다. 고금을 관통하는 경제론이다. 나라의 시장 질서가 바로잡혀 있을 때 가난한 것은 능력이 부족한 탓이다. 정반대로 권귀의 발호로 인해 시장 질서가 혼란할 때 이를 틈타 치부하는 것은 추악하다. 공자의 부귀빈천에 대한 기본 인식은 『논어』 「이인」의 다음 구절을 보면 보다 명료하게 알 수 있다.

"부귀는 모든 사람이 원하는 바다. 그러나 도道에 입각해 얻는 게 아니면 처하지 말아야 한다. 빈천은 모든 사람이 싫어하는 바다. 그러나 도에 입각해 버리는 게 아니면 애써 벗어나려 들지 말아야 한다."

"도에 입각해 얻는 게 아니면"의 원문은 불이도득지不以道得之이다. 이 대목을 두고 예로부터 논란이 많았다. 주희는 풀이하기를, "마땅히 얻지 말아야 할 것인데도 얻은 것을 뜻한다. 군자가 빈천에도 불구하고 편안해하는 것이 이와 같다"고 했다. 원래 빈천은 부귀와 달리 버리고자 해도 쉽게 버릴 수 있는 게 아니다. 반대로 빈천을 꺼리는 세 인지상정인 만큼 본인이 원한다고 해서 저절로 빈천해지는 것도 아니다. 주희의 해석은 통상적인 인정과 배치되는 것이다.

주희의 주장에 따르면 도로써 얻은 빈천은 말할 것도 없고 그렇지 않은 빈천 역시 벗어나려 애써서는 안 된다는 얘기가 된다. 빈천을 권장하는 것이나 다름없다. 공자가 「태백」에서 "나라에 도가 있을 때는 빈천이 부끄러운 일이다"라고 역설한 것과 모순된다. 공자가 말한 기본 취지를 거꾸로 풀이한 대표적인 사례이다. 이보다는 전한 초기 『논형』을 쓴 왕충王充의 해석이 그럴듯하다.

"부귀는 도로써 얻어야지 구차하게 취해서는 안 된다. 빈천은 사람이 싫어하는 바이다. 그러나 정당한 방법이 아니면 빈천에서 벗어날 길이 없다."

정약용도 왕충의 해석을 좇았다. 똑같이 '불이도득지'로 표현했지만 부귀의 경우는 군자가 취하는 길을 언급한 것이고, 빈천의 경우는 군자가 버리는 길을 언급한 것으로 본 것이다. 빈천의 득得을 버릴 거去로 간주한 이유다. 그의 해석이다.

"부귀는 정당한 방법으로 얻는 경우에 한해 처한다. 빈천은 정당한 방법이 아닌 한 애써 버리려 하지 않는다."

문맥에 부합한다. 다만 빈천은 의도적으로 취하거나 버리는 대상이 아니라 주변 상황 등과 맞물려 그리되는 것인 만큼 '득'을 '거'로 풀이하는 것보다 벗어날 탈脫로 풀이하는 게 보다 적절하다. 이는 『논어』 「태백」에 나오는 빈부론과 합쳐 해석할 필요가 있다. 그 경우 이런 풀이가 가능하다.

"부귀는 도가 통하는 유도有道한 상황일 때 정당한 방법으로 얻는 경우에 한해 취할 만하다. 마찬가지로 빈천 역시 도가 통하지 않는 무도無道한 상황에서는 애써 벗어나려 들 필요가 없다. 무도한 상황에서 부귀를 추구하거나, 유도한 상황인데도 빈천에서 벗어나려 애쓰지 않는 것은 모두 잘못이다."

그런 점에서 안연은 자신이 활약한 춘추시대 말기를 '무도'한 상황으로 간주해 수도修道에 매진한 경우에 속하고, 학문을 연마하는 동시에 이재에 뛰어난 재주를 보인 자공은 '유도'한 상황으로 간주해 수학修學과 치부致富를 동시에 달성한 셈이 된다. 객관적으로 볼 때 춘추시대 말기는 전국시대처럼 그리 무도하지도 않았고, 춘추시대 초기처럼 그리 유도하지도 않았다.

시대를 보는 눈이 사람마다 다를 수 있다. 공자는 자공의 입장에 서 있었다. 자공의 치부 행보를 적극 수용하면서 제자들의 취직을 위해 애쓴 게 그렇다. 당시를 무도한 시기로 간주했다면 그리했을 리 없다. 객관적으로 볼 때 안연은 '수도'에서는 뛰어났는지 모르나 현실의 삶에서는 무능했다. 제후들 가운데 안연의 자문을 구한 사람이 전무한 사실이 이를 뒷받침한다.

제자백가 모두 궁극적으로는 인간학에 뿌리를 두고 있다. 공자는 이를 두고 2인 이상의 모든 인간관계를 뜻하는 '인仁'으로 표현했다. 글자 그대로 공동체의 최소 단위인 부부처럼 2명 이상의 사람이 모이는 모든 인간관계에 적용되는 것이 바로 인학仁學이다. '사람들 사이'에 관한 학문인 인간학과 똑같은 의미다. 여기에 예의와 법제 등의 문채文采를 씌워 인문학人文學이라고 부르는 것이다. '문'을 떼어 내면 본질에 해당하는 원래의 '인간학'이 그 모습을 드러낸다. 이게 예의와 법제 등으로 포장된 겉모습 내지 장식이 제거된 인간의 '속살'이다. 종횡가와 법가, 병가, 상가 등은 바로 이런 '속살'에 주목한 제자백가에 속한다.

실제로 아무리 많은 돈과 뛰어난 아이디어가 있을지라도 이를 뒷받침해 줄 제대로 된 인맥이 없으면 사업을 원하는 쪽으로 키우기가 어렵다. 돈보다 인맥이 중요한 이유다. 에도시대 당시 쌀 시장을 중심으로 성장한 센바船場의 오사카 상인은 이런 유명한 말을 남겼다.

"돈을 남기는 것은 하급, 가게를 남기는 것은 중급, 고객을 남기는 것은 상급이다."

고객이 있는 한 사업은 영원하므로 눈앞의 작은 이익에 연연하지 않겠다는 취지이다. 센바는 도요토미 히데요시가 일본 열도를 통일한 뒤 열도 내에서 가장 큰 규모의 오사카 성을 축성할 당시 물자 공급의 중심지로 발전한 곳이다. 에도시대 이후에는 '천하의 부엌'으로 불리며 일본 상업의 핵심으로 급성장했다. 상인의 인맥은 고객에서 시작해 고객으로 끝난다. 고객 만족이 인맥 관리의 궁극적인 목적이 돼야 한다. 고객을 만족시키기 위해 혼신의 노력을 기울여 상인으로서의 주어진 임무를 다한다는 소명 의식이 이런 명언을 남긴 것이다. 『귀곡자』「벽합」은 인맥의 달인이 되는 비법을 이같이 설명해 놓았다.

"마음을 여는 것은 상대의 진정을 판단하고, 닫는 것은 상대의 실정을 파악하려는 취지이다. 성인은 상대가 드러낸 경중완급輕重緩急을 토대로 상대가 생각하는 바를 짐작하고, 이를 근거로 상대를 위한 계책을 마련한다. 사세事勢를 좇아 계책을 만드는 이유다."

상대가 자신에게 도움을 줄 수 있는 사람이라는 느낌을 갖도록 만들라고 조언한 것이다. 인간의 호리지성에 주목한 결과다. 상대에게 도움을 줄 수 있으려면 유가에서 말하는 식의 고답적인 윤리 도덕이 아니라 이익을 향해 무한 질주하는 인간의 호리지성에 입각해 시의에 부합하는 계책을 제시할 수 있어야 한다. 「벽합」이 "성인은 사세事勢를 좇아 계책을 만든다"고 언급한 이유다.

고금을 막론하고 인맥을 쌓는 데 특별한 비법은 없다. 무수한 시행착오와 학습을 통해서만 가능하다. 이를 단축할 수는 있다. 『귀곡자』에서 말하는 책략과 유세 기술을 완전히 습득하는 게 그렇다. 여기서 중요한 것은 앞서 언급한 것처럼 상대가 나에게 어떤 도움을 줄 수 있는가를 생각하기 전에 내가 상대에게 어떤 도움을 줄 수 있는가를 생각하는 것이다. 「벽합」은 이같이 충고하고 있다.

"마음을 여는 것은 상대의 실정과 속셈을 드러내게 하고, 상대로 하여금 마음을 열어 나의 관점을 받아들이게 하는 방안이다. 마음을 닫는 것은 내가 어떤 이익을 취하거나 화를 피할 수 있도록 만드는 방안이다. 마음을 열고 닫는 것은 천지의 도이기도 하다. 세상사가 종횡출입縱横出入하는 식으로 변화무쌍하고, 반복이합反覆離合하는 식으로 뒤집히는 것은 어김없이 음양의 조화가 수시로 변역한 결과다. 열고 닫는 것은 도의 위대한 변화로 유세의 변화를 뜻하는 것이기도 하다. 길흉화복의 거대한 운명이 여기에 달려 있다."

"마음을 여는 것은 곧 상대로 하여금 마음을 열어 나의 관점을 받아들이게 하는 방안이다"라는 지적에 주목할 필요가 있다. 상대가 나에게 어떤 도움을 줄 수 있는가를 생각하기 전에 내가 상대에게 어떤 도움을 줄 수 있는가를 생각하라고 주문한 것과 같은 취지다. 이게 종횡도縱横道이다. 조조가 새롭게 편제한 『손자병법』의 서문에서 부득이할 때에 한해 전쟁에 나서라며 병도兵道에 해당하는 이른바 집이시동戢而時動을 언급한 것과 같다. '집이시동'은 평소 무기를 거둬들였다가 필요할 때에 한해 출동하는 것을 말한다. 매사에 이런 자세로 접근해야 소기의 성과를 거둘 수 있다. 일면 공부하며 일면 부를 쌓은 자공의 유상儒商 행보에서 '집이시동'의 이치를 읽을 수 있다.

제6장 •
춘추전국의 제갈량,
범리의 공성신퇴|功成身退

오월시대 최후의 현상

　　　　　　춘추시대 말기 월왕 구천은 오왕 부차에게 패했을 때 말을 끄는 어자取者를 자처하며 가까스로 목숨을 구한 뒤 와신상담 끝에 역전에 성공했다. 이때 결정적인 공을 세운 인물이 바로 기발한 계책을 제시한 범리范蠡이다. 많은 사람이 '범려'로 읽고 있으나 '려'는 사람 이름으로 사용될 때 '리'로 읽는 게 옳다.

　'오월시대' 개막 직전 정나라의 자산과 제나라의 안영, 진나라의 숙향 등 뛰어난 재상들이 여러 나라에서 동시에 등장해 이른바 '현상시대'를 연 바 있다. 오월시대는 현상시대의 연장선상에 있다. 공자가 이 시기에 활약한 것도 결코 우연으로 볼 수 없다. 큰 틀에서 보면 정나라 자산이 활약하는 기원전 6세기 중엽에서 공자가 세상을 떠나는 기원전 5세기 말까지의 기간이 현상시대에 해당한다. 오월시대와 현상시대가 거의 겹치고 있다. 이는 오월시대에도 현상이 존재했음을 의미한다. 오나라의 오자서와 월나라의 범리가 바로 그 주인공이다. 오왕 합려에게 오자서의 존재가 그랬듯이 월나라의 구천 역시 범리라는 현명한 재상이 없었다면 천하를 호령하는 일이 불가능했다.

범리는 오자서와 더불어 오월시대 최후의 현상에 해당한다. 그러나 두 사람의 행보는 여러모로 대비된다. 두 사람 모두 타국 출신의 기려지신羈旅之臣이고, 동시에 당대 최고의 꾀주머니인 지낭智囊에 해당한다. 수단 방법을 가리지 않고 주군을 보필해 패업을 완수했다는 점도 일치한다. 책사에 초점을 맞출 경우 오월시대를 오자서와 범리의 대결 시대로 간주해도 큰 잘못이 없다.

그러나 두 사람은 주군을 보필하는 방법 및 패업 이후의 선택 등에서는 극명한 차이를 보이고 있다. 오자서는 마치 스승이 제자를 다루듯이 시종 주군인 오왕 합려를 앞에서 이끄는 모습을 보였다. 자신의 생각을 거침없이 건의하고 이를 관철시켰다. 문제는 오왕 합려의 뒤를 이은 부차에게도 동일한 방식을 구사한 데 있다. 합려는 오자서가 없었다면 보위에 오르는 것이 불가능했던 까닭에 그 은혜를 잊지 않았다. 그가 죽을 때까지 오자서를 마치 스승을 대하듯이 예우한 이유다. 그러나 부차는 달랐다. 그는 오자서를 일종의 고문으로 밀어낸 뒤 백비와 같은 인물로 새 진용을 짜서 자신의 시대를 만들고자 했다. 오자서는 이를 용납할 수 없었다. 내심 오나라는 자신이 만들었다는 생각을 갖고 있었기 때문이다. 여기서 갈등이 빚어졌다. 그가 비참한 최후를 맞이한 이유다.

범리는 오자서와 달리 시종 참모의 역할에 충실했다. 주군인 월왕 구천의 조급증을 달래기 위해 때론 강력한 수위의 간언을 하기도 했지만 도를 넘은 적은 한 번도 없다. 나아가고 물러날 때를 정확히 알고 있었기 때문이다. 패업을 이룬 후 월왕 구천 곁을 아무 미련 없이 훌쩍 떠난 것도 이런 맥락에서 이해할 수 있다. 대부 문종文種은 범리와 달리 스스로 월왕 구천에게 커다란 은혜를 베풀었다는 생각을 갖고 있었다. 그 결과는 토사구팽이었다. 오자서의 전철을 밟은 셈이다.

범리를 춘추시대 최후의 '현상'으로 손꼽을 수 있는 이유가 여기에 있다. 사마천이 『사기』 「월왕구천세가」를 사실상 '범리 열전'이나 다름없는 식으로 꾸민 것도 결코 우연으로 볼 수 없다. 실제로 범리를 빼고는 월왕 구천이 패업을 완수하게 된 배경을 설명할 길이 없다.

‧

문종과 범리가 만나다

‧

월나라는 지금의 장강 이남 지역인 저장 성을 중심으로 한 작은 나라였다. 춘추시대 말기에 들어와 이웃한 오나라가 문득 흥기하기 전까지는 중원의 제후국들에게 그 존재 자체도 알려지지 않았다. 『사기정의』에 인용된 『오월춘추』에 따르면 전설적인 왕조인 하나라 소강^{少康}의 서자인 무여^{無餘}가 회계에 도읍한 데서 월나라의 역사가 시작됐다. 그러나 이는 후대인이 만들어 낸 얘기를 마치 역사적 사실인 양 기록해 놓은 것에 지나지 않는다. 월나라는 남만^{南蠻}의 소국에 지나지 않았기 때문이다.

그러나 월나라는 농업 기반이 뛰어난 데다 북으로 장강 하류 지역을 차지하고 있는 오나라와 이웃하며 치열한 경쟁을 전개한 까닭에 오나라와 함께 역사 무대의 전면에 나서는 행운을 만나게 됐다. 이는 전래의 강국인 제^齊, 초^楚, 진^晉, 진^秦 등이 잇단 전쟁과 내란으로 크게 쇠약해진 사실과 깊은 관련이 있다. 전래의 4대 강국은 이전의 성과에 안주하며 내분을 일삼았다. 이 와중에 오월은 서로 피나는 경쟁을 하며 자신들도 모르는 사이 천하의 정상에 우뚝 서게 됐다.

결과적으로 두 나라 모두 『주역』이 역설하는 '자강불식^{自强不息}'을 행한 셈이다. 약 1백 년간에 걸쳐 진행된 오월시대는 꼴찌가 1등 국가가 되고, 돌아가며 1등을 차지했던 4강국이 오월에게 수모를 당한 시기로 볼 수 있다. 고금을 막론하고 세상에 영원한 1등이란 없는 법이다. 노력하기에 따라서는 꼴찌가 1등이 될 수 있다. 스스로를 끊임없이 채찍질하며 혼신의 노력을 기울이는 게 비결이다. 꼴찌나 다름없는 동쪽 변방의 오월이 바로 죽기 살기 식의 경쟁 속에서 부국강병을 달성해 마침내 천하를 차례로 호령한 게 그 실례다. 이는 오월 두 나라가 당초 의도했던 일도 아니었다. 부국강병을 멈추는 순간 이내 상대국에 먹힐 수밖에 없다는 절박감이 이런 일을 가능하게 한 것이다.

사서의 기록을 종합해 볼 때 오월 두 나라는 당초 중원을 제패할 의도가 전혀 없었다. 실제로 그런 실력을 갖추지도 못했다. 그럼에도 생존을 위한 무한 경쟁의 상황에 처해 있던 두 나라는 죽기 살기 식으로 온갖 수단을 동원해 무력을 강화할 수밖에 없었다. 그게 바로 동쪽 구석에 위치해 있던 오월 두 나라를 문득 천하제일의 강국으로 만드는 결정적인 계기로 작용했다.

오월 가운데 오나라의 흥기가 훨씬 빨랐다. 오나라는 기원전 585년에 왕을 칭한 데 반해 월나라는 이로부터 70여 년 뒤인 기원전 511년에 왕을 칭했다. 그러나 월나라가 크게 뒤쳐져 있었던 것은 아니다. 기원전 506년, 오왕 합려가 중원의 패자인 진晉나라의 후원을 받아 초나라의 도읍인 영성을 공격할 당시 초나라가 서쪽 진秦나라에 구원병을 청하면서 동시에 월나라에 도움을 청한 바 있다. 월나라의 실력이 만만치 않았음을 뒷받침하는 대목이다.

천하의 기재인 범리가 등장한 시점이 바로 오월이 사생결단 식으로 다툴 때였다. 그는 전설적인 인물이다. 『춘추좌전』에는 대부 문종의 이름만 보이고 그의 이름이 전혀 등장하지 않는다. 『춘추좌전』의 기록에 초점을 맞출 경우 범리를 실존 인물로 보는 게 쉽지 않은 상황이다. 실제로 『사기』「월왕구천세가」에 나오는 범리에 관한 기록 역시 전설적인 일화로 가득 차 있다.

그렇다면 범리는 가공의 인물일까? 그렇지는 않다. 『국어』「월어」는 「월왕구천세가」 못지않게 범리에 관한 일화를 많이 실어 놓았다. 『국어』에 범리에 관한 얘기가 자세히 수록돼 있다는 것은 범리가 실존 인물이었음을 방증한다. 『국어』는 문종보다 오히려 범리의 행보를 더욱 자세히 수록해 놓았다.

『춘추좌전』에 범리의 이름이 나오지 않는 것은 『춘추좌전』이 구천을 중심으로 당시의 상황을 기록한 탓에 상대적으로 범리를 소홀하게 취급한 것으로 해석하면 된다. 『춘추좌전』에 공자의 젊은 시절 얘기가 전혀 다뤄지지 않은 것과 같은 이치다. 다만 『춘추좌전』이 편제되는 전국시대 당시만 해도 대부 문종이 범리보다 훨씬 중요하게 취급되었을 가능성은 있다. 이는 범리에 관한 얘기가 시간이 지나면서 크게 부풀려졌음을 방증한다.

실제로 이로부터 4백 년 뒤에 편찬된 『사기』「월왕구천세가」는 범리에 관한 얘기로 시종일관하고 있다. 문종의 얘기는 거의 없다. 일각에서 「월왕구천세가」를 두고 범리 열전이나 다름없다고 평하는 이유다. 사마천은 「월왕구천세가」에 범리에 관한 모든 일화를 그러모아 놓았다. 대부분의 내용이 『국어』와 겹치고 있다. 후대에 나온 『오월춘추』는 「월어」와 「월왕구천세가」에 나오는 일화에 살을 더 붙여 놓았다. 범리에 관해서는 「월어」와 「월왕구천세가」 및 『오월춘추』에 나오는 일화를 중심으로 그의 행적을 추적하는 수밖에 없다.

『사기정의』에 인용된 『회계전록』에 따르면 범리는 원래 지금의 허난 성 석천 현인 초나라 완삼호 출신이다. 자가 소백少伯인 그는 한미한 집에서 태어났으나 열심히 학문을 닦았다. 그가 짐짓 미친 척하자 마침 완현宛縣의 대부로 있던 문종이 휘하 관원을 범리에게 보냈다. 범리를 살피고 온 관원이 보고했다.

"범리는 원래 미친 사람입니다. 태어날 때부터 그랬다고 합니다."

이에 문종이 웃으며 말했다.

"나는 그가 뛰어난 인물이라고 들었다. 짐짓 미치광이 짓을 하고 있는 게 틀림없다. 흉중에 뛰어난 책략을 지니고 있음에도 이를 드러내지 않기 위해 그리하는 것이다. 이는 일반 사람들이 알 수 있는 바가 아니다."

그러고는 곧바로 수레를 타고 직접 찾아갔다. 범리는 문종이 오는 걸 알고 몸을 피했다. 그는 문종이 다시 찾아오리라는 것을 알고 형수에게 이같이 말했다.

"오늘 다시 손님이 찾아올 것입니다. 의관을 잠시 빌려주십시오."

얼마 후 과연 문종이 다시 찾아왔다. 두 사람은 곧 반갑게 손을 마주 잡고 천하대세를 비롯해 부국강병의 이치 등에 관해 기탄없이 의견을 교환했다. 주변 사람들이 모두 귀를 기울이며 이를 경청했다.

이상이 『회계전록』의 기록이다. 종전 기록만으로는 범리와 문종이 과연 어떤 인연으로 월왕 구천과 만나게 되었는지 알 길이 없자 이를 궁금해한 사람들이 이런 얘기를 만들어 낸 것으로 보인다. 후대인들은 『회계전록』의 기록을 토대로 다시 살을 붙여 그럴듯한 이야기를 만들어 냈다. 이에 따르면 당시 범리는 문종에게 이같이 권했다.

"지금 패업을 이루고자 하면 동남쪽의 오나라나 월나라로 가는 게 좋을 것이오."

문종이 흔쾌히 동의하며 초나라의 벼슬을 내던졌다. 두 사람은 도중에 행선지를 월나라로 정했다. 오나라에는 이미 병법에 뛰어난 손무와 재상 오자서를 비롯해 많은 인재가 있다는 이유였다. 능력을 마음껏 펼치기 위해서는 이미 강성한 나라가 된 오나라보다는 상대적으로 국력이 미약한 월나라가 적합했다.

이 또한 관포지교 등에서 힌트를 얻은 후대인이 상상력을 동원해 만들어 낸 것으로 보인다. 이 전설이 사실인지 여부를 떠나 오자서가 오왕 합려를 도와 천하를 호령코자 할 즈음 범리와 문종이 월왕 구천의 휘하로 들어가 지은 知恩을 입은 것만은 확실하다.

천도, 인도, 지도

기원전 496년, 초나라의 도성인 영성을 함락시켜 천하를 진동시켰던 오왕 합려는 월왕 윤상允常이 세상을 떠나고 그의 아들 구천이 즉위했다는 소식을 듣고 크게 기뻐했다. 국상을 맞아 어수선한 틈을 타 월나라를 무너뜨릴 수 있는 절호의 기회가 왔다고 판단한 것이다. 이해 여름, 합려가 대군을 이끌고 월나라로 쳐들어갔다. 구천이 곧바로 영격에 나서자 두 나라 군사가 지금의 저장 성 가흥인 취리欓李에서 대치하게 됐다.

이 전투에서 오나라 군사는 대패했다. 구천을 얕잡아 본 후과였다. 합려 역시 격전 중에 입은 부상으로 인해 이내 세상을 떠나고 말았다. 이를 계기로 오월 두 나라의 원한은 더욱 깊어졌다. 경쟁 또한 치열해졌다. 합려의 뒤를 이은 부차는 사람을 궁정에 세워 두고는 출입할 때마다 반드시 자신에게 이같이 말하게 했다.

"부차야, 너는 월왕이 너의 부친을 죽인 것을 잊었느냐?"

"아닙니다, 어찌 감히 잊을 수가 있겠습니까?"

『춘추좌전』에 따르면 부차가 3년 동안 이런 모습으로 절치부심하며 무력을 강화함으로써 마침내 설욕에 성공했다. 실제로 『춘추좌전』은 기원전 494년의 상황을 이같이 기록해 놓았다.

"오왕 부차가 월나라 군사를 지금의 장쑤 성 오현인 부초산에서 깨뜨렸다. 이는 취리의 싸움에 대한 보복이었다. 오나라 군사가 승세를 몰아 바로 월나라로 쳐들어가자 월왕 구천이 정예병 5천 명을 이끌고 지금의 저장 성 소흥에 있는 회계산으로 들어가 저항했다. 구천은 궁지에 몰리자 마침내 대부 문종을 부차의 총신인 오나라 태재 백비에게 보내 강화를 체결토록 했다."

이 대목은 대부 문종에 대한 『춘추좌전』의 유일한 기록이기도 하다. 범리라는 이름은 아예 등장하지도 않는다. 그러나 『사기』「월왕구천세가」는 당시의 상황을 생동감이 넘칠 정도로 매우 정밀하게 묘사해 놓았다. 이에 따르면 오왕 부차가 설욕을 위해 전쟁 준비에 박차를 가하고 있을 때 첩보를 접한 구천이 선제공격을 가하고자 했다. 그러자 범리가 간했다.

"불가합니다. 신이 듣건대 '군사는 흉기이고, 전쟁은 덕을 해치고, 승부를 다투는 것은 최악의 일이다'라고 했습니다. 흉기를 휘둘러 덕을 해치는 것은 하늘도 금하는 것입니다. 선제공격을 가하는 것은 불리합니다."

"내 뜻은 이미 정해졌소."

결국 구천은 부초산 전투에서 대패한 뒤 패잔병 5천여 명을 이끌고 회계로 황급히 도주했으나 이내 오나라 군사에게 포위되고 말았다. 『국어』「월어」는 당시의 상황을 훨씬 자세히 소개해 놓았다. 이에 따르면 월왕이 크게 후회하며 범리를 불러 이같이 사과했다.

"나는 그대의 의견을 받아들이지 않아 오늘 이 지경에 이르고 말았소. 이제 어찌 대처해야 하오?"

범리가 계책을 냈다.

"군왕은 어찌하여 전에 제가 한 말을 잊은 것입니까? 나라의 흥성을 유지하기 위해서는 천도天道를 따르고, 위기를 극복하기 위해서는 인도人道를 따르고, 정사에 절도가 있기 위해서는 지도地道를 따라야 합니다."

"인도를 따르고자 하면 어찌해야 하오?"

"겸허한 언사와 공경스런 예절로써 화친을 구하고, 금옥완기金玉玩器와 가무 및 여악 등을 오왕에게 바치고, '천왕天王'으로 그를 높이십시오. 만일 이같이 하여도 오왕이 솔깃해하지 않으면 몸을 팔아 그의 노복이 되는 수밖에 없습니다."

구천이 이를 받아들였다. 「월왕구천세가」도 비슷한 내용을 실어 놓았으나 「월어」가 훨씬 자세하다. 그럼에도 '천도'와 '인도' 및 '지도'의 구체적인 내용에 관해서는 예로부터 많은 논란이 있었다. 삼국시대 당시 『사기』 및 『국어』 등의 고전에 해박한 지식을 자랑했던 오나라의 우번虞翻과 위소韋昭 등이 이에 대한 해석을 시도한 게 그 증거다. 이들은 '천도'를 가득 채우되 넘치지 않는 치도, '인도'를 겸손한 행보로 힘을 기르는 치도, '지도'를 재물을 절제해 사용함으로써 위기를 미연에 방지하는 치도로 해석했다.

『사기』「월왕구천세가」와 『국어』「월어」 모두 구천이 범리의 계책을 받아들여 문종을 강화사절로 보냈다고 기록해 놓았다. 그다음의 내용은 대략 비슷하다. 「월어」에 따르면 문종은 오나라 진영으로 가 이같이 말했다.

"우리는 월나라 사인士人의 딸을 오나라 사인들의 비첩婢妾으로 보내고, 대부의 딸을 오나라 대부의 비첩으로 보내고, 나아가 월나라의 모든 보기寶器를 오나라에 바치고자 합니다.”

그러나 오나라는 응답하지 않았다. 문종이 월나라로 돌아와 복명한 후 다시 오나라 진영으로 갔다.

“청컨대 우리가 월나라 국고의 열쇠를 오나라에 건네주고, 모든 월나라 땅을 ‘천왕’이 관리하고, 월왕은 오나라로 가 천왕의 시중을 들고자 합니다. 모든 것이 천왕의 통제 하에 있습니다.”

이에 마침내 오왕 부차가 동의했다. 구천이 이같이 말했다.

“범리는 여기에 남아 나를 대신해 나라를 지켜 주기 바라오.”

“월나라 경계 안에서 백성을 다스리는 일은 제가 대부 문종만 못합니다. 다만 경계 밖에서 적군을 맞아 싸울 때 기회를 놓치지 않고 결단하여 출격하는 일은 대부 문종이 저만 못합니다.”

구천이 이를 좇았다. 대부 문종에게 월나라를 지키게 하고, 자신은 범리와 함께 오나라로 가 신복臣僕이 된 배경이다. 「월왕구천세가」의 내용도 이와 똑같다.

•

‘상분득신’ 계책

•

『오월춘추』는 특이하게도 월왕 구천 부부가 오왕 부차의 노비가 되기 위해 길을 떠나는 대목을 상세히 묘사해 놓았다. 주목할 만한 것은 대부 문종과 범리의 다짐이다. 문종은 이같이 말했다.

“저는 장차 안으로는 변경을 지키는 병역을 정비하고, 밖으로는 경전耕戰을 준비토록 하겠습니다. 황무지를 그대로 버려두지 않고, 백성들이 군주에게 가까이 다가가도록 만들겠습니다. 이는 신이 능히 할 수 있는 것입니다.”

범리는 이같이 말했다.

"저는 장차 위기에 처한 군주를 보좌하고, 망국 상황에 처한 월나라를 구하겠습니다. 굴욕과 곤액의 재난을 수치로 여기지 않고, 모욕을 받는 처지를 마음 편히 견디고, 오나라로 가면 반드시 귀국할 수 있는 계책을 마련하고, 군주와 함께 이 굴욕을 설욕토록 하겠습니다. 이는 신이 능히 할 수 있는 것입니다."

문종과 범리는 패망 위기에 처한 월나라를 구하기 위해 나름 최상의 계책을 제시한 셈이다. 『사기』 「월왕구천세가」와 『국어』 「월어」는 이후 오나라로 들어간 구천과 범리가 사지에서 빠져나오기 위해 행한 일련의 계책을 집중적으로 조명해 놓았다. 그러나 인구에 회자하는 이른바 '문질상분問疾嘗糞' 일화에 대해서는 아무런 언급도 해 놓지 않았다. 이 일화는 오직 『오월춘추』에만 나온다. 이 일화는 뒤에 나오는 와신상담 일화와 더불어 21세기 현재까지 가장 널리 알려진 오월시대의 대표적인 일화에 속한다.

이에 따르면 시간이 지나자 오나라 내에서는 구천의 처리 문제와 관련해 태재 백비를 중심으로 한 석방파와 오자서를 중심으로 한 처단파가 격렬히 대립하기 시작했다. 부차는 결단하지 못하고 망설였다. 사태가 긴박하게 돌아가는 와중에 부차가 문득 병이 나 자리에 누웠는데 서너 달이 되도록 병이 호전되지 않았다. 범리가 구천에게 한 가지 계책을 제시했다.

"지금 오왕은 우리를 용서해 주기로 마음을 먹었다가 오자서의 말을 듣고는 또 마음이 변했습니다. 그런 심약한 사람의 동정을 얻으려면 비상 수단을 써야 합니다. 대왕은 문병을 가 배견하게 되면 대소변을 받아 직접 맛보면서 그의 안색을 살펴보고 곧 하례賀禮를 올리십시오. 이어 병세가 점차 호전될 것이라고 말하고 병석에서 일어날 날짜를 말하십시오. 예언이 적중하기만 하면 무엇을 염려할 필요가 있겠습니까?"

다음 날 구천이 태재 백비에게 청했다.

"오왕의 병환을 문후코자 합니다."

태재 백비가 곧 이를 부차에게 알렸다. 부차의 허락이 떨어졌다. 마침 부차가 대소변을 보자 태재 백비가 이를 들고 밖으로 나오다가 방문 밖에서 구천과 만나게 되었다. 구천이 말했다.

"제가 대왕의 변을 보고 대왕 병세의 길흉을 판단해 보도록 하겠습니다."

그러고는 손으로 소변과 대변을 각각 떠서는 한 번씩 맛본 뒤 곧 안으로 들어가 이같이 말했다.

"죄인 구천이 대왕에게 축하의 말씀을 올립니다. 대왕의 병은 사일^{巳日}이 되면 곧 호전될 것입니다. 그래서 3월 임신일^{壬申日}에 이르면 병환이 완전히 치유될 것입니다."

"그것을 어찌 알 수 있소?"

"제가 일찍이 변을 통해 병세를 알아맞히는 사람으로부터 그 방법을 배운 적이 있습니다. 분변은 먹는 곡물의 맛을 좇아야 하니 시령^{時令}의 원기를 거스르는 사람은 곧 죽게 됩니다. 분변이 시령의 원기를 좇게 되면 곧 살아나게 됩니다. 지금 신이 개인적으로 대왕의 분변을 맛보았습니다. 대변의 맛은 쓰고 맵고 십니다. 이 맛은 봄과 여름 사이의 원기에 응하는 것입니다. 이로써 저는 대왕의 병세가 3월 임신일이 되면 완전히 나을 것을 알 수 있었습니다."

부차가 크게 기뻐했다.

"참으로 인인^{仁人}이오."

구천이 예측한 날이 가까워 오자 부차의 병이 거의 낫게 되었다. 부차가 곧 큰 잔치를 벌이고는 이같이 명했다.

"오늘 월왕을 이 자리에 참석케 했으니 군신들은 귀빈의 예로써 그를 대하도록 하라."

화가 난 오자서는 참석하지 않았다. 구천과 범리가 함께 일어나 쾌유를 축하하며 만세토록 장수할 것을 기원했다. 다음 날 오자서가 궁으로 들어가 간하자 부차가 이같이 힐난했다.

"내가 병으로 석 달 동안 누워 있을 때 끝내 상국^{相國}으로부터 한마디도 듣지 못했소. 이는 상국이 자애롭지 못함을 보여 준 것이오. 또한 내가 좋아하는 음식을 진헌하지 않고, 마음속으로 나의 건강을 염려하지 않았으니 이는 상국이 인자하지 못함을 보여 준 것이오. 월왕은 한때 잘못을 저질렀으나 스스로 노복이 되어 부인을 시녀로 만들고도 마음속으로 원한을 품지 않고, 내가 병에 걸리자 직접 나의 분변을 받아 입으로 맛보았소. 만일 내가 상국의 말을 듣고 그를 죽였다면 이는 과인이 현명하지 못한 것이 되고 오직 상국 한 사람의 마음만 통쾌하게 만들었을 것이오."

오자서가 반박했다.

"어찌하여 대왕은 반대로 얘기하는 것입니까. 무릇 호랑이가 몸을 낮추는 것은 장차 먹이를 가격하기 위한 것입니다. 그가 대왕의 소변을 마신 것은 대왕의 심장을 먹은 것이고, 대왕의 대변을 먹은 것은 대왕의 간을 먹은 것입니다. 대왕은 장차 그에게 포로로 잡히고 말 것입니다. 사직이 폐허가 되고, 종묘가 가시밭이 되면 후회한들 무슨 소용이 있겠습니까?"

이 말을 들은 부차가 화를 냈다.

"상국은 이 일을 다시는 거론치 마시오. 나는 이런 얘기를 두 번 다시 들을 인내심이 없소."

부차는 마침내 구천을 석방한 뒤 귀국하도록 했다. 송별할 때 부차가 구천에게 말했다.

"그대를 사면하여 귀국토록 했으니 앞으로 더욱 충성토록 하시오."

구천이 머리를 조아리며 말했다.

"대왕이 신을 불쌍히 여겨 귀국의 은덕을 베풀었습니다. 죽을 때까지 목숨을 다 바쳐 충성할 것입니다."

이에 마침내 귀국길에 오르게 됐다. 여기서 병세를 알아본다는 핑계로 변을 맛보는 식의 아첨을 일삼는 이른바 '문질상분', 변의 맛을 보고 주군의 환심을 산다는 '상분득신嘗糞得信', 아첨하기 위해 변을 맛보는 것도 부끄러워하지 않는 자를 뜻하는 '상분지도嘗糞之徒' 등의 성어가 나왔다. 구천이 행한 문질상분 행보는 와신상담과 같은 취지이다. 목적을 이루기 위해 온갖 굴욕을 참아내는 극기에 해당한다.

실제로 구천은 귀국하자마자 겉으로는 정성을 다해 부차를 섬기는 모습을 보이면서 안으로는 설욕의 그날을 위해 절치부심하며 부국강병에 박차를 가했다. 칼날의 빛을 감추고 힘을 키우는 '도광양회韜光養晦'의 취지와 하등 다를 게 없다. 문질상분 내지 상분지도를 결코 비루한 자들을 지칭하는 뜻으로 새겨서는 안 되는 이유다.

당시 범리가 제시한 문질상분 계책은 구천으로 하여금 부차의 노복이 되도록 만든 계책만큼이나 기이한 계책에 해당한다. 비상한 상황에서는 비상한 대책이 필요하다. 죽느냐 사느냐의 갈림길에 해당하는 까닭에 최악의 상황을 가정한 비상한 계책이 아니면 활로를 찾기 힘들다. 결국 구천은 범리의 계책을 받아들여 마침내 설욕에 성공하고 천하를 호령하는 패자의 자리에 올랐다. 범리를 당대 최고의 지낭으로 꼽는 이유다.

와신상담과 부국강병책

기원전 490년, 범리는 월왕 구천과 함께 월나라로 돌아왔다. 구천은 귀국한 후 오나라에서 겪은 수모를 한시도 잊지 않았다. 늘 자리 옆에 쓸개를 매달아 놓은 뒤 앉으나 누우나 이를 쳐다보고, 음식을 먹을 때면 빠짐없이 이를 핥았다. "너는 회계산의 치욕을 잊었는가"라고 자문자답하며 스스로를 채찍질했다. 이른바 와신상담이다.

『사기』「월왕구천세가」는 구천의 와신상담이 누구의 머리에서 나온 것인지를 기록해 놓지 않았다. 『국어』「월어」는 비록 와신상담 일화를 실어 놓지는 않았으나 당시 구천이 시행한 일련의 정책이 모두 범리의 머리에서 나온 것임을 보여 주고 있다. 와신상담도 범리의 계책에서 나왔을 가능성을 시사한다.

「월어」에 따르면 구천은 귀국하자마자 범리의 계책을 좇아 부국강병에 박차를 가했다.

당시 범리는 오나라를 완전 제압하기 위해 부국강병 계책을 마련하는데 박차를 가했다. 논밭을 개간하는 백성들에게 세금과 부역을 감면해 주고 길쌈을 장려하는 등 먼저 부민富民을 이루는 데 만전을 기했다. 인구를 늘리는 데에도 세심한 주의를 기울였다. 17세에 이른 여자는 반드시 시집을 보내고 남자는 20세가 되면 혼인을 시켰다. 이를 어기는 부모는 엄한 벌을 내렸다. 부부가 아들을 낳으면 술 두 동이와 개 한 마리를 상으로 내렸고, 딸을 낳으면 술 한 동이와 돼지 한 마리를 주었다. 둘째와 셋째를 계속해서 낳으면 더 많은 포상을 했다. 월나라의 인구가 급격히 늘어난 배경이다.

외교에도 신경을 썼다. 제나라와 동맹을 맺고, 초나라와 가까이 지내며, 중원의 진나라는 상국으로 모시고, 오나라에는 시종 충성스런 모습을 보여 방심토록 만들었다. 장기적인 안목의 심모원려가 돋보이는 대목이다. 오나라와 정면 승부를 겨루는 것이 국가 존망과 직결돼 있다는 사실을 통찰한 결과다. 『국어』「월어」에 따르면 당시 범리는 부국강병 방략을 묻는 그러나 구천은 질문에 이같이 대답했다.

"먼저 지도地道를 따라야 합니다. 그래야 만물이 때를 잃지 않게 됩니다. 대지는 만물을 육성하고, 이로써 인간의 삶을 가능하게 합니다. 남자는 경작하고 여자는 직물을 짜는 것을 장려해 창고를 충실히 해야 합니다. 그러면 백성이 부유해질 것입니다. 이어 인도人道를 행해 천하의 인재를 고루 기용하고, 천도天道를 좇아 때가 오기를 기다려야 합니다. 오나라에도 장차 틈이 생길 것입니다. 만일 오나라의 인사에 빈틈이 없고, 천시 또한 아직 순환할 조짐을 보이지 않으면 우리는 백성들을 다독이며 천시와 인사가 맞아떨어지는 때가 오기를 기다려야만 합니다."

구천이 오나라에서 귀국한 지 4년이 되던 해인 기원전 486년, 구천이 다시 범리에게 물었다.

"선왕이 세상을 떠나자 내가 뒤이어 보위에 올랐소. 당시 나는 나이가 어렸던 탓에 밖으로 나가서는 수렵에 빠졌고 안으로 들어와서는 음주에 빠졌소. 나는 백성을 위해 이익을 도모할 생각을 하지 않고 오직 배와 수레를 타고 놀 일만 생각했소. 그래서 하늘이 월나라에 재앙을 내린 것이오. 나는 그대와 함께 오나라에 복수할 계책을 세우고자 하는데 이것이 가하겠소?"

범리가 만류했다.

"아직 안 됩니다. 제가 듣건대 '천시가 오지 않아 하늘이 돕지 않을 때에는 인내심을 갖고 때가 오기를 기다려야 한다'고 했습니다. 나아가 천시를 얻었는데도 이를 적극 활용해 일을 성사시키지 않으면 오히려 재앙을 입게 됩니다. 하늘은 주었다가 빼앗아 가기도 하고, 주기도 하고 주지 않기도 합니다. 결코 속히 오나라를 도모하려고 서둘러서는 안 됩니다."

1년이 지난 후 다시 물었다.

"지금 오왕은 음락에 빠져 그의 백성을 잊고 있고, 참언을 믿고 직언을 하는 대신들을 멀리하고 있소. 주변에는 온통 아첨하는 간신들로 가득 차 있고, 군신 상하가 구차하게 안일을 탐하고 있소. 이쯤 되면 가히 오나라를 도모할 수 있지 않겠소?"

범리가 반대했다.

"오나라에 재난이 일어난 게 사실이나 아직 하늘의 감응이 드러나지 않고 있습니다."

다시 1년이 지났다. 구천이 물었다.

"지금 오나라 대신 오자서가 여러 번 간했는데도 오왕은 오히려 화를 내며 그를 죽여 버렸소. 가히 오나라를 정벌할 때가 온 것이 아니겠소?"

"비록 조짐이 일부 드러나기는 했으나 아직 명백한 징조가 드러난 것은 아닙니다. 조급하게 서두르면 오히려 해를 입을 수 있습니다. 잠시 인내심을 갖고 때가 오기를 기다리십시오."

또다시 1년이 지났다.

"나는 매번 그대와 함께 오나라 공벌에 관해 논의했소. 그대는 그때마다 아직 때가 오지 않았다고 했소. 지금 오나라는 크게 흉년이 들어 곡식의 종자조차 남아나지 않았소. 이제야말로 오나라를 칠 시기가 도래한 게 아니겠소?"

범리가 말했다.

"하늘의 감응이 나타난 게 사실입니다. 그러나 재난이 아직 극에 달하지 않았습니다. 대왕은 조금 더 인내심을 갖고 기다리십시오."

구천이 마침내 화를 냈다.

"지난번에 그대는 천시가 아직 오지 않았다고 말했소. 지금 하늘의 감응이 이뤄졌다고 하면서 또다시 재난이 극에 달하지 않았다고 말하는 것은 무슨 뜻이오?"

범리가 대답했다.

"하늘과 사람과 땅의 징조가 모두 드러난 뒤에야 비로소 성공을 기대할 수 있습니다. 지금 오나라는 거듭 흉년을 만나 민심이 크게 흔들리고 있습니다만 문제는 오나라의 군신 상하가 이런 사실을 익히 알고 있는 데 있습니다. 지금 싸우면 저들은 죽기를 각오하고 대적할 것입니다. 의도적으로 우리의 허점을 보여 저들을 방심하도록 만들어야 합니다. 민력이 고갈돼 오나라 백성들의 원성이 하늘을 찌를 때 비로소 징벌을 가할 수 있을 것입니다."

이해 가을에 이르자 월왕이 다시 범리에게 물었다.

"속담에 이르기를, '허기졌을 때 진수성찬을 기다리는 것은 물 말은 밥 한 그릇을 먹는 것에 미치지 못한다'고 했소. 올해도 이미 다 지나가고 있소. 그대는 지금 무슨 생각을 하고 있는 것이오?"

범리가 마침내 이같이 대답했다.

"설령 군왕이 말하지 않았을지라도 출병을 청할 생각이었습니다. 제가 든건대 '시기를 잘 포착하는 사람은 마치 도망자를 추적하는 것처럼 신속히 행동한다'고 했습니다. 급히 뒤를 쫓아도 쫓아가지 못할까 걱정인데 어찌 조금이라도 지체할 수 있겠습니까?"

구천이 크게 기뻐하며 곧바로 총동원령을 내렸다. 기원전 482년 여름 6월 12일, 구천은 부차가 황지黃池 회맹을 성사시키기 위해 오나라의 정예군을 이끌고 출정한 틈을 노려 마침내 군사를 두 길로 나눠 진군했다. 월나라 대부 주무여와 구양이 남로군南路軍을 이끌고 먼저 오나라 도성의 교외에 이르렀다. 당시 오나라 도성은 태자 우友와 왕자 지地, 왕손 미용彌庸과 수어요壽於姚 등이 지키고 있었다. 이들은 오나라 도성 부근을 흐르는 홍수泓水의 강변에서 월나라 군사의 움직임을 세밀히 관찰했다. 이때 왕손 미용이 월나라 군대 사이에서 지금의 저장 성 용유현인 고멸 땅의 깃발을 보고는 이같이 말했다.

"저것은 나의 부친의 깃발이다. 원수를 보고도 죽이지 않는 것은 잘못이다."

일찍이 미용의 부친은 월나라의 포로가 되었는데 이때 깃발도 함께 월나라 군사의 손에 들어갔다. 태자 우가 만류했다.

"만일 우리가 월나라 군사와 싸워 승리하지 못하면 도성이 적의 손에 떨어지게 되니 그대는 잠시 구원병이 올 때까지 기다리도록 하오."

그러나 왕손 미용은 이를 듣지 않고 곧바로 휘하 군사 5천 명을 이끌고 출전했다. 이에 왕자 지도 그를 돕기 위해 출전했다. 이해 6월 21일, 왕손 미용이 월나라 군사와 일전을 겨뤄 대승을 거두었다. 왕손 미용이 월나라 대부 주무여를 사로잡고 왕자 지는 구양을 사로잡았다. 당시 오나라 도성에는 늙고 병약한 군사들만이 남아 있었다. 그럼에도 첫 전투에서 월나라의 선봉을 무찌르는 승리를 거둔 것이다. 오나라의 무력이 얼마나 막강했는지를 방증하는 대목이다.

그러나 월왕 구천이 대군을 이끌고 오자 상황이 바뀌었다. 왕자 지가 급히 뒤로 물러나 도성을 지켰다. 다음 날인 6월 22일, 양군이 다시 교전하게 되었다. 이는 첫날 전투에서 대승을 거둔 오나라 군사가 월나라 군사를 얕잡아 본 데 따른 것이었다. 결과는 참패였다. 태자 우를 비롯해 왕손 미용과 수어요 등이 모두 포로로 잡혔다가 이내 목이 달아났다. 6월 23일, 월나라 군사가 오나라 도성으로 입성했다. 『오월춘추』는 이때 월나라 군사들이 지금의 장쑤성 소주시 서남쪽 고소산에 세워진 거대한 규모의 고소대姑蘇臺를 불태웠다고 기록해 놓았다.

오나라 사자가 급히 오왕 부차에게 달려가 이 사실을 전했다. 회맹을 코앞에 둔 부차는 중원의 제후들이 이 소식을 들을까 크게 두려워한 나머지 친히 칼을 빼어 패보를 전한 오나라 사자 7명의 목을 장막 아래에서 베어버렸다.

이해 가을 7월 7일, 황지의 회맹이 거행됐다. 부차가 진나라에 앞서 삽혈함으로써 형식상 천하의 패자가 되었다. 부차는 비록 회맹을 강행해 중원의 패자가 되었지만 오나라의 중요한 지역들을 이미 월나라에게 빼앗겼다는 급보에 놀라 황급히 회군했다. 근거지를 잃은 오왕 부차의 주력군은 식량과 무기, 전쟁 물자가 턱없이 부족하여 제대로 전투를 치를 수 없었다. 그러나 구천은 단숨에 오나라를 무너뜨릴 수는 없다고 판단했다. 이해 겨울, 오나라는 월나라와 강화했다. 구천은 곧바로 군사를 이끌고 철군했다.

이로부터 얼마 안 돼 오나라는 멸망하고 말았다. 명실상부한 천하의 패자로 군림하기 위해 힘을 엉뚱한 데 소진한 후과였다. 만일 이때라도 정신을 차려 월나라의 재침을 철저히 대비했다면 승패를 점치기가 쉽지 않았을 것이다. 그러나 부차는 허를 찔린 뒤에도 월나라를 얕보는 짓을 계속했다. 패배를 자초했다고 평할 수밖에 없다.

•

왕도에 가까운 패도의 종말

•

기원전 478년, 월나라 군사가 지금의 상하이 북쪽 오송강 부근인 입택笠澤에서 부차의 주력군을 궤멸시켰다. 3년 뒤인 기원전 475년, 월나라 대군이 오나라의 대부분을 점령하고 마지막으로 부차가 농성하는 오나라 도성을 포위했다. 범리의 계책을 좇은 결과다. 「월어」에 따르면 당시 독 안의 쥐 신세가 된 부차는 고소산으로 물러나 배수진을 친 뒤 왕손 낙雒을 보내 강화를 청했다. 지난날 자신이 보인 관용을 이번에는 자신에게도 베풀어 달라고 요구할 심산이었다. 구천이 이를 받아들이려고 하자 범리가 반대했다.

"오나라의 강화를 받아들이면 언젠가 또다시 대왕의 자손들이 치욕의 세월을 보낼 것입니다. 대왕은 회계산의 교훈을 잊어서는 안 됩니다."

그러고는 오나라의 사자 왕손 낙에게 이같이 말했다.

"월왕은 이미 집사執事인 나에게 모든 것을 맡겼다. 오나라 사자는 급히 돌아가도록 하라. 만일 서둘러 떠나지 않으면 그 죄를 물을 것이다."

왕손 낙이 돌아가 부차에게 이를 보고했다. 이때 범리가 직접 북을 치며 왕손 낙의 뒤를 쫓아 진병했다. 이로써 오나라는 멸망하고 말았다. 『사기』 「월왕구천세가」의 내용도 대략 동일하나 이런 내용을 덧붙여 놓았다.

"구천은 부차를 가련하게 생각해 곧 사자를 부차에게 보내 전하기를, '나는 그대를 용동甬東에 안치할 생각이오. 시봉할 사람으로 군의 부부에게 각각 3백여 가家를 내리도록 하겠소. 이로써 군이 일생을 편히 마치도록 돕고자 하는데 어찌 생각하시오?'라고 했다."

용동은 지금의 저장 성 정해현 동쪽에 있는 작은 해도海島를 말한다. 「월왕구천세가」는 부차가 이같이 사양했다고 기록해 놓았다.

"나는 이미 늙어 군왕의 신하가 될 수 없소."

그러고는 마침내 칼 위에 엎드려 죽었다. 『춘추좌전』은 부차가 목을 매어 죽은 것으로 기록해 놓았다. 문제는 『춘추좌전』의 다음 기록이다.

"부차가 목을 매어 자진하자 월나라 군사가 그의 시신을 이끌고 귀국했다."

이는 부차를 정중히 장례 지냈다는 「월왕구천세가」의 기록과 커다란 차이가 있다. '장례' 운운은 『국어』 「월어」에도 없는 내용이다. 구천이 부차의 시신을 끌고 귀국했다는 『춘추좌전』의 기록이 역사적 사실에 가까운 것으로 보인다. 『국어』 「월어」와 『사기』 「월왕구천세가」는 부차가 목숨을 구걸할 당시 구천이 매우 관후한 모습을 보인 것으로 묘사해 놓았으나 액면 그대로 믿기 어렵다. 『춘추좌전』은 약간 다르게 기록해 놓았다.

"기원전 473년 겨울 11월 27일, 월나라가 오나라를 멸망시켰다. 구천이 부차에게 용동에 거처하도록 하자 부차가 사양했다."

구천이 부차에게 용동에 살도록 허용한 것은 후대인의 비난을 피하기 위한 체면 치레용에 지나지 않았음을 암시한다. 모욕적인 언사로 용동에 들어갈 것을 강요했는지도 모를 일이다. 그러나 모든 것이 사실상 끝난 상황에서 어떻게 죽었는지는 하등 문제가 되지 않는다.

그보다는 오왕 부차의 죽음과 월왕 구천의 패업에는 어떤 함수관계가 있고, 각각 어떤 의미를 지니고 있는지를 살피는 것이 훨씬 중요하다. 부차와 구천은 교대로 천하를 호령하면서 시종 매우 대조적인 모습을 보여 주었다. 춘추전국시대를 통틀어 그처럼 극명한 대조를 이룬 경우는 찾기 힘들다. 초한전 당시의 한고조 유방과 초패왕 항우, 삼국시대의 원소와 조조, 현대사의 마오쩌둥과 장세스 등이 겨우 이에 대비될 만하다.

부차는 '왕도에 가까운 패도'를 추구하다가 끝내 패망하고 말았다. 구천을 살려 준 게 그 증거다. 이는 관중에 의해 정립된 바 있는 왕도에 가까운 패도의 시대가 끝났음을 방증한다. 부차는 왕도에 가까운 패도의 시대가 끝나고 바야흐로 수단 방법을 가리지 않고 패권을 차지하는 시대가 도래했다는 사실을 간과한 나머지 끝내 패망한 셈이다.

와신상담으로 천하의 패권을 장악한 구천은 진 제국에 이어 사상 두 번째로 천하를 통일한 한고조 유방과 매우 닮았다. 유방은 부차처럼 화려한 겉모습에 치중하며 내실을 기하지 못한 항우가 방심한 틈을 노려 마침내 천하의 주인이 되었다. 항우는 책사 범증范增의 거듭된 간언에도 불구하고 홍문의 연회에서 유방을 제거할 수 있는 절호의 기회를 흘려보냈다. 부차가 회계산 싸움에서 결정적인 승리를 거두고도 오자서의 간언을 물리친 채 구천을 살려준 것과 닮았다. 그 결과는 참담했다. 항우 또한 부차와 마찬가지로 오강烏江 앞에서 장탄식을 하며 회한 어린 삶을 마감해야만 했다.

『월절서』의 아홉 가지 술책

범리는 구천이 패업을 이루자마자 이내 그 곁을 떠났다. 덕분에 토사구팽의 마수에서 벗어날 수 있었다. 『국어』 「월어」에 따르면 그의 사의 표명은 오나라 패망 직후에 이뤄졌다. 그는 월나라 군사가 오나라 도성에서 철수하자 곧바로 사의를 표했다.

"군왕은 이후 스스로 노력하시기 바랍니다. 신은 두 번 다시 월나라로 들어오지 않을 것입니다."

구천이 크게 놀라 물었다.

"그게 무슨 말이오?"

범리가 대답했다.

"신이 듣건대 '신하 된 자는 군왕에게 우환이 있으면 자신의 모든 힘을 다하고, 군왕이 치욕을 받으면 응당 몸을 바쳐 순국한다'고 했습니다. 당초 군왕이 회계산에서 치욕을 받을 때 신이 몸을 던져 순국하지 못한 것은 군왕을 도와 오나라를 멸망시켜 보복코자 했기 때문입니다. 지금 그 일이 이미 이뤄졌으니 저는 회계의 치욕으로 인해 응당 받아야 했던 처벌을 이제야 받고자 할 뿐입니다."

구천이 말했다.

"만일 그 누구일지라도 그대의 과실을 덮지 않고 그대의 위대한 공적을 선양하지 않으면 내가 그를 가만 두지 않을 것이오. 그대는 내 말을 믿고 나와 함께 월나라로 돌아갑시다. 나는 월나라를 반으로 갈라 그대와 함께 다스리도록 하겠소. 만일 내 말을 듣지 않고 멋대로 떠나고자 하면 그대를 죽여 버릴 것이오. 그대의 처자식 또한 죽음을 면치 못할 것이오."

범리가 단호히 말했다.

"군왕은 군왕의 법령을 집행하도록 하십시오. 저는 제 뜻대로 일을 해 나갈 것입니다."

그러고는 작은 배에 올라 오호 사이에서 노닐다가 이내 종적을 감췄다. 이 소식을 들은 구천이 곧 장인들에게 명해 범리의 상을 주조하게 한 뒤 대부들에게 명하여 범리의 상에 예를 올리게 했다. 이어 회계를 둘러싼 3백 리의 땅을 베어 범리의 봉지로 삼고는 이같이 선언했다.

"나의 후손 가운데 그 누구일지라도 범리의 봉지를 침범하는 자는 이국의 타향에서 죽음을 맞게 하라. 하늘과 땅의 신령이 모두 나의 이 맹서를 증명해 줄 것이다."

이는 『국어』의 맨 마지막에 나오는 일화이기도 하다. 여기서 주목할 것은 구천이 범리에게 만일 멋대로 떠나면 범리는 물론 그의 처자식까지 모두 죽여 버리겠다고 협박한 대목이다. 원래 대공을 세우면 즉시 물러나는 게 현명하다. 『도덕경』의 해당 구절이다.

"공이 이뤄지면 뒤로 물러남이 천도에 부합한다."

『국어』「월어」는 비록 문종이 토사구팽 당하는 내용을 실어 놓지는 않았으나 사실 범리의 현명한 공성신퇴功成身退 행보를 칭송한 것이나 다름없다. 『사기』「월왕구천세가」는 범리가 월나라를 떠나기 직전 대부 문종에게 서신을 보내 토사구팽의 위험성을 경고한 일화를 실어 놓았다.

"옛말에 날렵한 새를 모두 잡으면 좋은 활은 쓸모가 없게 되고, 교활한 토끼를 모두 잡으면 사냥개를 삶아 먹는다고 했소. 월왕은 장경오훼長頸烏喙의 상을 하고 있어 환난을 같이할 수는 있어도 즐거움을 함께할 수 없는 인물이오."

'장경오훼'는 긴 목에 까마귀 입을 말한다. 대부 문종이 이 서신을 보고는 이내 병을 칭하며 입조하지 않았다. 그러자 사람들이 그를 무함했다. 마침내 구천이 문종에게 검을 보내며 자진을 명했다.

"그대는 과인에게 오나라를 토벌할 수 있는 7술七術을 가르쳐 주었소. 과인은 그 가운데 세 가지 술책을 구사해 마침내 오나라를 멸할 수 있었소. 나머지 네 가지 술책은 그대가 아직 구사하지도 않고 있소. 그대는 나의 선왕들을 위해 지하에서 나머지 술책을 구사해 주기 바라오."

『오월춘추』와 『월절서』는 7술이 아닌 '9술'로 기술해 놓았다. 과연 '9술'은 무엇을 말하는 것일까? 『월절서』에 따르면 첫째 하늘을 존중하고 신령을 섬기는 존천사귀尊天事鬼, 둘째 뇌물을 사용해 적국 군신 사이를 이간하는 중재유군重財遺君, 셋째 곡물을 대거 수입해 적국의 식량 창고를 비게 하는 적속공방糴粟空邦, 넷째 미인계를 구사해 적국 군신의 마음을 어지럽히는 유미형지遺美熒志, 다섯째 궁궐 등을 호화롭게 꾸며 재물을 낭비하게 하는 기궁진재起宮盡財, 여섯째 간신을 적극 활용해 정벌을 쉽게 만드는 귀기유신貴其諛臣, 일곱째 충신을 궁지에 몰아넣어 자살하게 만드는 강기간신彊其諫臣, 여덟째 자국의 부국강병을 도모하는 방부비기邦富備器, 아홉째 은밀히 무력을 비축했다가 적의 폐해가 누적됐을 때 일거에 치는 갑병승폐甲兵乘弊가 그것이다.

문종이 구사했다고 하는 세 가지 술책은 과연 무엇일까? 서시를 활용한 '유미형지'와 백비를 이용한 '귀기유신' 및 오자서를 죽음으로 몰아넣은 '강기간신'이 이에 해당한다. 그러나 『오월춘추』와 『월절서』의 내용에 따르면 사실 나머지 여섯 가지 술책을 모두 구사했다고 보는 게 옳다.

큰 틀에서 볼 때 '9술'은 작은 것에 지나지 않는다. 보다 중요한 술책이 있다. 그것은 바로 적의 군주나 장수로 하여금 자고자대하도록 만드는 것이다. 『도덕경』이 역설했듯이 모든 만물은 가득 차면 기울기 마련이다. 사람은 특이하게도 스스로를 낮추기도 하지만 스스로 천하제일인 양 우쭐대는 자고자대의 모습을 보이기도 한다. 스스로를 학대하는 자학自虐이 아니라면 스스로를 낮추는 자비自卑는 매우 바람직하다. '자비'의 행보를 견지하는 한 계속 채울 수가 있기 때문이다.

이에 반해 자고자대는 패망의 길이다. 천하의 모든 것을 다 거머쥐었다고 생각하는 까닭에 더 이상의 노력을 기울이지 않게 된다. 부차가 바로 이 길을 걸었다. 당시 천하의 패자임을 확인한 황지 회맹은 겉만 화려하고 실속은 하나도 없는 외화내빈의 전형에 해당했다. 가장 황당한 것은 절치부심하며 칼을 갈고 있던 구천을 자신의 충실한 신복臣僕으로 착각한 데 있다. 구천은 일국의 군주로 군림하면서 단지 부차에게 신하의 예를 다할 것을 약속했을 뿐이다. 그런데도 부차는 구천이 이전처럼 자신의 말이나 끌던 시절의 모습을 계속 견지할 것으로 본 것이다. 이러고도 패망하지 않는다면 그게 더 이상한 일이다.

•

도주공 범리의 공성신퇴

•

『사기』「월왕구천세가」에는 구천의 곁을 떠난 범리가 천하제일의 갑부가 되었다는 일화가 실려 있다. 이는 『국어』「월어」는 물론 『오월춘추』와 『월절서』에도 나오지 않는 내용이다. 사마천이 「월왕구천세가」를 편제하면서 항간에 나돌던 일화를 그대로 수록한 것으로 보인다.

일화에 따르면 범리는 뱃길을 이용해 제나라로 들어간 뒤 이름을 '치이자피鴟夷子皮'로 바꿨다. '치이'는 오왕 부차가 오자서를 죽인 뒤 그의 시신을 담은 가죽 부대를 뜻한다. 범리는 자신도 오자서와 같은 운명으로 생각해 이같이 자칭했다고 한다. 그는 해변에서 농사를 지었다. 온 힘을 다해 증산에 노력하자 얼마 후 곧 재산이 수십만 금金에 달하게 되었다. 제나라 사람들이 이 얘기를 듣고 상국으로 천거했다. 한동안 상국으로 있던 범리가 문득 이같이 탄식했다.

"집에서는 1천금의 재산을 이루고, 벼슬은 상국에까지 이르렀으니 보통 사람으로서는 정점까지 간 것이다. 존귀한 이름을 오랫동안 지니고 있는 것은 불길하다."

그러고는 곧 상국의 인장을 돌려준 뒤 재산을 친구와 마을 사람들에게 나눠 주고는 귀중한 보물만 챙겨 가족들과 함께 지금의 산둥 성 정도현인 도陶 땅으로 갔다. '도' 땅은 천하 각지의 물산이 모이는 곳이었다. 범리는 스스로 '도주공陶朱公'을 칭하면서 아들과 함께 농사를 지으며 장사도 겸했다. 물건을 사서 쌓아 두었다가 시기를 보아 되파는 수법으로 1할의 이윤을 남겼다. 오래지 않아 막대한 재산을 모으자 세상 사람들이 크게 칭송했다.

도주공 범리는 도 땅에 살면서 막내아들을 낳았다. 막내아들이 청년이 될 무렵 둘째 아들이 사람을 죽여 초나라에 갇히게 되었다. 도주공 범리가 말했다.

"살인했으면 죽어 마땅하다. 그러나 듣자 하니 재력가의 아들은 처형당하지 않을 수도 있다고 한다."

그러고는 막내아들에게 황금 1천 일鎰을 건네주면서 이를 자금으로 사용해 둘째 아들을 구하게 했다. 막내아들이 막 떠나려 할 때 장남이 동생을 구하는 일을 떠맡겠다고 자청했다. 범리가 이를 허락하지 않자 장남이 말했다.

"집안에 장남이 있어 집안일을 살피므로 그를 '가독家督'이라 부릅니다. 지금 동생이 죄를 지었는데 저를 보내지 않고 막내를 보내는 것은 제가 현명하지 않기 때문입니다."

장남이 자결하려고 하자 어머니가 황급히 이를 만류하며 범리에게 간청했다.

"지금 막내를 보내 둘째 애를 살려 낼지 알 수 없는 일인데 그보다 먼저 큰애를 잃게 생겼으니 어찌하면 좋겠습니까?"

도주공이 할 수 없이 장남을 보내면서 편지 한 통을 건네주었다. 오랜 친구인 장선생莊先生에게 보내는 서신이었다. 그러면서 장남에게 당부했다.

"그곳에 도착하는 즉시 장선생 댁에 이 황금 1천 일을 갖다 주도록 해라. 그가 하자는 대로 따르되 절대 다퉈서는 안 된다."

장남은 떠날 때 수백금의 황금을 따로 챙겼다. 그는 초나라에 도착해 수소문 끝에 장선생 집을 찾았다. 장남이 편지와 황금 1천 일을 건네자 장선생이 말했다.

"어서 서둘러 여기를 떠나고 절대 머물러 있지 말라. 또한 동생이 나올지라도 절대 그 까닭을 묻지 말아야 한다."

장남은 한적한 곳에 머물며 자신이 초나라로 올 때 따로 가져간 황금을 초나라 집정에게 바쳤다. 장선생은 비록 빈궁하게 살고는 있었으나 청렴결백하여 군왕 이하 모든 사람이 그를 스승처럼 존경했다. 그는 일이 성사된 후 황금을 돌려줄 생각이었다. 도주공 범리의 장남은 장선생의 속마음도 모르고 황금이 별다른 효과를 발휘하지 못한 것으로 생각했다. 장선생이 적당한 시기를 가려 입궐한 뒤 초왕에게 말했다.

"천기를 보니 어떤 별이 갑자기 움직였습니다. 이는 초나라에 불리한 조짐입니다."

"그렇다면 어찌하면 좋겠소?"

"오직 덕을 베풀어야만 이를 없앨 수 있습니다."

"과인이 장차 그리할 것이오."

그러고는 곧 사자를 시켜 금, 은, 동을 수장한 3개의 창고를 봉하게 했다. 뇌물을 받은 집정이 깜짝 놀라 도주공 범리의 장남에게 말했다.

"대왕이 곧 사면을 할 듯하오."

"어떻게 그것을 알 수 있습니까?"

"대왕은 매번 대사면을 할 때마다 늘 3개의 창고를 봉하게 했소. 어젯밤에 사자를 보내 그같이 했소."

도주공 범리의 장남은 대사면 조치로 동생이 당연히 나올 터인데 공연히 장선생에게 황금 1천 일을 보냈다는 생각이 들었다. 황금을 크게 아까워한 장남이 장선생을 다시 찾아가자 장선생이 크게 놀랐다.

"아니 자네는 아직도 이곳을 안 떠난 것인가?"

"지금 대사면이 논의되고 있다고 하니 동생은 당연히 풀려날 듯합니다. 이에 하직 인사나 드리러 왔습니다."

장선생은 그가 황금을 다시 가져가고 싶어 하는 것을 알고는 이같이 말했다.

"방으로 들어가 황금을 가져가도록 하게."

장선생은 도주공 범리의 장남에게 배신당한 것이 수치스러워 이내 입궐하여 초왕에게 이같이 말했다.

"신이 저번에 별의 움직임에 대해 말씀을 드리자 대왕이 덕을 베풀어 보답코자 했습니다. 그런데 사람들이 수근대기를, '도주공이 황금으로 왕의 측근을 매수했는데 이번 대사면도 백성을 아껴서가 아니라 도주공의 아들을 위한 것이다'라고 했습니다."

초왕이 대로했다.

"내가 비록 부덕하다고는 하나 어찌 황금에 눈이 어두워 도주공의 아들을 위해 덕을 베풀 수 있겠는가?"

그러고는 서둘러 처형을 행한 뒤 다음 날에야 사면령을 내렸다. 장남은 동생의 시신을 이끌고 귀국했다. 부인과 마을 사람들이 모두 슬퍼했으나 도주공만 홀로 씁쓸히 웃으면서 이같이 말했다.

"나는 큰애가 동생을 죽음에 이르게 할 것을 원래 알고 있었다. 둘째가 죽은 것은 큰애가 동생을 사랑하지 않기 때문이 아니라 단지 돈을 지나치게 아낀 나머지 이를 어떻게 쓸 줄 몰랐기 때문이다. 큰애는 어려서부터 나와 함께 고생을 했고, 살기 위해 고난을 겪어 함부로 돈을 쓰지 못한다. 그러나 막내는 태어나면서부터 내가 부유한 것만 보았으니 돈이 어떻게 하여 생기는 줄 알 수 있겠는가? 그래서 막내는 쉽게 돈을 쓰고 아까워하지 않았다. 저번에 내가 막내를 보내려고 했던 것은 바로 이 때문이다. 큰애는 성장한 배경이 막내와 달라 도저히 그같이 할 수 없었던 것이다. 그래서 둘째가 끝내 죽게 된 것이다. 이치가 이러하니 굳이 슬퍼할 것이 없다. 나는 오히려 밤낮으로 둘째의 시신이 도착하기를 기다렸다."

이 일화가 다른 사서에는 전혀 나오지 않는 점에 비춰 볼 때 후세인이 만들어 낸 게 거의 확실하다. 그러나 범리가 진퇴의 시기를 안 것만은 분명하다. 사마천은 『사기』 「화식열전」에서 도주공으로 변신한 범리의 삶을 이같이 요약했다.

"범리는 19년간 세 차례에 걸쳐 천금의 재산을 모았다. 두 번은 가난한 친구들과 고향에 있는 형제들에게 나눠 주었다. 군자는 부유하면 덕을 즐겨 행한다는 게 바로 이를 말한 것이다. 나중에 그가 노쇠해지자 자손들에게 일을 맡겼다. 자손들이 잘 관리하며 이자를 불리자 재산이 수만금에 이르게 되었다. 부자를 말할 때 모두 도주공을 언급하는 이유가 여기에 있다."

범리가 도주공으로 변신한 일화가 던지는 메시지는 과연 무엇일까? 과업을 성취했으면 일단 욕심내지 말고 뒤로 물러설 필요가 있다. 『오월춘추』를 보면 구천의 토사구팽으로 죽음에 이르게 된 문종이 자진하기 직전 이같이 탄식하는 대목이 나온다.

"아, 대은불보大恩不報와 대공불환大功不還은 대략 나의 이런 처지를 말한 것이다. 범리의 계책을 듣지 않아 결국 월왕에게 죽임을 당하게 되었구나!"

'대은불보'는 큰 은혜는 보답받을 수 없다는 뜻이고, '대공불환'은 큰 공은 포상받을 수 없다는 의미이다. 문종은 왜 이를 언급한 것일까? 원래 사람의 목숨을 구해 주고 나라를 위기에서 구하는 등의 큰 은혜와 공적은 크게 포상을 받을 만한 일이다. 그러나 포상의 규모가 너무 커 자칫 역효과를 낳을 소지가 크다. 군주를 위시해 주변 사람의 경계심과 질투심을 자극하기 때문이다. 그 결과 오자서와 문종 모두 반란을 꾀하고 있다는 무함을 받고 죽음에 이르게 됐다.

반란은 아무나 일으킬 수 있는 게 아니다. 왕조나 정권을 뒤엎을 정도의 힘을 지녀야만 가능하다. 권신이 이에 해당한다. 당사자는 전혀 위세를 떨칠 생각이 없음에도 불구하고 주변 사람들은 권신이 지닌 막강한 권력에 위압을 당하게 된다. 군주도 예외가 될 수 없다. 주변의 간신들이 이를 눈치채지 못할 리 없다. 이들은 곧 사소한 것까지 입김을 불어 가며 꼬투리를 잡아낸 뒤 크게 부풀려 군주에게 보고한다. 경계심을 품고 있던 군주는 이내 귀가 솔깃해질 수밖에 없다. 새 왕조가 등장할 때마다 거의 예외 없이 대공을 세운 건국 공신들이 토사구팽을 당하는 이유다. 문종은 죽음을 앞두고서야 그 이치를 깨달은 셈이다.

제때에 물러난다는 것이 사실 쉬운 일은 아니다. 벼슬은 얻기도 어렵지만 과감히 내던지기는 더욱 어렵다. 그러나 고금동서를 막론하고 자리가 높아져 권력이 커지면 커질수록 세 가지 양상이 빚어진다. 첫째, 각종 이권을 둘러싼 청원이 늘어나면서 자칫 스캔들에 빠질 위험이 높아진다. 둘째, 주변에 아부하는 사람이 늘어나면서 자고자대의 자만에 빠질 위험이 높아진다. 셋째, 최고 지도자를 비롯해 주변 동료들의 경계심과 질시를 부추겨 고립무원에 빠질 위험이 높아진다. 21세기 현재까지 중국인은 범리를 제갈량만큼이나 뛰어난 재상으로 생각한다. 지혜롭고 그릇이 큰 데다 나아가고 물러날 때를 알아 현명하게 처신했기 때문이다. 『도덕경』이 역설한 공성신퇴의 이치를 터득한 덕분이다.

제7장

병가의 대가, 오기의 부자지병父子之兵과 인화 사상

무경칠서와 오자병법

동아시아는 오랫동안 독서층인 사대부가 권력의 중추를 이뤘다. 요즘으로 치면 학자가 천하를 다스린 셈이다. 고관이 되고자 하는 사람은 반드시 7권의 유가 경전을 읽어야 했다. 바로 사서삼경이다. 사서는 『논어』, 『맹자』, 『대학』, 『중용』이다. 삼경은 『시경』, 『서경』, 『역경』을 말한다. 그러나 천하를 제대로 다스리기 위해서는 문관만 있어서는 안 된다. 무관을 뽑기 위한 무과제도가 중간에 등장한 이유다.

무인 선발을 위한 무거武擧 제도를 만든 사람은 당나라 때의 측천무후則天武后이다. 그의 치세 때 고구려가 패망했다. 시호에 무武가 들어간 배경이다. 송대에 들어와 무술뿐만 아니라 무경武經에 관한 시험이 덧붙여졌다. 역대 병서가 이른바 무경칠서武經七書로 정리된 결과이다. 이는 『손자병법』, 『오자병법』, 『사마법』, 『울료자』, 『당리문대』, 『육도』, 『삼략』을 말한다. 11세기 말 북송의 원풍 연간에 기존의 병서를 무학武學으로 정리해 무과의 시험 과목으로 채택한 데서 이런 명칭이 나왔다. 문과 시험이 사서삼경의 7개 과목으로 정리된 것과 짝을 맞추기 위한 조치였다.

무경칠서는 이후 원나라와 명나라를 거치면서 병가의 기본 경전으로 자리 잡았다. 명나라 이후에는 해설서와 묶어 출간하는 게 유행했다. 조선조도 그 영향을 받아 문종 때 수양대군의 주관 하에 『무경칠서주해』를 펴냈다. 현재 일부 대학 도서관에서 이를 소장하고 있으나 아직 영인본이나 번역본이 출간 된 적은 없다. 우리나라에서 무경칠서에 대한 체계적인 연구가 이뤄지지 않 는 것도 이와 무관하지 않을 것이다.

예로부터 『손자병법』은 무경칠서 가운데 으뜸으로 간주됐다. 21세기 현재 도 마찬가지다. 20세기 최고의 외교가인 헨리 키신저와 군사전략가인 리델 하트는 인류 역사상 그 어떤 전략서도 『손자병법』을 능가한 적이 없다고 했 다. 최근에는 오히려 더한 느낌마저 있다. 군사 분야뿐만 아니라 기업 경영 분 야에서도 최고의 고전으로 손꼽히고 있는 게 그렇다. 실제로 하버드대를 포 함한 세계 유수 대학의 MBA 과정에서 이를 경영 전략 개발의 기본 교재로 사용하고 있다.

『오자병법』은 『손자병법』에 가려 상대적으로 덜 주목받고 있기는 하나 오 랫동안 『손자병법』과 쌍벽을 이룬 병서의 고전이다. 양자를 하나로 묶어 '손 오병법'이라고 칭한 사실이 이를 뒷받침한다. 『손자병법』이 도가 사상에 기초 한 궤도詭道에 방점을 찍고 있다면 『오자병법』은 유가 사상에 입각한 정공법 에 무게 중심을 두고 있다. 동시에 『손자병법』이 이익을 향해 겁 없이 달려가 는 인간의 '호리지성'에 초점을 맞추고 있는데 반해 『오자병법』은 명예를 중 시하는 인간의 '호명지심'에 주안점을 두고 있다. 여러 면에서 양자는 서로 보 완관계를 이루고 있다.

우리나라는 언제 『오자병법』을 처음으로 접했는지 자세히 알 길이 없다. 일 본은 『오자병법』을 『손자병법』과 같은 시기에 받아들였다. 개원 22년(735년) 당나라로 유학을 떠난 기비노 마키비吉備真備가 귀국할 때 『손자병법』과 함께

『오자병법』도 갖고 간 게 발단이다. 비록 『손자병법』만큼 많은 주석서가 나오지는 않았으나 『오자병법』에 대한 주석서도 꾸준히 등장했다. 서양은 18세기에 『오자병법』을 처음으로 접했다. 당시 청나라에 와 있던 프랑스 신부 아미오阿米奧가 귀국할 때 이를 들고 간 뒤 1772년 『중국군사예술』의 일부 내용으로 번역해 펴낸 게 효시이다.

『오자병법』은 오래전부터 『손자병법』과 더불어 병서의 쌍벽을 이룬 까닭에 주석서도 제법 많이 나왔을 것으로 짐작되고 있으나 현존하는 것은 그리 많지 않다. 『신당서』 「예문지」에 따르면 당시까지만 해도 조조의 책사인 가후賈詡가 쓴 『오자병법』 주석서가 존재했다. 가후는 전략 면에서는 조조만 못했지만 전술 면에서는 당대 최고의 실력을 자랑했다. 조조가 전술보다는 병도와 전략에 무게를 둔 『손자병법』을 주석하고, 당대 최고의 전술가인 가후가 전술에 방점을 찍은 『오자병법』에 주석을 가한 것도 결코 우연으로만 볼 수 없다. 아쉽게도 그의 주석서는 전하지 않고 있다.

『사마법』도 『손자병법』과 『오자병법』에 버금가는 최고의 병서 가운데 하나이다. 조조가 『손자병법』을 주석하면서 자주 인용한 사실이 이를 뒷받침한다. 『울료자』도 『사마법』 못지않다. 전쟁의 종류와 전법 등을 체계적으로 정리해 놓은 게 그렇다. 전략·전술에 관한 한 무경칠서 가운데 으뜸으로 칠 만하다. 당태종과 휘하 장수 이정이 병법에 관해 논의한 것을 정리해 놓은 『당리문대』는 역대 병서의 장단점을 심도 있게 논의한 게 특징이다. 역대 병서에 나오는 모든 전략·전술을 역사적인 전쟁 사례와 연결시켜 평해 놓은 점에서 독보적이다.

『육도』와 『삼략』 역시 중국에서는 지금도 『손자병법』 못지않게 커다란 명성을 누리고 있다. 특히 『삼략』은 일본 군사학의 원전으로 작용한 점에서 매우 특이하다. 일본이 자랑하는 무사도의 뿌리가 바로 『삼략』이다. 정치와 군사를 통합해 다룬 덕분이다.

중국 내 일부 전문가들은 기존의 무경칠서에 제갈량의 『장원』을 포함해

명태조 주원장의 책사 유기의 『백전기법』과 명대 중기 하수법이 쓴 『투필부담』을 무경십서로 꼽고 있다. 지난 2000년 요녕인민출판사에서 펴낸 『중국병서10대명전』이 대표적이다. 『손빈병법』은 죽간본이 크게 훼손돼 있고, 『삼십육계』는 전략에 관한 논의가 전혀 없고 오직 전술만 기술해 놓은 점을 꺼린 결과다. 『백전기법』은 유기가 경전 및 사서에서 1백 가지 전례戰例를 추출한 뒤 해당 전례에 등장한 병법을 설명해 놓은 것이다. 시도 자체는 좋으나 성과는 미미하다. 이는 유기가 병가를 질타한 맹자의 사상적 후계자인 사실과 무관하지 않다. 실제로 『백전기법』을 보면 인용된 전례와 해설 가운데 병가의 기본 취지와 어긋나는 게 매우 많다. 『투필부담』은 수필의 '투필'과 가벼운 얘기의 '부담' 표현에서 알 수 있듯이 『손자병법』을 비롯한 역대 병서의 전략·전술을 평한 것으로 『당리문대』와 비교할 때 수준이 크게 떨어진다.

『손빈병법』 죽간본은 비록 죽간이 크게 훼손돼 있기는 하나 출토된 죽간만으로도 기본 취지를 충분히 파악할 수 있어 여타 병서와 어깨를 나란히 할 만하다. 『삼십육계』는 36개의 계책을 대부분 『주역』의 괘사와 연결시킨 점에서 오히려 『손자병법』보다 더 난해한 병서에 속한다.

·

기려지신, 오기의 한계

·

전국시대 초기 위나라에서 장수로 활약한 오기는 춘추시대 말기 오나라의 손무와 전국시대 중기 제나라의 손빈 못지않게 싸울 때마다 매번 승리를 거둔 당대 최고의 장수이다. 오기를 발탁한 위문후魏文侯 역시 문무를 겸비한 당대의 명군이었다. 악양樂羊과 서문표西門豹 및 척황翟璜 등 뛰어난 인재들을 적재적소에 배치해 중원을 호령한 게 그 증거다.

당시 위문후가 가장 경계한 나라는 상무尚武의 기풍이 강한 서쪽의 진秦나라였다. 진나라가 부강해지면 그 힘이 중원으로 발산될 수밖에 없었다. 위문후가 대비책 마련에 부심한 이유다. 하루는 위문후가 척황과 대책을 상의하던 가운데 이같이 말했다.

"과인은 그대의 지시를 따라 악양으로 하여금 중산을 치게 했고, 서문표로 하여금 업 땅을 다스리게 해 모두 성공했소. 그런데 우리나라 서하 땅은 서쪽 국경 지대에 있소. 진나라가 우리 위나라를 침공하려면 반드시 서하 땅부터 칠 것이오. 뛰어난 장수가 아니면 이를 지켜 내기가 쉽지 않소. 과인을 위해 장수 한 사람을 천거토록 하시오."

"뛰어난 장수 한 사람이 있습니다. 이름은 오기라고 합니다. 전에 노나라에 있다가 지금은 우리 위나라에 와 있습니다. 속히 그를 등용하시기 바랍니다. 혹여 다른 나라로 가 버릴까 우려됩니다."

"오기는 지난날 노나라의 장수가 되기 위해 아내를 죽인 자가 아닌가? 내가 듣건대 그는 재물을 좋아하고, 여색을 탐하고, 성격 또한 잔인하다고 한다. 그런 사람에게 어찌 중임을 맡길 수 있겠는가?"

"신은 다만 오기의 뛰어난 능력만을 말씀드린 것뿐입니다. 그의 성품과 행동에 대해서는 따질 바가 아닙니다."

"좀 더 알아보고 기용토록 하겠소!"

그러고는 곧 이극을 불러 물었다. 이극이 대답했다.

"오기는 욕심이 많고 색을 밝힙니다. 그러나 용병만큼은 사마양저일지라도 그를 당해 내지 못할 것입니다."

『사기』「사마양저열전」에 따르면 사마양저는 춘추시대 말기 뛰어난 병법으로 제경공의 패업을 도운 인물이다. 당시 '사마양저' 운운에 혹한 위문후는 이내 오기를 발탁했다. 원래 오기는 위나라 출신으로 지금의 산둥 성 정도현인 좌씨左氏 마을 출신이라고 한다. 대략 기원전 440년에서 태어나 기원전 381년에 죽은 것으로 추정하고 있다. 이는 전국시대 초기에 해당한다. 그는 젊었을 때부터 용병을 좋아했고, 중도에 공자의 직계 제자인 증자를 스승으로 모시고 학문을 배웠다고 한다. 증자가 아니라 그의 아들인 증신曾申 밑에서 학문을 닦았다는 주장도 있다. 그는 증자 밑에서 학문을 닦던 가운데 제나라 대부의 딸을 부인으로 맞이했다. 제나라 대부가 노나라에 왔다가 오기와 얘기를 나누던 가운데 오기의 높은 식견에 탄복한 나머지 사위로 삼게 된 것이다. 하루는 증자가 오기에게 물었다.

"그대가 학문을 배운 지도 이미 6년이 지났다. 그런데 한 번도 어머니를 만나러 고국에 가지 않으니 자식 된 도리로 마음이 편안한가?"

"저는 어머니 슬하를 떠날 때 일국의 정승이 되지 않으면 돌아가지 않겠다고 맹세했습니다."

"다른 사람과는 맹세할 수 있으나 어찌 어머니 앞에서 맹세할 수 있단 말인가?"

몇 달 후 위나라에서 오기의 어머니가 죽었다는 소식이 전해졌다. 오기가 크게 통곡한 뒤 다시 책을 읽기 시작했다. 화가 난 증자가 오기를 불렀다.

"나는 너 같은 사람을 제자로 둔 적이 없다. 다시는 나를 볼 생각 하지 마라!"

『사기』「손자오기열전」은 오기가 증자 문하를 떠나 다른 곳으로 가 병법을 익혀 마침내 3년 만에 일가를 이뤘다고 기록해 놓았다. 이는 오기가 증자 이외에도 여러 사람 밑에서 두루 공부했음을 시사한다. 오기는 자신의 기량을 펼치기 위해 노나라로 갔다. 노나라가 그를 등용하자 그는 그간 갈고닦아 온 능력을 유감없이 발휘하기 시작했다. 대표적인 예로 제나라의 노나라 침공을 막은 것을 들 수 있다.

당시 제나라 재상 전화田和는 장차 태공망 여상의 후예인 강씨姜氏의 제나라를 송두리째 차지할 생각을 품고 있었다. 그러나 제나라 공실과 누대에 걸쳐 혼인해 온 노나라가 마음에 걸렸다. 먼저 노나라를 제압할 심산으로 군사를 일으켰다. 노목공魯穆公이 크게 우려하자 대부들이 오기를 천거했다.

"제나라 군사를 물리치려면 반드시 오기를 대장으로 삼아야 합니다."

"오기의 아내는 제나라 출신이오. 무릇 사람이란 부부간의 애정이 으뜸인데 오기가 과연 아내의 친정 나라를 맞이해 힘껏 싸워 줄지 모르겠소."

이 얘기를 전해 들은 오기가 곧 집으로 와 아내에게 물었다.

"이 세상에서 아내가 소중하다는 이유를 아시오?"

"남편과 아내가 있어야 비로소 집안이 이뤄집니다. 아내가 소중한 것은 가정을 이뤄 주기 때문입니다."

"남편이 높은 지위에 올라 1만 석의 국록을 받고 적군과 싸워 대공을 세우고, 이름을 천추만세에 남긴다면 이 또한 집안을 크게 일으키게 되는 것이오. 부인은 내가 그리되기를 바라지 않소?"

"남편이 그리되기를 바라지 않는 사람이 어디 있겠습니까!"

"지금 제나라 군사가 이곳 노나라를 치고 있소. 노나라 군주는 나에게 대장을 시키려 하지만 내가 제나라의 전씨 집안에 장가를 들었다는 이유로 머뭇거리고 있소."

그러고는 이내 칼을 뽑아 아내의 목을 쳤다. 그런 다음 오기는 비단으로 아내의 머리를 싼 뒤 노목공을 찾아갔다.

"신은 나라를 위해 싸우려는 일념뿐입니다. 이제 아내의 목을 끊어 왔습니다."

오기가 돌아가자 대부들이 입을 모아 말했다.

"오기는 자기 아내보다 공명을 더 사랑하는 사람입니다. 장수로 삼지 않으면 그는 반드시 다른 나라로 가 버릴 것입니다."

이에 노목공이 부득불 오기를 대장으로 삼았다. 오기는 노나라의 대장이 되자마자 사졸과 똑같이 움직였다. 먹고 자는 것은 물론 행군할 때도 말을 타지 않고, 사졸이 무거운 무기나 군량을 지고 가는 것을 보면 친히 이를 분담했다. 그의 행보 가운데 가장 눈에 띄는 것은 병사의 악성 종기를 입으로 빨아 치유한 점이다. 역사상 사졸과 함께 먹고 잔 장수는 제법 많으나 병사의 독창을 입으로 빤 사람은 오기가 유일하다. 병사들이 오기의 명령이라면 물불을 가리지 않고 싸우게 된 이유다.

당시 제나라 재상 전화는 정탐꾼으로부터 오기의 동정을 보고받고 크게 비웃었다.

"무릇 장수는 위엄이 있어야 한다. 그래야 군사들이 두려워한다. 군사가 장수를 두려워해야만 목숨을 걸고 싸우는 법이다. 오기의 몸가짐으로는 많은 군사를 부릴 수 없다."

그러고는 장수 장추張丑를 불러 이같이 분부했다.

"장군은 노나라 진영으로 가 오기의 의향이 어떤지를 알아보고 오도록 하시오."

오기는 장추가 온다는 소식을 듣고 즉시 늙고 병약한 군사만을 앞에 내세웠다. 장추가 오기에게 물었다.

"들리는 소문에 의하면 장군은 대장이 되기 위해 아내를 죽였다고 하는데 그게 사실이오?"

"내가 비록 불초하지만 증자 문하에서 성현의 길을 배운 적이 있소. 어찌 그런 몰인정한 짓을 할 리 있겠소. 아내가 병으로 죽었을 때 나라에서 나에게 대장을 맡긴 까닭에 그런 소문이 난 듯하오."

장추가 물었다.

"장군이 우리 제나라와 맺은 인연을 잊지 않는다면 우리와 함께 서로 동맹하고 우호를 맺는 것이 어떻겠소?"

"나는 일개 서생에 불과하오. 어찌 감히 제나라 전씨를 상대로 싸울 수 있겠소? 우호만 맺을 수 있다면 더 이상 바랄 것이 없소."

오기는 장추를 군중에 머물게 하면서 3일 동안 함께 술을 마시며 즐길 뿐 싸움에 대해서는 한마디도 하지 않았다. 장추가 제나라 군진으로 돌아가려고 하자 오기가 거듭 부탁했다.

"부디 나를 위해 힘써 주기 바라오. 그 은혜는 잊지 않을 것이오."

장추가 떠나자 오기는 즉시 군사를 3로路로 나눠 몰래 그 뒤를 따라갔다.

이를 전혀 눈치채지 못한 장추가 전화에게 이같이 보고했다.

"노나라 군사는 매우 약합니다. 오기는 우리와 강화하기를 갈망할 뿐 전혀 싸울 뜻이 없습니다."

바로 이때 원문 밖에서 난데없는 북소리가 진동하며 노나라 군사가 삼면에서 일시에 제나라 영채를 엄습했다. 제나라 군사는 크게 놀라 사방으로 도주했다. 노나라 군사는 제나라 군사를 순식간에 국경 밖으로 몰아냈다. 노목공은 크게 기뻐하며 즉시 오기에게 상경 벼슬을 내렸다. 이때 오기에게 패해 간신히 제나라로 돌아온 전화는 오기를 두려워한 나머지 장추에게 이같이 분부했다.

"오기가 노나라에 있는 한 우리 제나라는 불안해 견딜 수가 없다. 내가 장차 사람을 노나라에 보내 그를 매수할 작정이다. 그대가 능히 노나라에 갔다 오겠는가."

"목숨을 걸고 갔다 와 이번에 패한 죄를 갚도록 하겠습니다."

장추는 장사꾼으로 가장해 노나라로 들어간 뒤 오기의 부중으로 찾아가 2명의 미희와 황금을 바쳤다. 그러자 오기가 사례했다.

"그대는 돌아가 감사하다는 나의 뜻을 전하도록 하시오. 장차 제나라가 노나라를 치지 않는 한 노나라도 결코 제나라를 치는 일이 없을 것이오."

장추는 노나라를 떠나면서 길가는 행인들에게 외쳤다.

"오기가 제나라 밀사로부터 많은 뇌물을 받았다. 어떤 일이 있을지라도 제나라를 치지 않겠다고 맹세했다!"

이 말이 삽시간에 퍼지자 대부들이 오기를 탄핵했다.

"오기는 모친이 죽었는데도 분상^{奔喪}을 하지 않고, 자신의 처를 죽이면서 장수가 되고자 한 각박한 자입니다. 게다가 제나라로부터 많은 뇌물을 받은 탐욕스런 자입니다. 이제 노나라와 같이 작은 나라가 오기로 인해 대국을 이겼다는 명성을 얻게 되었으니 장차 다른 대국들이 노나라를 가만 두려고 하지 않을 것입니다."

오기는 이 얘기를 듣고 화가 미칠까 우려해 위나라로 달아났다. 위문후가 인재를 아낀다는 얘기를 들은 결과다. 그는 척황의 집에 머물며 때를 기다리다 이때에 이르러 마침내 척황의 천거를 받게 된 것이다. 그는 서하 땅의 태수로 임명되자마자 곧바로 성루를 높이 수축하고, 성지城池를 깊이 파고, 군사를 조련하며 사졸과 함께 숙식을 같이했다. 잠잘 때도 잠자리를 펴지 않고, 나다닐 때도 말을 타지 않고, 자신이 먹을 양식도 직접 짊어지고 다니며 병사들과 고락을 같이했다. 모든 것이 노나라에 있을 때와 같았다.

한번은 병사가 종기로 고생을 하자 오기가 직접 입으로 그 종기를 빨아 치료했다. 그 병사의 모친이 이 얘기를 듣고 통곡했다. 어떤 사람이 의아해하며 물었다.

"그대의 아들은 병사에 불과한 데도 장군이 직접 그대 아들의 종기를 입으로 빨아 치료해 주었는데 어찌하여 운단 말이오?"

병사의 모친이 울면서 대답했다.

"그렇지 않소. 옛날 오공이 내 남편의 종기를 빨아 준 적이 있었소. 이에 내 남편은 감복한 나머지 후퇴할 줄도 모르고 분전하다가 마침내 적에게 죽고 말았소. 오공이 이제 또다시 내 아들의 종기를 빨아 주었으니 나는 내 아들이 어느 곳에서 죽을지 모르게 되었소. 그래서 통곡하는 것이오."

마침내 오기가 군사를 이끌고 가 진나라의 5개 성읍을 취했다. 이후 진나라는 오기가 서하 땅을 지키고 있다는 소문을 듣고는 감히 침범할 엄두를 내지 못했다. 이 일화에서 바로 오기연저吳起吮疽라는 성어가 나왔다. 오기가 종기를 빤다는 뜻이다. 이후 장수가 병사들을 잘 보살피는 것을 뜻하는 의미로 전용되었다.

그러나 오기는 위문후 사후 이내 궁지에 몰리게 됐다. 적이 너무 많았던 탓이다. 『전국책』 「위책」에 따르면 하루는 위문후의 뒤를 이은 위무후魏武侯가 여러 대부들과 함께 서하에서 뱃놀이를 즐기게 됐다. 위무후가 말했다.

"산하의 험고한 형세가 이 어찌 공고하지 않다고 하겠는가!"

그러자 옆에 있던 대부 왕조王錯가 아부했다.

"이것이 바로 위나라가 강할 수 있는 연고입니다. 천혜의 험고한 지형을 잘 활용하면 가히 패왕의 대업을 이룰 수 있을 것입니다."

그러자 오기가 반박했다.

"지금 군주의 말씀은 나라를 위태롭게 하는 길입니다. 왕조의 말은 아부하는 말로 매우 위험합니다."

위무후가 노기 띤 어조로 오기에게 물었다.

"그대는 그 이유를 설명할 수 있겠소?"

오기가 대답했다.

"산하의 험고한 형세는 실로 나라를 지키기에 부족합니다. 패왕의 대업은 천혜의 험고한 지형에 달린 게 아닙니다. 옛날 삼묘三苗는 험고한 지형만 믿고 정사를 제대로 돌보지 않다가 하나라 우왕에게 추방당했습니다. 하나라 걸桀도 지형만 믿고 정사를 제대로 돌보지 않은 탓에 상나라 탕왕에게 정복당했습니다. 은나라 주紂도 지형만 믿다가 주나라 무왕에게 패망했습니다. 지금 군주는 친히 저와 함께 적들과 싸워 많은 성을 공략했습니다. 적의 성이 높지 않은 것도 아니고, 적의 백성들이 많지 않은 것도 아니었습니다. 그런데도 군주가 이를 취할 수 있었던 것은 적국의 정사가 나빴기 때문입니다. 험고한 지형 따위가 패왕의 대업을 이루는데 무슨 도움이 되겠습니까?"

오기가 단순한 병법가가 아님을 보여 주는 대목이다.

당시 위나라는 이극이 죽은 이후 재상의 자리가 비어 있었다. 그 자리를 계속 비워 놓을 수도 없는 일이었다. 고향을 떠날 때 어머니에게 피로 맹세했던 오기는 재상의 자리에 남다른 집착이 있었다. 스스로 판단컨대 위나라를 위해 헌신한 공 등을 따져 볼 때 자신이 그 자리에 앉는 게 당연하다고 생각했다. 그는 숙고 끝에 적극 나설 생각으로 도성으로 향했다. 도착해 보니 이미 전문田文이 재상으로 발탁된 뒤였다. 전문은 전국시대 말기 천하를 풍미한 제나라의 맹상군과 동명이인이다.

재상은 중신들과 논의해서 임명하는 것이 관례였으나 일부 중신들에게 물어보니 위무후가 단독으로 결정한 것이었다. 위무후는 오기의 명성이 높아지자 이를 크게 꺼려 전문을 재상으로 삼았던 것이다. 「손자오기열전」에 따르면 당시 기분이 언짢아진 오기가 다짜고짜 전문을 찾아갔다.

"당신과 공로를 비교해 보고 싶은데 어떻소?"

"좋소."

"삼군을 지휘하는 장수가 되어 병사들에게 기꺼이 목숨을 바쳐 싸우게 하고, 적국으로 하여금 감히 우리를 넘보지 못하게 한 점에서 누가 더 낫소?"

"내가 당신만 못하오."

"백관을 다스리고 온 국민을 화합하며 나라의 창고를 가득 채운 점에서 누가 더 낫소?"

"내가 당신만 못하오."

"서하를 지켜 진나라 군사들이 감히 동쪽으로 쳐들어오지 못하게 하고, 한나라와 조나라를 복종시킨 점에서 누가 더 낫소?"

"내가 당신만 못하오."

"이 세 가지 점에서 당신은 모두 나보다 못한데, 나보다 윗자리에 있는 것은 무슨 까닭이오?"

전문이 대답했다.

"왕의 나이가 어려 나라가 안정되지 못하고, 신하들은 왕의 말을 듣지 않고, 백성들은 왕을 믿지 못하고 있소. 이런 시기에 재상의 자리를 당신이 맡는 게 좋겠소, 아니면 내가 맡는 게 좋겠소?"

오기는 한참 동안 생각에 잠겼다가 이내 입을 열었다.

"당신이 맡는 게 낫소!"

"그게 바로 내가 당신보다 윗자리에 있는 까닭이오."

객관적으로 볼 때 당시 오기가 위나라의 재상 자리를 노린 것은 지나친 욕심이었다. 예로부터 타국 출신으로 높은 자리에 오른 이른바 기려지신은 늘 해당국 출신 관원들의 질시를 받게 마련이다. 오기라고 예외가 될 수 없다. 그런 점에서 전문은 뛰어난 인물이다. 실제로 전문은 오기를 적극 후원하는 역할을 수행했다. 그러나 불행하게도 그는 재임 중에 세상을 떠나고 말았다. 오기에겐 치명타였다. 원래 위무후는 위문후와 달리 의심이 많고 그릇이 작았다. 전문이 죽은 뒤 위무후의 딸을 얻어 부마가 된 공숙公叔이 전문의 뒤를 이은 사실이 그 증거다. 일종의 '회전문 인사'였다. 공숙은 '군주의 숙부'라는 뜻으로 이름이 알려져 있지 않다.

공숙은 소인배였다. 대부 왕조와 함께 오기를 무함해 오기가 초나라로 달아나게 만든 장본인이다. 전국시대 초기 위문후 때 천하를 호령하던 위나라가 위무후와 그의 뒤를 이은 위혜왕魏惠王 때 약소국으로 쪼그라든 근본 배경이 여기에 있다. 『사기』「손자오기열전」에 따르면 당시 공숙은 평소 미워하던 오기를 차제에 멀리 내치고자 했다. 그의 속셈을 알아챈 시종이 이같이 건의했다.

"오기는 늘 강경한 입장을 취하는 까닭에 쉽게 제거할 수 있습니다. 공은 군주에게 말하기를, '오기는 현명한 사람입니다. 그러나 군주의 나라는 작기 때문에 오기가 오래 머물 생각이 없을까 걱정입니다. 그러니 시험 삼아 공주 한 명을 그에게 시집보내도록 하십시오. 오기가 머물 생각이 없다면 반드시 이를 사양할 것입니다'라고 하십시오. 그러고는 오기를 집으로 데리고 온 뒤 공주를 시켜 그대를 욕하도록 만드십시오. 오기는 공주가 공을 얕보는 모습을 보고는 틀림없이 공주의 하가下嫁를 거절할 것입니다. 곧 그대의 계략에 빠지는 셈입니다."

공숙이 이를 좇았다. 그러자 과연 오기는 공주가 시집오는 것을 사양했다. 내심 경계심을 늦추지 않던 위무후는 사위인 공숙의 말을 그대로 믿었다. 오기는 위무후가 자신을 크게 의심하기 시작하자 후환을 두려워한 나머지 이내 초나라로 달아났다.

초도왕楚悼王은 평소 오기가 비범한 인물이라는 얘기를 익히 듣고 있다가 그가 왔다는 소식을 듣고는 크게 기뻐했다. 이내 오기의 뛰어난 논변에 감탄한 그는 곧바로 오기를 상국으로 삼았다. 오기는 원래부터 상국이 되면 어떤 나라든 부강하게 만들 수 있다는 자부심이 있었다. 하루는 오기가 초도왕에게 이같이 건의했다.

"원래 초나라는 수천 리의 넓은 땅을 지녔고, 1백여 만 명의 군사를 거느리고 있습니다. 그러나 애석하게도 초나라는 양병養兵하는 법을 모릅니다. 무릇 양병은 먼저 군수 물자를 비축하는 데서 시작합니다. 지금 초나라 조정은 필요하지도 않은 관원들로 꽉 차 있습니다. 대왕의 먼 친척들은 왕실 일족이라는 이유만으로 놀면서 국록을 축내고 있는데, 병사들은 겨우 몇 되 안 되는 양식을 배급받고 있습니다. 병사들이 어찌 나라를 위해 목숨을 걸고 싸우려 하겠습니까? 대왕이 저를 신임하면 먼저 법령을 펴고, 필요하지 않은 관원을 쫓아내고, 거리가 먼 왕실 일족의 작록을 없애고, 세 치 혀로 유세하는 자들을 쫓아낸 뒤 장병들의 봉록을 넉넉하게 주십시오. 이같이 하고도 국위를 떨치지 못하면 신을 가차 없이 처벌하십시오."

초도왕이 일대 개혁을 단행한 배경이다. 오기는 용사들을 선발해 체계적으로 훈련을 시키면서 수시로 무기를 점검했다. 장병들의 급료를 대폭 인상하고 실력이 뛰어난 자는 급료를 몇 배씩 올려 주었다. 「손자오기열전」은 이런 방법으로 정예병을 대거 육성한 뒤 사방으로 공략에 나섰다고 기록해 놓았다. 남쪽으로 장강 중하류에 살던 백월을 치고, 북쪽으로 3진을 물리치고, 서쪽으로 진나라를 쳐 대승을 거둔 게 그것이다.

그러나 당시 기려지신인 오기의 개혁 조치에 반발하는 자들이 너무 많았다. 모두 권세와 봉록을 잃은 자들이었다. 이들은 오기에게 이를 갈았으나 초도왕이 있는 한 함부로 불만을 드러낼 수 없었다. 예로부터 개혁은 혁명보다 어렵다고 했다. 기득권 세력의 집요한 반발 때문이다. 오기처럼 뛰어난 병법가가 이런 간단한 이치를 몰랐을 리 없다. 그렇다면 그의 비참한 최후는 어떻게 설명해야만 하는 것일까? 자신이 이룬 업적에 도취해 초도왕의 급작스런 죽음을 계산에 넣지 못한 탓이다.

오기가 정예병을 이끌고 사방을 공략한 것은 초나라로 들어간 지 3년 만의 일이었다. 그러나 이듬해 여름, 갑자기 초도왕이 세상을 떠나면서 모든 게 뒤틀리고 말았다. 반대파들은 초도왕이 죽자마자 그간 오기로 인해 가슴속 깊이 쌓아 두었던 울분을 일시에 폭발시켰다. 시간도 오래 걸리지 않았다. 이들은 곧바로 가병들을 이끌고 궁 안으로 난입했다. 마침 태자는 지방 순시 중이라 초도왕의 시신을 지킬 사람은 오기밖에 없었다. 오기는 즉시 사람을 태자에게 보내 부음을 전하면서 휘하 군영에 알려 신속히 도성으로 들어오도록 조치했다. 그러나 반대파의 입궁이 빨랐다.

손에 칼과 창을 들고 난입한 이들은 사방으로 오기를 찾아 나섰다. 오기는 재빨리 초도왕의 시신을 안치한 빈전으로 피신했다. 오기를 쫓던 무리들이 일제히 오기를 향해 화살을 난사하자 오기가 이내 초도왕의 시신을 끌어안고는 큰 소리로 외쳤다.

"내가 죽는 것은 족히 아까울 것이 없다. 그러나 옛 신하들이 원한을 품고 대왕의 시신을 범했으니 이런 대역죄를 범하고도 살아남기를 바랄 수 있는가!"

우박처럼 쏟아진 화살이 곧 오기의 입을 막아 버렸다. 오기를 쫓던 무리들은 초도왕의 시신 역시 벌집이 된 사실을 알고는 겁이 나 사방으로 달아났다. 초도왕의 뒤를 이어 즉위한 초숙왕楚肅王은 부왕의 장례를 치른 뒤 즉위식을 가졌다. 그는 적당한 때를 기다려 부왕의 시신에 화살을 난사한 자들을 모두 주륙하려 했다. 마침내 초숙왕은 보위에 오른 지 한 달이 지나자 영윤으로 있던 동생을 시켜 난을 일으킨 자들을 모두 주살하게 했다. 이때 오기를 죽이는데 연루된 자들이 무려 70여 호에 이르고, 죽은 사람은 3천 명에 달했다고 한다.

오기의 비참한 최후를 통해 짐작할 수 있듯이 원래 초나라는 중원의 다른 제후국과 달리 공족을 비롯한 세족들의 권력이 막강했다. 이들 세족들은 중원의 제후국과 같이 초왕의 보위를 위협하지는 않았으나 막강한 세력을 형성하고 있었다. 초왕은 이들 세족들과 제휴해 군권君權을 행사했던 셈이다.

오기의 개혁은 기본적으로 법가적인 부국강병책인 까닭에 군권의 강화와 세족 세력의 약화를 초래할 수밖에 없었다. 세족의 강도 높은 반발은 이미 예상된 일이었다. 초나라가 가장 넓은 영토와 많은 백성을 보유하고 있었음에도 불구하고 천하 통일의 주역이 되지 못한 이유가 여기에 있었다. 초나라는 천하대세에 역행하는 퇴영적인 봉건 질서에 얽매여 있었던 것이다. 만일 초나라가 오기의 개혁을 지속적으로 이어 나갔으면 역사는 전혀 다른 방향으로 나아갔을 공산이 컸다.

오기의 비참한 최후는 전국시대 중엽 상앙이 진효공의 신임을 배경으로 진나라를 부강한 나라로 만들었음에도 진효공 사후 횡사한 것과 닮았다. 당대 최고의 병가인 오기와 당대 최고의 법가인 상앙이 하나같이 비참한 최후를 맞이한 것은 변법의 실시 과정에서 많은 사람들의 원망을 샀기 때문이다. 맹자가 덕치로 천하 통일을 이룰 것을 주장해 훗날 성리학자들로부터 공자의 뒤를 잇는 아성亞聖의 칭송을 받은 것과 대비된다. 그러나 성리학을 유일한 통치 이데올로기로 삼았던 남송과 명나라는 물론 극단적인 명분론에 치우친 조선조 모두 격변기에 임기응변하지 못해 패망하고 말았다.

이에 반해 상앙의 『상군서』를 위시해 『한비자』와 『손자병법』 등을 열심히 연구한 이웃 일본은 막강한 무력을 배경으로 천하를 호령했다. 1백여 년에 걸친 일본의 전국시대를 마무리 지은 도요토미 히데요시는 비록 실패하기는 했으나 한반도를 교두보로 삼아 대륙으로 진출하려 했고, 이후 3백 년 뒤 메이지유신의 당사자들은 기필코 조선을 강탈하는 데 성공했다. 고금동서를 막론하고 국방을 소홀히 하면 이웃 나라의 침탈 대상이 될 뿐이다. 이웃이 모두 나처럼 착하기만 바랄 수는 없는 일이다.

조선조 사대부들이 왜란에서 교훈을 얻지 못하고 유혈 당쟁을 벌이다가 나라를 잃고 백성들을 일제의 노예로 만든 게 대표적인 사례다. 『손빈병법』

과『오자병법』등의 병서를 숙독해야 하는 이유다.

『오자병법』의 인화 정신

　　　　　　　　한때『오자병법』의 저자 및 위서 여부를 둘러싸
고 격렬한 논쟁이 벌어진 적이 있다.『손자병법』의 저자로 알려진 손무가 실
존 인물인지 여부를 둘러싼 논쟁이『오자병법』으로 확산된 결과다. 결론부터
말하면『오자병법』은『손자병법』과 달리 위작 가능성이 전혀 없다. 전국시대
이래 21세기 현재까지 실전되지 않고 계속 전해져 온 사실이 이를 뒷받침한
다. 한비자와 사마천, 반고 등도 지속적으로『오자병법』을 언급해 왔다. 삼국
시대는 물론 남북조시대까지『오자병법』이『손자병법』과 더불어 널리 유행했
음을 알 수 있다. 수·당대도 크게 다르지 않았다. 당태종 이세민과 당대의 병
가인 위국공 이정이 군사 및 병법 전반에 관해 논의한 내용을 담은『당리문
대』에도『오자병법』에 관한 얘기가 대거 실려 있다. 당시 위징이 편찬한『군
서치요』도『오자병법』을 대거 인용해 놓았다.

송대에 들어와 사상 최초로 편찬된 백과사전인『태평어람』에도『오자병법』
이 대거 인용돼 있다. 이후 북송 원풍 3년에 군사적인 필요에 의해 무경칠서
가 편찬되는 것을 계기로『오자병법』은『손자병법』과 더불어 최고의 병서로
자리 잡게 됐다. 21세기 현재까지 그 성과는 전혀 변함이 없다. 이를 통해 알
수 있듯이 전국시대에 등장한 후 21세기까지 지속적으로 전해져 온 점에 비
춰 위작 가능성은 전혀 없다고 보아야 한다.

그렇다면 현존『오자병법』의 원형은 어떤 것이었을까?『한서』「예문지」는
『오자병법』이 총 48편이라고 했다. 현존『오자병법』과 비교할 때 무려 42편
이나 차이가 난다.『수서』「경적지」와『당서』「예문지」는 1권으로 기록해 놓

았다. 몇 편인지는 알 수 없다. 『송사』「예문지」에는 3권으로 나온다. 여기서도 몇 편인지는 기록해 놓지 않았다. 현행 『오자병법』은 모두 44개의 단락으로 꾸며져 있다. 문체별로 구분하면 제삼자의 입장에서 쓴 서술체가 3개, 오자 왈吳子曰로 된 어록체가 19개, 위무후와 대화를 나눈 문답체가 22개이다. 여러 사람의 손을 거쳐 편찬되었음을 시사한다.

실제로 「도국」의 첫머리는 오기가 위문후를 찾아가 발탁되기 전까지의 과정을 서술한 것으로 서문에 가깝다. '오자'라는 경칭을 쓴 것은 오기 문하의 제자나 추종자가 그의 어록을 모아 두었다가 이를 정리했을 가능성을 암시한다. 『오자병법』의 문체가 통일돼 있지 않은데다 통속적이고, 내용도 들쭉날쭉한 것도 이 때문일 것이다. 후대인의 대대적인 윤색과 가공이 있었다고 보아야 한다.

그럼에도 『오자병법』은 나름 춘추전국시대의 역사적 사실과 당대를 풍미한 병가 사상의 큰 흐름을 담고 있다. 『오자병법』은 『손자병법』과 달리 병도 및 전략과 같은 큰 밑그림보다는 전술에 방점을 찍고 있다. 현실을 그만큼 중시한 것이다. 진보적인 전쟁관을 피력한 것으로 평가받는 이유다.

원래 중국인들은 예나 지금이나 '도' 내지 '천하' 개념을 중시하는 까닭에 세세한 사안에 초점을 맞춘 것을 높이 평가하지 않는다. 병도를 논한 『손자병법』이 독보적인 위치를 점한 것도 이와 무관하지 않다. 그러나 구체적인 전략·전술이 중시되는 21세기의 관점에서 볼 때 인간에 대한 깊은 통찰은 오히려 『손자병법』보다 나은 바가 있다. 인간의 호리지성을 날카롭게 통찰한 『한비자』가 『오자병법』을 높이 평가한 것도 이와 무관하지 않다. 『한비자』「오두」에 이를 뒷받침하는 대목이 나온다.

"나라 안의 백성 모두 군사를 말하고 『손자병법』과 『오자병법』을 집집마다 소장하고 있지만 군사가 더욱 약해지는 것은 무슨 까닭인가? 입으로 용병하는 자만 많을 뿐 정작 갑옷을 입고 전쟁터로 나가 싸우려는 자는 적기 때문이다."

이는 오자가 이미 오래전부터 손자와 대등하게 평가받았다는 사실을 방증한다. 그럼에도 『오자병법』은 제대로 된 대접을 받지 못하고 있다. 21세기 현재 『손자병법』이 세계적으로 큰 명성을 얻고 있는데 반해 『오자병법』은 일부 군사 전문가들의 서재에만 꽂혀 있는 게 그렇다. 그러나 『오자병법』은 살벌한 21세기 경제·경영 환경을 극복해 나갈 수 있는 지략을 대거 수록해 놓고 있다.

현존 『오자병법』은 본문 전체의 분량이 선진先秦시대의 고전 가운데 가장 얇은 축에 속하는 『도덕경』보다도 적다. 5천 자에도 미치지 못한다. 문맥의 연결이 매끄럽지 못한 곳도 자주 눈에 띤다. 전해 내려오는 과정에서 훼손이 적지 않았음을 짐작하게 해 준다. 『오자병법』이 오랫동안 『손자병법』과 더불어 병서의 쌍벽을 이룬 데에는 구체적으로 어떻게 이길 것인가 하는 방법론에서 『손자병법』과 다른 방안을 제시한 게 크게 작용했다.

『손자병법』이 첫머리에서 병도를 역설한 뒤 전략과 전술 등의 용병술을 차례로 언급하고 있는 데 반해 『오자병법』은 전쟁을 수행하기 위한 사전 준비에 많은 지면을 할애하고 있다. 이는 『손자병법』에서 찾기 어려운 대목이다. 양자는 상호 보완재의 역할을 하는 셈이다.

『오자병법』의 가장 큰 특징은 인화人和를 역설한 데 있다. 『오자병법』에는 군주와 백성, 장수와 병사간의 인간적 유대감을 부국강병의 요체로 다루고 있다. 첫 편인 「도국」의 앞 대목에 이를 뒷받침하는 구절이 나온다.

"옛날 나라를 잘 다스린 군주는 반드시 먼저 백성을 교화하고 친화하는데 역점을 두었다. 인화를 중시했기 때문이다. 군주가 유념해야 할 네 가지 불화가 있다. 첫째, 나라가 하나로 결속돼 있지 않을 경우 출병해서는 안 된다. 둘째, 병사가 하나로 뭉쳐 있지 않을 경우 출진해서는 안 된다. 셋째, 진영이 하나로 단합돼 있지 않을 경우 진격해서는 안 된다. 넷째, 진격 과정에서 일사불란하지 않을 경우 결전을 치러서는 안 된다. 치도를 아는 군주가 백성을 부릴 때 반드시 먼저 상하의 화합을 꾀한 뒤 대사를 도모하는 이유다. 이때도 혹여 군주 자신의 사사로운 생각에 따른 것이나 아닌지 우려해 반드시 먼저 종묘에 고한 뒤 거북점을 치고 천시를 살펴 길조가 나타나야만 실행에 옮겼다. 백성들은 군주가 자신들의 생명을 소중히 여기며 희생을 아까워한다고 믿게 된다. 이같이 된 연후에 군주가 전쟁에 임하면 병사들은 용감히 싸우다 죽는 것을 자랑으로 여기고, 물러나 살아남는 것을 치욕으로 여긴다."

이를 통해 짐작할 수 있듯이 '인화'는 『오자병법』을 관통하는 키워드에 해당한다. 「치병」에서는 이를 이른바 부자지병父子之兵으로 표현해 놓았다. 장수가 병사를 자식처럼 아끼는 군대라는 뜻이다. 오기는 승패의 관건을 병력에서 찾아야 하는 게 아니냐는 위무후의 반문에 이같이 대답한 바 있다.

"법령이 명확하지 않고 상벌이 불공정하면 병사들은 징을 쳐도 멈추지 않고 북을 울려도 나아가지 않습니다. 그러니 백만 대군이 있은들 무슨 소용이 있겠습니까? 이른바 '잘 육성된 군대'는 가만히 있을 때는 예가 바르고, 일단 움직이면 위풍이 당당합니다. 진격하면 막을 자가 없고, 후퇴하면 쫓아올 자가 없고, 진퇴에 절도가 있고, 좌우 이동이 명에 따라 일사분란하게 이뤄집니다. 설령 도중에 부대가 단절될지라도 군진을 유지하고, 분산될지라도 대오를 갖춥니다. 이는 상하가 고락과 생사를 함께한 덕분입니다. 이런 군대는 한 덩어리가 되어 움직이는 까닭에 흩어지는 일이 없고, 합세해 적과 싸우는 까닭에 지치는 일이 없습니다. 어느 곳에 투입할지라도 천하에 당할 자가 없는 이유입니다. 이를 일컬어 부자지병이라고 합니다."

그는 장수와 사병이 인화를 이뤘을 때 최고의 전투력을 발휘한다는 취지를 부자지병의 비유에서 찾은 것이다. 『손자병법』의 백미가 '지피지기'와 '부전승'에 있다면, 『오자병법』은 '부자지병'과 '인화'에 있다고 해도 과언이 아니다. 이는 그가 공명을 추구하는 인간의 '호명지심'을 통찰한 결과로 볼 수 있다. 『손자병법』이 이익을 향해 무한 질주하는 인간의 '호리지성'에 대한 통찰 위에 서 있는 것과 대비된다.

제자백가 가운데 인간의 호명지심이 호리지성 못지않게 강렬하다는 사실을 통찰한 대표적인 인물로 한비자를 들 수 있다. 『한비자』 「궤사」의 다음 대목이 그 증거다.

"지금 세인들은 군주의 자리를 업신여기며 권력을 우습게 여기는 자를 두고 고상하다고 말하고, 군주를 낮춰 보며 벼슬을 마다하는 자를 현명하다고 말하고, 이익을 무시하며 위세를 가벼이 여기는 자를 진중하다고 말하고, 법령을 따르지 않고 하고 싶은 바대로 행하는 자를 충실하다고 말하고, 명예를 숭상하며 관직에 나가지 않는 자를 정절이 뛰어난 열사라고 말하고, 법을 가벼이 여기고 형벌이나 사형의 중벌도 피하지 않는 자를 용사라고 말한다. 지금 백성들이 명성을 추구하는 것이 이익을 추구하는 것보다 그 정도가 훨씬 심하다. 상황이 이럴진대 선비 가운데 먹을 것이 없어 극도의 빈궁에 빠진 자가 어찌 도인을 흉내 내 깊은 산속으로 들어가 수행하는 방식으로 명성을 다투려 들지 않겠는가? 세상이 제대로 다스려지지 않는 것은 신하들로 인한 게 아니라 군주가 다스리는 도를 잃었기 때문이다."

인간의 호명지심이 얼마나 강한지를 날카롭게 지적하고 있다. 『오자병법』의 논리 역시 호명지심 위에 서 있다. 『손자병법』이 호리지성 위에 서 있는 것과 대비되는 대목이다. 이를 뒷받침하는 내용이 「도국」에 나온다.

"무릇 전쟁이 일어나는 원인에는 크게 다섯 가지가 있다. 첫째 공명을 다투는 쟁명爭名, 둘째 이익을 다투는 쟁리爭利, 셋째 증오심이 누적된 적오積惡, 넷째 나라 안이 어지러운 내란內亂, 다섯째 나라에 기근이 드는 인기因饑가 그것이다. 전쟁에 임하는 군대도 크게 다섯 가지가 있다. 첫째 대의명분을 갖춘 의병義兵, 둘째 힘만 믿는 강병强兵, 셋째 분기충천한 강병剛兵, 넷째 이익만 좇는 폭병暴兵, 다섯째 민심을 거역한 역병逆兵이 그것이다. 폭정을 물리치고 혼란을 다스리고자 하는 군대를 의병, 무력만 믿고 정벌에 나선 군대를 강병强兵, 분노를 참지 못해 일어난 군대를 강병剛兵, 예의를 저버리고 이익을 탐해 일어선 군대를 폭병, 나라가 어지럽고 백성이 신음하고 있는데도 동원한 군대를 역병이라고 한다. 이들 다섯 가지 유형의 군대는 각기 대처하는 방법이 있다. 반드시 의병은 예, 강병强兵은 겸양, 강병剛兵은 설득, 폭병은 속임수, 역병은 권모술수로 대적해야 한다."

『오자병법』이 호명지심을 먼저 거론한 것은 공명을 추구하는 인간의 심성이 이익을 향해 내달리는 호리지성보다 더 강하다고 판단한 결과다. 실제로 오기는 「도국」에서 군대를 육성하고 인재를 등용해 나라의 기반을 튼튼히 하는 도리를 묻는 위무후의 질문에 이같이 대답한 바 있다.

"옛날의 명군은 반드시 군신간의 예의와 상하간의 법도를 세우고, 관원과 백성들이 저마다 자기 직분에 충실하도록 하고, 풍습을 순하게 하여 백성을 가르치고, 훌륭한 인재를 가려 뽑아 불측의 사태에 대비했습니다. 옛날 제환공은 5만 명의 군사로 패자가 되었고, 진문공은 4만 명의 선봉대로 그 뜻을 이뤘고, 진목공은 3만 명의 특공대로 인접한 적국을 굴복시켰습니다. 강대국의 군주들이 나라를 다스릴 때 반드시 백성들의 특성부터 잘 살핀 이유입니다. 군주는 다섯 종류의 부대를 편성하십시오. 첫째, 백성들 가운데 담력과 기백이 있는 자들로 한 부대를 편성하고, 둘째, 기꺼이 전쟁터로 달려가 자신의 용맹과 충성을 보이려고 하는 자들로 또 한 부대를 편성하고, 셋째, 높은 담을 잘 뛰어넘고 발이 빨라 잘 달릴 수 있는 자들로 다시 한 부대를 편성하고, 넷째, 관직에 있다가 과실로 쫓겨나 다시 공명을 얻고자 하는 자들로 한 부대를 편성하고, 다섯째, 지키던 성을 버리고 달아난 불명예를 씻고자 하는 자들로 한 부대를 편성하십시오. 이같이 편성한 다섯 종류의 부대야말로 군의 정예부대에 해당합니다. 이런 정예부대 3천 명만 있으면 어떠한 포위망도 뚫을 수 있고, 아무리 견고한 성이라도 능히 함몰시킬 수 있습니다."

이를 통해 『오자병법』이 인간의 호명지심에 얼마나 깊은 주의를 기울이고 있는지 쉽게 알 수 있다. 「도국」에서 언급한 다섯 종류의 부대 가운데 자신의 용맹과 충성을 보이려는 자와 불명예를 씻기 위해 절치부심하는 자들을 포함해 공명을 추구하는 부대가 전체의 8할에 달한다. 「도국」은 인간의 공명심을 자극하면 능히 천하무적의 최정예 부대로 만들 수 있다고 역설했다. 호명지심이 호리지성보다 더 강하다고 주장한 것이나 다름없다. 호리지성에 대한 통찰 위에서 병법 이론을 전개하고 있는 『손자병법』과 대비되는 대목이다.

오기가 호명지심을 호리지성보다 앞세운 것은 그 자신이 집을 나설 때 모친에게 재상이 되어 금의환향하겠다고 다짐한 것과 무관하지 않을 것이다. 본인 스스로도 자신의 다짐을 실현하기 위해 평생 부단히 노력한 만큼 호명지심이 얼마나 강한지를 통절히 깨달았을 것이다. 『오자병법』「치병」에서 이른바 '필사즉생必死則生, 행생즉사幸生則死'를 역설하고 있는 것도 이런 맥락에서 이해할 수 있다. 이는 필사의 각오로 싸우면 살아남고, 요행히 살아남기를 바라면 죽게 된다는 취지에서 나온 것이다. 이순신 장군이 남긴 '필사즉생必死則生, 필생즉사必生則死'의 명언을 연상시킨다. 실제로 이는 「치병」에서 따온 것이다.

이에 대해 『손자병법』「구변」은 이른바 '필사가살必死可殺, 필생가로必生可虜'를 언급하고 있다. 죽기로 싸울 것을 고집하는 자는 적의 유인전술에 빠져 살해되기 십상이고, 기어코 살겠다는 자는 적에게 사로잡히기 십상이라는 취지이다. 「치병」의 내용과 정반대된다. 이는 호리지성을 중시한 『손자병법』과 호명지심에 방점을 찍은 『오자병법』의 차이에서 비롯된 것이다.

주목할 것은 동북아 3국 가운데 중국이 『오자병법』을 멀리하며 『손자병법』을 높이 평가한 데 반해, 일본의 사무라이들은 『손자병법』을 추종하면서도 생사에 관해서는 『오자병법』의 '필사즉생, 행생즉사'의 가르침을 좇은 점이다. 중국은 기질적으로 '필사가살, 필생가로'를 역설한 『손자병법』의 가르침이 취향에 맞는다. 땅이 넓어 싸움에 패할지라도 산속으로 도주하거나 철저히 위장해 항복한 뒤 칼을 갈며 재기하는 역사 문화 전통이 나온 이유다. 월왕 구천이 행한 도광양회가 그 증거다. 이를 통상 '대륙 기질'이라고 한다. 여러 번에 걸쳐 계속 패할지라도 크게 괘념할 필요가 없다. 최후의 결전에서 승리하면 된다. 유방과 항우의 싸움이 그렇다.

『오자병법』은 너무 과격하고 직선적이어서 중국인의 대륙 기질에 잘 맞지 않는다. 이에 반해 부전승을 역설하는 『손자병법』은 중국인의 기질과 맞아떨어진다. 『손자병법』이 병가의 성전이 된 이유다. 전국시대 말기 진시황 밑에서 활약한 울료尉繚의 저서 『울료자』「제담」의 다음 대목이 이를 뒷받침한다.

"7만 명의 병력을 이끌고 싸우면 천하에 당할 자가 없으니 그런 자가 누구인가? 바로 오기이다. 3만 명의 병력을 이끌고 싸우면 천하에 당할 자가 없으니 그런 자가 누구인가? 바로 손무이다."

『손자병법』의 가치를 『오자병법』보다 7대 3, 즉 2배 가까이 높이 평가한 셈이다. 울료자의 평가는 21세기를 사는 중국인의 생각과 거의 같다. '만만디'를 외치며 최후의 승리를 중시하는 대륙 기질 때문이다.

이에 반해 바다에 둘러싸인 일본은 싸움에 패했을 경우 재기하는 게 불가능했다. 오직 단 한 번의 기회밖에 없다. 검도와 스모의 룰이 그렇듯이 단판으로 승부를 가리는 역사 문화 전통을 갖게 된 이유다. '필사즉생, 행생즉사'의 『오자병법』 가르침이 더 가슴에 와 닿을 수밖에 없다. 이를 통상 '섬나라 기질'이라고 한다. 일본에서는 '시마구니곤죠鳥國根性'라는 표현을 쓴다. 좋은 뜻이 아니다. 일본인 스스로도 자신들의 특징과 한계를 통찰하고 있는 셈이다.

한국은 이른바 '삼세번'의 역사 문화를 갖고 있다. 더도 덜도 없이 꼭 세 번에 걸쳐 자웅을 가려야만 비로소 승복하는 역사 문화 전통을 말한다. 중국과 일본의 중간 지점이다. 통상 이를 '반도 기질'이라고 한다. 연전연승을 거둔 이순신 장군이 반간계에 걸려 백의종군하다가 정유재란 때 다시 기용되자 12척의 배를 이끌고 나가 최후의 결전을 벌인 게 그 증거다. 그가 장렬한 전사를 택한 최후의 결전 노량해전은 『오자병법』의 '필사즉생, 행생즉사'의 가르침을 그대로 좇은 결과로 볼 수 있다.

『오자병법』이 전쟁에 대한 철저한 사전 준비와 정예병의 육성을 역설한 것도 이런 맥락에서 이해할 수 있다. 요체는 군주가 올바른 정사를 펼쳐 백성들로 하여금 자발적으로 참전하게 만드는 데 있다. 『오자병법』 역시 『손자병법』

과 마찬가지로 단순한 병서가 아닌 치국평천하의 기본서임을 방증하는 대목이다. 일각에서 『오자병법』을 『손자병법』보다 더 높이 평가하는 것도 바로 이 때문이다. 인간의 호명지심에 대한 깊은 성찰을 높이 평가한 결과로 해석할 수 있다.

제8장

변법의 설계자,
상앙의 독제獨制 철학

천하 통일의 기틀을 마련하다

　　　　　　　　춘추시대까지만 해도 진秦나라는 중원의 서쪽
에 있는 일개 제후국에 불과했다. 중원의 제후들은 진나라를 서융의 일원으
로 낮춰 보았다. 동쪽으로 진출해 중원의 패권을 장악하려 해도 앞을 가로막
고 있는 진晉나라로 그 뜻을 실현할 길이 없었다. 부국강병을 통해 이런 한계
를 돌파한 인물이 바로 진목공이다. 제환공과 진문공의 시기에 활약한 그는
진문공의 장인이기도 하다.

　일부 사가들이 진목공을 '춘추5패'의 일원으로 꼽는 것은 그가 세운 공이
간단치 않았음을 방증한다. 여기에는 기려지신인 백리해百里奚의 보필이 결정
적인 배경으로 작용했다. 원래 백리해는 중원의 약소국인 우나라에서 대부
로 있었다. 이후 우나라가 멸망하자 노비 신분이 되어 진晉나라에 끌려갔다
가 이내 초나라로 도망쳤다. 그러나 초나라에서도 별반 나을 게 없었다. 망국
민에 불과한 그는 다시 초나라 사람에게 붙잡혀 바닷가에서 말을 키우는 노

비로 살아야만 했다.

그럼에도 그의 명성은 여전히 살아 있었다. 우나라의 대부로 있을 때 진晉나라의 가도멸괵假道滅虢 계책을 일깨워 준 데다가 우나라 패망 이후에도 주군을 끝까지 보필하는 충신 행보를 보인 덕이다. 그에 관한 소문이 마침내 진목공의 귀에까지 들어가게 되자 진목공은 곧바로 수소문에 나섰다. 결국 그는 우여곡절 끝에 백리해를 진나라로 영접해 와 군사君師와 국정 자문역으로 삼았다. 당시 백리해는 칠십이 넘은 노인이었으나 진목공은 그와 말을 나눈 뒤 과감히 중용한 것이다. 일부 학자는 백리해 덕분에 진목공이 이룩한 업적을 크게 일곱 가지로 요약했다.

첫째, 주왕실이 동쪽 낙양으로 천도한 후 사실상 방치하다시피 한 호경을 중심으로 한 관내關內의 잔류민인 이른바 주여민周餘民으로 하여금 진인秦人 의식을 갖게 하여 나라의 핵심 세력으로 성장시켰다. 둘째, 철제 농기구의 보급과 관개시설을 확충해 농업 생산을 획기적으로 증대시켰다. 셋째, 영토를 서쪽 융인戎人의 근거지로 확대하면서 종족 평등과 과감한 인재 등용을 통해 지역 및 백성의 통합을 이뤄냈다. 넷째, 개척한 농지를 군사용 둔전과 결합시켜 부국강병의 기틀을 마련했다. 다섯째, 영토 내의 모든 땅을 군주가 직접 관장하면서 관리를 각지에 파견하여 이를 통일적으로 운용했으며 지방분권적인 봉건제 대신 중앙집권적인 군주정의 기틀을 마련했다. 여섯째, 신상필벌의 원칙을 관철시켜 군공軍功을 장려하며 무력 기반을 확고히 다졌다. 일곱째, 타국 출신의 기려지신을 대거 발탁함으로써 진나라를 천하의 인재가 모여드는 연수淵藪로 만들었다.

진목공의 이런 노력은 전국시대 중기 상앙의 보필을 받은 진효공의 개혁으로 이어져 마침내 진나라가 천하를 호령하는 기틀이 마련됐다. 진나라는 진효공 이후 진시황이 천하를 통일할 때까지 천하제일의 강국으로 군림했다. 진나라가 천하 통일의 주역이 된 것은 결코 우연이 아니었다. 그 연원이 바로 춘추시대 중기인 진목공 때까지 소급된다.

공숙좌의 뒤늦은 천거

진효공이 진목공의 유업을 이어 대대적인 개혁을 실시하게 된 데에는 기려지신인 상앙의 보필이 결정적인 배경으로 작용했다. 그는 진목공 때의 백리해에 비유할 만했다. 사마천은 『사기』「상군열전」에서 그의 파란만장한 삶을 매우 소상히 기록해 놓았다.

이에 따르면 그는 기원전 390년에 중원의 약소국 위나라에서 태어났다. 부친은 위나라의 공자 출신이었으나 그는 첩의 아들이었다. 신분 세습의 봉건질서 하에서 공경대부의 적통 입장에서 볼 때 이른바 서얼 출신은 거추장스러운 일종의 혹에 지나지 않았다. 상앙도 어렸을 때 차별 대우를 받으며 커다란 울분을 느꼈을 공산이 크다. 그가 훗날 일련의 변법을 과감히 밀어붙인 것도 이런 출생 배경과 무관하지 않다고 봐야 한다.

「상군열전」에 따르면 그는 어렸을 때부터 남달리 총명했다. 난세에 써먹을 수 있는 학술은 유가가 아닌 법가라는 사실을 통찰한 그는 법가의 일종인 형명학形名學을 좋아했다. 형명학은 명분과 실상이 부합하는지 여부를 따지는 일종의 명실론名實論으로 궁극적으로는 법의 적용에 공평을 기하려는 취지에서 나온 것이다. 법의 엄격한 적용이 전제되고 있는 까닭에 통상 이를 형명학刑名學으로도 표현한다. 전국시대 말기에 한비자라는 걸출한 인물이 나와 법가 사상을 집대성할 때까지 형명학은 곧 법가 사상을 대신하는 용어로 사용됐다.

상앙이 어렸을 때부터 형명학에 커다란 관심을 보이며 이를 열심히 공부했다는 것은 그의 포부가 어디에 있는지를 잘 보여 주고 있다. 그는 관중처럼 열국 가운데 한 나라를 선택해 천하제일의 부강한 나라로 만든 뒤 이를 기반으로 천하에 명성을 떨치고자 한 것이다. 그가 청년기에 고향을 떠나 벼슬길을 찾아 나선 것도 이런 맥락에서 이해할 필요가 있다.

그가 가장 먼저 찾은 나라는 춘추시대에 중원의 패자로 군림했던 진晉나라가 전국시대에 들어와 셋으로 나뉜 뒤 가장 먼저 위세를 떨친 위나라였다. 그는 먼저 위나라 상국으로 있는 공숙좌公叔座를 찾아갔다. 『전국책』「위책」에는 공숙좌公叔座로 나온다. '공숙'은 원래 군주의 숙부뻘을 지칭한 말이나 이후 성씨로 굳어진 것이다. 공족의 후손을 뜻하는 '공손公孫'이 상앙 집안의 성씨로 굳어진 것과 같다.

　　당시 상앙이 위나라 상국 공숙좌를 곧바로 찾아간 것은 속히 출세해 자신의 뜻을 펼치고자 하는 열망이 매우 강렬했음을 방증한다. 공숙좌는 지능도 뛰어난 데다 학식 또한 풍부한 상앙과 몇 마디 말을 나누고는 그가 비상한 재주를 갖고 있다는 사실을 곧바로 눈치챘다. 그는 상앙을 곧바로 중서자中庶子에 임명해 참모로 활용했다. '중서자'는 공족을 관장하는 관직으로 『주례』에서는 '제자諸子'로 되어 있다.

　　공숙좌는 상앙의 보좌를 받아 모든 일을 성취했다. 그러나 그는 상앙을 위혜왕에게 천거하지 않았다. 기원전 362년, 진나라와 위나라 군사가 소량小梁섬서 한성현에서 격돌했다. 위나라 군사는 직전에 이미 조나라 및 한나라 연합군과 격전을 치른 탓에 진나라 군사의 상대가 되지 못했다. 진나라 군사가 위나라 군사를 대파한 뒤 마침내 공숙좌를 포로로 잡게 되었다.

　　이때 마침 진헌공이 죽고 그의 아들이 뒤를 이어 진효공으로 즉위했다. 진효공의 나이는 21세였다. 진나라 군사는 국상이 나자 이내 위나라와 강화하여 공숙좌를 석방한 뒤 곧바로 회군했다. 석방된 공숙좌가 이내 병이 나 자리에 눕게 되자 위혜왕이 문병차 찾아왔다.

　　"그대가 병석에서 오랫동안 치료를 받아야 한다면 국정을 대신 맡아볼 사람으로 누가 좋겠소?"

　　공숙좌는 상앙을 천거했다.

　　"제 휘하에 중서자 공손앙이라는 인재가 있습니다. 나이는 비록 어리지만 천하의 기재입니다. 원컨대 대왕은 그를 발탁해 쓰십시오."

이에 위혜왕은 아무 말도 하지 않았다. 뜬금없이 실적이 없는 백면서생을 중용하라고 하니 기가 막힌 것이다. 천하의 웃음거리가 될 것을 염려한 위혜왕이 입을 굳게 다물고 있자 공숙좌가 좌우 측근들을 물린 뒤 다시 진언했다.

"대왕이 그를 등용하지 않을 양이면 반드시 그를 제거해 다른 나라로 빠져나가지 못하게 해야 합니다."

위혜왕이 마지못해 대답했다.

"알았소."

위혜왕이 환궁하자 공숙좌가 상앙을 불렀다.

"지금 대왕이 후임 재상으로 누가 좋은지를 물었다. 나는 그대를 천거했으나 대왕의 안색을 보니 응낙하지 않을 듯하다. 나는 상국의 몸으로 군주의 이익을 우선해야 하고, 신하에 대한 배려는 다음으로 해야 하는 까닭에 만일 그대를 등용하지 않을 양이면 미리 제거해야 한다고 진언했다. 대왕이 이를 수락했으니 그대는 서둘러 이곳을 떠나도록 하라. 이대로 있다간 체포되고 말 것이다."

상앙이 대답했다.

"대왕이 저를 후임으로 기용하라는 상국의 진언을 받아들이지 않았는데 어찌 저를 죽이라는 진언을 받아들일 리 있겠습니까?"

그러고는 태연히 위나라에 머물렀다. 과연 당시 위혜왕은 환궁한 뒤 좌우에게 이같이 말했다.

"상국은 병이 깊어지더니 이상해졌소. 슬픈 일이오. 과인에게 공손앙을 기용하라고 권하니 말이오. 이 어찌 노망이 든 게 아니겠소!"

이때 상앙과 가까운 위나라 공자 앙^卬도 누차 위혜왕에게 상앙을 천거했다. 그러나 위혜왕은 끝내 상앙을 등용하지 않았다. 얼마 후 공숙좌가 죽었다. 훗날 위혜왕은 상앙을 놓친 것을 두고두고 후회했으나 이미 엎질러진 물이었다. 이를 두고 훗날 사마광은 『자치통감』에서 이같이 평해 놓았다.

"진나라는 진효공이 상앙을 맞아들인 이후 날로 강해지고 위나라는 상앙을 놓친 후 날로 영토가 줄어들었다. 이는 공숙좌가 어리석었기 때문이 아니라 위혜왕이 어리석었기 때문이다. 어리석은 자의 가장 큰 우환은 실로 어리석지 않은 자를 어리석은 자로 여기는 데 있다."

통렬한 지적이다. 그러나 과연 위혜왕에게 모든 책임을 떠넘겨도 좋은 것일까? 당시 상앙의 능력을 그 누구보다 잘 알고 있었던 사람은 공숙좌였다. 그러나 그는 상앙을 위혜왕에게 천거하는 일을 게을리했다. 그같이 뛰어난 인물이 있었다는 사실을 위혜왕에게 적극 알려 그를 중용토록 하지 못한 것은 일차적으로 공숙좌의 잘못이다. 공숙좌가 임종 직전에야 비로소 상앙을 천거했을 때 위혜왕이 머뭇거린 것은 당연한 일이다. 근원적인 잘못은 공숙좌에게 있었다. 결과적으로 이 일화는 뛰어난 참모의 등용이 나라의 성쇠를 결정하는 배경으로 작용한다는 사실을 극명하게 보여 주는 사례라 할 수 있다.

상앙의 맞춤형 컨설팅

공숙좌가 죽자 상앙은 곧 진나라로 출국할 준비를 서둘렀다. 이때 상앙은 진효공이 천하의 인재를 모은다는 소식을 들은 것이다. 기원전 361년, 상앙도 진나라로 갔다. 당시 진효공이 전국에 포고한 구현령求賢令은 그 내용이 명문이다. 골자는 대략 이러했다.

"옛날 선군 진목공은 기산과 옹수 사이에서 덕을 닦고 무력을 길러, 동쪽으로 진晉나라의 내란을 평정하고 황하를 경계로 삼았다. 또한 서쪽으로 융적을 제압하고 땅을 1천 리나 더 넓혔다. 천자가 우리에게 방백方伯의 칭호를 내리자 제후들이 모두 경하했다. 후대를 위해 기업基業을 개창한 것이 참으로 빛나고 아름다웠다. 그러나 불행히도 몇 대 동안 정국이 불안정하고 국내에 우환이 있어 밖의 일을 처리할 여가가 없었다. 3진三쯥인 위, 한, 조가 틈을 노려 선군의 땅인 하서를 빼앗았다. 이보다 더 큰 치욕은 없을 것이다. 진헌공이 즉위한 후 변경을 진무하고 도성을 약양樂陽으로 옮겼다. 과인은 실지를 회복하고 정령의 본의를 밝게 드러내고자 하나 늘 마음속에 부끄럽고 비통한 생각뿐이다. 빈객과 군신들 중에 기계奇計를 내어 진나라를 부강하게 할수 있는 사람이 있으면 과인에게 오라. 과인이 관작을 내리고 땅도 나눠 줄 것이다."

당시 진나라가 잃은 하서 일대는 과거 장세스에게 밀린 마오쩌둥이 대장정 끝에 마지막 근거지로 삼은 연안 일대를 말한다. 실지를 회복하고 진나라를 천하의 강국으로 만들고자 한 진효공의 의지는 확고했다. 구현령이 포고되자 천하의 인재들이 구름처럼 몰려들었다.

진나라에 당도한 상앙은 먼저 진효공의 총애를 받고 있는 대부 경감景監을 찾아갔다. 경감은 상앙과 여러 애기를 나눴다. 과연 상앙은 뛰어난 인물이었다. 경감이 곧 진효공에게 상앙을 천거했다. 진효공이 즉시 상앙을 불러 치국방략을 물었다.

『사기』「상군열전」에 따르면 당시 상앙은 첫 만남에서 엉뚱하게도 도가에서 말하는 최상의 치도인 '제도帝道'에 관해서만 말했다. 상앙의 말이 다 끝나기도 전에 진효공은 졸기 시작했다. 이튿날 경감이 궁으로 들어가자 진효공이 힐난했다.

"그대가 천거한 사람은 쓸 데 없는 말만 하는 사람이오. 어찌하여 과인에게 그러한 사람을 천거한 것이오."

경감이 집으로 돌아와 상앙에게 물었다.

"내가 군주에게 선생을 천거했는데 어찌하여 쓸 데 없는 얘기만 한 것이오?"

상앙이 대답했다.

"나는 '제도'를 설명했으나 군주는 그 뜻을 못 알아들었습니다. 청컨대 다시 한 번 군주를 배견하게 해 주십시오."

제도는 '무위통치'를 뜻한다. 제도의 요체는 태평천하를 다스릴 때 구사하는 '지족知足'과 '겸하謙下'이다. 이를 깨닫는다는 것은 쉬운 일이 아니다. 약육강식이 난무하는 상황에서 제도의 이치를 통찰할 수 있는 군주는 사실 전무했다. 진효공을 탓할 일도 아니다.

5일 뒤 경감의 주선으로 상앙이 다시 진효공을 배견하게 되었다. 상앙이 이번에는 상나라 탕왕과 주나라 무왕이 덕으로써 민심을 수습해 나라를 세운 일을 자세히 얘기했다. 진효공이 시종 시무룩한 표정을 지었다. 상앙이 물러나오자 경감이 물었다.

"오늘은 무슨 말씀을 드렸소?"

상앙이 대답했다.

"이번에는 왕도王道를 설명했습니다. 그러나 군주는 그 뜻을 못 알아들었습니다. 군주는 왕도가 마음에 들지 않는 듯합니다."

'왕도'는 맹자가 강조했듯이 덕으로써 천하를 경영하는 것을 말한다. 이 또한 '제도'와 마찬가지로 비현실적인 방안이었다. 왕도를 강조하는 것은 춘추시대 송양공이 범한 이른바 '송양지인宋襄之仁'의 우를 범할 소지가 컸다. 진효공이 왕도에 시큰둥한 반응을 보인 이유다. 경감이 힐난하자 상앙이 또 청했다.

"이제는 군주가 무엇을 좋아하는지 알았으니 다시 한 번만 더 배견하게 해주십시오. 이번에는 패도霸道를 논해 틀림없이 군주의 뜻에 맞출 것입니다."

상앙이 다시 진효공을 만나 패도를 자세히 논했다.

"옛날에 관중은 제나라 상국이 되어 군령으로 정치를 했습니다. 당시 백성들은 크게 반발했으나 제나라가 다스려지고 제후들이 순종하자 비로소 관중이 자신들을 위한 대계를 세웠다는 것을 깨닫게 되었습니다. 무릇 패도의 길은 이처럼 처음에는 민심과 역행할 수밖에 없습니다. 이는 주어진 상황이 제도와 왕도를 허용하지 않기 때문에 불가피한 것이기도 합니다. 제도와 왕도는 가히 성세에는 쓸 수 있으나 난세에는 치도의 지극한 이치를 터득하기 전에는 함부로 쓸 수 없는 것이기도 합니다."

진효공이 고개를 끄덕이며 열심히 들었다. 그러나 곧바로 상앙을 채용할 뜻을 밝히지는 않았다. 상앙이 나가자 진효공이 경감에게 말했다.

"그대의 빈객은 매우 뛰어난 인물이오. 가히 더불어 얘기할 만하오."

경감이 상앙에게 이 말을 전하자 상앙이 말했다.

"제가 이번에는 패도를 논하자 이를 수용할 뜻을 밝혔습니다. 다음에는 분명히 먼저 저를 부를 것입니다."

과연 얼마 후 진효공이 상앙을 다시 불렀다. 진효공이 공손한 태도로 청했다.

"그대에게 진실로 관중과 같은 재주가 있다면 과인은 그대에게 국사를 모두 맡길 것이오. 그러나 패업을 성취하는 길이 무엇인지 정확히 알 길이 없으니 한 번 자세히 말해 주시오."

상앙이 대답했다.

"나라 재정이 튼튼해야 비로소 군사를 쓸 수 있습니다. 또 군사를 쓸지라도 군사가 강해야만 적을 무찌를 수 있습니다. 나라 재정을 튼튼히 하려면 증산에 온 힘을 기울여야 합니다. 군사를 강하게 하려면 후한 상을 내걸고 장병들을 독려해야 합니다. 백성들에게 나라가 추구하는 바를 정확히 일러 주고 상벌을 분명히 해야 합니다. 그래야만 정령이 차질 없이 시행되어 재정을 튼튼히 하고 강군을 육성할 수 있는 것입니다. 그러고도 부강하지 않은 나라를 신은 일찍이 보지 못했습니다."

"참으로 그대의 말이 훌륭하오. 과인은 감히 그대의 말을 좇도록 하겠소."

상앙이 말했다.

"무릇 부강코자 하면 반드시 먼저 그 일에 적합한 사람을 얻어야 합니다. 비록 적임자를 얻었을지라도 오로지 그에게 모든 일을 맡겨야 합니다. 비록 모든 일을 맡겼을지라도 좌우의 참언에 귀를 기울여서는 안 되고 전적으로 그를 신뢰해야만 합니다."

"그리하도록 하겠소."

상앙이 진나라 국정을 쇄신하는 방안에 관해 자세히 얘기해 주었다. 『사기』「상군열전」은 두 사람의 문답이 3일 동안 계속되었으나 진효공이 조금도 피로한 기색을 보이지 않았다고 기록해 놓았다. 이는 춘추시대 때 제환공이 관중을 만나 천하 경영의 방략을 들을 때의 모습과 닮았다.

상앙이 마침내 궁에서 나오자 경감이 물었다.

"그대는 무슨 재주가 있어 군주의 마음을 사로잡은 것이오? 군주가 그토록 기뻐하는 모습은 일찍이 본 적이 없소."

상앙이 대답했다.

"제가 군주를 만나 제도와 왕도, 패도를 차례로 언급했습니다. 그러자 군주가 말하기를, '그것은 너무 시간이 오래 걸리는 데다 과인이 좋아 할 수도 없소'라고 했습니다. 그래서 제가 부강한 나라가 될 수 있는 강도彊道를 얘기하자 군주가 마침내 크게 기뻐한 것입니다."

상앙의 당시 행보는 진효공의 의중을 정확히 파악한 뒤 그에 맞는 '맞춤형 부국강병 컨설팅'을 하고자 했기 때문으로 보인다. 당시 진효공은 상앙을 곧바로 참모로 삼았다. 진효공과 상앙의 만남은 제환공과 관중의 만남에 비유할 만하다.

•

변법의 개시

•

당시 천하 형세를 살펴보면 우선 황하와 화산華山 이동에는 강력한 6국이 있었고, 회수淮水와 사수泗水 사이에는 10여 개의 소국이 존재했다. 6국 가운데 초나라 및 위나라가 진나라와 접경하고 있었다. 『자치통감』은 진효공의 출현 당시 상황을 이같이 분석해 놓았다.

"중원의 제후국들 모두 진나라를 이적으로 간주해 배척했다. 진나라는 중원에 있는 제후국들의 회맹에는 참여하지 못했다. 이에 진효공이 발분하여 진나라를 부강하게 만들고자 했다."

이는 진효공이 상앙의 변법을 받아들여 일대 개혁을 단행한 배경을 설명한 것이다.

기원전 359년, 상앙은 자신이 평소 생각한 변법의 구상을 담은 개혁안을 정식으로 제출했다. 개혁안의 작성에 약 2년의 시간이 걸린 셈이다. 그러나 반발이 만만치 않았다. 상앙이 진효공에게 말했다.

"무릇 백성은 함께 시작을 논의할 수 없고, 다만 함께 성공을 즐길 수 있을 뿐입니다. 지덕至德을 논하는 사람은 속인과 어울리지 않고, 대공大功을 이루고자 하는 사람은 많은 무리들과 계책을 논하지 않습니다. 그래서 성인은 실로 나라를 강하게 만들고자 할 때 굳이 과거의 기준을 답습하지 않았던 것입니다."

대부 감룡甘龍이 반대했다.

"그렇지 않습니다. 성인은 백성의 관행을 바꾸지 않고도 가르치고, 지혜 있는 자는 법을 바꾸지 않고도 가르칩니다. 백성을 가르치는데 특별이 힘을 들이지도 않았는데 성공할 수 있는 것은 관리들이 이미 법에 익숙해져 있고, 백성들 또한 이를 편히 생각하기 때문입니다."

상앙이 반박했다.

"대부 감룡의 말은 구태의연한 말에 지나지 않습니다. 속인은 옛 풍속을 편하게 생각하고, 학자는 옛 소문에 구애받습니다. 이들을 관원으로 삼아 법을 지키는 것은 가합니다. 그러나 이들과는 법 이외의 다른 일을 더불어 논할 수 없습니다. 3왕은 사용한 예가 달랐지만 왕업을 이뤘고, 5패는 사용한 법이 달랐지만 패업을 이뤘습니다. 지혜로운 사람은 법을 만들지만 어리석은 자는 이를 고수합니다. 현명한 사람은 예를 바꾸지만 불초한 자는 예에 얽매입니다."

그러나 두지杜摯가 감룡을 옹호하고 나섰다.

"이익은 백 가지를 넘지 않으니 법을 바꾸지 않고, 공은 열 가지를 넘지 않으니 무기를 바꾸지 않습니다. 옛 법을 좇아야 허물이 없게 되고, 옛 예제를 좇아야 삿됨이 없게 됩니다."

상앙이 다시 반박했다.

"세상을 다스리는 길은 하나의 길만 있는 게 아닙니다. 나라의 실정에 좇아야 하니 옛 법을 고수해서는 안 됩니다. 그래서 상나라 탕왕과 주나라 무왕은 옛 법을 좇지 않았기에 새 왕조를 세웠고, 하나라 걸桀과 은나라 주紂는 옛 예제를 바꾸지 않았기에 망한 것입니다."

진효공이 상앙을 칭송했다.

"참으로 훌륭한 말이오."

그러고는 마침내 상앙을 좌서장左庶長으로 삼았다. 이는 상경上卿에 해당하는 진나라의 고관직이었다. 진효공은 상앙에게 힘을 실어 주기로 드디어 작심하고 나선 것이다. 이때 진효공이 군신들에게 이같이 분부했다.

"앞으로 나라의 모든 정사는 좌서장의 명대로 시행할 것이다. 명을 어기는 자가 있으면 추호도 용서하지 않을 것이다."

상앙은 곧바로 기존의 낡은 제도와 질서를 뜯어고치기 시작했다. 그의 변법은 백성들의 자발적인 참여를 이끌어 내는 데 초점이 맞춰져 있었다. 일반 백성들에게 새로운 기회를 대거 제공하기 위해서는 세족들의 낡은 특권을 타파해야 했다. 세족들의 반발은 진효공이 앞에 나서서 막았다.

상앙의 변법 가운데 가장 주목할 만한 것은 군공軍功에 대한 포상 원칙이다. 군공을 20급으로 나누고 등급에 따라 작위와 관직, 주택, 처첩, 복장 등에 차등을 뒀다. 노비의 신분일지라도 공을 세우면 평민이 되는 것은 물론 높은 작위에 올라갈 수도 있었다. 이는 관록의 세습제를 폐지한 것이나 다름없었다.

당시의 기준에서 볼 때 이는 가히 혁명적인 조치에 해당했다. 공자는 신분 세습의 봉건 질서를 군자의 양산을 통해 점진적으로 해체코자 한 데 반해 상앙은 변법 조치를 통해 단번에 이를 해체시킨 셈이다. 훗날 진시황이 천하 통일 직후 봉건정을 완전히 소탕하고 곧바로 제왕정을 세울 수 있었던 것도 바로 이때의 경험이 있었기에 가능했다. 놀라운 일이었다.

또 하나 주목할 점은 상앙이 정치와 외교를 부국강병만큼이나 중시했다는 점이다. 그의 저서로 알려진 『상군서』는 모두 세 부분으로 구성돼 있다. 전쟁에서 승리하기 위해서는 막강한 군사력과 외교력이 필요하고, 이를 지원하기 위해서는 경제력이 뒷받침돼야 하고, 경제력은 국가 기강을 바로 잡는 정치력이 전제돼야 가능하다는 논리를 담고 있다. 21세기의 치국 방략으로 택할지라도 전혀 손색이 없는 탁견이다.

당시 상앙은 진나라를 일대 혁신하지 않고는 장차 중원 진출은커녕 주변 이웃 나라의 침공을 면하지 못할 것으로 판단했다. 그의 이러한 판단은 옳은 것이었다. 진나라는 초나라 못지않게 구질서인 봉건 질서에 크게 얽매여 있었다. 상앙이 변법을 시행하지 않았다면 진나라는 초나라처럼 세족들의 발호로 이내 쇠락의 길을 걷고 말았을 것이다.

나무를 옮기고 나라를 바꾸다

상앙의 변법은 크게 두 차례에 걸쳐 실시됐으며 진효공이 사망하는 시기까지 총 21년 동안 지속됐다. 그 효과는 막대했다. 진나라가 천하제일의 강국이 되고, 백성들이 안심하고 생업에 종사하며 최고의 전투력을 갖추게 된 비결이 모두 여기에 있다. 이것이 훗날 진시황의 천하 통일에 초석이 된 것은 말할 것도 없다.

그가 시행한 변법에서 주목할 것은 변법 시행에 앞서 먼저 백성들의 믿음을 얻고자 한 점이다. 사실 변법의 내용이 아무리 좋을지라도 백성들이 따르지 않으면 아무 소용이 없다. 『사기』 「상군열전」과 『자치통감』 모두 이를 수록해 놓았다. 그만큼 중시됐음을 방증한다.

이에 따르면 당시 상앙은 도성의 남문에 3장丈 길이의 나무를 세웠다. 그러고는 그 곁에 이러한 포고문을 붙여 놓았다.

"누구든지 이 나무를 북문으로 옮겨 세우는 자가 있으면 10금의 상을 내릴 것이다."

포고문을 본 많은 백성들이 고개를 갸웃거리며 의심했다.

"무슨 속뜻이 있는지 도무지 알 길이 없네. 아무튼 속지 않는 게 좋을 것일세."

아무도 그 나무를 북문으로 옮기는 자가 없었다. 며칠 후 상앙이 다시 분부했다.

"50금의 상을 주겠다고 다시 써서 내다 붙여라."

백성들은 더욱 의심했다. 이때 한 사람이 나서서 말했다.

"우리 진나라는 자고로 많은 상을 주는 법이 없었다. 그런데 이러한 포고문이 나붙었으니 필시 무슨 뜻이 있을 것이다. 비록 50금을 안 줄지라도 아무 상도 내리지 않을 리 없다. 설령 상을 안 줄지라도 포고문대로 한 사람에게 벌을 내릴 리야 있겠는가?"

그러고는 나무를 뽑아 어깨에 메고 가 북문에 세웠다. 구경하는 백성들이 가득 모여들었다. 관원이 곧 그 백성들 데리고 가 상앙에게 이 사실을 보고했다. 상앙이 그 백성을 칭송했다.

"참으로 훌륭한 백성이다. 나는 앞으로도 백성들에게 신용을 지킬 것이다."

그러고는 곧바로 50금을 상으로 주었다. 여기서 남문사목南門徙木과 사목상금徙木賞金, 사목지신徙木之信, 이목지신移木之信 등의 성어가 나왔다. 모두 약속을 반드시 실천에 옮긴다는 뜻이다. 당시 '남문사목' 소문은 순식간에 급속히 퍼져 나갔다. 백성들이 삼삼오오 모여 서로 말했다.

"좌서장은 명령만 내리면 꼭 실행하는 사람이다."

이튿날 상앙이 마침내 새 법령을 선포했다. 백성들은 길거리에 나붙은 새 법령을 보고 모두 긴장했다. 상앙이 선포한 제1차 변법의 시행령은 크게 네 가지였다. 첫째, 천도에 관한 건이다. 진나라에서 가장 뛰어난 곳은 함양 섬서

서안 땅이니 도읍을 함양 땅으로 옮긴다는 내용이었다.

둘째, 관작에 관한 건이다. 전장에서 적의 머리를 하나 얻을 때마다 한 계급씩 승진한다. 반면 후퇴하는 자는 즉시 참형에 처한다. 존비와 관작의 등급은 전공에 따라 정해지고 각기 차등 있게 전택과 신첩, 의복을 사용한다. 전공을 세운 자는 벼슬에 따라 수레와 의복을 사치하게 차려도 금하지 않는다. 반면 전공이 없는 자는 부자일지라도 법에 의해 삼베옷을 입고 소를 타고 다녀야 한다. 아무리 종실일지라도 전공이 없을 시에는 모든 종친부에서 그 이름을 삭제하여 관작을 박탈한 뒤 생산업에 종사하게 한다. 개인적인 감정으로 싸우는 자는 이유 여하를 막론하고 모두 참형에 처한다.

셋째, 십오什伍에 관한 건이다. 5개 가호를 '오伍', 10개 가호를 '십什'으로 조직해 상호 연대책임을 진다. 범법자를 고발하지 않을 시에는 10가를 모두 같은 죄로 다스려 허리를 자른다. 간적奸賊을 고발하는 자는 적의 수급을 벤 것과 같은 상을 받는다. 이를 어긴 자는 전쟁에서 적에게 항복한 자와 같은 벌을 받는다. 모든 역관과 민가는 통행증이 없는 자를 재우면 법에 따라 처벌한다. 가족 내에 죄를 지은 자가 있으면 집안 식구 모두를 관가의 노비로 삼는다.

넷째, 준법에 관한 건이다. 이 법령이 공포되는 날로부터 남녀노소와 상하귀천 할 것 없이 모두 이 법령을 준수해야만 한다. 만일 이를 어기는 자가 있으면 법에 따라 엄벌에 처한다는 내용이었다.

새 법령이 반포된 지 1년이 되자 진나라 도성의 백성들 가운데 새 법령이 불편하다고 말하는 자가 매우 많았다. 태자 사駟도 새 법령에 대해 불평을 털어놓았다. 그러던 가운데 문득 태자가 법을 위반하는 일이 생겼다. 이 얘기를 전해 들은 상앙은 단호히 대처했다.

"태자가 법을 지키지 않는다면 어찌 법을 시행할 수 있겠는가? 태자를 그대로 놓아두면 법을 어기는 것이 된다."

곧 진효공을 찾아가 이를 보고하며 처리 방안을 제시했다. 진효공이 이를 승낙하자 이내 이같이 하령했다.

"태자의 죄는 그 스승들이 태자를 잘못 지도했기 때문이다. 태자의 스승 공자 건虔을 코를 베는 형벌인 의형劓刑에 처하고, 태자의 교관 공손 가賈를 얼굴에 먹을 뜨는 형벌인 묵형墨刑에 처하도록 하라."

이후로는 아무도 법령을 비판하는 자가 없게 되었다. 시간이 지나자 진나라 백성들 중에는 새 법령이 이내 편하다고 말하는 자가 나오게 되었다. 그러자 상앙이 이같이 하령했다.

"이 또한 법령을 어지럽히는 자들이다."

그러고는 새 법령에 대해 비판하는 자들은 물론 칭송하는 자들까지 모두 부중으로 잡아들이게 했다. 상앙이 이들을 크게 꾸짖었다.

"새 법령을 두고 불평한 자들은 법령을 어긴 것이고, 칭송한 자들은 법령에 아부한 것이다. 모두 훌륭한 백성이라 할 수 없다. 이들을 모두 명부에 기록하고 변경의 수졸戍卒로 보내도록 하라."

이로써 법령에 대해 언급하는 사람이 사라지게 되었다. 이후 진나라에서는 백성들이 길가에 떨어진 물건을 줍지 않는 것은 물론 분에 넘치는 물건을 함부로 주고받지 않게 되었다. 도둑도 완전히 사라지고 창고마다 곡식이 가득 찼다. 백성들은 전쟁에는 용감하나 사적인 싸움에는 겁을 먹게 되었다.

통상 개혁이 혁명보다도 더 어렵다고 말한다. 맞는 말이다. 역사적 실례를 살펴볼지라도 혁명이 성공한 적은 많지만 개혁이 성공한 경우는 매우 드물다. 그 이유는 무엇일까? 개혁의 주체가 신뢰를 주지 못했기 때문이다. 개혁을 성 공시키고자 하면 우선 개혁 주체 스스로가 자신들에게 보다 엄격한 잣대를 적용할 수 있어야 한다. 부정과 비리, 부패의 척결을 내세운 일련의 개혁 조치 가 개혁 주체 세력을 예외로 삼게 되면 아무도 이를 마음으로 받아들일 수가 없게 된다. "구관이 명관이다"라는 말이 나오게 되는 이유다. 어설픈 개혁은 안 하는 것만 못하다. 상앙의 변법이 성공할 수 있었던 이유는 크게 두 가지이다. 백성들의 신뢰 확보와 강력한 추진력이다.

그러나 불행하게도 이 과정에서 상앙은 당시 태자 사와 척을 지고 말았다.

당시 태자 사는 상앙에 대한 원한을 마음속 깊이 담아 두고 있었다. 이게 훗날 상앙에게 부메랑이 되어 돌아왔다. 변법을 확실히 시행하기 위해 태자까지 희생양으로 삼은 것은 나름 일리가 있었으나 상앙 개인의 입장에서 볼 때는 보다 신중한 모습을 취할 필요가 있었다. 태자 사를 미리 설득하는 식으로 말이다. 그러나 그는 이를 소홀히 했다. 변법에 대한 지나친 믿음이 화를 부른 셈이다.

·

실지 회복과 동진

·

　　　　　기원전 354년, 위나라가 조나라로 쳐들어가 도성인 한단을 포위하고 초나라가 군사를 보내 조나라를 구하는 등 열국이 치열하게 다퉜다. 이듬해인 기원전 353년, 조나라가 제나라에 도움을 청하자 제나라 장수 전기가 당대 최고의 병법가인 손빈의 도움으로 이해 10월에 지금의 허난 성 장원현인 계릉桂陵에서 위나라 대군을 격파하는 혁혁한 전공을 세웠다. 이를 계기로 문득 제나라가 천하를 호령하기 시작했다. 이들 싸움 모두 진나라의 코앞에서 전개됐다. 진효공은 변법에 박차를 가하고 있었던 까닭에 팔짱을 끼고 사태의 추이를 지켜보고만 있었다. 싸움에 개입할 시기를 저울질한 것이다.

　기원전 352년, 진효공은 마침내 상앙을 대량조大良造에 임명했다. '대량조'는 제16등급의 작위로 일종의 군정대신에 해당한다. 상앙을 군정대신에 임명한 것은 본격적인 동쪽 진출의 신호탄에 해당했다. 중원으로 진출하기 위해서는 지정학적으로 관문처럼 버티고 있는 위나라부터 제압하지 않으면 안 되었다. 상앙이 진효공에게 건의했다.

　"위나라는 진나라에게 복심腹心의 질환과 같습니다. 위나라가 진나라를 병탄하지 않으면 진나라가 곧 위나라를 병탄해야만 합니다. 안읍安邑에 도읍한 위나라는 진나라와 황하를 경계로 삼고 있으면서 산둥의 이로움을 독차지하고 있습니다. 위나라는 이로우면 서쪽으로 나아가 진나라를 치고, 불리하면 동쪽으로 나아가 진출 기반을 닦습니다. 지금 위나라는 제나라에게 크게 패한데다 제후들도 위나라를 적대시하고 있으니 차제에 위나라를 치면 위나라는 틀림없이 동쪽으로 천도할 것입니다. 이후 동쪽으로 나아가 제후국들과 맹약하면 가히 제왕의 대업을 이룰 수 있을 것입니다."

"참으로 좋은 생각이오."

상앙이 군사 5만 명을 이끌고 위나라로 쳐들어가자 위혜왕이 크게 놀라 군신들과 대책을 논의했다. 공자 앙卬이 말했다.

"상앙이 우리 위나라에 있었을 때 신은 그와 매우 친했습니다. 이에 신이 군사를 이끌고 가 먼저 화친을 청해 보겠습니다. 그가 거절하면 그때 우리 성을 굳게 지키고 한·조 두 나라에 구원을 청하도록 하십시오."

군신들이 동의했다. 이에 공자 앙이 대장이 되어 군사 5만 명을 이끌고 서하 땅으로 달려갔다. 공자 앙은 오성에 주둔했다. 원래 오성은 전에 오기가 서하 땅을 지킬 때 진나라의 침공을 막기 위해 쌓은 성이다. 양측 군사가 대치하고 있을 때 상앙이 공자 앙에게 서신을 보냈다. 골자는 이렇다.

"나는 그대와 좋은 사이였소. 그런데 이제는 서로 두 나라의 장수가 되어 있소. 나는 차마 그대를 공격하지 못하겠소. 그대와 얼굴을 맞대고 맹약을 맺은 뒤 즐거이 음주하고 철군하여 두 나라 백성을 평안하게 하는 것이 가할 듯하오."

공자 앙이 흔쾌히 수락했다. 며칠 후 상앙과 공자 앙이 일부 갑옷을 벗고 일부 수행원만 대동한 채 술과 음식을 장만하여 가까운 옥천산에서 회동했다. 두 사람은 두 개의 단지에 한쪽은 술, 다른 한쪽은 정수를 담아 놓고 지난날의 우정을 얘기하며 함께 즐거이 술을 마셨다. 공자 앙이 먼저 상앙에게 술을 권했다. 상앙이 곧 휘하 군사에게 분부했다.

"이제는 우리가 가지고 온 술과 음식을 내오너라."

이때 상앙을 따라온 사람은 진나라에서도 유명한 용사들이었다. 그 가운데 한사람의 이름은 오획烏獲이다. 그는 1천 균鈞의 무게를 들어 올리는 장사였다. 또 한 사람의 이름은 임비任鄙로 그는 일찍이 맨주먹으로 호랑이를 때려잡은 용사였다. 상앙이 신호를 보내자 오획이 곧바로 공자 앙을 결박했다. 임비는 위나라 수행원들을 모두 포획했다. 거사가 끝나자 상앙이 분부했다.

"위나라 수행원들의 결박을 풀어 줘라. 공자 앙은 함거에 가둔 뒤 승전 소식을 속히 보고토록 하라."

위나라 수행원들이 술을 얻어먹고 놀란 가슴을 진정시키자 상앙이 이들에게 말했다.

"너희들은 속히 돌아가 진나라와 화평을 맺고 온 듯이 가장하고 성문을 열도록 하라. 그러면 내가 너희들에게 후한 상을 내릴 것이다."

오획이 공자 앙으로 가장해 수레에 타고, 임비는 수레를 호송하는 진나라 사자가 되어 오성 안으로 들어갔다. 위나라 군사들은 아무 의심도 하지 않고 성문을 열어 주었다. 오획이 수레에서 뛰어내려 위나라 군사들을 쳐 죽이자 이틈을 타 진나라 대군이 나는 듯이 쳐들어가 순식간에 오성을 점령해 버렸다.

진나라 군사가 여세를 몰아 위나라 도성인 안읍까지 쳐들어가자 위혜왕이 곧 대부 용가龍賈를 상앙에게 보내 강화를 청했다. 상앙이 이같이 회답했다.

"내가 이번에 위나라를 아주 없애 버리지 않는다면 이는 하늘의 뜻을 저버리는 것이 되오."

대부 용가가 말했다.

"새도 옛날에 살던 숲을 그리워하고, 신하도 옛 주인을 잊지 않는다고 합니다. 이는 너무 무정한 말이 아닙니까?"

"서하 땅을 모두 내준다면 내가 이내 철군하겠소."

이로써 마침내 잃어버린 서하 땅을 되찾게 되었다. 위혜왕은 서하 땅을 빼앗긴 상황에서 더 이상 안읍에 머물 수 없었다. 위혜왕은 도성을 지금의 허난 성 개봉인 대량大梁으로 옮기면서 탄식했다.

"내가 전에 공숙좌의 말을 듣지 않은 것이 한스럽기 그지없다."

이후 위나라는 국호를 '위魏'에서 '양梁'으로 바꿨다. 얼마 후 제나라와 조나라가 위나라가 극도로 약화된 틈을 노려 함께 위나라를 쳤다. 위나라는 사력을 다해 간신히 막아 냈으나 국력이 극도로 피폐해졌다. 이후 위나라는 전혀 힘을 쓰지 못하게 되었다. 도성을 대량으로 옮긴 이듬해인 기원전 351년, 위나라는 이전에 점령했던 조나라의 도성 한단을 반환하고 조나라와 강화했다. 이를 계기로 위나라는 내리 쇠락의 길을 걷게 됐다. 위혜왕이 상앙을 잃은 후과가 이처럼 컸다.

이와 정반대로 서하 땅을 회복한 상앙은 승승장구했다. 진효공은 상앙의 공을 높이 사 위나라를 쳐 빼앗은 지금의 산시 성 상현인 상어商於 땅의 15개 성읍을 봉지로 내리고 상군商君이라는 군호君號까지 하사했다. 세인들은 이때부터 그를 '상앙商鞅'으로 부르기 시작했다. 그 이전까지만 해도 위나라 출신이라는 뜻에서 '위앙衛鞅'으로 불렀다. 상앙이 가장 득의한 시기였다.

.

두 번째 변법

.

당시 상앙을 놓친 것을 크게 후회한 위혜왕은 이를 만회하기 위해 뒤늦게 천하의 인재들을 거두기 위해 노력했다. 천하의 인재들이 그의 휘하로 속속 몰려들기 시작했다. 『맹자』 첫머리에 나오는 「양혜왕」은 바로 맹자가 이들 인재들의 무리에 합류해 위혜왕을 만난 실화를 배경으로 한 것이다. 사가들은 양나라로 천도한 이후의 위혜왕을 '양혜왕'으로 불렀다.

이사이 진나라에서는 상앙의 건의를 좇아 착공한 함양의 궁궐 조영 작업이 거의 마무리되어 가고 있었다. 바야흐로 면모를 일신한 새로운 진나라의 출발을 알리는 기적이 막 울릴 참이었다. 당시에 조영된 함양의 궁궐은 진시황이 천하를 통일할 때 머물던 역사적인 건조물이다. 이는 초한전 때 항우에 의해 소실되고 말았다.

기원전 350년, 마침내 함양 궁궐이 완공됐다. 진효공은 이내 길일을 택해 곧 약양에서 함양으로 천도했다. 사서는 함양 천도로 인해 이주한 대성^{大姓}만도 수천 가^家에 이르렀다고 기록해 놓았다. 상앙은 천도 작업이 끝나자마자 제2차 변법 시행령을 내렸다. 골자는 크게 세 가지였다.

첫째, 현^縣의 설치에 관한 건이다. 경내의 모든 촌락은 그 현에 소속시킨다. 현마다 영승^{令丞} 한 사람을 둔다. 영승은 새 법령의 시행을 철저히 감독한다. 새 법령을 어기는 자가 있으면 사안의 경중에 따라 가차 없이 처벌한다. 둘째, 개간에 관한 건이다. 수레와 말이 다니는 도로를 제외하고 나머지 모든 교외와 광야를 개간한다. 이 일은 근방의 주민들이 책임진다. 셋째, 증산에 관한 건이다. 백성들은 오로지 증산에 힘써야 한다. 모든 노력을 기울여 본업인 농사에 종사해 곡식과 비단을 많이 쌓아 놓은 자에게는 요역을 면제해 준다. 그러나 말업^{末業}인 상공업으로 치부하거나 무위도식하며 빈곤에 처한 자는 그 재산을 모두 몰수한 뒤 관가의 노비로 삼는다. 아들이 둘 이상 있을 때에는 반드시 별거해야 한다. 장정들은 각기 국가에 소정의 세를 내야 한다. 별거를 원하지 않는 자는 혼자서 여러 사람 분의 세를 내야 한다.

상앙이 이런 가혹한 조치를 취한 것은 가족 단위로 이뤄지는 생산 규모의 세분화를 통해 생산성을 제고하기 위한 것이었다. 그는 또 이때 여러 개의 작은 향^鄕을 모아 하나의 현^縣을 만들었다. 이같이 하여 만들어진 현은 모두 31개였다. 각 현에는 크기에 따라 큰 현에는 현령^{縣令}, 작은 현에는 현승^{縣丞}을 두었다.

함양으로 천도한 지 2년 뒤인 기원전 348년, 농지의 면적에 따라 세금을 부과하는 부세법^{賦稅法}을 제정해 곧바로 시행에 들어갔다. 이는 황무지를 남김없이 개간하기 위한 조치였다. 이 제도는 모든 전답을 국유로 정했다. 농지는 사방 6자가 1보步, 사방 250보가 1무畝로 정해졌다. 이 규정을 어기거나 속임수를 쓰는 자가 있으면 토지를 몰수당했다.

또 정령 반포와 군사 이동의 신속성을 확보하기 위해 사방으로 길을 뚫고 징세의 공정을 기하기 위해 도량형의 표준을 정했다. 부피를 재는 6되들이 사각 통으로 두斗 · 통桶을 두었고 무게를 재는 권權 · 형衡과 함께 길이를 재는 장丈 · 척尺 등이 하나로 통일되었다. 훗날 진시황이 천하를 통일한 뒤 도량형을 통일한 것은 상앙의 도량형 조치를 완성한 것이나 다름없다.

오기를 닮은 최후

진효공이 서쪽의 패자로 군림하면서 동쪽 제위왕과 중원의 패권을 놓고 치열한 신경전을 전개할 당시 남방의 전통적인 강국 초나라는 크게 위축된 모습을 보이고 있었다. 이는 초선왕楚宣王이 중원 진출보다는 소극적인 방어로 일관한 사실과 무관하지 않다. 그러나 초선왕이 죽고 그의 아들 웅상熊商이 초위왕楚威王으로 즉위하면서 상황이 달라졌다. 초위왕은 부왕과 달리 제나라와 정면으로 자웅을 겨뤄 중원에 대한 패권을 되찾고자 했다. 초나라가 흥륭의 기운을 보일 때 공교롭게도 진효공이 세상을 떠났다. 기원전 338년의 일이다. 상앙이 진나라로 들어온 지 24년째 되는 해이다.

진나라는 진효공의 죽음으로 바야흐로 상앙의 변법을 계속할 것인지를 결정해야 하는 중대한 기로에 서게 되었다. 일찍이 초나라는 초도왕의 죽음을 계기로 일거에 오기의 변법을 물거품으로 만든 바 있다. 초나라가 광대한 영토와 수많은 인구를 보유했음에도 불구하고 천하 통일이 주역이 될 수 있는 절호의 계기를 상실한 이유다.

상앙의 변법은 모든 면에서 오기의 변법과 닮았다. 기려지신 출신인 상앙과 오기 모두 기득권 세력인 세족을 권력에서 과감히 몰아내 커다란 원망을 자초한 점에서 아무런 차이가 없었다. 다만 상앙은 순수한 법가인데 반해 오기는 법가 사상에 기초한 병가였다는 점만이 달랐을 뿐이다. 불행하게도 상앙은 오기의 전철을 밟고 말았다. 태자 사의 원한을 산 게 결정적이었다.

그러나 진나라는 초나라와 다른 모습을 보였다. 태자 사는 진혜문왕秦惠文王으로 즉위한 뒤 변법의 주역인 상앙을 곧바로 제거하기는 했으나 상앙이 생전에 공들여 이뤄 놓은 변법만큼은 그대로 유지한 것이다. 이게 훗날 진시황이 천하를 통일하는 디딤돌이 되었다. 여기에는 당시 진나라가 초나라와 달리 세족의 층이 상대적으로 엷었던 점이 크게 작용했다. 진나라로서는 운이 좋았던 셈이다.

당시 진효공의 죽음을 가장 애통하게 생각한 사람은 말할 것도 없이 상앙이었다. 상앙 역시 변법의 선구자인 오기가 초도왕의 죽음을 계기로 비참한 최후를 맞이한 일을 몰랐을 리 없다. 실제로 그는 오기의 전철을 밟지 않기 위해 모든 노력을 경주했다. 그러나 그 역시 기려지신의 한계를 이내 절감할 수밖에 없었다. 그를 비난하는 자들이 너무 많았던 것이다.

당시 상앙은 자신의 노력이 수포로 돌아가자 이내 야음을 이용해 함곡관을 벗어난 뒤 곧바로 위나라를 향해 달아났다. 위나라의 관문을 지키는 관원이 급히 조정에 보고하자 위혜왕이 일갈했다.

"이자는 지난날 공자 앙을 유인해 서하 땅을 빼앗아 갔다. 내가 어찌 한시라도 그자를 잊을 리 있겠는가? 즉시 그를 밖으로 내쫓도록 하라. 우리 손에 피를 묻힐 이유가 없다."

상앙은 부득불 봉지인 상어 땅에서 반기를 들었다. 그는 무리를 이끌고 북상해 정현 섬서 화현을 쳤다. 그러나 상앙은 병법가가 아니다. 결국 그는 변변히 싸워 보지도 못하고 함양으로 압송되었다. 진혜문왕이 그의 죄목을 열거한 뒤 곧바로 하령했다.

"거리로 끌어내 거열형에 처하라."

그의 일족 역시 한 사람도 남김없이 모두 주살됐다. 당시 그의 나이 50세였다. 상앙 역시 오자서와 마찬가지로 뛰어난 지략을 지니고 있었음에도 불구하고 공성신퇴의 이치를 깨닫지 못했다. 상앙의 비참한 최후는 후세인들로 하여금 그의 변법에 대해 많은 회의를 품게 만들었다. 『사기』 「상군열전」의 사평이 그 실례이다. 사마천은 오기와 달리 그를 전혀 동정하지 않았다. 천성적으로 각박한 성정을 지녔다고 보았기 때문이다. 그러나 이는 지나치다. 그의 비참한 최후와는 별개로 그의 변법은 만세의 귀감으로 남을 만하다. 난세 타개를 위한 최상의 방략을 실천적으로 보여 주었기 때문이다. 단지 변법의 시행 과정에서 후계자인 태자 사를 제대로 다루지 못한 게 커다란 아쉬움으로 남는다.

•

『상군서』와 『한비자』의 결단과 치도

•

예로부터 상앙의 저서로 알려진 『상군서』는 병서의 하나로 알려져 왔다. 신상필벌과 군주의 결단을 촉구한 게 결정적이다. 특히 군주의 결단 문제를 깊숙이 논한 것은 역대 고전 가운데 『상군서』밖에 없다. 법가 사상을 집대성한 『한비자』 역시 군주의 결단을 매우 중요한 과제로 다루고 있으나 해당 내용 모두 『상군서』를 그대로 인용한 것에 지나지 않는다. 상앙을 실질적인 법가의 효시로 보는 이유다.

『상군서』는 「거강」에서 이 문제를 간략히 언급한 뒤 「설민」에서 종합적으로 정리해 놓았다. 이를 정확히 이해하기 위해서는 먼저 전제專制와 독재獨裁의 의미부터 명확히 할 필요가 있다. 『한비자』는 독재와 전제를 엄격히 분리했다. 군주를 허수아비로 만드는 붕당 세력의 우두머리인 권신의 전횡을 '전제', 군주의 고독한 결단을 '독재'로 표현한 게 그렇다. 한비자는 무엇을 근거로 권신의 전제와 군주의 독재를 구분한 것일까? 『한비자』「망징」에 설명이 나온다.

"신하들이 붕당을 결성해 군주의 눈과 귀를 가리면서 권력을 휘두르면 그 나라는 패망한다. 변경을 지키는 장수의 직위가 너무 높아 멋대로 명을 내리면 그 나라는 패망한다. 나라의 창고는 텅 비어 있는데도 대신의 창고만 가득 차 있으면 그 나라는 패망한다."

한비자가 좌우의 의견에 흔들리지 않고 독자적으로 결단하는 군주 독재를 역설한 이유가 여기에 있다. 군주의 결단이 국가 존망과 직결된다고 판단한 데 따른 것이다. 그는 『한비자』「외저설 우상」에서 상앙과 비슷한 시기에 활약한 신불해申不害의 말을 인용해 군주의 고독한 결단을 이같이 설명해 놓았다.

"일을 처리할 때 남의 눈치를 보지 않고 홀로 진상을 파악하는 것을 명明, 어떤 일이 일어나도 남의 말에만 귀를 기울이지 않고 홀로 판단하는 것을 총聰이라고 한다. 이처럼 남의 말과 뜻에 흔들리지 않고 '총'과 '명'에 따라 홀로 결단하는 사람은 가히 천하의 제왕이 될 수 있다."

『한비자』는 군주의 고독한 결단을 독단獨斷으로 표현해 놓았다. 서구의 정치사상사에서 말하는 '딕테이터십dictatorship', 즉 독재와 유사한 개념이다. '독재'라는 용어가 유행하게 된 것은 메이지유신 당시 일본인들이 '딕테이터십'을 '독단' 대신 '독재'로 번역한 뒤이다. 원래 재裁와 단斷 모두 옷감이나 재목 따위를 치수에 맞도록 재거나 자르는 마름질을 의미한다. 독재 대신 독단으로 번역했을지라도 결국 같은 뜻이다.

그러나 그 내막을 보면 상앙과 한비자가 말하는 독단 내지 독재는 서구의 '딕테이터십'과 적잖은 차이가 있다. 『상군서』「수권」에는 독재가 독제獨制로 나온다. 독단과 독제를 『상군서』「거강」과 「설민」 및 「근령」 등에서는 군주의 고독한 결단을 뜻하는 군단君斷으로 표현해 놓았다. 난세가 극에 달했을 때 반드시 필요한 결단의 유형으로 언급한 것이다.

「거강」과 「설민」 및 「근령」의 풀이에 따르면 태평성대에는 모든 문제를 백성들 스스로 판단해 처결하게 된다. 이를 심단^{心斷} 내지 가단^{家斷}이라고 한다. 그보다 약간 못한 치세에는 분쟁을 마을 단위에서 처결한다. 곡단^{曲斷}이다. '곡'은 향곡^{鄉曲}을 뜻한다. 가단과 곡단을 합쳐 하단^{下斷}이라고 한다. 하단과 대비되는 것이 상단^{上斷}이다. 이는 크게 관단^{官斷}과 군단^{君斷}으로 나뉜다. 쟁송이 많아져 관아에서 처결하는 것이 관단이다. 나라가 그만큼 어지러워졌음을 뜻한다. 관아에서도 처결하지 못하면 마침내 모든 사람이 최고 통치권자인 군주의 결단을 요구하는 최악의 상황이 도래한다. 이때 필요한 게 바로 군단이다. 난세의 심도가 그만큼 깊어졌음을 의미한다.

상앙은 자신이 활약하던 전국시대 중기의 상황을 난세의 절정으로 파악했다. 군주의 고독한 결단을 촉구한 이유다. 한비자는 상앙의 이런 주장에 공명했다. 『한비자』 「칙령」에서 엄정한 법치의 확립을 역설한 것도 이런 맥락에서 이해할 수 있다. 해당 대목이다.

"군주는 자신의 명령을 공정하고 불편부당하게 시행하여 법제에 부합하도록 해야 한다. 법제가 공평하면 관원이 간사한 짓을 못하게 된다. 공적에 따라 인재를 임용하면 백성들의 말이 적고, 공허한 인의 도덕을 떠벌리는 자를 임용하면 백성들의 말이 많아진다. 법치는 향촌에서부터 엄히 시행될 필요가 있다. 곧바로 5리 범위 안에서 엄히 시행할 수 있으면 왕자^{王者}, 9리 범위 내에서 엄히 시행할 수 있으면 강자^{彊者}가 된다. 지척대며 시행을 늦추는 나라는 영토가 깎이고 쇠약해진다."

「칙령」에서는 비록 왕자와 강자 사이에 위치한 패자를 구체적으로 언급하지는 않았으나 논리상 5리와 9리 중간 부근의 곡단에 패자가 존재한다고 본 것이나 다름없다. 「칙령」은 『상군서』에 나오는 여러 수준의 결단을 종합적으로 정리해 놓은 것이다. 원조는 상앙이다. 문제가 되는 것은 곡단이다. 『상군서』 「설민」에는 '5리단자강^{五里斷者彊}, 10리단자약^{十里斷者弱}'으로 되어 있다. 『한비자』 「칙령」의 '5리단자왕^{五里斷者王}, 9리단자강^{九里斷者彊}'과 커다란 차이가 있다. 또 『상군서』 「거강」에는 '9리단자강^{九里斷者彊}, 10리단자약^{十里斷者弱}',

『상군서』「근령」에는 '5리단자왕五里斷者王, 10리단자강十里斷者彊'으로 되어 있다. 5리와 9리, 10리에 대한 해석이 제각각이다. 『상군서』와 『한비자』의 해당 대목을 도표로 정리하면 다음과 같다.

〈상군서와 한비자에 나오는 결단과 치도의 상호관계표〉

	『상군서』「설민」	『상군서』「거강」	『상군서』「근령」	『한비자』「칙령」
심단 또는 가단	(제자帝者)	(제자)	(제자)	(제자)
5리 범위 곡단	강자彊者	(왕자王者)	왕자	왕자
(7리 범위 곡단)		(패자霸者)	(패자)	(패자)
9리 범위 곡단		강자		강자
10리 범위 곡단	약자弱者	약자	강자	

'5리단자'를 강자, '10리단자'를 약자로 규정한 「설민」을 제외하면 「거강」과 「근령」 및 「칙령」은 '5리단자'와 '9리단자' 및 '10리단자'를 왕자와 강자 및 약자로 해석해 차례로 언급한 셈이다. 객관적으로 볼 때 「칙령」이 『상군서』의 헷갈리는 내용을 가장 체계적으로 정리해 놓았다. 이들 모두 비록 심단 내지 가단과 '7리단자'의 곡단을 언급하지는 않았으나 논리상 심단 및 가단은 가장 높은 단계의 제자帝者, '7리단자'는 패자에 해당한다. 왕자와 강자 사이에 존재하는 패자는 대략 '5리단자'와 '9리단자'의 중간인 '7리단자' 정도로 간주할 수 있다. 이 경우 '10리단자'는 근근이 명맥을 유지하는 약자弱者 내지 영토가 깎이는 위자危者가 된다. 9리단자와 10리단자의 차이가 매우 큰 셈이다. 원래 십진법에서 사용하는 10은 만수滿數를 뜻한다. 단순히 10개를 가리키는 게 아니라 매우 많은 숫자를 통칭해 '10'이라고 한 것이다. '9리단자'와 '10리단자'의 차이도 이런 관점에서 해석할 필요가 있다.

고금을 막론하고 법치가 확립돼 있지 못하면 백성들은 시비 판단의 근거가 없어 사안을 속히 처리할 수 없게 된다. 쟁송이 많아지는 이유다. 이를 방치하면 나라가 이내 어지러워질 수밖에 없다. 상앙과 한비자는 법치가 확립되면 향촌 단위에서 조속히 시비를 결단해 문제를 미연에 방지할 수 있다고 역설했다. 『상군서』「설민」에서 하단과 상단이 등장하는 배경을 치세와 난세의 틀 속에서 일치日治와 야치夜治, 숙치宿治로 바꿔 표현한 이유다.

원래 가단은 다스리는데 여유가 있는 상황이다. 업무 시간인 낮에 결단해 사안을 처리하는 '일치'가 이뤄지면 왕자가 된다고 말하는 이유다. 관단은 다스리는데 다소 부족한 상황이다. 밤늦게 결단해 사안을 처리하는 '야치'가 이뤄지면 강자가 된다고 말하는 이유다. 군단은 다스리는데 큰 어려움을 겪을 정도로 매우 어지러운 상황이다. 머뭇거린 탓에 하룻밤을 묵혀 다음 날 결단해 사안을 처리하는 '숙치'가 이뤄지면 나라의 영토가 깎인다고 말하는 이유다.

『한비자』와 『상군서』는 비록 가장 높은 수준의 제도帝道에 관해서는 언급하지 않았으나 기본 취지를 토대로 추론하면 가단을 바로 '제도'로 상정했음을 알 수 있다. 『상군서』와 『한비자』에 나오는 '치세 및 난세에 적용되는 결단의 차원'을 종합하면 대략 다음과 같이 정리할 수 있다.

〈치세 및 난세에 적용되는 결단의 차원〉

상황	필요한 결단의 종류		결단의 완급	결단주체	치자
치세	하단	가단家斷	즉치卽治	가호	제자帝者
		곡단曲斷	일치日治	5리	왕자王者
난세	하단	곡단曲斷	일후치日後治	7리	패자霸者
		곡단曲斷	석치夕治	9리	강자彊者
		곡단曲斷	석후치夕後治	10리	약자弱者
	상단	관단官斷	야치夜治	관아	삭자削者
		군단君斷	숙치宿治	군주	위자危者
		무단無斷	불치不治	무無	망자亡者

공평무사한 법 집행이 제대로 이뤄지는 순서로 말하면 가단의 수준이 가장 높다. 일정한 기준이 없어 멋대로 법 집행이 이뤄지는 무단無斷과 정반대된다. '무단'은 결단의 주체가 없는 상황을 말한다. 『한비자』와 『상군서』는 이를 구체적으로 언급하지 않았으나 권신들이 발호해 백성들을 그물질해 사복을 채우는 최악의 단계를 상정한 것이다. 이 단계에서는 군주가 허수아비로 전락한 까닭에 결단의 주체가 없고 오직 권신들이 자신들의 입맛에 따라 멋대로 정책을 결정하고 법령을 집행할 뿐이다. 후한 말기에 등장한 환관의 발호와 조선조의 세도정치 등이 '무단'의 대표적인 사례에 해당한다. 난세일수록 강력한 군권君權에 기초한 단호한 결단이 필요한 이유다.

상앙은 군주가 허수아비로 전락한 상황이 바로 '무단'에 해당한다고 판단했다. 그는 이를 군약신강君弱臣强으로 표현했다. '군약신강'을 언급한 최초의 사례에 해당한다. 그는 군약신강을 패망의 지름길로 간주했다. 『상군서』 「신법」의 해당 대목이다.

"군주가 '군약신강'의 배경을 제대로 살피지 못하면 설령 열국 제후들의 침공을 받지 않을지라도 반드시 백성들의 겁박을 받게 된다. 붕당 세력의 교묘한 언설이 횡행하면 현자나 불초한 자나 모두 이를 따라 배울 것이다. 선비들이 언변에 뛰어난 사람에게서 배우면 일반 백성은 실질적인 일을 팽개친 채 허황된 언설을 낭송하고 다닐 것이다. 국력이 줄어들고 서로를 비난하는 얘기가 난무하는 이유다. 군주가 이를 제대로 살피지 못하면 전쟁이 일어났을 때 반드시 장병을 모두 잃을 것이고, 성을 지키려고 해도 오히려 성을 팔아먹는 자가 나타날 것이다."

군약신강의 상황은 국가 공동체 차원에서 빚어지는 '무단'에 해당한다. 최소 단위의 부부 공동체의 경우에도 '무단'의 상황이 존재한다. 기업 공동체도 예외가 아니다. 『한비자』가 역설했듯이 금실 좋았던 부부 사이도 먹고사는 일이 심각한 문제로 부상하면 이내 다툼이 잦아진다. 풍요로울 때는 사소한 문제에 지나지 않았던 것이 자칫 심각한 문제로 번질 수 있다. 이때 양측이 서로 이해하고 타협하면 아무 문제가 없다. 이는 '가단'에 비유할 수 있다.

만일 갈등이 누적돼 다툼이 격화되면 중재인이 등장한다. 양측 가족과 친지가 이에 해당한다. 이는 5리 이내의 '곡단'에 비유할 수 있다. 이들의 중재가 실패하면 사회 원로 등에게 중재를 부탁할 수 있다. 10리 이내의 '곡단'이 이에 해당한다. 만일 이마저 실패해 다툼이 격화되면 결국 법정으로 갈 수밖에 없다. '관단'이 개입하는 상황이다.

일단 '관단'이 개입하면 비용도 많이 들 뿐만 아니라 사안을 원만히 해결하기도 어렵게 된다. '관단'은 기본적으로 정해진 규정에 의해 획일적으로 판단하는 까닭에 위자료 등을 둘러싸고 양측 간에 첨예한 공방전이 펼쳐지게 된다. 모양이 좋을 리 없다. 비록 다툼이 격화되기는 했으나 그나마 이 단계에서라도 조정 등의 다양한 형식을 통해 사안이 해결되면 다행이다.

만일 '관단'에 의해서도 해결되지 않고 양측이 서로 삿대질을 하며 치고받는 상황으로 치닫게 되면 어찌되는 것일까? 이때는 법원의 조정 차원을 넘어 국가 공권력이 발동하게 된다. 이를 방치할 경우 국가 공동체에 심각한 폐해를 줄 수 있기 때문이다. 이혼과 함께 강제력에 의한 상호 접근 금지 등의 명령이 내려지는 게 이에 해당한다. 그야말로 난세가 절정에 달하는 셈이다. 여기서 한 발 더 나아가 법원의 결정에 불복하고, 제삼자가 개입해 권모술수를 동원한 난타전으로 진행되면 그야말로 최악의 단계인 '무단'에 해당한다.

기업 공동체의 패망도 같은 맥락에서 풀이할 수 있다. 2세대가 등장해 창업주와 고락을 같이했던 임원과의 갈등이 폭발할 경우 이와 유사한 양태를 보인다. 국가 공동체 역시 말기에 들어와 군주가 암약하고 권신이 발호할 때 예외 없이 이런 양상이 나타난다. 춘추전국시대와 삼국시대 등 난세 때마다 권신이 군주를 시해하고 나라를 빼앗는 시군찬위弑君簒位가 나타난 게 그렇다. 모두 집안이나 기업의 형편이 극도로 어려워지거나 내란 및 외환 등의 환란으로 인해 나라가 휘청거릴 때 이런 양상이 빚어진다. 『한비자』 「외저설 우하」에서 군주 통치의 요체를 백성을 직접 다스리는 치민^{治民}이 아니라 관원을 대상으로 한 치리^{治吏}에서 찾은 이유가 여기에 있다. 이는 권신의 발호를 미연에 방지해 보위를 튼튼히 하고, 군주가 의도한 바대로 신하를 부리고자 하는 제신술^{制臣術}의 일환으로 나온 것이다. 상앙의 군단 개념을 확장한 것으로 볼 수 있다.

제9장

소진의 합종책과 종횡가縱橫家의 유세술

존왕양이로 바라본 춘추전국시대의 구분

춘추전국시대를 관통한 키워드는 '존왕양이의 대업'이다. 이는 내용상 몇 단계의 변천 과정을 겪었다. '양이'는 전 기간에 걸쳐 대동소이했으나 '존왕'과 '대업'만큼은 시기별로 커다란 차이를 보였다. 크게 네 시기로 나눌 수 있다.

제1기는 춘추시대 전반기에 해당하는 시기이다. 대략 주왕실이 낙읍으로 동천하는 기원전 8세기 후반부터 제환공과 진문공이 활약하는 기원전 7세기 초반까지의 약 150년간이 이에 해당한다. 제환공과 진문공이 패업을 추구하면서 이상형으로 상정한 인물은 주나라의 건국 원훈인 주공周公 단旦이었다. 그는 덕정으로 천하를 다스린 왕자王者의 표상이었다. 제환공과 진문공이 왕업에 가까운 패업을 이룩한 이유다. 이들이 이룬 패업은 도덕적인 측면에서 볼 때 왕업과 그다지 큰 차이가 없었다. 오직 정도의 차이만 있었을 뿐이다. 이 시기의 존왕과 대업은 '적극적인 존왕'과 '도덕적인 패업'으로 규정할 수 있다.

제2기는 춘추시대 후반기에 해당하는 시기이다. 대략 진목공이 중원의 진晉나라 군사를 격파하고 새로운 패자로 등장하는 기원전 7세기 초반부터 월왕 구천이 오왕 부차를 몰락시키고 패자로 부상하는 기원전 5세기 초반까지의 약 200년간이 이에 해당한다. 이 시기는 도덕성이 담보되지 않는 패업이 횡행한 시기였다. 월왕 구천이 온갖 굴욕을 참고 궤계를 구사해 마침내 천하를 호령한 게 그렇다. 오왕 부차의 죽음은 왕자에 가까운 패자의 시대가 끝났음을 상징했다. 이 시기의 특징은 '소극적인 존왕'과 '비도덕적인 패업'으로 요약할 수 있다.

제3기는 전국시대 전반기에 해당하는 시기이다. 대략 중원의 진나라가 3분되는 기원전 5세기 초반부터 상앙이 피살되는 4세기 초반까지의 약 100년간이 이에 해당한다. 이 시기의 초반에는 전국시대 최고의 명군으로 칭송받는 위문후 등이 천하를 주도했다. 위문후는 이극李克을 등용해 법치를 확립하고, 오기를 기용해 강병의 기틀을 마련했다. 그러나 얼마 후 제위왕이 뛰어난 병가인 손빈을 기용해 위나라를 격파하고, 진효공이 상앙의 변법을 채택해 법치국가의 기틀을 확립하면서 천하는 제나라와 서쪽 진秦나라가 쟁패하는 국면으로 전환되었다. 이 와중에 병가와 법가 사상가들이 부국강병의 강력한 지지 세력으로 등장했다. 백화제방百花齊放이 빚어진 이유다. 이 시기에는 백성들의 혐전嫌戰 의식을 배경으로 비전非戰을 내건 묵가, 제후들의 호전好戰 의지를 바탕으로 강병强兵을 역설한 병가, 부국강병을 내세우며 엄법嚴法을 강조한 법가 등이 서로 우위를 다투었다.

유가에서 출발한 묵가는 뛰어난 수비로 상징되는 이른바 '묵수墨守'를 통해 병가의 공전攻戰을 무력화시키려 했다. 이에 대해 병가는 뛰어난 심리전으로 평가되는 이른바 '공심攻心'을 통해 묵수를 격파코자 했다. 결국 '공심'으로 얼마든지 '묵수'를 깨뜨릴 수 있다는 것이 확인됨에 따라 묵가의 세력은 점차 약화되고 말았다. 이 시기에 공자를 비조로 한 유가 세력은 내내 미미하기만 했다. 『전국책』에 나오는 5백 개의 예화 가운데 맹자에 관한 예화가 단 하나

밖에 등장하지 않는 게 그 증거다. 백화제방 상황에서 일차적으로 주도권을 잡은 쪽은 법가였다. 법가는 나라를 보전하고 백성의 안위를 지키기 위해서는 국가 역량을 총동원해야 하고, 그러기 위해서는 반드시 엄법에 의한 기강 확립이 절실히 필요하다고 강조했다. 병가도 크게 중시됐다. 이들 병가와 법가는 도가의 무위사상을 끌어들여 자신들의 사상을 매우 정치하게 다듬었다. 춘추시대의 상징인 '패자'가 사라지고 병가와 법가의 통치 사상에 입각한 '강자'가 군림하게 된 배경이다.

'강자'의 출현은 대업의 내용이 질적으로 바뀌고 있음을 의미했다. 전국시대 중기까지만 하더라도 그 구체적인 모습이 확연히 드러나지 않았던 '제업'이 서서히 부각되기 시작했다. 제업의 가장 큰 특징은 강력한 제왕권을 기초로 한 중앙집권체제의 구축에 있었다. 필연적으로 천하 통일로 나아갈 수밖에 없었다. 당시 이를 의식하고 천하 통일의 길로 나아간 나라는 비단 서쪽 진나라뿐만이 아니었다. 동쪽 제나라와 남쪽 초나라 같은 강대국 역시 같은 길을 걸었다. 그러나 두 나라는 막연히 자신들이 주도하는 천하 통일만 생각했을 뿐 구체적인 복안을 갖고 있지 못했다. 한고조 유방과 건곤일척의 승부를 겨뤘던 초나라 명문가 출신 항우가 천하를 먼저 손에 놓고도 제업의 길을 버린 채 춘추시대의 봉건적 패업을 추구하다가 스스로 무너진 사실이 이를 뒷받침한다. 법가 및 병가 사상에 기초한 부국강병 사조는 필연적으로 봉건 질서를 전제로 한 전래의 왕패 개념에 대한 새로운 해석을 요구하고 있었다. 이는 시대적 요청이기도 했다. 진나라는 바로 이런 시류에 가장 슬기롭게 편승한 나라였다. 진시황이 바로 그 대미를 장식했던 것이다. 그럼에도 수천 년 동안 이를 애써 축소하거나 무시해 왔다. 전한 이후에 빚어진 이런 왜곡된 인식은 성리학의 등장 이후 더욱 심해졌다.

그러나 전국시대는 결코 암흑기가 아니었다. 춘추시대 350년간에 걸친 사상적 고뇌의 집적이 이 시기에 폭발적으로 터져 나왔다. 제3기가 백가쟁명의 시기로 작동한 이유다. 이 시기는 지방분권적 봉건 질서가 붕괴하고 그에 대한 대안으로 중앙집권적 제국 질서가 서서히 부각되는 시대적 추세에 발맞춰 '존제^{尊帝}'와 '제업^{帝業}'의 의미가 새로이 강조된 데서 그 특징을 찾을 수 있다.

제4기는 전국시대 후반기에 해당하는 시기이다. 대략 소진^{蘇秦}과 장의^{張儀}로 상징되는 종횡가들이 천하를 주유하며 제후들에게 유세하는 기원전 4세기 초반부터 진시황이 천하를 통일하는 기원전 3세기 초반까지의 약 100년 간이 이에 해당한다. 이 시기에 진나라는 최강의 무력을 보유하고 있었다. 진 나라는 이를 바탕으로 장의를 내세워 나머지 6국을 자국의 통제 하에 두고 자 했다. 그러나 장의의 연횡은 무력을 동원해서라도 천하 통일을 실현코자 하는 진나라의 속셈을 포장한 것에 지나지 않았다. 당시 연횡의 속셈을 정확 히 파악한 인물이 바로 소진이었다. 그는 나머지 6국을 종으로 묶어 진나라 를 포위하는 합종을 추진했다. 그러나 6국은 작은 이익에 서로 집착한 나머 지 시종 느슨한 합종으로 일관하다가 마침내 연횡에 발을 들여놓음으로써 자멸하고 말았다. 결국 진시황은 범수^{范雎}의 원교근공^{遠交近攻} 계책을 이용해 6국을 차례로 복멸시켜 천하 통일의 대업을 완수하게 되었다.

제4기의 가장 큰 특징은 종횡가의 활약에서 찾을 수 있다. 제4기에 들어와 법가와 병가는 종횡가의 보조적인 역할을 한 측면이 강하다. 그만큼 제4기는 외교 책략의 전성기라고 할 수 있다. 난세의 성격이 강해지면 강해질수록 외 교 책략의 중요성 또한 커질 수밖에 없다. 종횡가들은 바로 이런 시기에 대거 등장해 자신들의 기량을 유감없이 발휘했다. 진나라의 천하 통일은 흔히 알 고 있는 것과 같이 단순히 무력을 동원해 이뤄진 것이 아니다. 진나라의 무력 동원은 연횡에 저항하는 나라에 대해 개별적이면서도 지속적으로 이뤄졌다. 진나라가 무력을 동원하기에 앞서 추진한 것은 영토의 할양이었다. 진나라는 6국으로부터 수시로 영토를 할양받아 자국의 군현으로 흡수함으로써 천하 통일 작업의 연착륙을 시도했다. 이때 결정적인 역할을 수행한 자들이 바로 외교 책략가인 종횡가들이었다. 이 시기는 명목뿐인 주왕실이 8백 년 만에 역사의 무대에서 완전히 사라진 사실이 보여 주듯이 봉건 질서가 완전히 붕괴되고 새로운 통치 질서가 절실히 요구된 시기이기도 했다. 그 대안이 바로 '제국 질서'였다. 제국 질서의 특징은 강력한 제왕권을 바탕으로 효율적인 통치 권력의 발동을 보장하는 중앙집권체제에 있다. 진나라는 천하 통일에 앞서 바로 이런 정지 작업을 차질 없이 진행시켜 나갔다.

종횡가의 시대

사가들은 통상 전국시대를 주위열왕周威烈王 23년(기원전 403년)부터 진시황秦始皇 26년(기원전 221년)까지로 잡는다. 북송대의 사마광이 『자치통감』에서 주장한 기준에 따른 것이다. 사마광은 주위열왕이 진晉나라를 3분한 한韓, 위魏, 조趙 3가三家를 제후로 봉한 사실에 주목해 주위열왕 23년을 전국시대의 시점으로 잡았다. 이때부터 7개 대국이 본격적인 대결을 펼쳤다. 이들을 '전국7웅'이라고 한다. 이는 후대인이 『문선』에 실린 장형張衡의 「동경부」에 나오는 '7웅병쟁七雄竝爭'이라는 구절에서 따온 것이다.

전국7웅은 약 2백 년간에 걸쳐 천하를 거머쥐기 위해 치열한 공방전을 전개했다. 전국시대 내내 자웅을 겨뤘던 나라는 제齊, 진秦, 초楚 3국이었다. 초기만 해도 위나라와 조나라가 위세를 떨쳤다. 그러나 두 나라는 영토도 작고 인민의 수도 많지 않아 일정한 한계가 있었다. 뒤이어 등장한 제, 진, 초 3국은 이합집산을 거듭하며 천하의 주도권을 놓고 치열한 각축을 벌였다. 대략 제나라와 초나라가 서로 협력하여 진나라에 저항하는 구도로 전개되었다. 진나라가 시종 두 나라의 연맹 구도를 와해시키는 데 모든 노력을 경주한 이유다.

이때 진나라가 내세운 것이 바로 장의의 연횡 계책이었다. 연횡은 진나라와 대등한 외교 관계를 맺어 국가 유지를 도모하는 계책을 말한다. 그러나 실은 진나라가 6국을 병탄코자 하는 속셈을 교묘히 포장한 것에 지나지 않았다. 나머지 6국은 이내 그 속셈을 알고 소진의 합종으로 맞섰다. 합종은 제나라와 초나라의 연맹 체제를 기축으로 하여 나머지 한, 위, 조, 연 4국이 이에 가담해 공동전선을 펼치는 게 골자이다. 진나라의 중원 진출을 저지하는 게 기본 책략이었다. 소진의 활약으로 나머지 6국이 합종하게 되자 과연 진나라는 중원으로 진출하기는커녕 오히려 6국의 서진을 두려워해야만 하는 상황이 연출되었다.

이처럼 전국시대는 가히 '종횡가의 시대'라고 할 만큼 뛰어난 유세객들이 종횡무진으로 활약한 시기였다. 이들은 원래 유가와 법가, 도가, 병가, 법가 등과 달리 뚜렷한 사상적 기반을 갖고 있는 사상가들이 아니었다. 이들은 변화무쌍한 시변에 재빨리 적응해 주어진 상황 속에서 가장 유리한 선택지를 찾아내는 데 탁월한 재능을 발휘했다. 이는 전국7웅이 다투어 이른바 '양사養士'에 나선 사실과 밀접한 관련이 있다.

'양사'는 봉건 질서가 사실상 와해된 상황에서 세습 귀족을 대신할 새로운 세력을 키운다는 뜻이다. 대상은 '사인士人'이었다. 이들은 대부분 경제적 능력은 취약했으나 자신들이 습득한 학문을 자산으로 삼아 말 한마디로 일약 재상의 반열에 오를 수 있는 시대적 조류에 적극 편승했다. 이런 시류 편승에 성공한 인물이 바로 소진과 장의, 범수, 채택 등이었다.

이들 종횡가들은 능란한 변설로 제후들을 설득할 경우 일거에 입신할 수도 있었다. 그러나 자칫 말 한마디라도 실수할 경우 목숨을 내놓아야만 하는 위험 부담을 안고 있었다. 따라서 이들의 변설에는 난세에 살아남기 위한 정교하고도 뛰어난 지략이 담겨져 있었다. 이들은 크게는 임기응변에 능한 외교 책략가였고 작게는 시류에 민감한 처세론자였다.

그러나 당시 아무리 뛰어난 지략을 지녔다 할지라도 군주를 직접 만나 유세하기가 그리 쉬운 일은 아니었다. 이로 인해 이들은 중개인 역할을 해 줄 세도가에 몸을 기댄 채 기회를 엿보는 노선을 선택했다. 이는 이들 유세객들을 이용해 권력을 탈취 내지 유지코자 하는 세가의 이해와 맞아떨어졌다. 세도가의 양사가 횡행하게 된 근본 배경이 여기에 있다.

전국시대에 '양사'를 통해 숱한 일화를 남긴 인물이 바로 전국사공자戰國四公子이다. 이들은 왕족의 서얼들로 비록 왕위를 차지하지는 못했으나 세객들을 식객으로 거느리며 이들의 지략을 이용해 작게는 자신들의 세력을 공고히 하고, 크게는 국난 타개의 선봉을 자처했다.

맹상군 전문田文은 제위왕의 후손으로 3천 식객을 거느리며 계명구도鷄鳴狗盜 같은 숱한 일화를 남겼다. 평원군 조승趙勝은 조혜문왕趙惠文王의 동생으로 상국이 된 후 모수자천毛遂自薦 등의 많은 고사를 남겼다. 신릉군 무기無忌는 위소왕의 아들로 조나라의 한단이 진나라에 포위되었을 때 이를 구해 줌으로써 절부구조竊符救趙의 고사를 남겼다. 박학다식했던 춘신군 황헐黃歇은 초경양왕을 섬기며 능란한 외교술로 초나라를 합종의 맹주로 끌어올리면서 25년 동안이나 초나라의 재상직을 역임했다. 그러나 그는 초고열왕이 죽자 자신의 휘하에 있던 이원李園의 암수에 걸려 멸족의 화를 입었다.

세객과 세가의 결합은 여불위와 진시황의 부친인 자초子楚의 만남에서 절정을 이뤘다. 여불위는 비록 세객은 아니었으나 신분상의 한계를 뛰어넘기 위해 세객과 똑같은 심경을 지니고 있었다. 자초 또한 비록 세가는 아니었으나 유사시 보위를 거머쥐고자 하는 야심을 품고 있었다. 두 사람의 절묘한 만남은 진시황의 탄생을 가능하게 했고 마침내는 진나라의 천하 통일로 귀결되었다.

상업도시의 탄생

『전국책』은 최대의 난세라고 할 수 있는 전국시

대에 활약한 종횡가들의 일화를 묶어 놓은 책이다. 주인공은 소진이다. 그가 세치 혀로 천하를 종횡할 수 있었던 것은 전국시대가 경제적으로도 전례 없는 풍요를 구가한 것과 무관하지 않았다. 이는 철기 사용의 급속한 확산과 밀접한 관련이 있다. 철제 농구의 보급은 비약적인 증산을 가능하게 했고, 잉여 생산물의 활발한 교역은 거대한 상업도시를 탄생시켰다. 막대한 세원 확보는 강력한 상비군과 중앙집권적 관료체제의 유지를 가능하게 했다. 이는 주현왕 36년(기원전 333년)에 당대의 종횡가인 소진이 제선왕 앞에서 펼친 다음과 같은 유세를 통해 쉽게 확인할 수 있다.

"지금 제나라 도읍 임치는 7만 호입니다. 최소한 1호당 3명이 있다고 가정할 경우 장정만 해도 무려 21만 명이나 됩니다. 멀리 떨어져 있는 현에서 징병하지 않고 임치의 병사만 징병해도 거뜬히 21만 명을 동원할 수 있는 것입니다. 거리는 번화하기 그지없어 수레의 차축이 서로 부딪치고, 길 가는 사람들의 어깨가 서로 닿고, 옷깃이 이어져 휘장을 이루고, 소매가 나란히 합쳐져 장막을 이루고 있습니다."

이를 통해 짐작할 수 있듯이 전국시대는 열국간의 치열한 각축 속에서도 임치와 같은 거대한 도시를 중심으로 활발한 교역 활동이 이뤄진 시기였다. 당시의 교역에 열국의 국경은 아무런 장애가 되지 않았다. 한나라 출신의 부상富商 여불위가 각국의 교역도시를 거점으로 막대한 부를 축적한 뒤 마침내 당시 최대 강국인 진나라의 재상으로 활약할 수 있었던 것도 바로 이런 시대 상황에 따른 것이었다.

그럼에도 수천 년간에 걸쳐 이런 사실이 제대로 평가되지 못했다. 이는 한무제가 유학만을 유일한 관학으로 인정하는 이른바 독존유술을 선포한 이래 유가 사상이 수천 년 동안 유일무이한 통치 이데올로기로 작동한 사실과 불가분의 관계를 맺고 있다. 사가들은 이를 두고 '유가독패儒家獨覇'로 부른다. 한무제의 독존유술 선언은 유가들로 하여금 주나라의 봉건 질서를 구축한 주공 단의 통치를 가장 이상적인 통치로 간주하게 만들었다.

그러나 치세를 전제로 한 유가 사상은 단속적으로 찾아오는 난세를 이해하는 데 적잖은 문제점을 안고 있다. 유가 사상이 난세의 통치 이데올로기로 제 기능을 발휘하지 못한 근본 이유가 여기에 있다. 치세와 난세는 늘 순환하기 마련이다. 난세의 이치를 모르면 시변을 좇아 대응하기가 어렵게 된다.

제자백가로부터 소외된 종횡가

춘추시대 말기 공자를 효시로 하는 최초의 학단인 유가가 출현한 후 전국시대 초기부터 말기에 이르기까지 묵가를 위시해 도가, 법가, 병가, 종횡가, 음양가, 농가, 잡가 등 제자백가가 우후죽순처럼 등장했다. 종횡가는 전국시대 중기 이후 본격 등장하기 시작했다. 이들은 세치 혀 하나만으로 열국을 종횡으로 누비며 천하를 호령했다. 당시 종횡가와 어깨를 나란히 한 학단은 병가와 법가밖에 없었다. 외교와 국방이 늘 그렇듯이 병가는 종횡가에 우호적인 입장이었으나 법가만큼은 시종 종횡가와 대립 관계를 이뤘다. 백가쟁명에서 주도권을 잡기 위한 것이었다.

주목할 것은 종횡가 모두 여타 제자백가와 달리 특정 군주에게 절대적인 충성을 바치지 않고 열국을 자유롭게 오가며 객경의 자리를 독차지한 점이다. 이들은 더 나은 관록을 제시하며 자신들을 알아주고 불러 주는 곳이 있으면 아무 미련 없이 쉽게 자리를 옮겼다. 종횡가들의 활약상을 모아 놓은 『전국책』의 수많은 예화가 이를 증명한다. 여타 제자백가에서는 보기 드문 모습이다.

종횡가의 이런 행보를 수긍한 제자백가는 병가밖에 없었다. 전쟁터의 변화무쌍한 상황에 준해 너그럽게 이해해 준 것이다. 그러나 의리를 중시한 유가는 말할 것도 없고 부국강병을 기치로 내건 법가에 이르기까지 대다수 제자백가는 극히 비판적이었다. 법가는 부국강병을 역설한 점에서 병가 및 종횡가와 서로 통하고 있다. 그럼에도 법가가 사상적으로 이웃사촌격인 종횡가에 비판적인 모습을 보인 것은 이들이 현란한 요설로 천하를 더욱 어지럽게 만든다고 간주한 탓이다. 대표적인 인물이 법가 사상을 집대성한 한비자이다. 『한비자』를 일별하면 알 수 있듯이 이 책에는 종횡가를 비판한 내용으로 가득 차 있다.

그러나 『한비자』도 「세난」에서 『귀곡자』를 방불하는 뛰어난 책략과 유세의 기술을 총망라해 놓았다. 한비자 자신도 책략과 유세의 중요성을 숙지하고 있었던 것이다. 그럼에도 그는 진시황 앞에서 유세 한번 제대로 하지 못한 채 이내 옥사하고 말았다. 이론과 실제의 괴리이다. 사마천이 『사기』 「노자한비열전」에서 "한비자는 유세의 어려움에 관한 「세난」을 쓰고도 정작 본인은 그 덫에서 빠져나오지 못해 허망하게 죽었다"며 안타까움을 표한 게 그 증거다.

책략과 유세의 기법을 총망라해 놓은 종횡가의 바이블 『귀곡자』의 관점에서 볼 때 한비자가 구사한 유세는 초보 수준에도 미치지 못했다. 그가 말더듬이였다는 얘기가 나온 것도 결코 우연으로 볼 수 없다. 이는 한비자 자신이 현란한 언변을 구사하는 종횡가를 크게 질시한 사실과 무관하지 않았다. 『한비자』 「팔간」의 다음 대목이 이를 뒷받침한다.

"군주란 본래 궐 밖의 얘기를 듣기 힘들다. 유세객의 말주변에 넘어가기 쉬운 이유다. 신하들은 제후국의 여러 유세객을 불러들이고 나라 안에 언변이 좋은 자를 양성한 뒤 이들을 군주 앞에 내세워 자신에게 유리하게 말하도록 한다. 이들은 군주 앞에서 교묘한 언변으로 자신들의 말을 따르면 모든 것이 유리하게 진행될 것처럼 착각토록 만들고, 걱정스런 일을 들춰내 겁을 주기도 하고, 헛된 말로 군주의 마음을 허문다."

열국의 권신들 모두 종횡가를 고용해 헛된 말로 군주를 허수아비로 만들어 사리를 챙기는 만큼 이들의 대변인 역할을 하는 종횡가의 말에 속아 넘어가지 말라고 당부한 것이다. 그의 이런 당부가 틀린 게 아니었다. 전국시대 말기는 무력을 동원해 다투는 열전 이외에도 무력을 사용하지 않은 채 외교와 정보 따위를 수단으로 하여 다투는 냉전이 치열하게 전개됐다. 냉전의 전문가인 이들 종횡가들은 능란한 변설로 제후들을 설득할 경우 일거에 재상으로 입신할 수 있었다. 열국간의 경쟁이 더욱 치열해진 전국시대 중기 이후 이들 종횡가들이 천하를 횡행한 배경이다.

그러나 유가의 입장에서 볼 때 종횡가는 의리 없이 시류를 좇아 반복무상反覆無常을 일삼는 소인배 집단에 지나지 않았을 것이다. 대표적인 인물이 맹자이다. 그는 『맹자』「이루 상」편에서 이같이 주장했다.

"일찍이 공자의 제자 염구冉求가 계씨의 가신이 되어 그의 덕을 고치지 못하고 세금을 이전보다 배로 부과했다. 그러자 공자가 말하기를, '구는 나의 무리가 아니다. 애들아, 북을 울려 그 죄를 다스리는 게 가하다'고 했다. 이로써 보건대 군주가 인정仁政을 행하지 않았는데도 그 군주를 부유하게 해 주는 자는 모두 공자에게 버림을 받을 자들이다. 하물며 군주를 위해 억지로 무리한 싸움을 벌이는 경우이겠는가? 땅을 빼앗으려고 전쟁을 하여 시체가 들판을 채울 정도로 사람을 죽이고, 성을 빼앗으려고 전쟁을 하여 시체가 성을 가득 채울 정도로 사람을 죽이고 있다. 이는 영토를 얻으려고 인육을 먹는 것이다. 그 죄는 사형에 처해도 용서받지 못할 것이다. 병법에 능한 병가는 극형에 처해야 하고, 합종연횡을 주선한 종횡가는 그다음의 형에 처해야 하고, 황무지 개간을 부추기며 부국강병을 역설하는 법가는 그다음 다음의 형에 처해야 한다!"

싸움을 관장하는 병가와 부국강병을 내세우며 폭군을 부유하게 만드는 법가를 포함해 싸움을 부추기는 종횡가 역시 무고한 백성들을 죽음으로 내몬 점에서 극형을 받아 마땅하다고 주장한 것이다. 그러나 당시 종횡가들의 생각은 이와 정반대였다. 『귀곡자』「오합」의 다음 대목이 이를 증명한다.

"세상에는 영원히 귀한 것도, 고정불변의 법칙도 없다. 성인이 일을 하면서 항구적인 지지를 보내거나 고정불변의 반대를 하지 않는 이유다. 항구적으로 좇거나 고정적으로 좇지 않는 일 또한 없다. 성인이 하는 일은 모두 해당 사안이 성사될 수 있는지, 나아가 해당 계책이 현실에 부합하는지 여부를 근본으로 삼는다."

'현실 부합' 운운은 천하대세에 올라타는 것을 주문한 것이다. 종횡가가 이상보다는 현실, 명분보다는 실질을 중시했음을 증언하고 있다. 『귀곡자』「오합」이 "세상에는 영원히 귀한 것도, 고정불변의 법칙도 없다"고 역설한 것은 『주역』의 변역變易 이치를 달리 표현한 것이다. 유가는 종횡가의 반복무상한 행보를 들먹이며 그들의 충군忠君과 충국忠國을 문제 삼았다. 그러나 당시 열국 모두 천하의 인재를 두루 그러모아 천하 통일을 추구한 점에 비춰 볼 때 이는 크게 탓할 일이 아니다.

엄밀히 말하면 공자 역시 천하 유세 당시 자신을 알아주는 군주가 나오기만 하면 충성을 바칠 것을 공언한 바 있다. 심지어 반란군에 가담할 생각까지 했다. 기원전 505년 노나라의 권신인 계씨의 가신 공산불요公山弗擾가 반기를 든 뒤 공자에게 예물을 보내며 도와줄 것을 청했다. 『논어』「양화」는 자욕왕子欲往으로 표현해 놓았다. 반란군에 가담할 생각을 가졌다는 뜻이다. 이에 따르면 당시 자로는 스승의 들뜬 모습에 크게 언짢은 표정을 지으며 이같이 만류했다.

"지금 도가 행해지지 않고 있으니 갈 곳이 없으면 그만둘 일이지, 선생님은 어찌하여 하필이면 공산씨에게 가려는 것입니까?"

신랄한 지적이다. 결국 공자는 가담하는 것을 포기했다. 그렇다고 미련을 버린 것은 아니었다. 그의 탄식이 이를 증명한다.

"그가 나를 부르는 것이 어찌 공연히 그러는 것이겠는가? 장차 나를 써 주는 자가 있으면 나는 동쪽에 주나라 못지않은 새로운 문물제도를 일으킬 것이다!"

'공산불요'는 『춘추좌전』에 공산불뉴公山不狃로 나온다. 오랫동안 중국의 유학자들은 이 대목을 볼 때마다 당혹감을 감추지 못했다. 그런 일이 일어날 수 없다는 것을 입증하려고 무척이나 애쓴 이유다. 청대 중기의 최술崔述이 대표적인 인물이다. 그는 『논어』를 정밀히 분석해 『수사고신록』을 펴냈다. 그는 이를 통해 오랫동안 공자에게 덧씌워진 허상을 제거하고 공자의 원래 모습을 찾아내는 데 나름 큰 공을 세웠다. 그러나 이 대목과 관련한 그의 해명은 졸렬하다. 공자는 노나라의 법무장관인 사구司寇로 있었던 까닭에 반기를 든 공산불요의 초청에 동요할 리가 없었다는 식의 해명이 그렇다. 하나 마나 한 해명이다.

지난 1994년에 작고한 미국의 저명한 중국학자 크릴은 『공자 — 인간과 신화』에서 공자가 주왕조를 대체할 만한 새로운 중앙 권력을 세울 생각으로 '새로운 문물제도' 운운한 것으로 분석했다. 중국의 초대 사회과학원장을 지낸 궈모뤄郭沫若가 공자를 혁명가로 평한 것과 궤를 같이한다. 이들의 분석이 역사적 사실에 가깝다.

공자는 비록 군자가 다스리는 이상 국가를 꿈꿨지만 접근 방식만큼은 철저히 현실주의에 입각해 있었다. 공산불요의 초빙에 갈등을 겪은 사실이 이를 뒷받침한다. 자신을 알아주는 군주를 위해 책략과 유세의 기술을 유감없이 발휘한 종횡가의 행보와 별반 다를 게 없다. 실제로 『논어』 「자한」의 다음 대목은 「오합」에서 "세상에는 영원히 귀한 것도, 고정불변의 법칙도 없다"고 언급한 것과 취지를 같이한다.

"공자에게는 네 가지가 없었다. 사사로운 뜻이 없었고, 꼭 하겠다는 것이 없었고, 고집하는 것이 없었고, 내가 아니면 안 된다는 것이 없었다."

맹자 사상에 입각한 후대의 성리학자들이 종횡가를 매도한 것은 공자가 「자한」에서 말한 기본 취지를 제대로 헤아리지 못한 탓이다. 맹자가 질타한 종횡가와 법가 및 병가 가운데 성리학자들에게 유일하게 수용된 것은 병가밖에 없었다. 나라의 안위를 지키기 위해서는 병가의 병략兵略이 절대 필요하다는 사실까지 부인할 수는 없었기 때문이다. 그러나 문인을 우대하며 무인을 얕잡아보는 숭문천무崇文賤武의 기조만큼은 강고하게 지켰다. 성리학의 등장 이후 동양이 날로 쇠락하다가 마침내 서구 열강의 식민지 내지 반식민지로 전락한 근본 배경이 여기에 있다. 난세에 초점을 맞춰 부국강병을 역설한 종횡가와 병가, 법가, 상가 등의 제자백가 학문을 이단으로 치부하며 철저히 무시한 후과다.

췌마술을 익힌 소진의 유세

『사기』는 소진이 장의에 앞서 천하를 주름잡는 종횡가로 활약한 것처럼 묘사해 놓았다. 그러나 지난 1973년 마왕퇴 3호묘에서 출토된 『백서전국책』은 장의를 소진보다 1세대가량 앞선 인물로 기록해 놓았다. 장의가 소진의 사주를 받아 진나라에서 활약했다는 『사기』「소진열전」의 기록과 정면으로 배치된다. 이는 지금도 논란 중이나 학계의 중론은 『백서전국책』 쪽이다. 장의의 활약을 먼저 간략히 살펴볼 필요가 있다.

장의가 연횡책을 구체화한 것은 진나라의 재상이 된 이후이다. 진혜문왕 16년(기원전 324년) 군사를 이끌고 가 위나라를 치고 지금의 허난 성 삼문협 시 서쪽의 섬陝 땅을 공략한 게 그렇다. 이해에 진혜문왕이 처음으로 왕을 칭했다. 그 이전의 호칭은 공公이었다. 『자치통감』은 이를 엄격히 분리해 기록해 놓았다. 그러나 『사기』「장의열전」을 비롯한 여타 사서는 처음부터 '진혜왕'으로 기록해 놓았다. 시호가 혜문惠文 두 자로 되어 있는 까닭에 줄여서 '진혜왕'으로 표현한 것이다.

『사기』「소진열전」은 소진이 장의와 함께 귀곡자 밑에서 학업을 마친 후 노자를 마련해 유세를 다녔으나 이내 실패해 형제와 처첩 등의 웃음거리가 됐다고 기록해 놓았다. 해당 대목이다.

"우리 주나라 사람들의 풍속을 말하면 생업에 뛰어들 경우 주로 상공업에 종사하며 10분의 2의 이익을 남기는 데 애쓴다. 지금 당신은 본업인 상공업을 팽개친 채 구설□舌의 업무에 애쓰는 까닭에 이처럼 곤궁한 것이다. 이 또한 당연한 일이 아니겠는가!"

주목할 것은 본업을 농업이 아닌 상공업으로 언급한 점이다. 주나라는 비록 농토도 거의 없고 명목상으로만 존재했으나 주 왕실이 있는 낙양 인근은 천하의 물산이 모이는 상공업의 중심지였다. 농사 대신 상공업을 본업으로 언급한 이유다. 본업인 상공업을 팽개치고 종횡술을 이용해 출세의 길을 달리고자 한 소진을 좋게 평했을 리 없다. 『전국책』「진책」은 당시 상황을 비교적 소상히 묘사해 놓았다. 이에 따르면 소진은 진혜문왕을 설득하기 위해 서신을 10통이나 올렸으나 채택되지 않자 크게 실망했다. 그사이 입고 있던 갖옷은 온통 해지고 1백 근의 황금도 모두 비용으로 없어졌다. 생활비를 댈 길이 없게 되자 이내 고향인 낙양으로 돌아가게 되었다. 각반을 댄 채 짚신을 신고, 등에 책 꾸러미를 두르고 어깨에 짐을 멘 형용이 앙상할 정도로 수척하기 그지없었다. 게다가 얼굴은 까맣게 그을려 부끄러운 기색이 완연했다. 그러나 누구 하나 그를 반기지 않았다. 집안 식구들은 거지가 되어 돌아온 소진을 홀대했다. 형수가 빈정거렸다.

"집까지 팔아먹고 가더니 결국 거지꼴이 되어 돌아온 것이오?"

소진의 아내 역시 남편이 돌아왔는데도 베틀에 앉아 베만 짤 뿐 내다보지도 않았다. 소진은 배가 고파 형수에게 간청했다.

"몹시 시장하니 밥 좀 지어 주시오."

형수가 퉁명스럽게 내뱉었다.

"땔나무가 없어 밥을 못 짓겠네."

소진은 눈물을 흘리며 탄식했다.

"내가 가난하고 천하니 아내도 남편을 남편으로 섬기지 않고, 형수도 시동생을 시동생으로 대하지 않고, 어머니도 자식을 자식으로 보지 않는다. 이 모든 것이 진나라 때문이 아닌가!"

이날 저녁 책을 찾기 위해 10개의 책 상자를 모두 뒤적인 끝에 마침내 태공망 여상이 지은 병서 『음부』를 찾아냈다. 이 책은 사물의 조짐과 사람의 속마음을 췌마해 군주를 설득하는 비술을 담고 있었다. 소진은 이 책의 내용을 숙지할 때까지 읽고 또 읽었다. 그는 스스로 이같이 다짐했다.

"제후들을 설득해 금옥과 비단을 내놓게 하지도 못하면서 어찌 경상卿相의 높은 자리를 얻어낼 수 있단 말인가!"

1년의 세월이 지나자 소진은 드디어 췌마술의 묘리를 깨우쳤다. '췌마술'은 책략과 유세술을 합친 말이다. 소진이 크게 기뻐하며 이같이 외쳤다.

"이제 그 어떤 군주도 능히 설득할 수 있다!"

그러고는 이내 노자를 마련해 다시 천하 유세의 길을 떠났다. 이상이 『전국종횡가서』 「진책」의 내용이다. 역사적 사실에 가까운 것으로 보인다. 『자치통감』은 주현왕 36년(기원전 333년)에 소진이 진혜문왕에게 유세했으나 받아들여지지 않자 연나라로 가 유세에 성공한 데 이어 조나라까지 설득해 합종책을 본격 구사한 것으로 기록해 놓았다. 『사기』 「소진열전」과 『전국책』의 기록을 좇은 것이다.

그러나 『전국종횡가서』의 기록을 좇을 경우 이는 믿을 바가 못 된다. 다만 소진이 나름 열국을 주유하며 유세 행각을 벌인 끝에 마침내 연나라와 조나라를 설득한 것만은 확실하다. 『자치통감』은 소진의 연나라 유세 내용을 이같이 요약해 실어 놓았다.

"연나라가 침공을 받지 않고 군사 소요가 없는 까닭은 조나라가 연나라의 남쪽을 병풍처럼 가려 주고 있기 때문입니다. 게다가 진나라가 연나라를 친다 해도 싸움은 1천 리 밖에서 이뤄질 것입니다. 그러나 조나라가 연나라를 치면 싸움은 불과 1백 리 내에서 이뤄질 것입니다. 1백 리 내의 일을 근심하지 않고 1천 리 밖의 일을 더 중시하니 잘못된 계책으로 이보다 더한 것은 없을 것입니다. 원컨대 군주는 조나라와 가까이 지내기 바랍니다. 천하가 하나가 될지라도 연나라는 반드시 아무런 우환이 없을 것입니다."

연나라 군주가 이를 받아들여 소진에게 거마를 대 주었다. 이에 소진이 조나라로 가 이같이 유세했다.

"지금 산동에서 조나라보다 강한 나라는 없습니다. 진나라가 가장 꺼리는 나라로 조나라만 한 나라가 없습니다. 그럼에도 진나라가 감히 군사를 일으켜 조나라를 치지 못하는 것은 한, 위 두 나라가 혹여 자신들의 배후를 칠까 두려워하기 때문입니다. 진나라가 한나라와 위나라를 공격하면 그곳에는 명산대천의 험한 장애물이 없어 조금씩 잠식하다가 끝내 도성에 이르러서야 그칠 것입니다. 한, 위 두 나라가 진나라를 막지 못하면 반드시 진나라에 신하로서 복종할 것입니다. 진나라가 한, 위 두 나라에 대한 우환이 없게 되면 화란은 곧 조나라에 떨어지고 말 것입니다. 제가 천하의 지도를 놓고 살펴보니 제후들의 영토는 진나라의 5배, 군사는 10배나 될 듯싶습니다. 6국이 하나로 합종하여 서쪽으로 나아가 진나라를 치면 진나라는 반드시 깨지고 말 것입니다. 무릇 연횡을 주장하는 자들은 모두 제후들의 땅을 베어 진나라에 바치려는 것입니다. 진나라가 목표를 달성해 부강해지면 열국 모두 진나라의 침략 위협에 시달릴 뿐이고 진나라는 제후국들과 근심을 함께 나누지 않을 것입니다. 연횡을 주장하는 자들은 밤낮으로 진나라를 앞세워 제후들을 위협하며 땅을 베어 바칠 것을 요구할 것입니다. 원컨대 군주는 이를 숙계하기 바랍니다. 제가 사적으로 대왕을 위해 계책을 세운다면 3진과 초, 연, 제 6국이 남북으로 결속해 진나라에 대적하느니만 못합니다. 천하의 장상將相들에게 명하여 원수洹水 가에서 회동한 뒤 서로 인질을 교환하여 결맹케 하십시오. 맹약에 쓰기를, '진나라가 어느 한 나라를 공격하면 나머지 다섯 나라가 각기 정예군을 내어 진나라를 소란케 만들거나 공격받은 나라를 구원한다. 만일 이 맹약을 이행하지 않는 나라가 있으면 나머지 다섯 나라가 이를 함께 정벌한다'고 하십시오. 제후들이 남북으로 결속해 진나라를 치면 진나라 군사는 감히 함곡관을 빠져나와 산동을 해치지 못할 것입니다."

시기에 약간 문제가 있기는 하나 대략 이런 식으로 유세했을 것이다. 『전국종횡가서』에 따르면 소진은 기본적으로 장의가 병사하기 직전에 즉위한 연소왕燕昭王 때 활약했다. 그는 연소왕이 널리 인재를 구한다는 소문을 듣고 연나라로 가 중용됐다. 이후 연소왕의 밀명을 받고 제나라로 들어갔다. 제민왕齊閔王 12년(기원전 289년) 소진이 제나라의 상국에 임명됐다. 이때 진나라 승상 위염魏冉이 제나라와 맹약을 맺고 각기 동제東帝와 서제西帝를 칭하면서 조나라를 멸한 뒤 그 땅을 반분하려 했다. 소진은 제민왕에게 조나라를 멸하는 것보다는 송나라를 멸하는 게 낫다며 진나라의 제의를 거절하라고 권했다. 제민왕이 이를 좇았다.

제민왕 14년(기원전 287년), 소진이 조나라의 봉양군 이태李兌와 협력해 5국의 군사를 일으킴으로써 진나라가 빼앗은 땅을 조나라에 돌려주게 만들었다. 이에 조혜문왕은 크게 감격해 소진을 무안군에 봉했다. 이듬해인 제민왕 15년(기원전 286년), 제나라가 송나라를 멸한 뒤 제나라에 편입시켰다. 제민왕 17년(기원전 284년), 연나라 장수 악의가 제나라를 공격하자 소진이 연나라를 위해 활동한 사실이 적발돼 이내 거열형에 처해졌다. 『전국책』「조책」에는 소진이 죽기 직전 조혜문왕에게 올린 서신 내용이 실려 있다. 『전국종횡가서』 제21편에 나오는 「소진헌서조왕장」 내용과 거의 동일하다. 해당 내용이다.

"신이 듣건대 '옛 현군은 그 덕행이 전국에 시행된 것도 아니고, 교훈과 자애심이 백성에게 두루 미친 것도 아니고, 신령에 대한 제사와 시절에 따른 공향이 신령의 강림에 맞춘 것도 아니었습니다. 그런데도 감로甘露가 내리고 시우時雨가 내려, 해마다 곡식이 잘 익어 농부들이 매우 풍성하게 되었습니다. 사람들이 모두 기뻐했으나 현군은 오히려 덕을 베풀지도 못했는데 복을 누리게 되었다며 두려워했다'고 들었습니다. 지금 대왕은 진나라에 대해 큰 노력을 기울인 것도 아니고, 큰 공을 세워 준 것도 아닙니다. 또한 제나라는 대왕에 대해 큰 원한과 증오를 품은 것도 아닙니다. 그런데 신이 밖에서 들은건 대 군신들 모두 논의하면서 말하기를, '조왕은 전부터 진나라가 조나라를 좋아하고 제나라를 증오하는 것으로 여기고 있다'라고 했습니다. 신이 실정에 비춰 판단컨대 진나라가 어찌 조나라를 사랑하고 제나라를 미워할 리 있겠습니까? 진나라는 본래 한나라를 멸망시키고 주 왕실을 병탄하려는 생각을 갖고 있습니다. 그래서 제나라를 미끼로 삼고 있을 뿐입니다. 이에 우선 이런 소문을 천하에 퍼뜨려 이웃 나라들이 이 얘기를 듣고 방심하기를 바란 것입니다. 진나라는 자신들의 계책이 실패할까 두려워한 나머지 마치 제나라를 치는 것처럼 거짓으로 군사를 출동해 조, 위 두 나라로 하여금 이를 눈으로 확인케 한 것입니다. 또한 천하의 제후들이 제나라 공벌 소식에 경악하며 혹여 진나라의 속셈을 눈치챌까 두려워한 나머지 한나라에서 병사를 징발해 한나라를 병탄할 생각이 없는 양 가장함으로써 제후들을 어리둥절하게 만든 것입니다. 나아가 천하의 제후들에게 의심 받지 않기 위해 제후들에게 인질을 보내 신의를 중시하는 양 가장하고 있습니다. 이는 겉으로는 동맹국에게 덕을 베푸는 것처럼 가장하면서 속으로는 고립무원의 한나라를 쳐 병탄하려는 것입니다. 신은 일찍이 진나라의 의도를 읽고 이들의 계책은 틀림없이 방금 언급한 것같이 전개될 것으로 짐작했습니다. 무릇 세객들의 계책은 모두 한나라가 삼천 일대를 잃고, 위나라가 안읍 일대를 함락시키면 한나라가 곤경에 처하기 전에 화가 조나라에 미칠 것으로 간주하고 있습니다. 그러나 일에는 그 형세가 다르면서도 똑같은 우환을 겪는 경우도 있고, 형세가 똑같은데도 겪는 우환은 전혀 다를 수 있습니다. 지난날 초나라가 오랫동안 진나라 등으로부터 공격을 당하자 조나라가 이 틈을 노려 중산을 멸망시켰습니다. 지금 연나라가 제나라의 하남을 탈취하면 사구에서 거록의 국경까지는 겨우 3백 리에 불과합니다. 조나라의 한관에서 유중까지는 1천5백 리입니다. 진나라가 한, 위 두 나라 사이에 있는 상당을 탈취하면 국경이 서로 접하게 되어 국경선이 7백 리에 이르게 됩니다. 진나라가 3군을 동원해 양장에 포진하면 조나라 도읍 한단까지는 120리에 불과하게 됩니다. 또한 진나라가 3군으로 대왕의 상당을 치고 그 북쪽을 위협하면 구주산 이서는 대왕의 소유가 될 수 없습니다. 나아가 진나라가 구주산에 진주하고 상산을 장악한 뒤 지키면, 3백 리에 걸쳐 연나라의 당^唐과 곡오 땅과 통하게 됩니다. 그리되면 대^代 땅의 말과 호^胡 땅의 개는 동쪽으로 오지 못하고 곤륜산의 미옥 ^{美玉}도 더 이상 나오지 않게 됩니다. 세 가지 보물 모두 대왕 소유가 될 수 없는 것입니다. 지금 강한 진나라를 좇아 함께 제나라를 치면 신은 화난이 여기서 시작되지 않을까 우려됩니다. 지난날 5국의 왕들은 일찍이 동서로 연합해 조나라를 쳐 무너뜨린 뒤 조나라의 땅을 3분키로 맹약하고 이를 큰 대접에 새기고 제사 때 사용되는 기록문에 명기했습니다. 5국 군사의 출병이 며칠 남지 않았을 때 갑자기 제나라가 맹약을 깨고 군사를 서쪽으로 보내 진나라를 공격했습니다. 이에 진나라를 대파하고는 진나라에 명하여 온^溫과 지^軹, 고평 땅을 위나라에 반환하고, 왕공^{王公}과 선유 땅을 조나라에 반환케 한 적이 있습니다. 이는 대왕도 잘 알고 있을 것입니다. 본래 제나라는 조나라를 섬기는 것을 마땅히 최상의 외교책으로 삼아야 했습니다. 그런데 지금 도리어 문책을 받고 공격을 받는 처지가 되었습니다. 신은 앞으로 대왕을 섬기는 제후들이 자신감을 갖지 못하고 머뭇거리지 않을까 염려됩니다. 지금 대왕이 제나라를 끌어들이면 천하의 제후들은 필시 대왕을 유덕하다고 여길 것입니다. 제나라가 사직을 들어 대왕을 섬기면 천하의 제후들은 필시 대왕을 존중할 것입니다. 그러니 진나라가 의로우면 대왕은 천하 제후들과 함께 나아가면 되고, 진나라가 포악하면 대왕은 곧 천하 제후들을 거둬들이면 됩니다. 그리하면 천하의 명운이 장차 대왕의 손에 달려 있게 됩니다. 신은 원컨대 대왕이 군신들과 더불어 거듭 계책을 논의하면서 일을 행하기 전에 깊이 생각해 계책을 마련하기 바랍니다."

『전국종횡가서』의 기록을 토대로 연대를 추정한 결과 소진은 연소왕 28년(기원전 284년)까지 활약한 것으로 되어 있다. 『사기』 「소진열전」은 제나라의 대부들이 소진과 더불어 제민왕의 총애를 다투다가 이내 자객을 보내 척살을 시도했고, 소진이 간신히 목숨을 구한 후 죽기 직전 제민왕에게 이같이 건의한 것으로 기록해 놓았다. 해당 대목이다.

"신은 이제 곧 죽게 됩니다. 부디 신을 거열형에 처한 뒤 저자에 내걸도록 하십시오. 그러고는 '소진은 연나라를 위해 작란作亂을 꾀한 자이다'라고 말하십시오. 이같이하면 반드시 신을 척살코자 한 자를 찾아낼 수 있을 것입니다."

전국시대 초기 오기가 죽기 직전 초도왕의 시신 옆에 몸을 숨김으로써 자신에게 화살을 날린 자들을 일거에 제거한 일화를 방불한다. 이는 항간의 얘기를 그대로 옮겨 놓은 것으로 짐작된다. 『전국종횡가서』에 따르면 소진이 재상을 역임한 곳은 연나라가 아닌 제나라였다. 제민왕이 연소왕의 밀명을 받은 그의 거짓 망명을 사실로 믿은 결과다. 진혜문왕이 죽기 직전에 즉위한 제민왕 때 활약한 소진이 진혜문왕이 죽은 지 2년 뒤에 죽은 장의를 만날 가능성은 거의 없다. 소진이 합종책을 성사시켜 6국의 재상이 되었고, 이로 인해 진나라가 15년 동안 함곡관 밖으로 나올 생각을 하지 못했다는 그간의 통설은 수정을 요한다.

『사기』「소진열전」에서 주목할 것은 사마천이 "세상에 퍼진 소진의 사적에는 이설이 매우 많다. 시대를 달리하는 사적이라도 모두 소진에게 끌어다 붙였기 때문이다"라고 언급한 대목이다. 해당 자료의 진위에 대한 판단을 유보한 채 항간에 나도는 얘기까지 모두 그러모아 「소진열전」을 편제했음을 보여준다. 일각에서는 이를 토대로 『전국종횡가서』 역시 여러 이설 가운데 하나에 불과하며 「소진열전」의 기록이 오히려 역사적 사실에 가깝다는 주장을 펴는 사람이 있으나 이는 억지다. 오히려 정반대로 보는 게 옳다. 『전국종횡가서』가 「소진열전」보다 훨씬 이전에 나왔기 때문이다.

일곱 단계의 유세술

　　　　　　전국시대 최강국인 진나라를 배경으로 연횡책을 꾀하는 것은 합종책을 구사하는 것보다 상대적으로 쉽다. 진나라의 막강한 무력이 바탕이 되기 때문이다. 미국이 세계 최강의 무력을 배경으로 능수능란한 외교력을 발휘하는 게 그렇다. 그런 점에서 소진이 추진한 합종책은 장의가 구사한 연횡책에 비해 훨씬 높은 수준의 뛰어난 수완을 요한다. 『귀곡자』의 총론에 해당하는 「벽합」은 책략과 유세의 요체를 이같이 요약해 놓았다.

　"성인은 사람을 관찰할 때 상대의 장단점과 허실을 살펴 판단하고, 상대의 기호와 욕망에 근거해 그 의지와 의도를 읽는다. 또 상대의 말과 반대되는 측면에서 그 허점을 찾아낸 뒤 짐짓 자신이 알고 있는 것에 기초해 반문하는 방법으로 실정을 파악함으로써 상대의 속셈을 읽는다. 먼저 마음을 닫아걸었다가 이후 여는 식으로 상대가 말하는 바의 이로운 점이 무엇인지 알아내는 것이다. 이는 상황에 따라 마음을 열고 자신의 입장을 분명히 보여 주는가 하면 때론 마음을 닫아걸고 속내를 드러내지 않아야만 가능하다."

　소진의 동생인 소대蘇代와 소려蘇厲가 소진 사후 나름 종횡가로서 커다란 명성을 떨친 것도 이런 맥락에서 이해할 수 있다. 모두 소진의 가르침을 받고, 행보를 흉내 낸 덕분이다. 『사기』 「소진열전」에는 소진 사후 비로소 그의 간첩 행위가 드러났고, 제민왕이 연나라에 원한을 품자 이를 두려워한 연소왕이 소대와 소려의 계책을 좇아 열국과 함께 제나라를 친 것으로 되어 있으나 이는 앞뒤가 뒤바뀐 것이다. 다만 연소왕이 소진 사후 소대와 소려를 총애하며 그들의 계책을 사용한 것은 역사적 사실에 부합한다. 사마천은 「소진열전」에서 소진 삼형제를 이같이 평해 놓았다.

　"소진 삼형제 모두 제후들에게 유세하여 이름을 빛냈다. 그들의 학설은 권모와 변설에 뛰어났다. 소진이 제나라에서 반간反間의 죄목으로 죽임을 당한 후 천하 사람들 모두 그를 비웃은 까닭에 사람들은 이들의 학설을 내놓고 익힐 수 없었다. 세상에 퍼진 소진의 사적에는 이설이 매우 많다. 시대를 달리하는 사적이라도 모두 소진에게 끌어다 붙였기 때문이다. 소진이 평민의 신분에서 입신하여 6국을 연결시켜 합종을 맺게 한 것은 그의 재주와 지혜가 일반 사람을 훨씬 뛰어넘는다는 것을 말해 준다. 내가 그의 행적을 시간대별로 차례로 나열한 것은 그가 악평만 받는 것을 막으려는 취지이다."

나름 소진을 높게 평가했음에도 사마천이 활동할 당시 소진에 관한 악평이 주류를 이뤘음을 짐작할 수 있다. 사실 종횡가에 대한 이러한 부정적인 견해는 이후 강화되는 경향을 보였다. 특히 성리학이 생긴 이후에는 더욱 그러했다. 그러나 난세에 대한 정확한 이해는 종횡가에 대한 이해 없이는 불가능한 일이다. 전한 말기 유향이 『전국책』을 새롭게 편제하면서 소진을 높게 평가한 사실이 이를 뒷받침한다.

"소진이 크게 활약하자 산둥의 제후들이 모두 바람을 좇아가듯 그를 추종하면서 조나라를 크게 받들었다. 원래 소진은 토굴 같은 뒷골목에 있는 뽕나무 지게문에 나무로 만든 돌쩌귀로 된 집안 출신의 초라한 선비에 불과했다. 그러나 훗날 크게 성공하여 호화로운 수레에 고삐를 잡히고 천하를 마음대로 역방歷訪하며 제후들에게 유세하게 되자 열국 군신들의 입을 간단히 틀어막을 수 있었다."

소진에 대한 극찬이다. 사실 『전국책』에 실려 있는 내용 가운데 상당 부분이 모두 소진의 활약에 관한 것이다. 유향이 소진을 매우 긍정적으로 평가한 결과다. 학계 일각에서는 합종책으로 전국시대를 풍미했던 소진의 유세술을 크게 일곱 단계로 정리해 놓았다.

첫째, 열지이예悅之以譽이다. 이는 『귀곡자』「비겸」에서 말하는 것처럼 먼저 상대방을 칭찬하여 기분을 띄워 주는 것을 말한다. 소진의 유세 내용을 보면 "나라의 강성함과 대왕의 현명함"이라는 말이 상투어처럼 거론된다. 예외가 없다. 유세할 때는 반드시 상대방을 띄워 준 뒤 말문을 열어야 한다.

둘째, 협지이해脅之以害이다. 이는 '열지이예'와 정반대되는 것이다. 『귀곡자』「오합」에서 말한 것처럼 이익으로 유혹한 뒤 자신의 충고를 좇지 않을 경우 어떤 해가 미칠 것인지를 언급하며 은근히 협박하는 것을 말한다. "대왕이 진을 섬기면 진은 반드시 의양과 성고를 요구할 것입니다. 금년에 그것을 떼어 주면 내년에 또 다른 땅을 요구할 것입니다. 떼어 줄 땅이 더 없는데도 진은 계속 요구할 것입니다. 그러다 줄 것이 없게 되면 진은 쳐들어올 것입니다. 진나라를 섬겨 땅을 떼어 주어도 기다리는 것은 파멸밖에 없습니다"라고 언급한 게 그렇다.

셋째, 시지이성示之以誠이다. 이는 『귀곡자』「벽합」에서 상황에 따라 자신의 마음을 열어 정성을 보여 주어 상대가 속마음을 털어놓도록 만드는 계책이다. 소진은 유세할 때 단락이 끝날 때마다 "대왕을 위해 애석하게 생각한다", "대왕을 위해 부끄럽게 생각한다", "대왕을 좀 더 일찍 만나지 못한 것이 후회스럽다"는 등의 표현을 구사했다. 상대는 이런 얘기를 들으면 자신을 위해 정성을 다한다는 느낌을 받게 된다.

넷째, 명지이세明之以勢이다. 이는 『귀곡자』「양권」이 언급한 것처럼 천하대세를 명확히 파악한 뒤 유세를 함으로써 유세를 주효하게 만드는 계책이다. 지세와 군사력의 현황을 구체적으로 분석한 뒤 시의에 부합하는 건의를 할 때 효과적이다. 소진은 초나라에서 유세할 때 "진나라에 대해 초나라만큼 위협적인 나라는 없다. 초가 강해지면 진은 약해지고 진이 강해지면 초가 약해진다. 두 세력은 절대 양립할 수 없다"는 식으로 언급했다. 이것이 정확한 정세 분석에 기초한 것임은 말할 것도 없다. 초나라가 합종책에 동의한 배경이다. 상대방이 스스로를 과대평가할 때 정신을 차리게 만드는 효과가 있다.

다섯째, 유지이리誘之以利이다. 이는 『귀곡자』「마의」에서 언급했듯이 상대를 이익으로 유혹하는 계책이다. 소진은 합종에 동의할 경우 구체적으로 어떤 이익이 뒤따를 것인지를 은근히 암시하는 수법을 구사했다. 『사기』와 『전

『국책』의 기록에 따르면 그는 조나라 군주가 목욕을 즐기며 휴양하는 것을 좋아하자 열국의 휴양지 시설을 언급하며 은근히 부추겼다. 초나라 군주가 음악과 여자를 좋아한다는 것을 알고 각 나라의 뛰어난 음악과 미인들을 거론하며 그의 침을 마르게 했다.

여섯째, 격지이언激之以言이다. 이는 『귀곡자』「췌정」이 강조하듯이 자존심을 건드려 격동시키는 계책이다. 병법의 격장지계激將之計와 닮았다. 소진은 한나라에서 유세할 때 "이제 대왕이 서면하여 진나라를 섬기니 바로 쇠꼬리가 된 것이 아니고 무엇입니까?" 하고 말함으로써 한나라 군주를 분격시켰다. 한나라 군주는 칼을 뽑아 가며 진나라를 더 이상 섬길 수 없다고 고함쳤다.

일곱째, 결지이력決之以力이다. 이는 『귀곡자』「결물」에서 역설했듯이 상대가 우물쭈물하며 결단하지 못할 때 강하게 밀어붙여 결단하게 만드는 계책이다. 대개 일이 마무리될 즈음 방심하거나 긴장을 풀어 버려 그간의 노력이 허사가 되는 경우가 많다. 결심을 확고히 하지 못한 탓이다. 소진은 마지막 순간까지 상대가 결단하지 못하고 망설이는 눈치를 보이면 그 속셈을 읽고 거듭 설득해 자신의 뜻을 관철시켰다.

소진이 보여 준 일련의 행보는 『귀곡자』에 나오는 책략 및 유세술과 서로 긴밀히 통하고 있음을 알 수 있다. 일각에서 『전국종횡가서』를 두고 소진의 유저인 『소자』의 일부일 것으로 추론한 것도 전혀 근거 없는 것은 아니다. 『사기』「소진열전」과 『전국책』에 수록된 그의 유세 행보가 그만큼 뛰어났음을 방증한다.

•

『전국책』과 21세기

•

　　　　　조선에 언제 『전국책』이 들어왔는지는 확실히

알 길이 없다. 성종 때 부사과副司果 김흔金欣이 『전국책』 1질을 성종에게 바쳤다는 기록에 비추어 대략 15세기 중엽에 유입된 것으로 짐작된다. 실록을 보면 전국시대에 관한 조선조 사대부들의 부정적인 시각을 쉽게 확인할 수 있다. 조선조 500년 동안 『전국책』에 관한 주석서가 한 권도 나온 적이 없는 것도 이런 풍조와 무관하지 않았을 것이다. 성종조 때의 한 경연에서 『전국책』과 관련해 군신이 나눈 다음과 같은 대화를 보면 이를 보다 쉽게 이해할 수 있을 것이다.

> 성종이 경연에 나아갔다. 강講이 끝나자 시강관侍講官 이세우李世佑가 아뢰기를, "이제 주강晝講에서 장차 『전국책』을 강하려고 하나 네 차례의 경연 모두 사서로써 하는 것은 옳지 못할 듯합니다. 청컨대 경학經學을 강하도록 하소서!"라고 했다. 성종이 이를 좌우에 묻자 영사領事 홍응洪應이 아뢰기를, "치도는 실로 경학에 근원하고 있으니 경서를 근본으로 삼고 제자백가서와 사서는 참고로 삼는 것이 옳습니다. 옛사람이 이르기를, '학문으로 나의 지식을 넓게 하고 예로써 나의 행실을 단속한다'고 했습니다. 신의 생각으로는 비록 여러 사서로써 지식을 넓힐지라도 성리학으로써 단속해야만 수신제가와 치국평천하에 보탬이 될 수 있을 듯합니다'라고 했다. 성종이 말하기를, "그렇다면 마땅히 『서경』을 읽어야 할 것이오"라고 했다. (성종 14년, 12월 8일)

이를 통해 알 수 있듯이 조선조의 사대부들은 전국시대 자체를 극히 부정적으로 보고 있었다. 조선조를 문약文弱의 나라로 만든 숭문천무의 잘못된 풍조가 왜 널리 퍼지게 됐는지를 짐작하게 해 주는 대목이다. 성리학에 매몰된 게 가장 큰 원인이었다. 성종 때 이미 그런 조짐이 확연히 드러나고 있다. 조선조의 사대부들에게는 난세의 지략을 통해 유사시를 대비하려는 자세 자체가 결여되어 있었다. 왜란과 호란을 잇달아 맞이하고도 자성하기는커녕 더욱 극심한 명분론에 함몰되었다가 끝내 일제에 의해 패망한 것 또한 이와 무관하지 않다고 보아야 한다.

이는 비슷한 시기 일본의 조야가 이미 17세 중엽에 공허하기 그지없는 성리학의 명분론을 버리고 실사구시의 양명학을 적극 도입한 사실과 극히 대조적이다. 19세기 초기에 중국의 역대 주석서를 압도하는 요코다 고레다까橫田惟孝의 『전국책정해』가 출현한 것 자체가 결코 우연이 아니다. 난세일수록 상대방의 의중을 정확히 통찰해 최선의 대응책을 마련해야만 한다. 전국시대에 활약한 종횡가의 지략을 배워야 하는 이유다. 사안이 국가 존망과 백성의 안녕과 직결된 것이라면 더 말할 것도 없다.

요코다 고레다까의 『전국책정해』는 기존의 모든 주석을 검토한 위에 독자적인 주석을 가한 역저이다. 조선의 사대부에 해당하는 일본의 사무라이들이 난세의 지략을 담은 『전국책』을 얼마나 깊이 천착했는지를 방증한다. 일본이 메이지유신에 성공할 수 있었던 것도 바로 이런 지적 풍조에서 비롯된 것이다.

21세기 동북아시대를 능동적으로 열어나가기 위해서라도 전국시대에 대한 새로운 인식이 절실히 필요하다. 종횡가의 총론서 격인 『귀곡자』와 각론에 해당하는 『전국책』은 바로 이런 요구에 부응한다. 일찍이 남북조시대 남조 동진의 공연孔衍은 이미 3세기 말에 『사기』를 토대로 『전국책』을 고증하여 『춘추후국어』라는 제목으로 주석서 10권을 펴낸 바 있다. 『국어』는 『춘추좌전』과 쌍벽을 이루는 춘추시대의 대표적인 사서이다. 『전국책』을 '전국시대의 『국어』'로 간주했음을 보여 준다.

사실 『국어』와 『전국책』은 각각 다루고 있는 시기만 춘추시대와 전국시대로 구분될 뿐 내용과 체제 면에서 완전히 일치하고 있다. 두 책을 동시에 읽어야만 춘추전국시대 전 시기를 하나로 꿰어 볼 수 있다. 곁들여 『귀곡자』도 깊이 천착할 필요가 있다. 그래야 책략과 유세술을 하나로 통합해 상대를 설복시킬 수 있다.

제10장

제국식 외교,
범수의 원교근공遠交近攻 정책

장의의 비겸술과 저희술

　　원교근공으로 요약되는 불멸의 외교 책략을 창
안해 진나라의 천하 통일 기반을 마련한 범수范雎는 일개 서생에서 최강국인
진나라의 재상이 된 입지전적인 인물이다. 상앙이 진효공의 지은知恩을 입어
변법을 성사시킨 것처럼 그 역시 진소양왕秦昭襄王의 지은을 입고 천하 통일의
커다란 밑그림을 완성했다. 그가 진나라의 재상이 되기까지의 과정은 한 편
의 드라마를 연상시킨다. 그만큼 극적이다. 더구나 그는 기려지신인데도 불구
하고 오기 및 상앙과 달리 명예로운 퇴장을 선택해 전국시대 종횡가로는 보
기 드물게 천수를 누렸다. 몸을 보전하면서 명성을 떨친 신명겸전身名兼全의
매우 드문 사례에 속한다.

　　먼저 그가 태어나기 전후의 전국시대 상황부터 간략히 살펴볼 필요가 있
다. 그래야만 '불멸의 외교 책략'인 원교근공의 의미를 제대로 파악할 수 있기
때문이다. 기원전 296년, 초회왕楚懷王이 서쪽 진나라에서 객사했다. 전통적인

남방 강대국인 초나라의 왕이 객사한 것은 경악할 만한 일이다. 어째서 이런 일이 빚어진 것일까? 모두 장의의 책략에 놀아난 결과다.

진혜문왕 25년(기원전 313년) 장의가 초회왕을 설득하기 위해 초나라에 사자로 갔다. 초나라가 동쪽 제나라와 합종해 대적할까 우려한 데 따른 것이었다. 장의가 이같이 유세했다.

"대왕이 실로 저의 말을 좇아 제나라와 단교하고, 합종의 맹약을 끊는다면 상어商於 땅 6백 리를 바치도록 하겠습니다. 또 진나라 공실의 여자를 대왕의 첩이 되도록 하겠습니다. 그리고 진·초 두 나라가 서로 딸을 시집보내 부인으로 받아들임으로써 영원히 형제의 나라가 되도록 하겠습니다."

초회왕이 크게 기뻐하며 이에 동의했다. 신하들이 이를 축하했으나 오직 유세객 진진陳軫만이 홀로 상심한 표정을 지었다. 초회왕이 물었다.

"과인이 출병하지 않고도 6백 리의 땅을 얻게 되었는데 어찌하여 상심하는 것이오?"

"그렇지 않습니다. 제가 보건대 상어 땅을 얻을 수도 없지만 앞으로 제와 진 두 나라가 연합할 것이니 그리되면 틀림없이 우환이 닥칠 것입니다."

"그 이유를 설명해 줄 수 있겠소?"

진진이 대답했다.

"무릇 진나라가 우리 초나라를 중히 여기는 까닭은 제나라가 있기 때문입니다. 이제 폐관하여 제나라와 단교하고 합종의 맹약을 끊어 버리면 초나라는 고립되고 말 것입니다. 그리되면 진나라가 어찌 고립된 나라를 어여삐 여겨 상어 땅 6백 리를 주겠습니까? 장의는 진나라로 돌아가는 즉시 틀림없이 대왕을 등질 것입니다. 그리되면 대왕은 북쪽으로는 제나라와 단교하고 서쪽으로는 진나라로 인한 우환을 불러들여 틀림없이 두 나라 군사가 들이닥칠 것입니다. 군주를 위한 계책을 말씀드리면 제나라와 은밀히 교호하면서 겉으로만 단교하느니만 못합니다. 일단 장의에게 사람을 붙여 진나라로 보낸 뒤 진나라가 우리에게 땅을 주면 그때 다시 제나라와 단교해도 결코 늦지 않을 것입니다."

초회왕이 목소리를 높였다.

"다시는 그 같은 이야기를 하지 마시오. 일단 과인이 땅을 얻는 것을 지켜보도록 하시오."

그러고는 마침내 초나라 재상의 인장을 장의에게 주고 후하게 상을 내렸다. 또 관문을 닫아 제나라와 단교한 뒤 장군 한 사람을 딸려 보내 장의와 함께 진나라로 들어가게 했다. 장의는 진나라로 돌아가자마자 거짓으로 수레에서 떨어진 뒤 석 달 동안 조회에 나오지 않았다. 초회왕이 이 소식을 전해 듣고 이같이 말했다.

"장의는 과인이 제나라와 완전히 단교했다고 생각하지 않는지도 모르겠다."

그러고는 용사 송유宋遺를 시켜 북쪽으로 가 제민왕을 욕하게 했다. 제민왕이 이 소식을 듣고 대로했다. 제나라와 진나라가 이내 우호 관계를 맺었다. 이 소식을 들은 장의가 마침내 조회에 나와 초나라 사자에게 이같이 말했다.

"그대는 어찌하여 땅을 받지 않는 것이오? 모처에서 모처까지 6리나 되오."

6백 리 상어 땅이 졸지에 6리로 줄어든 것이다. 초나라의 사자가 곧바로 돌아가 초회왕에게 사실대로 보고했다. 대로한 초회왕이 곧바로 진나라를 치고자 했다. 그러자 진진이 간했다.

"진나라를 공격하는 것은 커다란 성읍 하나를 뇌물로 주느니만 못합니다. 그러고는 진나라와 힘을 합쳐 제나라를 치십시오. 이는 진나라에 잃은 땅을 제나라에서 보상받는 것입니다. 지금 대왕은 이미 제나라와 단교했습니다. 진나라에 속임수를 쓴 책임을 묻는다면 이는 제와 진 두 나라를 서로 결속시켜 줄 뿐입니다. 그리되면 천하의 군사가 몰려오게 되어 우리 초나라가 반드시 크게 상할 것입니다."

초회왕은 이번에도 듣지 않았다. 대부 굴개屈匃에게 명해 군사를 이끌고 가 진나라를 치게 했다. 진나라는 군정대신인 서장庶長으로 있던 공자 장章을 시켜 이들을 영격했다. 진혜문왕 26년(기원전 312년) 봄, 진나라와 초나라 군사가 지금의 산시 성과 허난 성 사이를 흐르는 단강 서북쪽 지역인 단양에서 접전했다. 그 결과 초나라 군사가 대패하여 병사 8만 명이 참수당하고 굴개를 포함해 70여 명의 장신將臣이 포로로 잡혔다. 진나라는 여세를 몰아 지금의 산시 성 한중시 일대를 손에 넣었다. 초회왕이 전군을 동원해 다시 쳐들어가 지금의 후베이 성 종상현 서북쪽인 남전 일대에서 교전했으나 또다시 대패하고 말았다. 초나라는 두 개의 성읍을 진나라에 할양하면서 강화를 청했다.

이듬해인 진혜문왕 27년(기원전 311년) 진혜문왕이 사람을 초회왕에게 보내 단강의 북안에 있는 무관 밖의 땅과 지금의 후난 성 상덕시인 초나라의 검중을 바꾸자고 제안했다. 장의에게 원한을 품은 초회왕이 이같이 회답했다.

"땅 교환은 원치 않소. 원컨대 장의를 우리 초나라로 보내 주시오. 그러면 검중의 땅을 바치겠소!"

장의가 이 말을 듣고 초나라 행을 자청했다. 진혜문왕이 물었다.

"초나라가 그대를 잡아들여야만 만족할 터인데 어찌하여 굳이 그곳으로 가려는 것이오?"

장의가 대답했다.

"진나라는 강한데 초나라는 약하고, 게다가 대왕이 있는데 초나라가 감히 저를 어찌하겠습니까? 또한 저는 초왕의 총신 근상靳尙과 잘 사귀어 두었습니다. 근상은 초왕의 총희 정수鄭袖를 잘 섬기고 있습니다. 초왕은 정수의 말이라면 들어주지 않는 것이 없습니다."

마침내 장의가 초나라로 가자 초회왕이 대뜸 그를 잡아 가둔 뒤 죽이려 했다. 그러자 근상이 정수를 찾아가 말했다.

"진왕이 장의를 심히 아낀 나머지 장차 상용의 6개 현과 미녀를 바치고 장의를 귀국시키려 합니다. 우리 초왕은 이들 땅을 중시하는 것은 물론 진나라의 의사도 존중하고 있습니다. 진나라가 바치는 미녀는 반드시 총애를 받을 것이니 부인은 속히 손을 써 미리 막기 바랍니다."

이에 정수는 초회왕 앞에서 밤낮으로 울면서 하소연했다.

"신하가 된 자는 각자 그 주군을 위해 헌신할 뿐입니다. 지금 장의를 죽이면 진나라가 반드시 대로할 것입니다. 청컨대 저희 모자가 강남으로 옮겨 가 진나라의 어육魚肉이 되지 않도록 해 주십시오."

초회왕이 마침내 장의를 사면하고는 후대했다. 합종의 맹약을 끊으면 상어 땅 6백 리를 바치고, 진나라 공실의 여자를 첩으로 보내겠다는 말에 혹한 결과다. 당시 장의가 초회왕에게 구사한 유세술은 『귀곡자』 「비겸」의 다음 가르침을 충실히 좇은 결과다.

"상대를 크게 칭송하며 옭아매는 비겸술飛箝術을 구사할 때 상대가 좋아하는 재화, 아름다운 구슬인 기위琦瑋, 진기한 구슬인 진주珍珠, 둥근 구슬인 옥벽玉璧, 비단, 미인 등을 동원한다. 상대의 재능을 정확히 평가해 주면서 위세로 꼼짝 못하게 하거나, 상대의 언동을 살피다가 약점을 잡아 옭아매는 경우도 있다. 이때는 틈새를 봉합하는 저희술抵巇術을 비겸술과 함께 구사한다."

초회왕의 근상과 정수를 동원한 것은 틈새를 봉합하는 저희술에 해당한다. 결국 장의는 먼저 비양술로 초회왕의 자만심을 만족시킨 뒤 겸제술을 발휘해 소기의 목적을 달성하고, 이어 다시 저희술을 구사해 초회왕을 다독임으로써 모든 일을 깔끔히 마무리 지은 셈이다. 유가의 관점에서 보면 장의의 행보는 기만과 사기술의 연속에 불과하나 종횡가의 관점에서 보면 어리석은 초회왕을 쥐락펴락하며 소기의 목적을 달성한 셈이다.

객관적으로 볼 때 당시 진나라는 초나라보다 강하면 강했지 결코 약하지 않았다. 따라서 제나라와 합종의 맹약을 끊는 것만으로 이처럼 엄청난 보상을 할 리 없었다. 당연히 의심해 봐야 했다. 그런데도 그리하지 않았다. 자고자대한 후과로 볼 수밖에 없다. 결국 초회왕은 이후 또다시 진혜문왕의 뒤를 이은 진소양왕의 꼬임에 넘어가 진나라에서 객사하고 말았다. 전국시대를 통틀어 처음 있는 일이었다. 자업자득으로 해석할 수밖에 없다.

『자치통감』은 당시 진시황의 증조부인 진소양왕이 초회왕의 영구를 돌려보내자 초나라 백성 모두가 애통해했고, 제후들은 진나라를 정직하지 못한 나라로 여기게 됐다고 기록해 놓았다. 진시황 사후 진승 및 오광을 포함해 유방과 항우 등 반기를 든 자들이 모두 하나같이 초나라 출신인 것은 결코 우연이 아니다.

사서는 이 모든 것이 진소양왕의 소행으로 기록해 놓았으나 사실은 섭정으로 있던 생모 선태후와 그녀의 동생인 양후穰侯 위염魏冄이 저지른 일로 보는 게 옳다. 선태후는 원래 초나라 출신이다. 성이 미羋씨였고, 궐내 비빈들의 서열인 내명부의 작위는 팔자八子였다. 당시 진나라의 내명부는 왕후王后 밑에 부인夫人과 미인美人, 양인良人, 팔자八子, 칠자七子, 장사長使, 소사少使 등의 서열이 있었다. 팔자는 특별히 총애를 받았다고 볼 수도 없는 하급의 작위에 지나지 않았다. 진소양왕이 공자로 있을 때 연나라에 인질로 가 있었던 것도 이 때문이었다. 그러던 가운데 미팔자는 소생인 공자 직이 보위에 오르면서 천하제일의 대국인 진나라의 태후가 돼 정사를 맡게 된 것이다. 그녀의 사후 시호가 선宣인 까닭에 사가들은 통상 '선태후'로 기록해 놓았다.

선태후에게는 어머니는 같으나 아버지가 다른 위염이라는 동생이 있었다. 그는 훗날 지금의 허난 성 등현인 양穰 땅에 봉해져 '양후'로 불렸다. 선태후에게는 또 어머니는 다르나 아버지가 같은 미융羋戎이라는 동생이 있었다. 그는 지금의 허난 성 신정현인 화양華陽에 봉해져 화양군 또는 신성군으로 불렸다.

후궁 출신인 선태후는 모두 3명의 아들을 낳았다. 진소양왕으로 즉위한 영직嬴稷을 비롯해 고릉군 영현嬴顯과 경양군 영회嬴悝가 그들이다. 진무왕 사후 보위를 둘러싸고 이복형제들 사이에 치열한 신경전이 펼쳐질 때 위염은 세력을 규합해 자신의 생질인 공자 영직을 옹립했다. 진소양왕 영직은 즉위 즉시 위염을 장군으로 삼고 도성인 함양을 보위하게 했다.

진소양왕 2년(기원전 305년) 일부 대신과 공자들이 반란을 꾀했으나 위염이 미리 손을 써 이들을 모두 도륙했다. 진혜문왕의 정실인 혜문후는 이 여파로 제 명대로 죽지 못했다. 진무왕의 정실 도무왕후도 이내 친정인 위나라로 달아나 버렸다. 진소양왕의 형제 가운데 다른 마음을 품었던 자들 모두 위염에 의해 주살되었다. 섭정의 주인공은 선태후였으나 그녀는 어머니만 같은 동생인 위염에게 정사를 전적으로 맡기다시피 했다. 진나라의 실권이 모두 위염의 손안에 들어간 이유다. 이는 권신의 등장을 예고한 것이기도 했다.

진소양왕 37년(기원전 270년) 당대의 책사인 범수가 진소양왕과 역사적인 해후를 했다. 진소양왕이 자신의 목소리를 내기 시작한 결정적인 계기다. 전국시대 말기에 나타난 지략가 가운데 범수만 한 인물은 존재하지 않는다. 그를 두고 전국시대 말기를 가장 화려하게 수놓은 당대 최고의 인물이라고 평가해도 크게 틀리지 않는다. 두 사람의 만남은 제환공이 관중을 만나고, 진효공이 상앙을 만난 것에 비유할 만하다.

범수의 극적인 망명

범수의 이름은 사서마다 다르게 나온다. 크게 '범수'와 '범저范雎'이다. 청대의 고증학자 전대흔의 『통감주변정』과 왕선신의 『한비자집해』는 '범저'로 표기해 놓았다. 그러나 『사기』와 『자치통감』 및 『전국책』은 '범수'로 기록해 놓았다. '범수'로 보는 게 옳다. 『사기』 「범수채택열전」에 따르면 범수는 원래 위나라 출신으로 자가 숙叔이다. 진소양왕은 그를 정승으로 삼은 뒤 숙보叔父로 불렀다. 제환공이 관중을 관중의 자인 중仲을 기준으로 중보仲父로 부른 것과 같다.

범수는 늘 천하를 바로잡겠다는 웅지를 품고 있었다. 위나라에서 벼슬을 살고자 했으나 워낙 가난하고 미천해 기회를 잡지 못했다. 할 수 없이 중대부 수가須賈의 집에 몸을 의탁하며 집안일을 돌봐주는 사인舍人 노릇을 했다. 당시 위나라는 연나라 장수 악의樂毅를 도와 제나라를 쳤다가 제나라 장수 전단田單이 연나라 군사를 물리치고 영토를 모두 회복하자 장차 제나라의 보복이 있을까 크게 두려워했다. 위소왕은 상국인 위제魏齊와 상의한 뒤 이내 제나라에 사자를 보내 화친을 맺게 했다. 이때 수가가 사자로 가게 되었다. 사인으로 있던 범수 역시 수가를 좇아 제나라로 갔다.

제나라에 당도한 수가는 제양왕齊襄王을 만나 지난날을 깊이 사죄했다. 당초 제양왕의 부왕인 제민왕은 기원전 284년에 구원차 온 초나라 장수 요치淖齒에게 황당한 죽임을 당했다. 요치는 제나라에서 독립할 생각으로 제민왕을 폭군으로 몰아 제민왕의 근육을 뽑은 뒤 사당의 대들보에 매달아 하루아침에 죽게 만들었다. 태자 법장法章은 성과 이름을 고치고 거莒 땅의 태사太史 교敫의 집으로 들어가 머슴으로 있었던 덕분에 간신히 목숨을 구할 수 있었다.

제양왕 법장은 당시의 일을 생각하면 피가 거꾸로 솟았다. 연나라와 합세해 제나라를 쑥대밭으로 만들어 천하의 불한당인 요치와 같은 자를 불러들인 위나라가 곱게 보일 리 없다. 제양왕이 언성을 높여 수가를 꾸짖자 수가는 대답을 제대로 하지 못한 채 연신 머리만 조아렸다. 이때 곁에 있던 범수가 수가를 대신해 이같이 변명했다.

"대왕의 말은 옳지 못합니다. 전에 제민왕은 함께 송나라를 치면 우리 위나라에 그 땅의 3분의 1을 준다고 약속했습니다. 그러나 제민왕은 약속을 지키지 않고 송나라 땅을 모두 차지했습니다. 뿐만 아니라 우리 위나라를 멸시하고 학대했습니다. 먼저 위나라에 신의를 잃은 것은 제나라였습니다. 이후 제나라는 더욱 횡포하고 교만한 모습을 보였기 때문에 모든 제후국들이 연나라 군사를 돕게 된 것입니다. 그런데 어찌해 대왕은 우리 위나라만 책망하는 것입니까? 연나라 군사가 임치성에 주둔했을 때도 우리 위나라 군사는 모두 본국으로 돌아갔습니다. 이것만으로도 우리 위나라가 예로써 제나라를 대했다는 것을 알 수 있습니다. 이번에 과군은 하신下臣 수가를 보내면서 당부하기를, '제나라 군왕은 영특하고 덕이 있는 분이라 반드시 옛날 제환공과 같이 제나라를 크게 일으킬 것이다. 그러니 부디 화약을 맺고 돌아오도록 하라'고 했습니다. 그런데 대왕은 사람을 책망할 줄만 알고 추호도 반성할 줄 모르니 자칫 대왕마저 제민왕의 잘못을 되풀이하지나 않을까 걱정하지 않을 수 없습니다."

구구절절이 옳은 말이었다. 크게 놀란 제양왕이 자리에서 일어나 즉시 사과하고 수가에게 물었다.

"과인은 참으로 좋은 말을 들었소. 그런데 이분은 누구시오?"

"신의 사인으로 있는 범수입니다."

제양왕이 좌우를 시켜 사사로이 범수에게 황금과 술을 갖다 주게 했다. 제양왕의 시종이 범수에게 은밀히 말했다.

"우리 대왕은 선생의 높은 재주를 사모한 나머지 선생을 객경으로 모실 생각이오. 부디 우리 제나라에 남아 대왕을 보좌해 주시오."

"저는 위나라 사자와 함께 왔으니 다시 사자와 함께 돌아가야 합니다."

이후 여러 차례 사람을 보내 범수를 설득했으나 범수는 요지부동이었다. 한번은 제나라 대신이 황금 10근과 우주牛酒를 들고 와 다시 권했다. 범수가 끝내 사양하자 제나라 대신이 말했다.

"대왕의 분부이니 선생이 아무리 사양할지라도 이 황금과 우주는 도로 갖고 갈 수 없소."

범수가 우주만 받고 황금은 돌려주었다. 수가는 범수의 해명에도 불구하고 그가 위나라의 기밀을 제나라에 알려준 것으로 여기고 크게 의심했다. 결국 그는 귀국 후 위나라 상국 위제에게 이를 고해 바쳤다. 마침 손님들과 술을 마시고 있던 위제가 대로한 나머지 좌우에 명해 범수에게 매질을 가하게 했다. 범수는 갈비뼈가 부러지고 이가 몽땅 빠지는 등 초주검이 되었다. 범수가 죽은 척하자 대나무 방석으로 둘둘 말아 측간에 처넣은 뒤 손님 가운데 취한 자들을 시켜 돌아가며 그 위에 오줌을 누게 했다. 범수는 자신을 간수하는 자를 설득해 간신히 사지에서 벗어날 수 있었다. 얼마 후 위제가 좌우에 명해 범수를 찾아오게 했으나 이미 끝난 일이었다.

당시 위나라 출신 정안평鄭安平이 범수를 데리고 달아나 그를 숨겨 주면서 그의 이름도 장록張祿으로 바꿔 주었다. 마침 진나라 대부 왕계王稽가 위나라에 사자로 오자 범수는 밤에 은밀히 왕계를 찾아가 만났다. 그러자 왕계는 범수를 몰래 자신의 수레에 싣고 함께 진나라로 돌아간 뒤 진소양왕에게 천거했다. 기원전 270년의 일이다.

.

원교근공과 『주역』의 상화하택

.

왕계의 천거로 범수가 진소양왕을 만나게 된 장소는 일종의 별장에 해당하는 이궁離宮이었다. 이궁은 비빈들이 머무는 처소 곁에 있었다. 범수가 이궁에 도착해 보니 아직 진소양왕은 도착하지 않은 상태였다. 그는 짐짓 모른 척하며 비빈과 궁녀들이 왕래하는 영항永巷으로 들어갔다. 마침 진소양왕이 비빈들의 처소를 거쳐 이궁으로 오다가 범수를 만나게 되었다. 환관들이 대로했다.

"대왕이 오신다. 어서 썩 나가지 못할까!"

"진나라에 무슨 군왕이 있는가? 진나라에는 오직 선태후와 양후만 있을 뿐이다."

진소양왕이 이 소리를 듣고 크게 놀라 곧 앞뜰까지 내려와 영접했다.

"과인은 선생을 만나 가르침을 받고자 한 지 오래되었소."

곧 국빈에 대한 예의를 갖춰 가르침을 청했다.

"선생은 과인에게 무엇을 가르쳐 주시렵니까?"

"아, 예, 예."

진소양왕이 모두 세 차례에 걸쳐 거듭 가르침을 청했으나 범수는 계속 같은 말만 했다. 이에 진소양왕이 정중히 무릎을 꿇고 물었다.

"선생은 과인을 가르쳐 줄 수 없다는 뜻으로 그러는 것입니까?"

범수가 그제야 이같이 대답했다.

"그런 뜻이 아닙니다. 제가 듣건대 강태공 여상은 주문왕과 처음 만났을 때 위수의 북쪽 강가에서 낚시를 드리우고 있는 어부의 몸에 지나지 않았습니다. 주문왕이 한두 마디 말을 나눠 보고는 곧바로 그를 태사로 삼아 함께 궁으로 돌아왔습니다. 이는 여상의 말이 주문왕을 감동시켰기 때문입니다. 저는 기려지신입니다. 대왕과 가까운 사이도 아닙니다. 그럼에도 제가 진언코자 하는 것은 모두 대왕의 육친과 관계된 일입니다. 아직 대왕의 진심을 잘 알지 못하기 때문에 대왕이 세 번이나 물을 때까지 대답을 하지 못한 것입니다. 저는 오늘 대왕 앞에서 말하면 내일 주살을 당하리라는 것을 알고 있습니다. 대왕이 실로 저의 진언을 실행에 옮겨 주기만 하면 저로서는 죽음도 근심거리가 되기에 부족합니다.

대왕은 지금 위로는 태후의 위엄을 두려워하고 아래로는 간신들의 태도에 미혹되어 궁중 깊숙한 곳에 머문 채 태자의 교육을 담당한 시녀와 시종의 손길을 떠나지 못하고 있습니다. 이에 어느 것이 간사한 것인지조차 분간치 못하고 있습니다. 이같이 하다가는 크게는 종묘가 뒤집어지고, 작게는 대왕의 일신이 위험에 처하게 됩니다. 제가 염려하는 것이 바로 이것입니다. 제가 죽어 진나라가 바로잡힐 수만 있다면 저는 죽는 것이 살아 있는 것보다 더 나을 것입니다."

"선생은 무슨 말씀을 그리하는 것입니까? 우리 진나라는 멀리 외진 곳에 있고 과인 또한 어리석고 불초한 데도 다행히 선생 같은 분이 와 주셨으니 이는 하늘이 과인으로 하여금 선생을 번거롭게 해 종묘를 보존케 하려는 것입니다. 위로는 태후에 관한 일로부터 아래로는 대신에 관한 일에 이르기까지 원컨대 선생은 과인에게 모두 가르쳐 주고 과인을 추호도 의심치 마십시오."

범수가 말했다.

"진나라는 북쪽으로 감천과 곡구가 있고, 남쪽으로 경수와 위수가 둘러쳐져 있고, 오른쪽으로는 농촉, 왼쪽으로는 함곡관과 효산이 있습니다. 게다가 병거 1천 승에 용맹한 군사가 1백만 명이나 있습니다. 진나라 군사의 용맹과 풍부한 거기車騎를 가지고 제후들을 대적하는 것은 마치 전설적인 명견인 한로韓盧를 풀어 절뚝거리는 토끼를 사냥하는 것과 같습니다. 진나라가 관문을 닫은 지 15년 동안 감히 산둥으로 출병하지 못한 것은 승상 양후의 계책이 충성스럽지 못했기 때문입니다. 대왕은 패왕의 대업을 쉽게 실현할 수 있는 여건을 구비하고 있는데도 지금 정반대로 함곡관을 굳게 닫은 채 감히 산둥의 제후국들에게 무위를 드러내지 못하고 있는 것입니다."

"과인의 계책에 어떤 실책이 있는지 말해 주시오."

이때 좌우에 숨어서 몰래 엿듣는 사람이 많았다. 범수가 진소양왕 앞으로 몸을 당겨 앉으면서 말했다.

"무릇 양후가 한·위 두 나라를 건너뛰어 제나라의 강과 수 땅을 공격하는 것은 잘못된 것입니다. 동원되는 병력이 적으면 제나라에 타격을 줄 수 없고, 많으면 진나라에 손상을 입히게 됩니다. 대왕은 먼 나라와는 친교를 맺고 가까운 나라를 치는 이른바 원교근공 계책을 쓰느니만 못합니다. 그리하면 한 치의 땅을 얻어도 대왕의 것이 되고 한 자의 땅을 얻어도 대왕의 것이 됩니다. 지금 이런 계책을 버리고 오히려 정반대로 원공근교를 고집하는 것은 잘못이 아니겠습니까? 지난번에 사방 5백 리나 되는 중산 땅을 조나라가 공격해 독차지했습니다. 한·위 두 나라는 중원에 위치해 가히 천하의 중추라고 이를 만합니다. 대왕이 패업을 이루고자 하면 먼저 이들 두 나라를 중추로 삼은 뒤 초나라와 조나라를 제압해야 합니다. 조나라가 강해지면 초나라가 가까이 다가올 것이고 초나라가 강해지면 조나라가 다가올 것입니다. 조·초 두 나라가 다가오면 제나라는 틀림없이 진나라를 두려워할 것입니다. 제나라가 두려워하며 진나라를 섬기면 한·위 두 나라는 이내 무력해지고, 천하의 중추를 쉽게 손에 넣을 수 있습니다."

"위나라가 반복무상해 과인으로서는 도무지 그들과 친해질 수가 없소."

"겸손한 언사와 두터운 예물로 대하십시오. 그것도 안 되면 땅을 떼어 선물로 주십시오. 그것마저 안 되면 그때 대군을 동원해 치십시오."

진소양왕이 범수를 객경으로 삼은 뒤 함께 국가 대사를 논의했다. 당시 범수가 취한 계책은 그 자신이 분명히 밝혔듯이 바로 원교근공의 계책이었다. 진소양왕은 이 계책을 이용해 주변의 열국들을 차례로 제압해 나갔다. 원교근공의 계책은 범수가 은퇴한 뒤에 즉위한 진시황 때도 그대로 받아들여져 천하 통일의 기본 방략이 되었다.

현재 학계에서는 범수의 원교근공 계책에 대한 반론이 만만치 않다. 원교근공의 계책은 범수가 주창한 것이 아니라 이미 전국시대 초기 이래 진나라 외교의 기본 원칙이었다는 것이다. 양후가 한·위 두 나라를 가로질러 제나라 땅을 공략했을 때 이미 강한 비판이 제기되어 있었고, 범수가 이를 언급한 것은 전통적인 원교근공의 외교 원칙을 재확인한 것에 불과하다는 게 이들의 지적이다.

과연 이런 지적이 타당한 것일까? 설령 그럴지라도 당시 범수가 이를 진소양왕에게 새삼 깨우쳐 준 사실을 과소평가해서는 안 된다. 고양이 목에 방울을 달아야 한다는 사실을 아는 게 중요한 게 아니라 실행에 옮기는 게 중요하다. 승상 양후가 막강한 위세를 부린 당시 상황에서 진나라 대신 가운데 과연 누가 이를 행할 수 있었을까? 아무도 없었다. 그럼에도 범수는 바로 진소양왕을 설득해 고양이 목에 방울을 단 것이다. 불멸의 외교 책략인 원교근공은 범수가 창안했다고 봐도 큰 잘못이 없다. 원교근공 책략은 워낙 유명한 나머지 『삼십육계』의 제23계로 채택돼 있기도 하다. 해당 대목이다.

"원교근공의 계책은 멀리 떨어진 나라와 동맹을 맺고 이웃한 나라를 치는 것을 말한다. 지세의 제한을 받을 때는 이웃한 적을 먼저 공격하는 게 유리하고, 멀리 떨어진 적을 치는 것은 불리하다. 이는 불이 위에 있고 연못이 아래에 있어 서로 등지고 노려본다는 뜻을 지닌 『주역』「규괘」의 상화하택上火下澤 괘상卦象과 취지를 같이한다."

"지세의 제한" 운운의 원문은 형금세격形禁勢格이다. 형세가 일정한 제한을 받는 경우를 말한다. 형形은 지형, 금禁은 제한, 세勢는 형세, 격格은 장애를 뜻한다. 상화화택은 위에서는 불이 활활 타고 있고 아래에서는 연못 물이 출렁이는 양상이다. 일시적인 타협이 불가피하다. 원교근공은 먼저 멀리 떨어져 있는 나라와 동맹을 맺는 게 관건인 셈이다.

원교근공의 전개

범수가 원교근공 계책을 제시할 당시 양후 위염은 사사로운 이익을 도모하기 위해 군사를 동원하는 간교한 술책을 구사하고 있었다. 진나라 왕실의 입장에서 볼 때 매우 불길한 조짐이었다. 범수는 바로 이를 통찰하고 있었다. 그러나 일개 객경에 불과한 범수가 막강한 위세를 자랑하고 있는 양후와 대적할 수는 없는 노릇이다. 양후를 제거하기 위해서는 진소양왕의 절대적인 신임이 필요했고, 동시에 자신의 지지 세력을 구축하기 위한 시간도 필요했다. 결국 4년 뒤 시간이 무르익자 범수는 진소양왕을 움직여 양후 위염을 몰아내는데 성공했다. 당시 범수가 제시한 원교근공 계책은 단순히 외교 원칙의 재확인 차원을 넘고 있었다.

기원전 268년, 진나라 군사가 위나라 군사를 격파하고 지금의 허난 성 무척현인 회懷 땅을 취했다. 『자치통감』은 범수의 원교근공 계책을 받아들여 승리했다고 특서해 놓았다. 이듬해인 기원전 267년에 위나라에 인질로 가 있던 진나라의 도悼 태자가 급사했다. 후계자 자리를 둘러싼 암투의 희생물이 되어 위나라에 인질로 가 있다가 위나라가 진나라를 배반하고 조나라와 합세하는 바람에 횡사한 것이다. 이에 진소양왕은 위나라에 이를 갈았다.

이듬해인 기원전 266년, 진나라 군사가 위나라의 형구를 점령했다. 위나라가 강화를 청하자 진소양왕이 받아들였다. 장차 조나라를 치기 위해서는 위나라를 최소한 중립에 묶어 둘 필요가 있었다. 이에 범수가 건의했다.

"진나라와 한나라의 지형을 보면 서로 얽혀 있는 것이 마치 비단실로 수를 놓은 듯합니다. 진나라에게 한나라는 나무에 좀이 슬고 사람에게 심복의 질환이 있는 것과 같습니다. 천하에 변고가 생기면 진나라에 해를 끼치는 나라로 한나라보다 더한 나라도 없을 것입니다. 먼저 한나라를 순순히 복종시킬 필요가 있습니다."

"한나라가 말을 안 들을 때는 어찌해야 하오?"

"그렇다면 군사를 동원해 치십시오. 형양을 공격하면 성고로 가는 길이 끊어집니다. 또 북쪽 태항산으로 나아가는 길을 차단하면 상당의 군사들이 남하할 수 없습니다. 이같이 하여 일거에 형양을 공격하면 한나라는 세 지역으로 분단되고 말 것입니다. 이런 망국 상황에서 한나라가 어찌 대왕의 명을 듣지 않을 수 있겠습니까?"

범수의 계책은 한 치의 착오도 없이 그대로 적중됐다. 이에 진소양왕은 더욱 그를 신임했다. 범수는 승상 양후를 밀어내기 위해 골몰했다. 그러기 위해서는 먼저 선태후로 하여금 정사에서 손을 떼게 하는 수밖에 없었다. 선태후가 계속 정사에 간여하는 한 양후의 발호를 막을 길이 없었다. 기원전 266년, 마침내 때가 무르익었다고 판단한 범수가 하루는 틈을 내어 진소양왕에게 이같이 진언했다.

"신은 손가락이 팔보다 굵고, 팔이 넓적다리보다 굵은 사람이 있다는 말을 들은 적이 없습니다. 그런 사람이 있다면 그 사람의 병은 대단히 심한 것입니다. 1백 명이 표주박 하나를 받쳐 들고 뛰는 것은 혼자서 들고 뛰는 것보다 빠르지 못합니다. 1백 명이 실제로 표주박 하나를 받쳐 들고 뛰면 표주박은 조각나고 말 것입니다. 지금 진나라의 권력은 화양군과 양후, 태후, 대왕이 두루 사용하고 있습니다. 나라를 표주박에 비유하면 진나라는 필시 조각나고 말 것입니다. 제가 산둥에 있을 때 제나라에 맹상군은 있어도 군왕이 있다는 말은 듣지 못했습니다. 또 진나라에 선태후와 양후는 있어도 군왕이 있다는 말은 듣지 못했습니다. 지금 태후는 멋대로 일을 처리하면서 대왕을 고려하지 않고, 양후는 사자로 갔다가 돌아와서도 복명하지 않고 있습니다. 또 화양군과 선왕의 동생인 경양군은 일을 독단으로 처리하고도 꺼리는 바가 없고, 선왕의 동생인 고릉군은 조정에 나오면서 예절이 없습니다. 이런 4명의 권귀가 조정에 있는데도 나라가 위태로워지지 않은 경우는 아직 없었습니다. 이들이 있는 한 끝내 군왕은 없다고 이를 만합니다. 신이 듣건대 '나무에 열매가 지나치게 많으면 가지가 버티지 못해 부러지고, 가지가 부러지면 나무의 근본이 상한다'고 했습니다. 봉토를 받은 자가 너무 커지면 나라가 위험해지고, 신하를 너무 높이면 군왕이 낮아지게 됩니다. 초나라 장수 요치는 제나라의 권력을 장악했을 때 제민왕의 근육을 뽑아낸 뒤 사당의 대들보에 매달아 하루 만에 죽게 만들었습니다. 또 이태는 조나라의 대권을 잡았을 때 군주의 부친, 즉 상왕上王이라는 뜻을 지닌 주부主父 조무령왕을 사구의 이궁에 가두어 1백 일 뒤 아사하게 만들었습니다. 지금 제가 4명의 권귀가 일을 처리하는 것을 보니 이들 또한 요치 및 이태와 같은 자들입니다. 지금 봉록이 낮은 최하 관직에서 고위 관직에 이르기까지, 심지어 대왕 신변의 시종들까지 4명의 권귀 사람이 아닌 사람이 없습니다. 대왕이 조정에서 고립되어 있는 것을 보니 저는 사적으로 대왕을 위해 우려하지 않을 수 없습니다. 대왕이 세상을 떠난 후 진나라를 차지하는 사람은 필시 대왕의 자손이 아닐 것입니다. 나라의 재물은 모두 태후의 사가로 들어가고, 양후는 전리품을 모두 식읍인 도 땅으로 보내고, 국내의 이익은 화양군과 나눠 갖고 있습니다. 이들 4명의 권귀는 나라를 희생시켜 자신들의 편안을 취하고 있는 것입니다. 군왕을 위태롭게 하고 나라를 망치는 이른바 위주멸국危主滅國이 바로 여기서 시작하는 것입니다. 그러니 어찌 명이 대왕으로부터 나올 수 있고, 권력이 어찌 분산되지 않을 수 있겠습니까? 제가 보기에 대왕은 겨우 나라의 5분의 1만 지니고 있는 것입니다."

진소양왕은 모골이 송연해졌다.

"과인은 일찍이 이런 가르침을 받지 못한 것이 한이오."

이튿날 진소양왕이 양후 위염을 불렀다.

"경은 이제 승상의 인을 내놓고 양穰 땅으로 내려가 편히 지내도록 하시오."

다음 날에는 화양군과 고릉군, 경양군도 밖으로 쫓아냈다. 얼마 후 선태후도 심궁深宮으로 거처를 옮겼다. 진소양왕이 일거에 구세력을 일소해 버린 것이다. 이어 범수를 위염의 후임 승상에 임명한 뒤 응應 땅에 봉했다. 이후 범수는 '응후應侯'로 불리게 되었다.

진소양왕의 위엄과 권력을 갉아먹던 양후 등이 일거에 제거된 것은 진나라의 천하 통일 행보에 결정적인 도움을 주었다. 당시 이들을 제거하지 않았다면 진소양왕 사후 어떤 일이 빚어졌을지 예측하기가 어려웠다. 난세와 치세를 막론하고 최고 통치권자의 일족이 정사에 깊이 간여하게 되면 곧 통치 권력의 누수를 초래해 끝내는 패망의 근원으로 작용할 수밖에 없다. 범수의 뛰어난 수완이 유감없이 드러나는 대목이다.

그럼에도 당시 적잖은 사람들은 범수가 승상의 자리를 노려 이런 일을 도모한 것으로 의심했다. 나름 일리가 있다. 그러나 범수가 위염의 뒤를 이어 승상의 자리에 오른 것은 기본적으로 그의 능력을 높이 평가한 진소양왕의 판단에 따른 것이다. 설령 사심이 작용했다 할지라도 이는 작은 문제에 지나지 않는다.

천하의 중추와 장평대전

범수가 승상의 자리에 오를 당시 진나라와 국경을 접하고 있는 위나라와 한나라는 이미 진나라에 제압돼 사실상 수중에 들어온 것이나 다름없었다. 범수의 원교근공 전략에서 볼 때 이른바 '천하의 중추'를 얻은 셈이다. 이제 남은 것은 조나라였다. 조나라를 제압하지 않고는 더 이상 동진할 수가 없었다. 기원전 260년, 진소양왕이 장수 왕기王齮에게 명해 대군을 이끌고 가 조나라를 치게 했다. 전국시대의 향방을 결정지은 장평대전의 서막이 시작된 것이다.

당시 진나라 군사는 기세 좋게 진공했으나 염파廉頗가 이끄는 조나라 군사의 저지에 막혀 더 이상 나아갈 수 없었다. 진소양왕이 이때 왕흘王齕에게 명해 전군을 이끌고 한나라의 상당 땅으로 가 주둔하게 했다. 협공을 펼칠 심산이었다. 이에 상당의 한나라 백성들은 모두 조나라로 달아났다. 왕흘은 군사를 장평 쪽으로 돌렸다. 염파가 싸움에 응하지 않자 진·조 두 나라 군사가 오랫동안 장평을 사이에 두고 대치하게 되었다. 이를 본 조효성왕趙孝成王은 염파가 겁을 집어 먹은 것으로 오해하고는 사자를 여러 차례 보내 염파를 나무랐다. 응후 범수가 이 사실을 알고 곧 반간계를 구사했다. 첩자들이 1천금을 가지고 조나라로 들어가 다음과 같은 얘기를 퍼뜨렸다.

"우리 조나라에는 마복군 조괄趙括만 한 장수가 없다. 염파는 이미 너무 늙어 겁이 많다. 그는 진나라 공격을 견디지 못하고 이내 항복할 것이라고 한다. 진나라 군사가 두려워하는 것은 오직 조괄뿐이다. 속히 조괄을 내보내 진나라 군사를 물리쳐야 한다."

이 소문은 삽시간에 널리 퍼졌다. 조효성왕은 가뜩이나 의심을 품고 있던 중에 이런 말을 듣자 마침내 조괄을 불렀다.

"경이 국가를 위해 능히 진나라 군사를 격파할 수 있겠소?"

"진나라가 무안군 백기를 보냈으면 시일이 좀 걸리겠지만 왕흘쯤이야 당장에 깨뜨릴 수 있습니다."

"어째서 그렇소?"

"백기는 지난날 이궐에서 한·위 두 나라 군사 20만 명의 목을 베었고, 다시 위나라를 쳐 61개 성읍을 취했고, 남쪽으로 초나라를 쳤을 때는 도성은 물론 무巫와 검黔 땅까지 함몰시켰습니다. 이후 다시 위나라를 쳐 13만 명의 목을 베고, 한나라를 쳤을 때는 5개 성읍을 함몰시킨 데 이어 5만 명을 참하고, 여세를 몰아 우리 조나라 군사 2만 명을 수장시켰습니다. 백기는 이처럼 싸우면 이기고, 공격하면 점령하기 때문에 그의 이름이 널리 알려졌습니다. 신이 백기와 싸우면 상당한 시일이 걸릴 것입니다. 그러나 왕흘은 처음으로 대장이 된 자입니다. 염파 장군이 겁을 먹은 까닭에 왕흘이 깊이 들어왔으나 이제 신이 가면 적들을 일거에 물리칠 수 있습니다."

조효성왕은 곧 조괄을 상장군으로 삼고 부절을 내리면서 이같이 분부했다.

"경에게 부절과 군사 20만 명을 줄 터이니 즉시 출정을 서두르도록 하시오."

정계 일선에서 은퇴한 인상여藺相如가 이 소식을 듣고 황급히 조효성왕을 찾아왔다.

"조괄의 명성이 높다는 이유로 그를 장수로 삼으면 이는 마치 거문고 줄을 고정시켜 탄주하는 것과 같은 것입니다. 조괄은 그 아비의 병서를 읽고 얘기하는 것에 불과합니다. 그는 임기응변의 용병 이치를 모릅니다."

여기서 식견이 짧아 융통성이 없는 사람을 비난할 때 사용되는 교주고슬膠柱鼓瑟이라는 성어가 나왔다. 조괄은 어려서부터 병법을 배운 까닭에 병법 이론에 관한 한 천하에 그를 당할 자가 없었다. 그 또한 병법의 대가임을 자처했다. 일찍이 그는 부친 조사趙奢와 더불어 병법을 논한 적이 있었다. 조사는 명장이기는 했으나 병서를 섭렵한 조괄을 이론적으로 당할 길이 없었다. 부인이 크게 기뻐했다.

"우리에게 이런 영특한 아들이 있으니 얼마나 기쁜 일입니까?"

조사는 아무 말도 하지 않았다.

"장군은 어찌해 아무 말도 하지 않는 것입니까?"

조사가 말했다.

"용병은 본래 사지死地로 들어가는 것이오. 그런데 이 아이는 이를 너무 쉽게 말하고 있소. 이것 하나만 보아도 이 아이는 장수가 될 자격이 없소. 무릇 장수는 항상 긴장을 풀지 않고, 제장들에게 널리 묻고, 혹여 실수라도 있을까 염려되어 밤잠을 못 이루는 것이오. 이 아이처럼 너무 쉽게 말하는 자가 병권을 잡게 되면 남의 말을 듣지 않고 독단적으로 일을 처리하게 되오. 만일 그를 장수로 삼게 되면 조나라 군사는 반드시 패하고야 말 것이오. 조나라 군사를 패하게 만들 사람은 바로 이 아이일 것이오."

조사는 죽기 직전 아들 조괄에게 이같이 유언했다.

"병사兵事는 흉한 것이고 싸움은 위험한 것이다. 이에 옛사람들은 함부로 싸우지 말라고 경고한 것이다. 내가 죽기 전에 너에게 한 가지 일러 줄 말이 있다. 너는 결코 장수가 될 인물이 못 된다. 무슨 일이 있어도 장수의 자리에 앉아서는 안 된다. 한 번 잘못하면 몸을 망칠 뿐만 아니라 나라까지 망치게 된다."

이어 부인에게 당부했다.

"훗날 조왕이 이 아이를 불러다가 장수를 시키려 하거든 당신은 조왕에게 내가 한 말을 얘기하고 철회를 청하도록 하시오. 많은 군사를 죽게 만들고 나라를 욕되게 하는 것이 어찌 신하된 자의 도리이겠소?"

조사가 죽자 조혜문왕은 그의 공로를 높이 사 조괄로 하여금 마복군의 군호君號를 잇게 했다. 그러다가 마침내 이때에 이르러 조효성왕이 조괄을 장수로 삼게 된 것이다. 조괄이 장수가 되어 출병하려고 하자 그의 모친이 급히 상서해 조괄을 장수로 삼지 말 것을 청했다. 조효성왕이 그 연고를 물었다.

"어찌해서 장수로 삼지 말라고 하는 것이오?"

"제가 당초 그의 부친 조사를 모실 때 조사는 장령將領이었습니다. 당시 그는 상을 받으면 모두 군리軍吏에게 나눠 주었습니다. 또 명을 받게 되면 집안 일을 일절 묻지 않았습니다. 지금 조괄은 하루 만에 장군이 되자 동쪽을 향하며 제장들의 조회를 받고, 군리들 가운데 감히 그를 올려다보는 사람이 없습니다. 또 군왕이 하사한 금백金帛을 모두 집으로 가져와 쌓아 두었습니다. 또 늘 좋은 전택田宅이 어디에 있는지를 눈여겨보았다가 살 수 있는 것은 모두 사들이고 있습니다. 군왕은 그를 그 아비와 같다고 생각하나 이들 부자는 심사가 완전히 다릅니다. 그를 장수로 내보내서는 안 됩니다."

"나는 이미 결정했으니 이를 다시는 거론치 마시오."

"만일 그가 직책을 다하지 못할 경우 청컨대 저를 연루시키지 말아 주십시오."

"그리하겠소."

당시 진소양왕은 조괄이 장수가 되었다는 애기를 듣고 승상 범수를 불러 상의했다. 범수가 말했다.

"무안군 백기가 아니면 이 일을 성취시킬 수 없습니다."

곧 은밀히 백기를 상장군으로 삼으면서 왕흘을 부장군으로 돌린 뒤 이같이 하령했다.

"무안군이 장수가 되었다는 사실을 감히 누설하는 자는 참형에 처할 것이다."

조나라가 백전백승의 용장 무안군 백기의 상대로 겨우 병서나 읽은 풋내기 조괄을 내세운 것은 승리를 상납한 것이나 다름없었다. 조괄은 20만 대군을 이끌고 장평에 당도하자마자 조효성왕에게서 받은 부절을 염파에게 보여 주었다. 이에 염파는 모든 군적軍籍을 넘기고 단지 군사 1백여 명만 이끌고 한단성으로 돌아갔다. 조괄은 염파가 만들어 놓은 기존의 부서와 군령을 모두 바꾸고 군리의 자리까지 변경했다. 이어 염파가 여러 곳으로 흩어 놓은 영채를 한 곳으로 모아 대영大營을 만든 뒤 전군에 이같이 하령했다.

"앞으로 진나라 군사가 오거든 즉시 나가 싸우도록 하라. 진나라 군사가 달아나면 끝까지 추격해 무찌르도록 하라."

이때 무안군 백기도 진나라 군영에 당도해 곧 제장들을 모아 놓고 이같이 하령했다.

"왕분王賁과 왕릉王陵은 군사 1만 명을 이끌고 진을 벌인 채 싸우지는 말고 적을 유인토록 하라. 사마조司馬錯와 사마경司馬梗은 각기 군사 1만5천 명을 이끌고 가 조나라 군사의 양도를 끊도록 하라. 또 호양胡陽은 군사 2만 명을 이끌고 가 왼쪽에 주둔해 있다가 조나라 군사가 이곳까지 오거든 즉시 뛰쳐나가 조나라 군사의 허리를 자르도록 하라. 몽오蒙驁와 왕전王翦은 각기 기병 5천 명씩을 이끌고 가 전세를 살피며 응원토록 하라."

이튿날 먼동이 트자 조나라 군사가 정연한 모습으로 전진했다. 조괄이 선봉대를 내보내자 왕분이 싸우다가 짐짓 도주했다. 조나라 군사가 급히 그 뒤를 쫓자 진나라 장수 왕릉이 도중에 나타나 잠시 앞길을 막다가 다시 달아났다. 조괄이 환호하며 친히 대군을 휘몰아 달아나는 진나라 군사를 급히 추격했다. 진나라 군사는 영루를 굳게 지키며 싸움에 응하지 않았다. 조나라 군사가 3일 동안 계속 강공을 퍼부었으나 진나라 영채는 꼼짝도 하지 않았다. 조괄이 좌우에 하령했다.

"속히 후군後軍을 이리로 오도록 하라. 우리도 이곳에 영채를 세우고 총공격을 해야겠다."

이사이 진나라 기병이 몰래 조나라 군사의 퇴로를 끊었다. 또 기병 5천 명이 조나라 군사와 조나라 대영 사이의 통로를 끊자 조나라 후군이 전진할 수 없게 되었다. 조나라 군사는 완전히 둘로 나뉜 데다 양도마저 끊겼다. 백기가 경병輕兵으로 이들을 치자 조나라 군사가 크게 불리하게 되었다. 조괄이 수초가 무성한 곳에 영채를 세운 뒤 사람을 한단으로 급파해 원군을 청했다. 스스로 독 안에 든 쥐를 자처한 꼴이 된 것이다. 날마다 진나라 군사들이 조나라 영채 앞에 와 큰 소리로 말했다.

"백기 장군의 명이다. 속히 항복하면 목숨만은 살려 줄 것이다."

조괄은 그제야 비로소 백기가 진나라 군사 속에 있다는 것을 알게 되었다.

진소양왕은 조군의 양도가 끊어졌다는 얘기를 듣고 친히 하내河內로 가 15세 이상의 백성을 모두 징발해 장평으로 보냈다. 이들은 조나라 군량을 탈취하고, 조나라 원군이 나오지 못하도록 길을 모두 차단했다. 고립된 조괄의 군사는 포위된 지 한 달이 넘자 이내 군량이 바닥나게 되었다.

사서는 조나라 군사가 마침내 양식이 떨어진 지 46일이 지나자 서로 몰래 전우를 죽이고 그 살을 씹어 먹는 사태까지 벌어졌다고 기록해 놓았다. 조괄은 최후 수단으로 직접 정예군 5천 명을 이끌고 가 육박전을 펼쳤다. 이때 진나라 군사들이 기다렸다는 듯이 사방에서 화살을 난사했다. 조괄은 화살을 맞고 그 자리에서 즉사했다. 대장이 죽자 조나라 군사가 일대 혼란에 빠졌다. 백기가 제장들을 시켜 조나라 군사에게 항복을 재촉하자 조나라 영루 안에 있던 병사 20만 명이 모두 투항했다.

여기서 지상담병紙上談兵이라는 성어가 나왔다. 이론에만 치우쳐 실제 상황에는 전혀 맞지 않는 계책이나 그런 상황을 지칭하는 말이다. 백기에게 항복한 조나라 군사는 모두 40만 명이나 되었다. 백기가 왕흘에게 말했다.

"우리가 점령한 한나라 땅 백성들도 아직 우리를 좋아하지 않는데 만일 이 40만 명이나 되는 조나라 포로들이 하루아침에 변란이라도 일으키면 그들을 제압할 길이 없게 되오. 조나라 군사는 반복무상하니 그들을 모두 제거하지 않으면 안 될 것이오."

"장군이 결단하십시오."

백기는 조나라 포로를 모두 구덩이 속으로 몰아넣어 산 채로 죽이는 갱살을 행했다. 사서는 앞뒤로 참살된 자가 모두 45만 명에 달한다고 기록해 놓았다. 그렇다면 당시 살아남은 사람은 없었던 것일까? 『자치통감』에 따르면 이때 미성년인 소년 병사 240명만이 살아남아 귀국하게 되었다. 진나라가 이들을 생환시킨 것은 진나라의 위엄을 널리 선양하기 위한 것이었다. 소문이 퍼지자 조나라는 온통 울음바다가 되었다. 조나라 도성 한단에서는 통곡하는 소리가 그치지 않았다. 그러나 조괄의 모친만은 울지 않았다.

"나는 조괄이 이 나라 장수가 되었을 때부터 그를 산 사람으로 여기지 않았다."

조효성왕은 조괄의 모친에게 많은 비단과 곡식을 보내 위로하고 염파에게도 사람을 보내 지난날 파직했던 일을 사죄했다. 원래 조효성왕은 조부인 조무령왕을 닮아 총명했다.『우씨춘추』를 저술한 우경虞卿과 같이 뛰어난 인물을 과감히 발탁한 게 그 증거다. 현재『우씨춘추』는 전해지지 않고 있다. 사마천은 우경을 이같이 평해 놓았다.

"우경은 친구인 위제가 범수의 압박에 시달려 죽게 되었을 때 이를 차마 눈뜨고 볼 수 없어 마침내 대량까지 동행했다가 커다란 고통을 받았다. 평범한 사람도 그같이 하는 것이 어렵다는 것을 아는데 하물며 현자인 우경이야 더 이상 말할 것이 있겠는가? 그러나 우경에게 그런 고통과 근심이 없었다면『우씨춘추』와 같은 책을 써서 자신의 뜻을 후세에 전하지는 못했을 것이다."

우경은 비록 세 치 혀로 높은 지위에 올랐으나 결코 종횡가는 아니었다. 그는 오히려 절의를 숭상하는 유가에 가까웠다. 우경을 과감히 발탁한 조효성왕은 평가할 만하다. 사서에는 이를 뒷받침하는 많은 일화가 수록되어 있다. 그러나 그는 결정적인 순간에 자신감이 지나쳤다. 진나라와 결전을 치르고 있는 상황에서 여러 사람의 간언을 물리치고 장수를 바꾼 게 그렇다. 싸움 도중에 장수를 바꾸는 것은 병법에서 가장 꺼리는 일 가운데 하나다.

장평대전은 진나라와 조나라뿐만 아니라 천하의 판세를 결정짓는 매우 중요한 결전이었다. 조효성왕은 이처럼 중차대한 싸움에서 진나라에 승리를 상납하고 만 셈이다. 실제로 이후 조나라는 피폐를 면치 못하다가 진나라에 병탄당하고 말았다. 자신의 판단에 대한 과신이 불러온 재난이다. 진나라 입장에서 볼 때는 범수의 원교근공 계책이 적중한 결과로 해석할 수 있다.

범수의 오점

진나라가 장평대전에서 대승을 거둔 이듬해인 기원전 259년, 진나라 군사가 조나라 도성 한단을 향해 세 방향으로 진공했다. 이에 조나라 군사가 사방으로 흩어졌다. 변경을 지키는 조나라 관원이 급히 말을 타고 한단으로 달려왔다.

"진나라 군사가 상당 땅을 함몰시키고 지금 도성 한단을 향해 진공 중입니다."

조효성왕이 크게 놀라 군신들을 모아 놓고 상의했다.

"누가 능히 가서 진나라 군사를 막겠소."

아무도 입을 여는 자가 없었다. 이날 평원군 조승趙勝이 집으로 돌아와 문객들을 모두 모아 놓고 상의했으나 문객들은 서로 얼굴만 쳐다볼 뿐 아무도 입을 열지 않았다. 이때 마침 종횡가인 소대가 찾아왔다.

"내가 함양으로 가기만 하면 진나라 군사는 조나라를 치지 못할 것이오. 그 이유는 묻지 말고 나를 진나라로 보내 주시오."

평원군이 조효성왕에게 소대의 말을 전하자 조효성왕이 소대에게 많은 황금과 비단을 내주었다. 소대가 즉시 범수를 찾아가 말했다.

"조나라가 망하면 진왕은 천하의 왕이 되고 백기는 3공의 반열에 서게 될 것이오. 무안군이 3공이 되었을 때 그대는 과연 어느 자리에 서 있을 수 있겠소? 그대는 그의 아래에 머물 수밖에 없을 것이오. 그대가 그런 생각이 없을지라도 이미 사세상 어쩔 수 없이 그리되고 말 것이오."

"이를 어찌하면 좋겠소?"

"천하의 백성들이 진나라 백성이 되기를 꺼려한 지 이미 오래되었소. 지금 진나라가 조나라를 멸망시킬지라도 북쪽은 연나라, 동쪽은 제나라, 남쪽은 초나라나 위나라로 편입되고 말 것이오. 그리되면 진나라는 얼마 얻지도 못하게 되오. 그러니 그대는 한나라와 조나라에 사람을 보내 땅을 베어 바치고 진나라와 강화토록 종용하느니만 못하오. 그리되면 두 나라의 땅을 얻은 공은 모두 그대의 몫이 되고 조나라를 공략한 무안군의 공은 허사가 되고 말 것이오."

이튿날 범수가 궁으로 들어가 진소양왕에게 말했다.

"우리 군사들은 오랫동안 타국에서 싸우느라 크게 지쳐 있습니다. 지친 병사들을 일단 쉬게 만드는 것이 필요합니다. 그러니 한나라와 조나라에 사람을 보내 땅을 할양하는 조건으로 강화를 받아들이겠다는 뜻을 전하도록 하십시오."

결국 한나라는 원옹 땅을 바치고 조나라는 6개 성읍을 바쳐 강화를 매듭짓게 되었다. 진소양왕이 무안군 백기에게 철군을 명했다. 백기는 한단성을 포위해 조만간 공격을 하려던 차에 갑자기 회군의 명을 받게 되자 속으로 범수를 저주했다. 이 일로 인해 무안군 백기와 응후 범수 사이에 틈이 크게 벌어지게 되었다. 조나라의 경우는 한때 인상여와 염파 사이에 틈이 벌어졌다가 이내 봉합되어 사직을 보전한 바 있다. 그러나 범수와 백기의 경우는 갈등이 봉합되기는커녕 더욱 벌어져 결국 백기가 비참한 최후를 맞는 것으로 귀결되었다. 당시 백기는 철군한 뒤 장병들 앞에서 이같이 불만을 털어놓았다.

"불과 한 달만 더 있어도 우리는 조나라를 완전히 항복시킬 수 있었는데 참으로 애석한 일이다. 참으로 천재일우의 기회를 놓치고 말았다!"

후대의 사가들은 범수가 백기를 소환토록 진소양왕을 사주한 것을 두고 크게 비판했다. 그러나 이는 백기가 자초한 측면이 강하다. 병을 핑계로 진소양왕의 출정 명령을 거부했기 때문이다. 당시 문안차 백기를 만난 진소양왕은 백기가 고집을 피우자 이내 환궁하면서 속으로는 백기를 버릴 생각을 품었다. 이때 범수가 진소양왕에게 간했다.

"무안군이 그동안 꾀병을 앓았다는 사실이 드러났으니 즉시 그를 대장으로 삼아 한단을 치도록 하십시오."

당시 백기가 꾀병을 앓고 있었던 것은 사실이다. 그러나 범수의 이런 건의는 오해받을 소지가 많았다. 이로 인해 그는 후대의 사가들로부터 커다란 비난을 받았다. 그러나 설령 범수가 백기를 위험에 빠뜨릴 의도를 갖고 이런 건의를 했을지라도 건의 자체가 잘못된 것은 아니다. 백기를 버리기로 결단한 장본인은 어디까지나 진소양왕이기 때문이다. 진소양왕이 좌우에 명했다.

"과인을 속이고 나라를 돌보지 않은 채 꾀병을 앓는 자를 어찌 신하라고 할 수 있는가? 즉시 백기를 병사로 강등시킨 뒤 밖으로 추방토록 하라."

기원전 257년 겨울 10월, 진소양왕이 백기를 병사로 강등시킨 뒤 지금의 간쑤 성 영대현인 음밀로 옮겨가 살게 했다. 이는 무장에게 죽음을 내린 것이나 다름없다. 이해 12월, 진나라 군사가 병력을 증강해 지금의 산시 성 신강현인 분성 근처로 진주했다. 제후들의 군사 역시 공격 수위가 높아졌다. 원군을 청하는 왕흘의 사자가 매일 쉼 없이 함양으로 내달렸다. 당시 백기는 함양을 빠져나가고 있었을 때였다. 그가 함양성의 서문을 빠져나가 동북쪽으로 10리쯤 갔을 때 정亭이 나타났다. '정'은 전거傳車와 역마驛馬 등을 교체하는 곳이다. 그가 머문 정이 바로 그 유명한 두우정杜郵亭이다. 백기는 두우정에서 잠시 휴식을 취했다. 이때 함양에서는 진소양왕이 범수를 비롯한 군신들과 계책을 상의하고 있었다.

"백기가 함양을 떠나면서 불만스런 모습으로 원망 섞인 말을 했다고 합니다."

대로한 진소양왕이 문득 이같이 하령했다.

"속히 백기를 뒤쫓아 가 칼을 전하고 자결하도록 하라!"

진소양왕의 사자가 급히 말을 몰아 두우정에서 휴식을 취하고 있는 백기를 만났다. 백기에게 칼을 내주고 진소양왕의 말을 전하자 백기가 칼을 받아 쥐고 하늘을 쳐다보며 크게 탄식했다.

"일찍이 월나라 대부 문종이 토사구팽을 당했다고 하더니 이는 나를 두고 한 말이다. 나는 지난번 장평 땅에서 항복한 조나라 군사를 속여 하룻밤 사이에 40여만 명을 갱살해 하늘을 노하게 만들었다. 사실 그들에게 무슨 죄가 있었겠는가? 그렇다면 내가 죽어 속죄하는 것이 도리일 것이다."

그러고는 이내 칼로 목을 찌르고 죽었다. 진나라 사람들은 백기가 자진했다는 소식을 듣고 크게 동정하며 슬퍼했다. 백기가 두우정에서 억울하게 죽은 고사를 인용해 대공을 세우고도 무함을 당해 억울하게 죽임을 당하는 것을 두고 흔히 '두우참杜郵斬'이라고 한다.

두우참은 백기의 혁혁한 무공을 시기한 범수의 견제가 적잖이 작용한 게 사실이나 이는 작은 문제에 지나지 않는다. 궁극적인 책임은 진소양왕이 지는 게 옳다. 그는 백기의 간언을 듣지 않고 자만심에 빠진 나머지 무리하게 군사를 동원한 책임을 면할 수 없다. 그러나 백기 역시 일정 부분 책임을 져야 한다.

춘추전국시대를 통틀어 백기와 같은 용장은 존재하지 않았다. 여러모로 무인의 표상으로 삼을 만하다. 그러나 그 또한 삼국시대의 관우가 그러했듯이 자부심이 지나치게 강했다. 당시 그는 진소양왕을 설득해 어떻게 해서든 진나라의 피해를 최소화해야만 했다. 그것이 신하의 도리이다. 그러나 그는 그리하지 않았다. 그 또한 도를 넘는 고집으로 인해 화를 자초했다고 볼 수밖에 없다.

채택이 범수를 구하다

진소양왕 52년(기원전 255년) 하동군수 왕계가 제후들과 내통한 죄로 목이 잘려 시체가 저자에 내걸리는 기시棄市를 당하면서 범수 역시 입지가 크게 약화됐다. 범수는 원래 왕계의 천거로 진소양왕을 만날 수 있었다. 이에 앞서 범수가 천거한 정안평도 조나라에 투항한 바 있다. 진소양왕이 조회에 나와 탄식할 때마다 범수는 몸 둘 바를 몰라 했다. 범수가 이내 이같이 진언했다.

"신이 듣건대, '군주에게 근심이 있으면 신하가 굴욕을 당해야 하고, 군주가 굴욕을 당하면 신하 된 사람은 마땅히 죽어야 한다'고 했습니다. 이제 대왕이 조회에 나와 한숨을 쉬시니 저희들은 그 연고를 몰라 대왕의 근심을 함께하지 못하고 있습니다. 혹여 신에게 잘못이 있으면 벌을 내려 주십시오."

진소양왕이 대답했다.

"무릇 모든 일은 손발이 맞아야 성공하는 법이오. 지금 무안군이 죽은 데다 정안평과 왕계마저 과인을 배신했소. 안으로는 양장良將이 없고, 밖으로는 숱한 적국이 있으니 과인이 어찌 이를 걱정하지 않을 수 있겠소?"

범수를 질타한 것이나 다름없었다. 범수는 크게 두려운 나머지 곧바로 입을 다물었다. 무안군 백기를 죽음으로 몰아간 데에는 그의 책임도 컸다. 게다가 정안평과 왕계 모두 자신과 관련된 사람들이다. 범수는 아무 말도 못한 채 황급히 궁에서 물러나왔다. 이때 연나라 사람 채택蔡澤이 진나라로 와 범수의 자리를 기필코 빼앗고야 말겠다고 떠벌렸다. 소문을 전해 들은 범수가 크게 놀랐다.

"나는 고금의 역사와 제자백가의 설을 모두 알고 있다. 명성을 떨치는 변사들도 내 앞에서 굴복했는데 도대체 채택이 어떤 자이기에 능히 진왕을 설득하고 내가 갖고 있는 승상의 인을 가로챈다는 말인가. 즉시 그자를 데려오도록 하라."

승상부로 끌려온 채택은 범수를 보고는 단지 읍만 하고 절을 하지 않았다. 화를 참지 못한 범수가 대뜸 큰 소리로 나무라듯 물었다.

"네가 무슨 말로 우리 대왕을 설득해 나의 벼슬을 빼앗겠다는 것인가?"

"진나라의 상앙과 초나라의 오기, 월나라 대부 문종과 같은 사람은 비록 큰 공을 세웠으나 모두 명대로 살지 못하고 비참한 죽음을 당했소. 승상은 과연 이들이 분별력 있는 선비의 모습을 보였다고 생각하시오?"

"왜 그렇지 않다고 하는 것인가? 상앙은 진효공을 섬기면서 온 정성을 다해 일하고 두 마음을 품지 않았다. 공公을 바로 세우기 위해 사私를 돌보지 않았고, 상벌을 분명히 해 바른 다스림을 이루었다. 불행히도 사람들의 원망과 참소를 입게 되었을 뿐이다. 오기 또한 초도왕을 섬기면서 사사로운 일로 공적인 일을 손상시킨 일이 없고, 군왕에게 영합하기 위해 구차스럽게 꾸미는 법이 없었다. 군주를 패자로 만들고 나라를 부강하게 만드는 일이라면 일신의 재난은 조금도 개의치 않았다. 대부 문종도 월왕 구천을 섬기면서 군주가 궁지에 몰려 곤욕을 치를 때 충성을 다하면서 조금도 게으르지 않았다. 많은 공을 세웠음에도 교만하지 않았고, 부귀를 이루고도 교만하지 않았다. 이들 3인은 의와 충성이 무엇인지를 보여 준 셈이다. 그래서 군자는 몸을 희생시켜 이름을 떨치는 살신성명殺身成名을 이루기 위해 의로운 것이라면 비록 몸이 죽더라도 조금도 후회하지 않는 것이다!"

"상앙과 오기, 문종이 남의 신하가 되어 충성을 다하고 공을 이루게 된 것은 실로 사람들이 기대하는 바를 이뤘다고 할 수 있소. 그러나 굉요閎夭가 주문왕을 섬기고 주공이 주성왕을 보좌한 것 또한 어찌 충성이 아니라고 할 수 있겠소? 군신 관계에서 볼 때 상앙과 오기 및 문종을 굉요와 주공 단에 비교할 때 과연 어느 쪽이 바람직하다고 보시오?"

"비명에 죽은 상앙과 오기, 대부 문종이 어찌 굉요와 주공 단만 하겠는가?"

"그렇다면 지금 진왕이 충신을 신뢰하고 함께 고생한 사람을 생각하는 정도가 진효공과 초도왕 및 월왕 구천 등과 비교해 더 낫다고 보시오?"

"그것은 과연 어떠한지 잘 모르겠소."

채택이 말했다.

"지금 승상이 섬기는 진왕은 실로 충신을 친히 여기는 면에서 진효공과 초도왕 및 월왕 구천에 미치지 못하오. 그러나 승상은 그런 군왕을 위해 우환을 제거해 주고 나라를 부강하게 만들어 주어 그 위세가 해내海內를 덮을 만하고, 그 공이 1만 리 밖까지 떨치고 있소. 그러나 그 공도 상앙과 오기 및 문종을 넘지는 못하고 있소. 그런데도 승상의 녹위祿位는 극히 높고 집안의 부는 앞의 세 사람을 능가하고 있소. 이런 상황에서 승상이 은퇴를 하지 않고 있으니 나는 그대를 위해 근심하지 않을 수 없소. 속담에 이르기를, '해가 중천에 오르면 지게 마련이고, 달도 차면 기울기 마련이다'라고 했소. 만물은 일단 성하면 쇠하는 법이오. 이것이 천지의 이치요. 승상의 공은 절정에 이른 셈이오. 이때 은퇴하지 않으면 상앙과 백기, 오기, 대부 문종의 신세가 되고 말 것이오. 승상은 어찌해 당장 상국의 인수를 풀어 다른 현자에게 그 자리를 양보하지 않는 것이오? 그리하면 승상은 반드시 청렴하다는 칭송을 받고, 봉지에서 대대로 영화를 누릴 수 있소. 화를 입고 그만두는 것과 이를 비교하면 어느 쪽이 낫소?"

범수가 고개를 끄덕였다.

"내가 어찌 선생의 가르침을 좇지 않을 리 있겠소."

며칠 후 범수가 입조해 진소양왕에게 말했다.

"저의 빈객 중에 채택이라는 자가 있습니다. 그는 뛰어난 변사로 제가 이제까지 많은 사람을 보아 왔지만 그보다 뛰어난 인물은 본 적이 없습니다. 그는 창업주를 도울 만한 인재로 시국을 꿰뚫어 보며 시변時變에 통달해 있습니다. 저는 그의 만분의 일도 안 됩니다."

진소양왕이 그날로 채택을 불러 천하 통일 방안을 묻자 채택이 막힘없이 방략을 설명해 주었다. 진소양왕이 크게 기뻐하며 곧바로 그를 객경으로 삼았다. 범수가 병을 칭하고 상국의 인수를 풀어 반납하려고 하자 진소양왕이 받아들이지 않았다. 범수는 자신의 병세가 위독하다는 핑계를 대고 끝내 승상의 자리에서 물러났다. 진소양왕은 할 수 없이 채택을 승상으로 삼은 뒤 패망한 서주의 영토를 다스리게 했다.

그러나 채택 역시 몇 달 동안 승상으로 일했으나 헐뜯는 자가 연이어 나타나자 이내 벌을 받을까 두려운 나머지 칭병하고 상국의 인수를 내놓았다. 진소양왕은 채택을 강성군으로 봉하면서 사표를 수리했다. 강성군 채택은 이후 10여 년 동안 진나라에 더 머물렀다. 이때 그는 진소양왕은 물론 진효문왕秦孝文王과 진장양왕秦莊襄王을 모신 데 이어 마침내 진시황까지 모시게 되었다. 진시황 때 연나라에 사자로 가 계속 머물다가 3년 뒤 연나라 태자 단丹을 진나라에 인질로 보내는 데 결정적인 역할을 한 게 대표적이다. 이는 그가 재상의 자리에서 물러나온 뒤에도 계속 '강성군'의 작호를 유지하면서 진나라를 위해 헌신했음을 방증한다. 채택에게 자리를 양보한 범수의 행보가 돋보이는 대목이다.

진소양왕이 막강한 무력을 배경으로 천하 통일의 기반을 닦은 것은 전적으로 범수의 원교근공 계책을 충실히 좇은 결과로 볼 수 있다. 21세기 현재까지 원교근공 계책이 극찬을 받는 것은 국력의 신장에 따른 공략 대상국의 순위를 합리적으로 정한 데 있다. 천하 통일을 목표로 삼은 만큼 공략 대상국의 순위를 정하는 것은 매우 민감하면서도 중차대한 문제였다. 원교근공은 바로 이를 근원적으로 해결할 수 있는 기본 지침으로 제시된 것이다. 이것이 훗날 진시황의 천하 통일에 결정적인 배경으로 작용한 것은 말할 것도 없다.

· 제11장 ·
법가의 완성자,
한비자와 공사지변 公私之辯

순자의 수제자, 한비자

한비자韓非子는 한나라 왕족 출신으로 성이 한韓, 이름이 비非이다. 자子는 공구孔丘와 맹가孟軻를 후대인이 공자와 맹자로 부르듯이 존경의 취지로 덧붙인 것이다. 춘추전국시대에 활약한 제자백가 가운데 한비자처럼 방대한 기록을 남긴 사람은 없다. 전한 초기 사마천이 『한비자』를 접했을 때 이미 10여만 자에 달했다. 현존 『한비자』와 아무 차이가 없다. 제자백가서는 거의 예외 없이 후대인의 가필이 있었음에도 『한비자』만큼은 시작부터 끝까지 본인의 작품이라는 게 중론이다. 방대한 내용에도 불구하고 그만큼 짜임새가 있고 논리적이라는 얘기다.

그럼에도 정작 그의 삶에 관한 기록은 빈약하기 짝이 없다. 신뢰할 만한 것으로는 사마천의 『사기』 「노자한비열전」과 사마광의 『자치통감』 기록만 있을 뿐이다. 「노자한비열전」의 경우 비록 사마천이 한비자에게 가장 많은 지면을 할애하기는 했으나 노자와 장자, 신불해 등과 함께 실려 있어 전체의 절반

가량에 그치고 있다. 이 또한 대부분 『한비자』 「세난」의 기록을 인용해 놓은 것이어서 한비자의 삶을 추론할 수 있는 내용은 극히 일부분에 지나지 않는다. 다음은 「세난」에서 인용한 대목을 제외한 가운데 한비자의 사적事迹을 추론하는데 도움이 될 만한 『사기』 「노자한비열전」의 기록을 모두 그러모은 것이다.

"한비자는 한나라의 여러 공자 가운데 한 사람이었다. 형명법술刑名法術의 학문을 좋아했으나 학설의 근본은 황로학黃老學이었다. 그는 심한 말더듬이여서 입으로 자신의 학설을 잘 말하지 못했다. 그러나 저술만큼은 매우 뛰어났다. 그는 젊었을 때 이사李斯와 함께 순경荀卿을 스승으로 모시고 학문을 익혔다. 당시 이사는 스스로 한비자만 못하다고 여겼다. 한비자는 조국인 한나라가 영토가 깎이고 국력이 쇠약해지는 것을 보고 한왕 안安에게 여러 차례 글을 올려 간했으나 한왕은 이를 받아들이지 않았다. 그는 한왕이 나라를 다스리면서 법제를 정비해 밝히지 않고, 권세를 확고히 해 신하들을 제어하지 못하고, 부국강병을 이루기 위해 인재를 구하고 현명한 자에게 일을 맡기는 데 힘쓰지 않고, 도리어 경박하고 음흉한 좀 같은 자들을 공로와 실적이 있는 인재들의 윗자리에 올려놓는 것을 보고 크게 애석해했다. 그는 유자儒者들이 글로 법을 어지럽히고, 협객들이 무용으로 금령을 위반하는 것으로 생각했다. 나라가 편할 때는 명예를 중시하는 인물들을 총애하고 나라가 위급할 때는 갑옷과 투구로 무장한 무사들을 기용한다. 그가 볼 때 한나라가 양성하는 자들은 나라가 위급할 때 쓸 수 있는 자들이 아니었다. 그는 청렴하고 정직한 사람들이 사악하고 바르지 않은 사람들에게 용납되지 않는 상황을 슬퍼했다. 이에 과거 역사에서 빚어졌던 득실의 변천을 살펴보고 「고분」과 「오두」, 「내저설」, 「외저설」, 「설림」, 「세난」 등 10여만 자에 달하는 글을 지었다. 그는 유세의 어려움을 안 까닭에 「세난」을 매우 상세하게 기술했지만 오히려 진나라에서 죽게 되었으니 스스로 유세의 덫에서 벗어나지 못한 셈이다. 당초 어떤 사람이 그가 지은 책을 진나라로 가지고 갔다. 진시황은 「고분」과 「오두』를 읽고는 탄식해 마지않기를, '아, 과인은 이 사람을 만나 함께 노닐었으면 죽어도 여한이 없겠다'고 했다. 곁에 있던 이사가 대답하기를, '이는 한비자가 지은 책입니다'라고 했다. 이에 진나라 군사가 한나라를 급하게 공격했다. 한왕은 당초 한비자를 등용하지 않다가 이때에 이르러 상황이 위급해지자 곧 그를 진나라에 사자로 보냈다. 진시황이 그를 만나 보고는 크게 기뻐했으나 끝내 신용하지는 않았다. 이때 이사와 요가姚賈가 그를 해칠 의도로 무함하기를, '한비자는 한나라의 공자 출신입니다. 지금 대왕이 제후국들을 병탄하고자 하는 마당에 그는 끝내 한나라를 위해 일할 뿐 진나라를 위해 일하지는 않을 것입니다. 그게 인지상정입니다. 지금 대왕이 그를 등용하지 않은 채 오래 머물게 했다가 돌려보내면 이는 스스로 우환을 남기는 것입니다. 허물을 물어 법으로 그를 주살하느니만 못합니다'라고 했다. 진시황이 과연 그렇겠다고 생각해 곧 사법관에게 그의 죄를 다스리게 했다. 이사가 사람을 시켜 독약을 한비자에게 건네주어 자진하게 했다. 한비자는 자진하기에 앞서 진시황을 만나 자신의 뜻을 개진하려 했으나 도무지 만날 길이 없었다. 진시황이 뒤늦게 후회하며 사람을 보내 사면하려 했으나 한비자가 이미 죽은 뒤였다. 한비자의 저서는 후세에 전해져 이를 보유한 학자들이 매우 많다. 나는 다만 한비자가 유세의 어려움에 관한 「세난」을 쓰고도 정작 본인은 그 덫에서 빠져나오지 못해 허망하게 죽은 사실을 슬퍼할 따름이다."

이를 통해 한비자는 『한비자』를 저술한 뒤 진나라에 사자로 갔다가 이내 옥사했음을 알 수 있다. 사마천은 한비자가 한나라의 여러 공자 가운데 한 사람이라고 말했다. 한비자가 활약할 당시 한나라 왕은 마지막 왕인 안安이다. 기원전 273년에 즉위한 부왕 한환혜왕韓桓惠王이 재위 34년만인 기원전 239년에 병사하자 그 뒤를 이어 보위에 올랐으나 재위 9년 만인 기원전 230년에 진나라에 병탄되는 바람에 시호가 없다. 『사기』「유후세가」에는 한환혜왕이 한도혜왕韓悼惠王으로 기록돼 있다. 애도한다는 뜻의 도悼가 붙은 것은 그의 치세 때 이미 패망한 것이나 다름없다는 취지를 담고 있다.

한비자가 누구의 소생인지 여부는 확실하지 않다. 한왕 안의 아들이라는 주장도 있으나 기원전 280년에 태어났다는 일부 주장을 감안할 때 한환혜왕의 소생일 공산이 크다. 부왕의 뒤를 이어 보위에 오르지 못한 점에 비춰 서자 출신으로 보는 게 옳다. 사마천은 그가 순자 밑에서 공부했다고 기록해 놓았으나 언제 순자의 문하로 들어갔는지 여부에 대해서는 아무런 언급도 해 놓지 않았다. 한비자가 일찍부터 학문 연구에 눈을 돌렸을 가능성을 암시한다.

『사기』「노자한비열전」은 순자를 순경荀卿으로 기록해 놓았다. 그의 저서 『순자』는 오랫동안 『손경자』로 불렸다. 순荀이 한선제漢宣帝 유순劉詢의 순詢과 발음이 같은 까닭에 이를 피한 것이다. 당시에는 제왕의 이름과 겹칠 경우 이름은 말할 것도 없고 성까지 마구 바꿨다. 현재 한비자가 순자 밑에서 이사와 함께 수학한 시기와 관련해서는 두 가지 설이 대립한다. 순자가 제나라 도성 임치에 개설된 직하학당稷下學堂의 우두머리인 좨주祭酒로 있을 때 그를 찾아갔다는 설과 초나라의 난릉령蘭陵令으로 있을 때 찾아가 배웠다는 설이 그것이다.

한비자의 스승 순자는 생전에 모두 세 번에 걸쳐 직하학당의 좨주가 되었다. 좨주는 음주 등의 예식에서 먼저 선인들에 대한 간략한 추모 의식을 거행할 때 좌중의 가장 존경받는 사람이 이 일을 주관한 데서 나온 관직명으로 직하학당 최고 직책이었다. 순자의 명망이 얼마나 높았는지를 짐작하게 해 주는 대목이다. 순자가 직하학당의 두 번째 좨주가 되어 제자들을 가르치다가 진소양왕의 초청을 받아 진나라를 방문한 것은 그의 나이 48세 때인 진소양왕 41년(기원전 266년)이다. 그는 다음 해에 제나라로 돌아오던 가운데 조나라로 가 임무군 등과 군사 문제를 논한 뒤 그곳에 머물다가 이듬해인 진소양왕 43년(기원전 264년)년에 임치로 돌아와 다시 제자들을 가르쳤다. 일부 학자들은 이때 한비자가 순자를 찾아가 학문을 배웠을 것으로 보고 있다. 그랬을 가능성을 전혀 배제할 수는 없으나 한비자의 나이는 겨우 16세에 불과했다. 순자의 명망에 비춰 너무 어렸다. 나아가 초나라의 하급 관원 출신인 이사가 임치로 가 배웠을 가능성은 더욱 희박하다.

그렇다면 한비자는 언제 순자를 찾아간 것일까? 순자의 행보를 면밀히 추적하는 수밖에 없다. 순자는 진소양왕 52년(기원전 255년)에 무함을 받고 제나라를 떠나 초나라로 가 재상인 춘신군 황헐黃歇의 천거로 난릉령이 되었다. 그러나 이듬해인 진소양왕 53년(기원전 254년)에 다시 초나라에서 무함을 받게 되자 곧 초나라를 떠나 조나라의 평원군 조승趙勝을 찾아갔다. 이때 춘신군이 거듭 그를 불렀으나 응하지 않았다.

3년 뒤인 진소양왕 56년(기원전 251년)에 평원군이 사망하자 순자는 문득 오갈 데가 없는 신세가 되었다. 이듬해인 진효문왕 원년(기원전 250년)에 춘신군이 거듭 그를 부르자 마침내 이를 받아들여 다시 초나라로 가 난릉령이 되었다. 한비자는 이 기간에 순자를 찾아간 것으로 보인다. 당시 순자의 나이는 64세였고, 한비자는 25세였다. 우여곡절을 겪었던 순자로서도 이제는 차분히 정착해 제자 육성에 전념할 시기였다. 한비자 역시 당대 최고의 학자 밑에서 학문을 배우기에 적당한 나이였다. 『사기』 「이사열전」에 나온 것처럼 한비자와 이사가 순자 밑에서 '제왕지술帝王之術'을 연마하게 된 것은 이 시기로 보는 게 타당할 것이다. 「이사열전」의 기록에 비춰 이사가 진나라로 가 객경이 된 시점이 부왕인 진장양왕의 뒤를 이어 13세의 어린 진시황이 보위에 오르는 기원전 247년인 점 등을 감안할 때 더욱 그렇다.

이를 기준으로 추론하면 이사는 순자 밑에서 대략 2, 3년가량 수학하다가 학업을 중단한 채 진나라로 가 객경이 된 셈이다. 한비자는 이사가 떠난 이후에도 몇 년 동안 더 공부했을 것으로 짐작된다. 순자는 재차 난릉령을 맡은 지 9년 뒤인 진시황 9년(기원전 238년)에 후원자였던 춘신군이 피살되자 이내 파면되고 말았다. 한비자는 그 이전에 조국인 한나라로 돌아왔을 것으로 보인다. 순자는 한비자가 진나라에서 옥사하기 2년 전인 진시황 12년(기원전 235년)에 난릉에서 세상을 떠났다.

순자는 맹자보다 반세기 뒤인 기원전 298년경에 조나라에서 태어났다. 그는 평소 유자儒者로서의 자부심이 대단했다. 그의 이런 자부심은 공자 사상을 왜곡시킨 맹자에 대한 신랄한 비판으로 이어졌다. 맹자를 두고 출세에 목을 매는 무리인 속유로 질타한 게 그 증거다. 훗날 순자는 명나라 때에 들어와 이 일로 인해 위패가 문묘에서 쫓겨나고 말았다. 그러나 순자의 질타는 터무니없는 게 아니었다. 맹자가 수많은 무리를 이끌고 열국을 순회하며 입으로만 인의를 떠들면서 많은 녹봉을 기대한 게 그렇다.

순자가 속유를 질타한 것은 공자의 학문을 제대로 이어받은 자신과 같은 유자들을 제대로 알아보지 못하는 세태에 대한 울분의 표현이기도 했다. 한비자가 『한비자』 「고분」과 「오두」에서 울분을 토한 것과 큰 차이가 없다. 일부 학자는 『한비자』에서 스승 순자에 대한 언급이 하나도 없는 점을 들어 한비자의 학문이 스승의 학문과 별개인 양 언급하고 있으나 이는 잘못이다. 『한비자』에는 『순자』의 내용을 요약해 놓은 대목이 매우 많다. 당대 최고의 학문을 자랑하는 순자의 학문과 사상이 제자의 역저인 『한비자』 속에 그대로 녹아들어간 결과로 해석하는 게 옳다.

크게 보면 순자는 제자 이사와 한비자를 통해 자신의 학문을 제대로 전수한 셈이다. 이사가 스승의 학문과 사상을 직접 현실 속에 뛰어들어 구현했다면, 한비자는 약간 다른 각도이기는 하나 '제왕지술'의 관점에서 스승의 이론을 보다 세련되게 다듬었다고 할 수 있다.

•

법가 사상의 정화, 공사지변

•

한비자 사상에서 가장 주목할 것은 공과 사의 영역을 엄히 나누면서 체계적으로 정리한 점이다. 마키아벨리가 『군주론』에서 정치와 종교의 영역을 구분한 것에 비유할 만하다. 서구에서는 마키아벨리를 근대적 의미의 최초의 정치학자로 분류한다. 한비자도 동일한 평가를 받을 만하다. 『한비자』의 전편을 관통하는 키워드를 한마디로 요약하라면 바로 '공과 사의 영역 구분'이다. 법가 사상의 가장 큰 미덕이 여기에 있다.

공과 사의 영역 구분은 크게 네 가지로 구성돼 있다. 법가 사상은 전국시대 초기 위나라를 강국으로 만드는 데 결정적인 공헌을 한 이회李悝에서 상앙으로 이어졌다. 이때 이회에서 상앙으로 이어진 법치法治는 공과 사의 영역을 명확히 구분하기 위한 네 가지 방안 가운데 하나에 불과하다. 그 밖에도 신불해의 술치術治와 신도愼到의 세치勢治가 있다. 대다수 사람들이 이들 세 가지 방안을 법가의 모든 것으로 알고 있다. 그러나 노자의 도치道治를 포함시켜야만 한다. 『한비자』에서 '도치'를 법가의 가장 이상적인 통치로 삼고 있는 게 그 증거다.

실제로 『한비자』는 도치와 법치, 술치, 세치를 거의 동일한 비중으로 다루고 있다. 다만 도치는 법치와 술치, 세치 등 법가의 3대 통치술을 모두 포함하는 상위 개념으로 존재하는 점만이 다를 뿐이다. 많은 사람들이 이를 간과한 채 오직 법치와 술치, 세치만을 언급하고 있다. 이들 4대 통치술을 하나로 요약한 것이 바로 '공과 사의 영역 구분'이다. 이를 공사지변公私之辨이라고 한다. '공사지변'은 한비자 법가 사상의 정화精華에 해당한다.

그렇다면 공사지변에서 말하는 공과 사의 기준은 무엇일까? 바로 권형權衡이다. 원래 '권'은 저울추, '형'은 저울대를 뜻한다. 통상 양자를 묶어 '권형'으로 불렀다. 우리말의 저울에 해당한다. 『한비자』에는 '권형'의 표현이 모두 일곱 번 나온다. 대부분 저울 또는 법도의 의미로 사용하고 있다. 대표적인 예로 「유도」의 다음 대목을 들 수 있다.

"군주가 일의 경중을 잘 저울질하는 사람을 신중히 가려내 먼 바깥쪽 일을 맡기면 세상의 가볍고 무거운 일에 대해 속임을 당하는 일이 없을 것이다."

『한비자』는 '권형'을 대개 권權으로 축약해 표현해 놓았다. 문맥에 따라 권세와 권력, 권위, 위세 등 다양한 의미로 사용하고 있다. 모두 같은 취지이다. 공과 사의 영역을 엄격히 구분하고 있는 공사지변은 권력의 저울추를 누가 쥐고 있는지에 관해 모든 관심을 집중시키고 있다. 겉으로 드러난 모습은 공평한 저울의 모습을 지닌 권형이나 그 배경에는 공평한 잣대의 통용을 강제하는 막강한 힘인 '권력'이 자리 잡고 있다. 한비자가 초점을 맞추고 있는 것은 권형 자체가 아니라 그 이면에 자리 잡고 있는 권력이다. 권력은 저울이 사물의 무게를 달아 경중을 알아내듯이 사람을 헤아려 취사선택할 수 있는 힘이라는 뜻을 지니고 있다. 신하들을 임명하는 인사대권과 신하들이 집행한 업무의 공과에 따라 포상하고 처벌하는 상벌권이 바로 권력의 핵심 요소이다.

『한비자』가 도치와 법치, 술치, 세치 등 네 가지 통치술을 두루 언급하고 있지만 이는 단 하나의 명제를 전제로 하여 나온 것이다. 인사대권과 상벌권을 신하들에게 결코 나눠 주어서는 안 되고 오로지 군주가 장악하고 있어야 한다는 군주전권君主專權이 바로 그것이다. '군주전권'이 곧 인사대권과 상벌권이고, 이것이 공사지변의 키워드이다. 이를 뒷받침하는 『한비자』「팔설」의 해당 대목이다.

"범이나 표범처럼 사나운 짐승일지라도 발톱과 어금니를 잃어 쓰지 못하게 되면 그 위력은 작은 생쥐와 같게 된다. 억만금을 가진 부자라도 그 많은 재화를 쓰지 못하면 문지기의 재력과 다를 바가 없게 된다. 영토를 아무리 많이 가진 군주일지라도 좋아하는 자를 이롭게 하지 못하고, 싫어하는 자를 해롭게 하지 못하면 아무리 사람들로부터 두려움과 존경의 대상이 되고자 할지라도 이는 불가능한 일이다."

범이나 표범이 백수의 왕으로 군림할 수 있는 것은 발톱과 어금니가 있기 때문이다. 『한비자』는 이를 호표조아虎豹爪牙로 표현해 놓았다. '조아'는 공을 세운 신하에게 포상하고 잘못을 범한 신하에게 벌을 내리는 상벌권을 상징한 것으로 인사대권까지 포함한 개념이다. 만일 작은 생쥐가 '조아'를 갖게 되면 어찌되는 것일까? 능히 백수의 왕이 될 수 있다. 이른바 혜서조아獬鼠爪牙의 등장이다. 『서유기』에 나오듯이 작은 원숭이에 불과한 손오공이 여의봉을 손에 쥐고 천하를 횡행한 것에 비유할 수 있다.

인간은 만물의 영장이다. 본질적으로 '호표'와 '혜서'만큼의 차이가 있을 턱이 없다. 인간 사이에 차이를 보이는 것이라고는 오직 학덕學德의 연마에 따른 후천적인 차이밖에 없다. 공자를 비롯해 맹자와 순자 등이 학덕을 연마하기만 하면 길을 가는 필부일지라도 군자는 물론 능히 성인도 될 수 있다고 역설한 이유다. 엄밀히 따지면 현자와 불초한 자의 차이 또한 백지 한 장 차이밖에 없다. 한비자는 이를 직시했다. 군주가 '조아'를 잃는 순간 그 '조아'를 취득한 신하에게 이내 제압당할 수밖에 없다고 역설한 이유다.

한비자는 유가와 달리 아예 성인과 범인의 차이를 인정하지 않았다. 요순 같은 성군과 걸주 같은 폭군의 출현은 매우 특이한 경우에 지나지 않는다고 본 결과다. 그가 초점을 맞춘 것은 요순이나 걸주가 아닌 바로 평범한 군주인 용군庸君이다. 『한비자』「난세」의 해당 대목이다.

"요순 및 걸주와 같은 인물은 1천 년 만에 한 번 나올 뿐, 어깨를 나란히 하고 발꿈치를 좇는 것처럼 잇달아 나오는 게 아니다. 세상에는 통상 중간 수준의 군주가 연이어 나온다. 내가 말하고자 하는 권세는 바로 이런 중간 수준의 군주인 '용군'을 위한 것이다. 중간 수준의 용군은 위로는 요순과 같은 성군에 못 미치고, 아래로는 걸주와 같은 폭군에 이르지 않은 군주를 지칭한다."

한비자의 주장인즉 용군도 '조아'만 쥐고 있으면 능히 천하를 다스릴 수 있다는 것이다. 유가와 법가의 통치술이 극명하게 엇갈리는 대목이 바로 여기에 있다. 대표적인 예로 공자가 역설한 군군신신君君臣臣에 대한 해석의 차이를 들 수 있다.

『논어』「안연」에 따르면 하루는 제경공이 공자에게 정치에 관해 묻자 공자가 이같이 대답했다.

"군주는 군주답고, 신하는 신하답고, 아비는 아비답고, 자식은 자식다워야 합니다."

제경공이 맞장구를 쳤다.

"좋은 말이오. 실로 군주가 군주답지 못하고, 신하가 신하답지 못하고, 아비가 아비답지 못하고, 자식이 자식답지 못하면 비록 곡식이 있을지라도 내가 어찌 그것을 먹을 수 있겠소!"

명분을 중시하는 유가의 정명正名 사상을 상징하는 일화이다. 군군君君과 신신臣臣, 부부父父, 자자子子는 공자가 생각한 국가 공동체의 기본 질서에 해당한다. 훗날 순자는 여기에 사사士士, 농농農農, 공공工工, 상상商商 등의 이른바 4민론四民論을 덧붙였다. 4민론은 애덤 스미스가 『국부론』에서 역설한 분업론과 취지를 같이한다.

법가도 유가처럼 '정명'을 얘기한다. 그러나 방점은 명분이 아닌 실질에 찍혀 있다. 이를 형명참동形名參同이라고 한다. 형명의 형形은 사물의 실체 내지 형태를 뜻하는 것으로 형刑으로 표현돼 있기도 하다. 명名은 사물의 명칭 내지 명분을 말한다. '명'의 실제 내용이 바로 '형'이다. 형명은 곧 겉과 속, 명목과 실제, 명분과 실리를 뜻한다. 참동參同은 명목과 실제를 비교해 공과를 판정한 뒤 그에 맞춰 상벌을 내리는 것을 의미한다. 한비자는 형명참동을 상벌의 뜻으로 새겼다. 이를 뒷받침하는 『한비자』 「주도」의 해당 대목이다.

"도는 만물의 시작이고, 시비의 근본이다. 명군은 만물의 시작을 중시해 만물이 생겨난 근원을 알고, 그 기본을 잘 다스려 성패의 단서를 안다. 이에 명군은 마음을 비우고 고요히 상대를 지켜봄으로써 신하가 스스로 자신의 생각을 말하게 하고, 이후 그에 따른 책임을 지워 자연스럽게 그 일이 이뤄지게 한다. 마음을 비우면 상대의 실정을 알 수 있고, 고요히 지켜보면 그 행동의 시비를 알 수 있다. 신하가 무엇인가 의견을 말하고자 할 경우 스스로 말하게 되고, 어떤 일을 하고자 할 경우 스스로 그 실적을 드러내게 된다. 말한 바와 실적을 대조하는 '형명참동'을 행하면 군주는 아무 일을 하지 않아도 신하의 모든 실정이 밝게 드러난다. 그런 까닭에 군주는 현명하지 않으면서도 현자의 스승이 되고, 지혜롭지 못하면서도 지자의 우두머리가 된다. 신하는 직무에 힘쓰고, 군주는 공업을 이루니 이를 일러 '명군의 상도常道'라고 한다."

형명참동을 같은 「주도」에서는 동합형명同合刑名으로 표현해 놓기도 했다. 명목과 실제가 완전히 일치하는 상황을 지칭한 것이다. 이는 공자가 『논어』 「자로」에서 정치를 할 때 명분부터 바로잡아야 한다고 역설한 것과 취지를 같이한다. 『묵자』 「경 상」 편은 명실합위名實合爲로 표현해 놓았다. 제자백가모두 비록 방점은 달리 찍었지만 드러난 명목 내지 명분을 중시했다는 점에서는 별반 차이가 없었다.

원래 춘추시대 말기에 활약한 제경공은 안영과 같은 명신을 얻어 제나라의 중흥을 이룬 덕분에 후대 사가들로부터 제환공의 패업에 준하는 대공을 이뤘다는 평을 받았다. 주목할 것은 그럼에도 그가 권신인 진항陳恒을 제거하지 않고 방치하는 바람에 후손이 보위에서 쫓겨나고 나라마저 빼앗기는 결과를 낳은 점이다. 한비자가 제경공을 질타한 이유다. 『한비자』 「인주」에 이를 뒷받침하는 대목이 나온다.

"군주가 몸이 위태로워지고 나라까지 망하는 참화를 입는 것은 대신이 너무 존귀해지고 좌우 측근이 너무 위세를 떨치기 때문이다. 무릇 말이 무거운 짐을 실어 나르고, 수레를 끌면서 먼 길을 갈 수 있는 것은 근력 덕분이다. 위세는 군주의 '근력'이다. 힘을 잃고도 나라를 유지한 군주는 1천 명 가운데 단 한사람도 없다. 범과 표범이 능히 사람을 이기고 백수의 왕으로 군림하는 것은 조아가 있기 때문이다. 범과 표범이 조아를 잃으면 사람에게 제압당한다. 위세는 군주의 조아이다. 군주가 조아를 잃으면 조아를 잃은 범과 표범의 처지가되고 만다. 제간공은 조아를 권신인 진항에게 빼앗겼다. 빼앗긴 조아를 재빨리되찾지 못한 까닭에 이내 몸은 죽임을 당하고 나라는 패망하고 말았다."

제간공은 제경공의 손자이다. 제경공 사후 제도공齊悼公과 제간공 모두 권신 진씨의 손에 의해 이내 죽임을 당하고 나라마저 빼앗기고 말았다. 한비자가 공자가 말한 '군군신신' 주장에 공명하면서도 방법론에 이의를 제기한 이유다. 제경공이 인사대권을 통해 권신 진항을 가차 없이 제거했어야 하는데도 그리하지 못한 까닭에 결국 진씨에게 나라를 빼앗기게 됐다는 것이다. 공자가 말한 식의 명분만으로는 사직을 보전할 수 없고 반드시 '조아'를 지니고 있어야 한다고 역설한 것은 바로 이 때문이다. 『한비자』는 '조아'를 위세와 권세, 법술 등으로 혼용해 표현하고 있으나 이는 인사대권 및 상벌권을 달리 표현한 것에 지나지 않는다.

'군군신신'을 두고 공자를 비롯해 후대의 유가 모두 "군주는 군주다워야 하고, 신하는 신하다워야 한다"고 풀이했다. 한비자가 볼 때 이는 공허하기 짝이 없는 말장난에 불과했다. 그가 유가의 인의仁義를 비웃은 이유다. 상가 이론을 집대성한 사마천도 별반 차이가 없었다. 그는 『사기』「화식열전」에서 입만 열면 인의를 떠벌리는 속유들을 이같이 질타했다.

"집이 가난한데다 어버이는 늙고, 처자식은 못 먹어 연약하고, 명절 등이 돌아와도 조상에 제사조차 지내지 못하고, 스스로 의식을 해결하지 못해 남의 도움으로 근근이 먹을 것과 입을 것을 해결하는 자가 있다. 이런 참혹한 상황에 있는데도 전혀 부끄러운 줄 모른다면 언급할 가치조차 없다. 도인처럼 세상을 등지고 깊은 산속에 사는 것도 아니면서 오랫동안 빈천한 처지에 놓여 있는데도 입만 열면 '인의'를 떠벌리는 자들이 있다. 이 역시 부끄럽기 짝이 없는 일이다."

그렇다면 한비자는 '군군신신'을 어떻게 해석한 것일까? 그는 지극히 현실적인 관점에서 접근했다. '군군신신'의 취지에는 동의하면서도 이를 유가처럼 당위론으로 접근할 경우 예외 없이 실패할 수밖에 없다고 보았다. 『한비자』「인주」에서 "힘을 잃고도 나라를 유지한 군주는 1천 명 가운데 단 한 사람도 없다"고 일갈한 게 이를 뒷받침한다. 여기서 '힘'은 곧 군주의 조아를 뜻하고, 이는 군주가 전일적으로 행사하는 인사대권과 상벌권을 축약해 표현한 것이다. 결국 한비자는 '군주를 군주답게 만들고, 신하를 신하답게 만드는 것은 모두 군주가 조아를 쥐고 있기 때문이다'라고 풀이한 셈이다.

이는 군권君權이 신권臣權을 압도하는 군강신약君强臣弱을 달리 표현한 것으로 볼 수 있다. 맹자가 역설한 군신공치 개념과 정반대된다. 군신공치는 통치권력을 군권과 신권으로 나눠 일면 서로 협조하면서 일면 서로 견제하는 것을 의미한다. 그러나 말만 그렇지 사실은 신권의 우위를 전제로 한 것이다. 주희를 비롯한 남송의 성리학자들은 이를 명확히 했다. 군주도 사대부의 일원에 불과한 까닭에 천하를 다스리는 주체는 바로 사대부라고 공공연히 떠벌린 게 그 증거다. 치세에는 나름 통할 수 있으나 난세에는 오히려 국가 패망을 자초하는 독약이 될 수밖에 없다. 남송과 명, 조선조 등이 성리학을 맹신하다가 외적의 침입에 속절없이 무너진 게 그 증거다.

한비자가 난세에는 군권이 신권보다 막강한 우위를 유지해야 한다고 주장한 이유가 여기에 있다. 이는 신권의 막강한 위세를 통찰한 결과다.『한비자』「삼수」의 해당 대목이다.

"군주가 아무리 현명할지라도 나랏일을 혼자 이끌어 갈 수는 없는 일이다. 신하들이 군주를 위해 감히 충성을 다하려 들지 않으면 그 나라는 이내 패망하고 만다. 이를 일러 '나라에 신하가 없다'고 하는 것이다."

군주는 신하들이 없으면 단 하루도 나라를 다스릴 수 없다. 그러나 신권을 제압하기는 결코 쉬운 일이 아니다. 군주가 난세에는 말할 것도 없고 치세에도 신권에 대한 우위를 유지하기 위해 부단히 노력해야 하는 이유다. 그리하지 않으면 군주는 이내 허수아비가 되어 제간공처럼 권신에 의해 시해를 당하고 나라를 빼앗기게 된다. 동서고금의 역대 왕조사를 개관하면 한비자의 이런 주장이 단 하나의 예외도 없이 그대로 적중했음을 알 수 있다.

한비자가 공사지변에서 군권을 공권公權, 신권을 사권私權으로 간주한 이유가 여기에 있다. 공권은 확고한 군권을 배경으로 통용되는 천하의 저울을 뜻한다. 군주는 천하의 저울을 거머쥔 자이다. 공권이 천하에 널리 통용되기 위해서는 저울질이 공정해야 한다. 관건은 공정한 법 집행에 있다. 사사로운 저울질은 공권의 존재 자체를 위태롭게 만든다. 한비자는 군주가 신하들을 제대로 제어하지 못한 데서 사사로운 저울질이 등장한다고 보았다. 권신이 등장해 백성들을 그물질하는 것을 사권의 전형으로 간주한 이유다.

한비자가 바라본 천명론

한비자는 군주를 크게 높인 까닭에 기본적으로 신하를 군주에 의해 고용된 가신家臣으로 간주했다. 신권의 상징인 승상 역시 군주의 집안을 돌보는 집사에 불과하다. 집사가 주인 행세를 하도록 방치해서는 안 되는 이유다. 그런 기미를 보일 때는 상벌권을 발동해 과감히 제거해야만 한다. 군주는 집사가 은밀히 세력을 키우는 것을 막기 위해 감시를 게을리해서는 안 된다. 일꾼들과 연계해 집사의 일거수일투족을 상시 감시하는 방안을 제시한 이유다. 이를 뒷받침하는 『한비자』 「팔경」의 해당 대목이다.

"군주는 아랫사람들과 연계해 상관의 비리를 고발토록 조치해야만 한다. 재상은 조정 대신, 조정 대신은 휘하 관속, 장교는 병사, 현령은 지방 관속, 후비后妃는 궁녀들로 하여금 고발케 한다."

이는 『예기』 「예운」에서 천하위공天下爲公을 역설한 것과 대비된다. 천하위공은 천하는 군주의 것이 아니라 신민 등과 함께 보유한 것이라는 취지이다. 성리학자들은 '천하위공'을 근거로 한비자를 비롯한 법가를 질타했다. 천하를 군주의 사유물로 간주했다는 것이다. 과연 그럴까? 사유물은 임의 처분 대상을 말한다. 한비자는 천하를 군주의 사유물로 간주한 적이 없다. 오히려 정반대이다.

한비자가 말한 공권은 군주가 독점적으로 행사하는 인사대권과 상벌권을 달리 표현한 것이다. 『춘추공양전』은 이를 전봉권專封權과 전토권專討權으로 표현했다. 전봉권은 천자가 제후에게 관작과 봉지를 내리는 권한을 말하고, 전토권은 천자의 권위에 도전하는 제후를 토벌토록 명하는 권한을 뜻한다. 천자의 전봉권과 전토권은 춘추시대에만 작동했다. 한비자는 전국시대의 인물이다. 전국7웅이 모두 왕을 칭하며 천하 통일의 주역이 되고자 했다. 한비자가 말한 공권은 곧 천자의 전봉권과 전토권을 달리 표현한 것으로 천하 통일의 주역이 될 새 왕조의 창업주를 염두에 둔 개념이다.

당초 동양에서는 서구의 공화정이 도입되기 전까지만 해도 왕조의 교체를 역성혁명의 결과로 보았다. 유가는 천명이 덕을 닦은 사람에게 이전하는 것으로 풀이했다. 이른바 천명론天命論이다. 원래 고금을 막론하고 왕조 교체의 본질은 무력의 우열에 따른 것이다. 그러나 새 왕조의 성공 여부는 천명에 해당하는 민심의 향배와 직결돼 있다는 점에서 볼 때 유가의 천명론이 결코 틀린 것은 아니다. 중국의 역대 왕조사를 보면 대략 2, 3백 년 단위로 왕조가 교체됐다. 남북조시대와 오대십국시대에는 불과 수년 만에 왕조 교체가 이뤄진 경우도 있다.

한비자도 역성혁명과 천명론을 부인하지는 않았다. 다만 유가처럼 덕을 더 많이 닦은 사람에게 천명이 자연스레 이전한다고 보지는 않았다. 현실적으로 무력의 우위를 확보한 가운데 민심을 끌어 모은 자에게 돌아간다고 보았다. 극히 객관적이면서도 논리적인 접근이다. 『한비자』 「설의」에 이를 뒷받침하는 언급이 나온다.

"군주가 신하의 말을 제대로 파악할 수만 있다면 비록 향락에 빠질지라도 그 나라는 존속할 수 있다. 그러지 못하면 비록 아무리 근검절약하며 나랏일에 애쓸지라도 그 나라는 이내 패망하고 만다. 조경후趙敬侯는 덕행을 닦지도 않고 일신의 평안과 귀와 눈의 즐거움만 추구했다. 그런데도 군사가 적국에 패한 적도 없고, 영토가 이웃 나라의 침략으로 깎인 적도 없다. 신하들을 부리는 방법에 밝았기 때문이다. 연나라 왕 쾌噲는 여인과 더불어 노는 것을 좋아하지도 않고, 사냥을 즐긴 적도 없고, 오히려 몸소 괭이와 쟁기를 들고 나가 백성들과 더불어 농사를 지었다. 옛날 성왕일지라도 몸소 근면을 실천하며 백성을 걱정하는 것이 이처럼 극심하지는 않았을 것이다. 그런데도 그는 믿었던 신하에게 죽임을 당하고 나라가 패망 직전까지 몰려 천하인의 웃음거리가 되고 말았다. 이는 무슨 까닭인가? 신하들을 부리는 방법에 밝지 못했기 때문이다."

한비자는 군주에게 사직을 지키기 위해서는 크게 두 가지를 행하라고 충고한 것이다. 하나는 나라를 부강하게 유지하는 부국강병이고, 다른 하나는 군권의 신권에 대한 우위를 유지하기 위한 제신술制臣術이다. 이 두 가지 사항은 군주 개인의 도덕적인 덕목과는 하등 상관이 없는 것이다. 한비자의 제왕지술과 유가의 제왕지술이 뚜렷이 갈리는 대목이 바로 여기에 있다.

법가의 입장에 설 경우 군권이 자타가 공인하는 공권으로 인정받기 위해서는 먼저 인사대권부터 공정을 기할 수밖에 없다. 한비자가 인재를 발탁할 때 천하의 공의公義에 부합해야 한다고 역설한 이유다. 상벌권의 행사 역시 신중을 기할 수밖에 없다. 한비자가 정해진 법규를 좇아 상벌권을 엄히 행사하라고 주문한 이유다. 세인들이 모두 수긍하는 천하의 공론에 부합해야 실효를 거둘 수 있기 때문이다. 법가의 엄정한 법 집행은 난세에 천하위공을 보다 더 철저히 하면서도 공정하게 실현하는 유일한 방안에 해당한다.

한비자가 군주의 공평무사한 수법守法을 역설한 이유가 여기에 있다. 이는 군주를 엄정한 법치를 실행하는 최후의 보루로 간주한 결과다. 그는 결코 군주를 법 밖의 인물로 상정한 적이 없다. 그는 『한비자』 「외저설 우상」에 자신의 이런 입장을 뒷받침하는 일화를 소개해 놓았다.

이에 따르면 하루는 초나라 왕이 급히 태자를 불렀다. 초나라 법에는 수레를 궁궐의 정문인 묘문茆門에 이르게 할 수 없었다. 그날 마침 비가 내려 궐 안에 물이 고여 있었다. 태자가 그대로 수레를 몰아 묘문에 이르렀다. 궐내의 질서를 관장하는 정리廷理가 말했다.

"수레를 묘문에 이르게 해서는 안 됩니다. 불법입니다."

"대왕이 급히 부른 까닭에 고인 물이 마를 때까지 기다릴 수 없었소."

그러고는 그대로 수레를 몰고 들어갔다. 정리가 들고 있던 창을 휘둘러 말을 찌르면서 수레를 부숴 버렸다. 태자가 안으로 들어가 울며 말했다.

"궐 안에 물이 많이 고여 있어 부득불 수레를 몰아 묘문을 지나가려 했더니 일개 정리가 불법이라며 말을 찌르고 수레를 부쉈습니다. 대왕이 반드시 그를 처벌해 주십시오."

그러자 초나라 왕이 말했다.

"먼저 정리는 늙은 군주를 위해 법을 위반하는 일을 하지 않았고, 이어 대를 이을 태자를 위해서도 결코 아첨하지 않았다. 참으로 당당한 모습이다. 그는 진정 법을 지키는 과인의 신하이다."

그러고는 그의 작위를 2등급이나 높여 주었다. 이어 후문으로 태자를 내보내며 다시는 잘못을 저지르지 못하게 했다. 한비자가 이 일화를 소개해 놓은 것은 군주가 '수법'의 최후 보루가 돼야 한다는 것을 강조하기 위한 것이다. 법가 역시 유가와 마찬가지로 치국평천하의 대전제를 '천하위공'에 두었음을 뒷받침한다. 오히려 유가보다 더욱 철저히 이를 관철코자 했다고 볼 수 있다. 삼국시대 당시 법가인 조조가 보리밭을 밟지 말라고 엄명을 내린 뒤 자신의 말이 이를 범하자 이내 자신의 머리카락을 잘라 전 군에 돌린 게 좋은 사례이다. 한비자가 공과 사의 영역을 엄격히 나누는 '공사지변'을 역설한 근본 배경이 여기에 있다.

·

공권과 사권의 차이

·

　　　　　　전한 제국 초기 유가인 가의賈誼는 「과진론」에서 성군과 폭군의 판별 기준으로 '공권의 사권화'를 든 바 있다. '사권화'는 자의적인 저울질을 뜻한다. 유가는 사권화의 당사자로 군주를 지목했으나 한비자는 정반대로 권신을 지목했다. 『한비자』가 군주의 전제專制에 관해서는 단한 마디도 언급하지 않은 채 권신의 전제만 모두 다섯 차례에 걸쳐 언급한 이유다. 군권을 공권으로 간주한 데 따른 당연한 논리적 귀결이기도 하다. 한비자의 이런 판단은 군권의 변화 과정을 볼 때 일리가 있다.

전국시대에 들어와 명목상의 주 왕조만 존재했을 뿐 힘을 배경으로 한 왕권은 사실상 존재하지 않았다. 천하의 저울이 없었던 셈이다. 그러나 천하는 잠시라도 표준이 되는 저울이 없으면 안 된다. 왕권을 대신한 저울이 바로 패권이다. 패권은 왕권을 대신하게 된 구실로 왕실을 보위하고 오랑캐를 몰아낸다는 이른바 '존왕양이'를 내세웠다. 그러나 사실 이는 천자의 고유 권한인 전봉권과 전토권을 빼앗은 것이나 다름없었다. 그럼에도 나름 긍정적인 면이 있었다. 왕권이 존재하지 않는 상황에서 제환공을 위시한 춘추5패의 패권이 나름 공권의 역할을 수행한 게 그 증거다. 『춘추공양전』은 이를 높이 평가했다. 당시 패권이 존재하지 않았으면 천하는 훨씬 혼란스러웠을 것이다.

전국시대에 들어와 전국7웅 모두 왕을 칭하면서 패권조차 존재하지 않는 상황이 빚어졌다. 전국7웅이 독자적인 저울을 사용한 결과다. 이를 심각하게 생각한 부류 가운데 하나가 바로 7국을 상대로 교역을 하던 상인들이다. 이들은 천하에 두루 통하는 공권의 필요성을 누구보다 절감할 수밖에 없었다. 이 시기 제련 기술의 발달로 인해 무기는 물론 농기구까지 쇠로 만들기 시작했다. 소를 이용해 논밭을 가는 우경牛耕과 농작물에 인분 등의 비료를 주는 시비법施肥法, 농지에 물을 주는 관개법灌漑法이 동시에 널리 보급됐다. 농산물의 비약적인 증대로 먹고 남은 농산물이 쌓이자 이를 수공업 제품과 바꾸기 위한 교역이 활발히 이뤄졌다. 여기에는 밤낮없이 전개된 열국 간의 전쟁이 크게 기여했다.

당시 전쟁을 치르기 위해서는 식량과 무기를 포함한 많은 군수품이 필요했고, 이를 원활히 조달하기 위해서는 국제 교역에 종사하는 상인들의 도움이 절실했다. 서양에서 산업혁명 전후에 비로소 등장하기 시작한 독립적인 수공업자가 동양에서는 이때 이미 출현했다. 열국을 돌아다니며 식량과 군수품을 조달하는 과정에서 거만의 재산을 모은 국제 무역상이 대거 등장했다. 일개 상인에서 몸을 일으켜 최강국인 진나라의 승상이 된 여불위가 대표적인 인물이다. 여불위의 입신은 그가 사농공상의 신분 체계에서 가장 밑에 있는 상인 출신이라는 점에서 충격이었다.

그런 점에서 진시황이 천하 통일 이후 사상 최초로 황제를 칭하며 도량형을 정비한 것은 황권이 기존의 패권과 왕권을 넘어선 천하의 새로운 저울이 되었음을 널리 선포한 것이나 다름없다. 조공으로 상징되는 중화 제국의 등장은 그 결과물에 해당한다. 천하에 두루 통용될 수 있는 저울은 오직 황권뿐이고 주변의 제후국에서 통용되는 왕권은 공권이 아닌 사권에 불과하다는 게 요지이다. 이는 『한비자』의 논지를 그대로 받아들인 결과로 볼 수 있다. 제자백가 가운데 공권과 사권의 차이에 한비자만큼 커다란 관심을 기울인 사람은 없었다. 이를 뒷받침하는 『한비자』 「오두」의 해당 대목이다.

"옛날 창힐蒼頡이 글자를 만들 때 자신을 에워싸는 것을 사私, 이에 반대되는 것을 공公이라고 했다. 공과 사는 서로 상반된다. 창힐조차도 이미 이를 알고 있었다. 지금 공과 사의 이해가 일치하리라고 생각한다면 이는 사물을 깊이 살피지 못한 데서 따른 것이다."

공사지변이 나오게 된 배경이 여기에 있다. 한비자가 볼 때 군주는 천하의 저울을 거머쥔 자에 해당하는 만큼 공평한 저울질에 늘 비상한 관심을 기울여야만 한다. 『한비자』가 노자의 도치를 최상의 통치로 간주한 것은 이 때문이다. 하늘에 떠 있는 해와 달이 만물을 고루 비추는 것처럼 공평무사한 법치를 이뤄야만 천하의 저울이 될 수 있다고 경고한 것이다. 한비자가 공권의 사권화를 극도로 경계한 것도 바로 이 때문이다. 『한비자』 「팔간」의 다음 대목이 이를 뒷받침한다.

"명군이 관직과 작위 및 봉록을 마련한 것은 현명하고 재능 있는 자를 등용하고 공을 세우도록 독려하기 위해서이다. '현명하고 재능 있는 자는 봉록을 두텁게 주고 높은 자리에 앉히고, 공이 큰 자는 높은 작위를 주고 상을 두텁게 내려야 한다'는 말이 나온 이유다. 그러나 지금은 그렇지 못하다. 현명한지 불초한지도 논하지 않고, 공이 있는지 없는지도 가리지 않는다. 대신들이 위로 군주에게 작위와 봉록을 청하고 아래로 그것을 팔아 재물을 그러모은다. 재물이 많은 자는 관직을 돈으로 사서 더욱 귀하게 되고, 측근과 교제가 있는 자는 부당하게 청탁을 하여 권세를 더욱 강화한다. 이에 관원들은 직무를 무성의하게 처리하면서 해야 할 일을 제쳐 놓은 채 재물이 있는 주변을 어슬렁거리게 된다. 이는 망국의 풍조이다."

한비자의 경고는 2011년 말에 터져 나온 월스트리트의 '반反월가' 시위와 맥을 같이한다. 이는 천하의 저울로 간주돼 온 미국식 민주주의 리더십이 한계에 도달했음을 상징적으로 보여 준 사건이다. 이 사건은 미국식 민주주의가 말만 '민주주의'이지 사실은 소수 주주와 임원만을 위한 '소수 민주주의'에 지나지 않는다는 사실을 극명하게 보여 준다. 반월가 시위에서 알 수 있듯이 현재는 천하의 저울이 실종된 상황이다. 공과 사의 영역이 허물어진 탓으로 볼 수 있다. 아직 미국 모델을 대신할 만한 모델이 나오지 않고 있다. 영국의 정치경제학자 마틴 자크는 지난 2009년에 펴낸『중국이 세계를 지배하면』에서 '팍스 아메리카나'를 대신해 중국이 세계 질서를 주도하는 '팍스 시니카'의 도래를 확언한 바 있다.

"어떠한 상황이 발생하더라도 중국이 궁극적으로 유일한 세계 강대국으로 부상할 것이라는 전망을 뒤집을 수 없다. 이제는 모든 길이 중국으로 통한다. 세계의 수도가 이제 뉴욕에서 베이징으로 바뀌고, 세계의 기축통화역시 자연스럽게 달러에서 위안화로 바뀔 것이다. '팍스 시니카'의 범위와 영향력은 유럽과 미국이 차례로 지배해 온 지난 2세기 동안의 변화를 훨씬 능가하는 그야말로 지구의 자전축이 바뀔 정도의 거대한 지각변동으로 나타날 것이다."

이는 지금까지 나온 중국에 대한 전망 가운데 가장 충격적인 내용에 해당한다. 그간 중국의 부상을 지켜보는 서구 학자들의 반응은 대개 경제적 측면에 집중돼 왔다. 중국의 힘은 경제 영역에 국한될 것이고, 궁극적으로 서구 모델을 따르지 않으면 이내 실패할 수밖에 없다는 식의 전망이 그것이다. 마틴은 이를 정면으로 반박하고 나선 것이다. 중국은 놀라운 경제 발전에도 불구하고 서구식 국가가 되기는커녕 오히려 중화사상이라는 정체성을 견지하는 독자적인 문명권으로 존속할 것이라는 게 그의 전망이다. 한 나라의 미래를 정확히 예측하기가 쉽지 않은 게 사실이나 지금까지 중국이 걸어온 길을 종합해 보면 그의 전망이 결코 허황된 게 아니라는 것을 알 수 있다. 크게 보아 현재는 천하의 저울이 바뀌려는 난세의 상황이다. 공과 사의 영역을 엄격히 나눈『한비자』에 더욱 주목하는 이유다.

치술과 국력의 상호 관계

원래 한비자가 유가의 '교민教民'과 상가의 '이민利民' 대신 일사불란한 '제민制民'을 역설한 것은 이회 및 상앙으로 이어진 전래의 법가 이론을 하나로 통합한 데 따른 것이다. 그가 볼 때 호리지성의 충돌에 따른 국가 공동체의 혼란은 유가의 '교민'이나 상가의 '이민'으로는 결코 수습될 수 없었다. 엄격한 법치를 해법으로 제시한 배경이다. 이는 인간의 호리지성에 대한 강도를 가장 높게 평가한 결과로 해석할 수 있다. 홉스가 말하는 '만인의 만인에 대한 투쟁'은 바로 한비자가 바라본 호리지성과 맥을 같이한다.

인간의 호리지성을 방치할 경우 '만인의 만인에 대한 투쟁'은 필연이다. 이를 방지하기 위해서는 강력한 군권君權이 작동해야 한다. 한비자가 군주의 고독한 결단인 독단을 역설한 이유다. 이는 민생과 직결돼 있는 시장 질서의 교란을 제거하는 데서 출발할 필요가 있다. 민생이 무너지면 나라의 존립이 불가능하기 때문이다. 실제로 고금동서를 막론하고 리더십 위기는 하나같이 경제 문제를 제대로 해결하지 못한 데서 비롯됐다.

한마디로 정치경제의 요체가 민생에 있다고 해도 과언이 아니다. 민생 해결의 실패는 시장의 실패에서 온다. 시장은 21세기의 현실이 보여 주듯이 마르크스가 분류한 '자본주의 vs 사회주의' 도식과는 하등 상관이 없다. 오직 민생의 현장에서 시장 질서가 제대로 작동하는가 여부에 달려 있을 뿐이다. 존스홉킨스대의 조반니 아리기는 지난 2009년에 펴낸 『베이징의 애덤 스미스』에서 중국 경제가 애덤 스미스의 『국부론』 취지에 더 부합한다는 주장을 내놓은 바 있다. 중국은 덩샤오핑의 개혁개방 이후 지난 30년간 서구 학자들이 평가하는 '자본주의화'의 길을 걸은 게 아니라 '시장화'의 길을 걸었다는 게 요지이다.

아리기가 설파한 것처럼 시장은 이념과 아무 관련이 없다. 오직 인간의 호리지성이 그대로 부딪치는 삶의 현장이다. 애덤 스미스가 『국부론』에서 말한 '보이지 않는 손'은 바로 인간의 호리지성을 전제로 한 것이다. 시장을 재화와 인력이 자유롭게 오가는 장터로 만들어야 하는 이유다. 문제는 재화와 인력의 수급이 경색될 때 생긴다. 바로 '시장의 실패'이다. 이는 시장 질서를 교란하는 자를 제대로 다스리지 못한 데서 비롯된다. 법 집행이 공정치 못한 게 가장 큰 원인이다. 단속 권한을 지닌 관원들이 간상奸商들과 손잡고 편파적으로 법을 운용한 결과다. 사마천은 『사기』 「평준서」에서 이같이 말했다.

"나라가 태평할 때는 골목길을 지키는 자도 좋은 음식을 먹었고, 관리들은 자손이 클 때까지 오랫동안 인사 이동이 없었다. 사람들은 자중자애하며 범법을 큰일로 생각했다. 의로운 행동을 우선으로 여기며 치욕스런 행위를 배척한 이유다. 당시는 법망이 관대해 백성들이 모두 부유했다. 그러나 이후 부자들이 부를 빙자해 오만방자한 짓을 저질렀다. 어떤 자는 토지를 마구 겸병하기도 했다. 부호들이 관직도 없으면서 위세를 부리며 멋대로 날뛴 배경이다. 봉읍을 지닌 종실과 공경 이하의 사대부들 역시 앞다퉈 사치를 부렸다. 주택과 거마 및 의복 등이 모두 분수를 넘어 한계가 없었다. 모든 것은 성하면 쇠하기 마련이다. 변화가 끊임없이 일어나는 이유다."

이는 한무제 때에 들어와 잦은 원정과 사치로 인해 국가 경제가 피폐해진 배경을 설명한 것이다. 『사기』 「화식열전」에서 시장에 대한 국가의 간섭을 질타하면서도 「평준서」에서 사치와 겸병을 일삼는 부호와 공실 이하의 사대부들을 성토한 것은 시장 질서의 확립이 전제돼야 자유 시장이 제 기능을 할 수 있다는 점을 역설하기 위해서다. 애덤 스미스가 '보이지 않는 손'을 역설하면서도 시장 질서의 교란을 막기 위한 '보이는 손'을 대전제로 내세운 것과 같다.

요체는 공정한 법 집행이다. 이것이 이뤄지지 않으면 관원과 간상의 유착으로 인한 부익부 빈익빈의 망국적인 양상이 표면화돼 민생이 도탄에 빠지고, 살길이 막막해진 백성들이 유민이 되어 도적으로 일변하는 와중에 군웅이 나타나 천하대란으로 이어지게 된다. 춘추전국시대와 삼국시대 등 모든 난세가 바로 이런 패턴에서 한 치도 벗어나지 않았다. 『상군서』 「약민」에 이를 경계하는 대목이 나온다.

"조정에서 내리는 일련의 조치가 백성들이 싫어하는 형벌 같은 것이면 백성들이 법령에 굴복해 법을 준수한다. 그러나 백성들이 좋아하는 유가의 인의도덕 같은 것이면 백성들은 오히려 사나워져 법령을 우습게 여기며 어기게 된다. 백성이 법령에 굴복하면 나라가 강해지고, 법령을 우습게 여기며 사나워지면 나라가 쇠약해진다. 백성들이 좋아하는 조치를 쓰면 백성들이 억세어진다. 이미 억센데도 이런 방법으로 백성들을 강하게 만들면 약한 군사력이 더욱 쇠약해지는 중약重弱을 자초하게 된다. 백성들이 좋아하는 유가의 덕목으로 다스리고자 하면 백성들이 더욱 사나워진다. 그러나 억센 백성을 법령에 굴복시키면 군사력이 더욱 강해지는 중강重强을 실현하게 된다. 그래서 백성을 사납게 만드는 조치로 다스리면 군대는 '중약'이 되고, 법령에 굴복하게 만드는 조치로 다스리면 군대는 '중강'이 된다. '중강'을 이루면 이내 천하를 호령하는 왕자가 된다. 유가의 덕목처럼 오히려 백성을 사납게 만드는 조치로 억센 백성을 다스리는 이강정약以彊政弱을 행하면 국력이 쇠약해지는 약국이 된다. 사나운 백성이 횡행하기 때문이다. 백성을 법령에 굴복토록 만드는 조치로 유약한 백성을 다스리는 이약정약以弱政弱을 행하면 국력이 강해지는 강국이 된다. 억센 백성이 제거됐기 때문이다. 억센 백성이 존재하는 나라는 국력이 쇠약해지는 약국이 되고, 이들을 가차 없이 제거한 나라는 천하를 호령하는 왕국이 된다. 다시 말해 유가의 덕목처럼 백성을 사납게 만드는 조치로 유약한 백성을 다스리는 이강정약以彊政弱을 행하면 영토가 깎이는 삭국이 된다. 그러나 백성을 법령에 굴복케 만드는 조치로 억센 백성을 다스리는 이약정강以弱政彊을 행하면 천하를 호령하는 왕국이 된다."

여기서 정政은 바로잡을 정正의 뜻이다. 정正을 『여씨춘추』「순민」의 주는 치治로 풀이했다. 상앙은 『상군서』「약민」의 이 대목에서 유가의 덕목과 법가의 덕목을 난세의 치술로 활용할 경우 국력 및 치도에 미치는 영향을 일목요연하게 정리해 놓았다. 이를 도표로 나타내면 다음과 같다.

〈난세의 치술과 국력의 상호 관계〉

제자백가	덕목	치술	치도	국력
맹자	의義	이강정약以彊政弱	왕도王道	삭국削國
순자	예禮	이강정강以彊政彊	왕패王霸	약국弱國
법가	법法	이약정약以弱政弱	패도霸道	강국彊國
병가	무武	이약정강以弱政彊	강도强道	왕국王國

난세에는 맹자처럼 이상적인 치도를 추구할수록 국력은 정반대로 나타난다. 난세와 치세의 치술이 달라야 하는 이유다. 실제로 고금동서를 막론하고

난세에 위력을 떨치는 것은 병가와 법가의 치술이다. 강력한 군권이 가장 먼저 작동해야 하는 곳이 바로 민생의 현장인 시장이다. 난세의 시장 질서 교란은 곧 국가 패망을 뜻한다. 백성들이 경작할 땅과 머물 곳을 잃고 유랑민으로 변하면 곧 유적으로 돌변하고, 군웅이 우후죽순처럼 일거에 일어나 상호 치열한 각축 끝에 새 왕조를 세우게 된다.

고금을 막론하고 국가의 흥망과 정권의 교체 모두 이 도식에서 한 번도 벗어난 적이 없다. 백성들의 부를 고르게 하는 균부均富와 공동체 의식을 강화하는 균민均民이 필요한 이유다.

과연 누가 한비자를 죽였는가

『사기』「노자한비열전」은 한비자가 동문수학한 이사에 의해 억울하게 옥사한 것으로 기록해 놓았다. 학계의 통설이다. 필자는 지난 2012년 말 한국정치학회 연례 학술회의 때 이사 때문이 아니라 진시황이 아끼던 종횡가 요가를 무고했다가 진시황의 노여움을 샀기 때문이라는 주장을 편 바 있다.

일찍이 당나라의 배인裴駰은 『사기』를 주석한 『사기집해』를 펴내면서 한비자가 죽음에 이르게 된 결정적인 배경으로 『전국책』「진책」의 기록을 각주에 특서해 놓은 바 있다. 이사의 한비자 독살 사건에 최초로 이의를 제기한 셈이다. 이후 1천여 년이 지나도록 그의 이런 문제 제기에도 불구하고 아무도 큰 관심을 기울이지 않았다.

사상 두 번째로 의문을 제기한 인물은 일본 학자 가이즈카 시게키貝塚茂樹이다. 그는 지난 2003년 학술문고본으로 펴낸 『한비』에서 「노자한비열전」의 기록에 강한 의구심을 나타내면서 한비자가 순자의 제자였다는 사실까지 부인했다. 그러나 이는 아무래도 지나치다. 배인의 문제 제기 이후 한비자가 이사와 함께 순자의 제자로 있었다는 사실을 전제로 한비자 독살 사건을 파헤친 것은 필자의 논문이 처음이다. 논거는 『전국책』이다. 『전국책』 「진책」에 따르면 진나라에 사자로 온 한비자는 진시황에게 이같이 충고한 바 있다.

"요가는 3년간에 걸쳐 귀한 보물을 모두 풀어 유세에 나섰습니다. 남으로는 초와 오, 북으로는 연과 조나라에 사자로 돌아다니며 애썼으나 4국이 진정으로 진나라와 국교를 맺으려 하는 것도 아닌데도 국내의 귀한 보물만 모두 바닥나고 말았습니다. 이는 요가가 대왕의 권세와 나라의 보물을 이용해 밖으로 제후들과 사사로이 교분을 맺은 것입니다. 원컨대 대왕은 잘 살피기 바랍니다. 원래 요가는 위나라 문지기의 아들로 태어나 일찍이 위나라에서 도둑질을 하고, 조나라에서 벼슬을 살다가 쫓겨난 자입니다. 조상 대대로 문지기를 한 집안의 아들로 위나라의 큰 도둑이자 조나라에서 쫓겨난 신하에 불과한 자와 더불어 국가 대사를 논의하니 이는 군신들을 격려하는 계책이 아닙니다."

화가 난 진시황이 곧 요가를 불러내 물었다.

"내가 듣건대 그대는 과인의 재물을 이용해 제후들과 사사로이 교분을 맺었다고 하는데 과연 그런 일이 있었소?"

"있습니다."

"그렇다면 무슨 낯으로 또 과인을 만난 것이오?"

요가가 대답했다.

"증자가 효성이 지극하자 천하의 부모들이 모두 그를 자신의 아들로 삼고 싶어 했고, 오자서가 충성을 지극히 하자 천하의 군주들이 모두 그를 자신의 신하로 삼고 싶어 했습니다. 행실이 곧고 솜씨가 뛰어난 여인은 천하의 장부들이 모두 아내로 삼고 싶어 하는 법입니다. 신은 대왕에게 충성을 다했지만 대왕은 이를 잘 모르고 있습니다. 신이 4국을 돌아다니다가 돌아오지 않았다면 과연 어디로 갈 수 있었겠습니까? 신이 불충했다면 4국의 제후인들 어찌 저를 쓸 리 있겠습니까? 하나라 걸桀은 참언을 듣고 자신의 양장良將을 주살했고, 은나라 주紂는 참언을 듣고 충신을 죽였습니다. 그 결과 자신의 몸을 망치고 나라까지 망하게 만들었습니다. 지금 대왕이 참언을 곧이들으면 충신은 사라지고 말 것입니다!"

진시황이 재차 물었다.

"그대는 문지기의 아들로 태어나 위나라에서 도둑질을 한 적도 있고 조나라에서는 신하로 있다가 쫓겨났다고 하는데 그게 사실이오?"

요가가 대답했다.

"태공망 여상은 제나라에 있을 때 늙은 아내에게 쫓겨난 필부로 원래 썩은 고기나 팔다가 문을 닫은 백정 출신입니다. 이후 낚시로 생계를 꾸리려 했으나 고기가 미끼를 물지 않아 결국 호구지책으로 품팔이에 나섰으나 이 또한 여의치 못했던 쓸모없던 자였습니다. 그런데도 주문왕은 그를 등용해 왕자王者가 되었습니다. 관중은 제나라의 장사꾼 출신으로 원래 가난한 처사로 지내다가 제환공을 죽이려 한 죄로 노나라에서 붙잡힌 후 간신히 석방된 죄수에 불과했습니다. 그러나 제환공은 그를 등용해 패자가 되었습니다. 백리해는 우虞나라의 걸인으로 양가죽 5장 값에 팔려 가는 신세였습니다. 그러나 진목공은 그를 구해 내 상국으로 삼음으로써 서쪽 오랑캐의 조공을 받게 되었습니다. 진문공은 중산 땅의 도적을 군사로 활용해 성복의 싸움에서 초나라 군사를 대파하고 패자가 됐습니다. 여상을 비롯한 이들 4인 모두 비천한 출신으로 천하의 놀림거리였으나 주문왕 등은 이들을 과감히 등용했습니다. 이는 이들과 함께 공을 세울 수 있다는 사실을 알았기 때문입니다. 만일 신이 도인들처럼 숨어 살았으면 대왕이 어찌 저를 등용할 수 있었겠습니까? 명군은 신하의 미천함을 따지지 않고, 과거의 비행을 따지지 않고, 오직 자신을 위해 쓸 만한 인물인지 여부만을 살필 뿐입니다. 사직을 보전하려는 군주는 비록 밖에서 그를 비방하는 말이 있을지라도 듣지 않고, 비록 뛰어난 명성이 있을지라도 최소한의 공조차 세우지 못한 자에게는 상을 내리지 않는 법입니다. 그래야만 군신들이 헛되이 군주에게 분에 넘치는 요구를 하지 않게 됩니다."

탁월한 언변이다. 『전국책』「진책」은 진시황이 이 말을 듣고 요가의 관작을 박탈했다가 그것이 무고임을 알고 크게 노해 한비자를 주살했다고 기록해 놓았다. 통설과 정반대이다. 한비자와 이사에 관한 일화는 위나라 장수 방연龐涓이 귀곡자 밑에서 함께 공부했던 손빈孫臏을 무함해 폐인으로 만들었다가 기원전 341년의 마릉 전투에서 패사한 일화와 사뭇 닮아 있다.

필자는 지난 2011년에 펴낸 『춘추전국의 영웅들』에서 손빈과 방연의 일화는 후대인이 만들어 낸 것에 불과하다고 지적한 바 있다. 사마천이 『사기』「손자오기열전」을 편찬하면서 항간의 얘기를 그대로 실었을 가능성을 지적한 것이다. 그럼에도 오랫동안 이게 정설인 양 내려왔다. 「손자오기열전」을 거의 그대로 인용한 『자치통감』의 다음 기록이 그 증거다.

"손빈과 함께 귀곡자 밑에서 동문수학한 방연은 먼저 위나라로 가 장군이 되었으나 스스로 손빈을 따라갈 수 없다고 생각했다. 이에 손빈을 제거할 심산으로 위나라로 초청했다. 손빈이 오자 곧 법으로 얽어매어 그의 두 발을 자르고 이마에 묵을 뜨는 경형黥刑에 처한 뒤 종신토록 폐기코자 했다. 이때 마침 제나라의 사자가 위나라에 도착했다. 손빈이 은밀히 제나라 사신을 만나 그를 설득했다. 이에 제나라 사신이 그를 몰래 수레에 싣고 제나라로 갔다. 손빈이 제나라에 도착하자 대부 전기가 곧 그를 상객으로 후대하면서 제위왕에게 천거했다. 제위왕이 손빈에게 병법에 대해 물어보고는 곧바로 장수로 삼았다. 얼마 후 조나라가 구원을 청하자 손빈을 대장으로 삼고자 했다. 손빈이 형을 받은 것을 이유로 사양하자 전기田忌를 장수로 삼고 손빈을 군사軍師로 삼았다. 손빈은 덮개가 있는 치거輜車 속에 앉아 계책을 내 위나라 군사를 대파했다."

"스스로 손빈을 따라갈 수 없다고 생각했다"는 대목은 『사기』「노자한비열전」에 나오는 "스스로 한비자만 못하다고 여겼다"는 대목과 흡사하다. 사마천은 과연 방연과 이사의 속마음을 어떻게 이처럼 잘 알 수 있었던 것일까? 도무지 상상하기 어려운 일이다.

원래 이사는 한비자가 망해 가는 조국 한나라를 구하기 위해 사자로 왔을 때 상경으로 있었다. 객관적으로 볼 때 이사는 결코 한비자의 경쟁 대상이 될 수 없었다. 오히려 한비자가 이사를 경쟁 상대로 삼았다고 보는 게 옳다. 한비자는 진시황 못지않게 불같은 성정을 지니고 있었다. 『한비자』 「고분孤憤」과 「오두五蠹」의 제목이 이를 뒷받침한다. 이는 '간신이 날뛰는 현실을 외롭게 고민한 데 따른 울분'과 '나라를 좀 먹는 다섯 부류의 좀 같은 간신배'의 뜻으로 사용된 것이다. 제목 자체가 격정적이다. 당시의 정황과 여러 기록을 종합해 볼 때 한비자의 죽음은 스스로 울분을 참지 못해 화를 자초한 결과로 보는 게 합리적이다.

제12장 •
제국의 철학,
진시황의 만기친재萬機親裁

여불위의 진기한 보물

진시황의 조부는 진소양왕의 아들 안국군 영림嬴林이다. 그는 뒤늦게 태자의 자리에 오른 까닭에 적자를 두지 못했다. 초 경양왕의 딸로 태자비가 된 화양부인이 남편 안국군의 총애에도 불구하고 아들을 낳지 못한 탓이다. 안국군은 총희들과의 사이에서 모두 20여 명의 아들을 두었다. 이들 가운데 하희夏姬 소생의 이인異人이 있었다. 그는 안국군의 둘째 아들이었다.

이인은 기원전 279년에 맺어진 진소양왕과 조혜문왕의 민지澠池 화약으로 인해 조나라에 볼모로 간 이후 20년 넘게 인질로 잡혀 있었다. 생모 하희가 안국군의 총애를 크게 받지 못한 탓에 인질로 가게 된 것이다. 진나라는 이인이 조나라에서 죽임을 당할지라도 눈 하나 깜짝할 입장이 아니었다. 실제로 진소양왕은 왕손 이인을 아예 데리고 올 생각조차 하지 않았다. 안국군조차 왕손 이인에게 전혀 관심이 없었다. 진나라가 여러 차례에 걸쳐 조나라를 치게 되자 조나라 사람들의 이인에 대한 태도는 날이 갈수록 험악해졌다. 진나라 장수 왕전이 조나라를 쳤을 때 조효성왕은 대로한 나머지 이같이 말하기까지 했다.

"과인은 진나라에 대한 분노를 참을 수 없다. 볼모로 와 있는 진나라 왕손 이인을 죽여 버려라!"

그러자 평원군이 만류했다.

"왕손 이인은 진나라에서 버림받은 사람이나 다름없습니다. 그런 사람을 죽여 봐야 무슨 도움이 되겠습니까? 공연히 진나라에 침공 구실을 만들어 줄 뿐입니다. 차라리 그대로 두었다가 요긴할 때 이용하느니만 못합니다."

화를 참지 못한 조효성왕이 좌우에 분부했다.

"앞으로 왕손 이인이 함부로 바깥출입을 못하도록 엄중히 지켜라. 지금까지 왕손 이인에게 대 주던 비용도 대폭 삭감토록 하라."

이로 인해 이인은 모든 것이 풍족하지 못했다. 수레와 의복은 말할 것도 없고 거처 또한 곤궁하기 그지없었다. 진나라에서 천대를 받다가 조나라에 인질로 와서까지 갖은 고생을 겪게 된 이유다. 그는 수레가 없어 어디를 가려해도 늘 걸어 다녀야만 했다.

공교롭게도 이때 여불위라는 상인이 한단성에 살고 있었다. 한나라 출신인 그는 지금의 허난 성 우현인 양적 출신으로 전국시대의 어지러운 틈을 타 천금의 재산을 모은 거상이었다. 천하의 거상 여불위와 왕손 이인의 만남은 5백여 년에 걸친 춘추전국시대의 난세를 종식시키는 결정적인 계기가 되었다.

여불위는 부친과 함께 열국을 돌아다니며 물건을 싸게 사서 비싸게 파는 수완을 발휘해 거만금을 벌어들인 탓에 난세의 전시 상황을 절묘하게 이용할 줄 아는 비상한 재주가 있었다. 이들은 전국에 깔린 지점망을 통해 전시 물자를 마음껏 농단할 수 있었다. 여씨 부자는 한단성 안에 살고 있었다. 이들 부자가 운영하는 다국적 기업의 본부가 바로 조나라 도성 한단에 있었기 때문이다. 하루는 여불위가 거리로 나갔다가 돌아오는 도중에 우연히 왕손 이인을 보게 되었다. 이인의 상은 귀인의 상이었다. 얼굴은 백옥 같고, 입술은 붉은빛이 완연했다. 비록 남루한 옷을 걸치기는 했으나 귀인이 기상이 완연해 여불위는 내심 탄복했다.

"지금껏 이런 귀인상을 한 사람을 본 적이 없다. 참으로 묘한 일이다."

그는 지나가는 행인에게 물었다.

"혹시 저 사람이 누구인지 알고 있소?"

"저분은 진나라 태자 안국군의 아들인 왕손 이인이오. 지금 우리 조나라에 볼모로 잡혀 와 있소. 진나라 군사가 자꾸 우리 조나라 경계를 침범하자 한때 우리 대왕은 그를 죽이려고까지 했소. 겨우 목숨을 구하기는 했으나 워낙 지원이 넉넉하지 못해 곤궁한 삶을 살고 있소."

여불위가 중얼거렸다.

"이는 기화奇貨이다. 가히 쌓아 두었다가 팔면 커다란 이익을 얻을 만하다!"

인구에 회자하는 '기화가거奇貨可居'라는 성어가 여기에서 나왔다. 여불위는 값이 쌀 때 물건을 사두었다가 값이 극한으로 치솟을 때 되파는데 이골이 난 농단의 대가였다. 여불위는 황급히 집으로 돌아가 농단의 스승격인 부친에게 물었다.

"농사를 지으면 몇 배나 이익을 볼 수 있습니까?"

"10배의 이익을 얻을 것이다."

"구슬이나 옥 같은 보물을 파는 장사를 하면 몇 배나 이익을 봅니까?"

"아마도 100배의 이익을 얻을 것이다."

"만일 한 사람을 도와 일국의 군왕이 되게 하면 그 이익이 얼마나 됩니까?"

부친이 껄껄 웃었다.

"참으로 그리하면 그 이익을 헤아릴 수 없을 것이다."

여불위가 말했다.

"지금은 뼈 빠지게 농사를 지어도 추위에 떨지 않고 배곯지 않는 것조차 어려운 상황입니다. 그러나 나라를 세우고 군왕을 옹립하면 그 혜택이 대대로 남을 것입니다. 지금 진왕의 서손인 이인이 조나라의 인질이 되어 요성에 머물고 있습니다. 저는 그곳으로 가 그를 모시고 싶습니다."

여불위가 곧 요성으로 이인을 찾아가 말했다.

"제가 왕손의 집 문 앞을 성대하게 만들어 드리겠습니다."

이인이 웃으며 말했다.

"그대의 집 문 앞이나 성대하게 만드시오."

"이는 왕손이 잘 모르고 하는 말입니다. 저의 집 문 앞은 왕손의 집 문 앞이 성대해진 뒤에야 비로소 성대해질 수 있습니다."

이인은 여불위가 말하는 바를 곧바로 알아채고 그와 자리를 함께하면서 속의 말을 했다. 여불위가 말했다.

"진왕은 늙었습니다. 태자는 화양부인을 사랑하지만 부인에게는 아들이 없습니다. 왕손의 형제들은 20여 명이나 됩니다. 그 가운데 왕손의 이복형인 자혜子傒가 가장 유력합니다. 그는 진나라의 왕업을 이어받게 되어 있는 데다가 승상인 사창士倉의 도움을 받고 있습니다. 자혜가 가장 유력한 것은 그의 생모가 궁중에 있기 때문입니다. 그러나 왕손은 생모가 서거해 궁중에 있지도 않고, 왕손 자신도 장차 국교가 어찌될지 예측할 수도 없는 외국에 인질로 맡겨져 있습니다. 하루아침에 맹약이 깨지면 그대는 썩은 흙이 되고 말 것입니다. 그러나 내 계획을 받아들여 귀국하기를 원하면 장차 진나라를 차지할 수 있습니다. 내가 그대를 위해 진나라로 반드시 모셔 가도록 조치해 놓겠습니다."

"그렇다면 어찌해야 좋겠소?"

여불위가 대답했다.

"적자로 후사를 세울 수 있는 사람은 화양부인뿐입니다. 저는 비록 가난하지만 1천금으로 그대를 위해 서쪽 진나라로 가고자 합니다. 제가 왕손을 후계자로 만들어 놓겠습니다."

왕손 이인이 크게 기뻐했다.

"실로 그대가 말한 대로만 된다면 진나라를 나눠 그대와 함께 다스릴 것이오."

며칠 후 여불위가 왕손 이인을 만나 5백금을 건네주었다.

"이 돈으로 좌우에 있는 사람들과 빈객들을 사귀도록 하십시오."

왕손 이인이 5백금을 뿌리며 많은 사람들과 교제했다. 여불위는 다시 5백금으로 기이한 보물과 아름다운 노리개를 산 뒤 이를 들고 서쪽 진나라로 갔다. 원래 안국군의 정실부인 화양부인에게는 친정 언니가 있었다. 친정 언니도 초나라에서 진나라로 시집와 살고 있었다. 여불위는 함양에 도착하자마자 화양부인의 언니 집 사람들을 매수했다. 그 집 사람들이 화양부인의 언니에게 보물 상자를 바치면서 이같이 고했다.

"이는 조나라에 볼모로 가 있는 왕손 이인이 바치는 것입니다. 왕손 이인이 비밀리에 여불위라는 사람을 보내왔습니다. 여불위는 화양부인에게 전할 물건을 따로 가지고 왔다고 합니다."

상자를 열어 보니 황금과 구슬이 가득 담겨 있었다. 화양부인의 언니가 크게 기뻐하며 좌우에 분부했다.

"여불위가 화양부인에게 전할 물건도 가지고 왔다고 하니 내가 이러고 있을 수 없다. 속히 그 사람을 불러오너라."

여불위가 안내를 받고 들어오자 화양부인의 언니가 말했다.

"그간 왕손 이인은 조나라에서 몸 성히 잘 있소?"

"왕손 이인은 자나 깨나 늘 화양부인을 그리워한 나머지 울며 탄식하기를, '나는 어려서부터 어머니를 잃었기 때문에 화양부인을 친어머니로 생각하고 있다. 속히 고국으로 돌아가 효성을 다해야 할 터인데 몸이 조나라에 묶여 있으니 이 불효한 죄를 어찌할까?'라고 합니다. 근자에 진나라 군사가 가끔 조나라를 치자 조왕이 죽이려고까지 했으나 다행히 조나라 군신들과 백성들이 반대해 목숨을 유지하게 되었습니다. 그러니 고국에 돌아오고 싶은 생각이야 오죽하겠습니까?"

"조나라 군신들과 백성들은 어째서 왕손 이인을 그렇게까지 보호해 주는 것이오?"

"조나라 사람이면 누구나 다 왕손 이인의 어진 효성을 잘 알기 때문입니다. 왕손 이인은 화양부인을 친어머니처럼 생각할 뿐만 아니라 생일은 말할 것도 없고 정월 초하루와 매월 삭망일朔望日에 목욕재계를 하고 향을 사르며 부모님의 만수무강을 축원합니다. 또 왕손 이인은 학문을 좋아하고, 어진 선비를 존경하고, 모든 나라 빈객들과 널리 교제하기 때문에 천하에 그를 따르는 선비가 가득합니다. 왕손 이인의 지극한 효성과 선비를 사랑하는 마음에 감동한 조나라 군신들과 백성들이 조왕에게 탄원해 목숨을 살린 것입니다."

화양부인의 언니가 곧 궁으로 들어가 화양부인에게 이 일을 고하고 여불위가 갖고 온 함을 전했다. 이를 본 화양부인은 감탄했다.

"왕손 이인이 이토록 나를 생각하다니 참으로 고마운 효성입니다."

화양부인의 언니가 집으로 돌아와 여불위에게 다녀온 경과를 말하자 여불위가 물었다.

"화양부인은 슬하에 자녀를 몇이나 두었습니까?"

"화양부인은 태자의 총애를 입고 있건만 어쩐 일인지 아직 왕자를 생산치 못하고 있소."

"무릇 미색으로 사람을 섬기는 자는 미색이 쇠하면 받던 총애도 줄어드는 것을 피할 수 없습니다. 지금 화양부인이 비록 총애를 받고 있으나 아들이 없으니 미색이 성할 때 미리 여러 아들 가운데 현명하고 효성스러운 자를 골라 적자를 만들어 두느니만 못합니다. 미색이 쇠해 총애도 줄어들게 되면 그때 적자에 관해 한마디를 하려 한들 그것이 가능하겠습니까? 지금 왕손 이인은 자신이 적자가 될 수 없다는 사실을 잘 알고 있습니다. 화양부인이 실로 이때 그를 발탁하면 이인은 없던 나라가 생기고, 화양부인은 없던 아들이 생기는 셈입니다. 그리되면 화양부인은 종신토록 그 복이 면면히 이어질 것입니다."

"그대의 말을 듣고 보니 참으로 그렇소."

이튿날 화양부인의 언니가 다시 동궁으로 가 동생인 화양부인에게 여불위의 말을 그대로 전했다. 화양부인이 크게 탄식했다.

"그 사람의 말이 옳습니다. 그렇지 않아도 저 또한 저의 앞날에 대해 늘 근심하던 중이었습니다."

하루는 화양부인이 태자 안국군과 함께 술을 마시다가 문득 흐느꼈다.

"부인은 갑자기 왜 그러시오?"

화양부인이 겨우 울음을 그치고 대답했다.

"이 몸은 천행으로 태자를 모시게 되었으나 불행히도 소생이 없습니다. 다른 후궁들 몸에서 난 아들이 많으나 그 가운데 가장 뛰어난 인물은 바로 조나라에 볼모로 가 있는 이인입니다. 이인은 뛰어나게 현명해 오가는 사람들이 모두 그를 칭찬하고 있습니다. 원컨대 이인을 적자로 삼도록 허락해 주십시오. 장차 이 몸을 그에게 의탁하면 한결 든든할 것입니다."

"그거야 어려울 것이 없소. 부인이 원하는 대로 이인을 적자로 삼도록 하겠소."

"이인이 지금 조나라에 볼모로 가 있으니 어떻게 데려와야 합니까?"

"내가 적당한 기회를 보아 부왕에게 왕손 이인을 데려오도록 청하겠소."

이후 안국군은 적당한 때를 보아 이인을 데려올 것을 청하자 진소양왕이 단호히 거절했다.

"그게 무슨 말인가? 그대로 내버려 두어라."

화양부인의 언니가 이를 여불위에게 전하자 여불위는 곧바로 뇌물을 써 진소양왕 왕후의 친정 동생인 양천군과 접촉했다. 양천군은 진소양왕으로부터 커다란 신임을 얻고 있었다. 여불위는 양천군을 만나서 대뜸 말했다.

"대군의 죄는 죽음을 면하기 어려울 것입니다."

"나에게 무슨 죄가 있단 말이오?"

여불위가 정색했다.

"그대 문하의 사람들 가운데 존귀한 자리에 오르지 않은 자가 한 사람도

없으나 태자의 문하에는 그런 자가 단 한 명도 없습니다. 게다가 그대의 창고
에는 보물이 가득 차 있고, 마구간에는 천리마가 넘쳐나고, 뒤뜰에는 미희들
이 득실거리고 있습니다. 지금 진왕이 고령이어서 하루아침에 승하하면 태자
가 권력을 쥐게 될 것입니다. 그리되면 그대는 누란의 위기에 처하게 돼 목숨
이 아침에 피었다가 저녁에 지는 꽃만도 못하게 될 것입니다. 참으로 그대의
앞날은 누란과 같이 위태롭기 짝이 없습니다."

"그럼 이 일을 어찌해야 좋겠소?"

여불위가 대답했다.

"이제 진왕은 너무 고령이고 왕후는 아들이 없어 자혜가 대업을 잇게 되어
있습니다. 그리되면 승상인 사창이 보좌하게 될 것입니다. 진왕이 승하하고
자혜가 승계해 사창이 집정케 되면 왕후 일족의 문전은 온통 쑥대밭이 되고
말 것입니다. 지금 왕손 이인은 어진 인물이나 몸이 조나라에 버려져 있고 궁
중에는 모친도 없습니다. 이에 목을 길게 빼어 서쪽을 바라보며 귀국할 날만
고대하고 있습니다. 왕손 이인은 어질고 효성스럽기로 소문이 나 있습니다.
이런 때에 그대가 친누나인 왕후에게 간곡히 청하고, 왕후가 진왕에게 간곡
히 청하면 왕손 이인을 데려올 수 있을 것입니다. 왕손 이인이 태자 안국군의
적자가 되면 이는 모두 그대의 공이 됩니다. 태자 안국군과 왕손 이인은 왕후
와 그대의 은덕을 잊지 않을 것입니다."

"삼가 선생의 가르침을 따르도록 하겠소."

왕후가 진소양왕에게 연일 왕손 이인을 데려올 것을 조르자 진소양왕이
마침내 이를 허락했다.

"머지않아 조나라가 과인에게 화호를 청해 올 것이오. 그때 왕손 이인을 데
려오도록 하겠소."

그러나 진소양왕은 조금도 서두르는 기색이 없었다. 태자 안국군이 이내
여불위를 처소로 불렀다.

"나는 왕손 이인을 데려와 적자로 삼을 생각인데 부왕이 아직 허락하지 않

으니 이 일을 어찌하면 좋겠소?"

"왕손 이인을 적자로 세울 생각이시라면 소인이 넉넉하지는 못하나 집안을 기울여서라도 조나라 신하들을 매수해 무사히 구해 오도록 하겠습니다."

태자 안국군과 화양부인은 크게 기뻐했다.

"우리도 황금 3백 일鎰을 내놓을 터이니 선생은 이를 갖고 가 부디 일을 성사시키는데 보태 쓰도록 하오."

진소양왕의 왕후도 이 얘기를 전해 듣고 황금 1백 일을 여불위에게 보냈다. 이때 화양부인은 여불위에게 황금 1백 일과 왕손 이인이 입을 의복 한 상자를 따로 주었다. 여불위가 출발하려고 하자 안국군이 당부했다.

"선생은 오늘부터 왕손 이인의 태부太傅가 되도록 하시오. 왕손 이인을 진나라로 돌아오게 만들면 이는 모두 선생이 공이오."

하루아침에 왕손 이인의 태부가 된 여불위는 그날로 함양을 떠나 한단으로 향했다. 그는 한단에 도착하자마자 왕손 이인에게 그간의 일을 세세히 고한 뒤 받아온 황금 5백 일과 의복을 전했다. 이인이 크게 기뻐했다.

"의복은 받아 두겠으나 이 황금은 선생이 갖고 있다가 형편에 따라 적절히 쓰도록 하시오. 나는 그저 진나라로 돌아갈 수만 있다면 그 은혜를 잊지 않겠소."

여불위는 조나라 대신들을 상대로 황금 5백 일을 쓰면서 백방으로 이인의 귀국을 위해 노력했다. 이 일로 인해 이인의 이름이 어느덧 제후들 사이에 널리 알려지게 되었다. 당시 여불위에게는 총애하는 한 여인이 있었다. 그녀는 나이도 젊고 매우 아름다웠다. 사람들은 여불위가 그녀를 한단에서 얻어 들였다고 해 조희趙姬라고 불렀다. 조희는 가무에 능했다. 하루는 여불위가 크게 잔치를 벌이고는 이인을 초대했다. 주흥이 한창 무르익었을 때 여불위가 조희를 불러 이인에게 인사를 올리게 했다. 이인은 조희의 뛰어난 미색에 넋을 잃었다. 조희는 왕손 이인에게 술잔을 올린 뒤 음악에 맞춰 춤을 추었다. 이인이 연신 찬탄해 마지않았다. 그날 저녁 조희는 침대 수레에 실려 이인에게 갔다. 진시황이 탄생하게 된 배경이다.

자초의 지혜

　　　　　기원전 259년 정월, 조희가 진시황을 출산했다. 정월에 태어난 까닭에 이름을 '정政'으로 지었다. 당시 바르다는 뜻의 '정正'과 바르게 다스린다는 뜻의 '정政'은 같은 뜻으로 쓰였다. 5백여 년에 달하는 춘추전국시대의 난세를 종식시킨 난세의 영웅 진시황이 태어난 배경은 이처럼 극적이었다. 당시 여불위는 조희를 이인에게 넘긴 뒤 그의 귀국을 위해 백방으로 노력했으나 별다른 효험이 없었다. 이는 인질로 잡아 놓은 이인의 몸값이 그만큼 올랐다는 것을 방증한다. 그렇다면 이인은 어떻게 해서 한단성을 빠져나와 함양으로 돌아올 수 있었던 것일까?

　진시황이 생후 2년이 되던 해인 기원전 257년, 진나라 군사가 조나라 수도 한단을 포위하자 한단성 내의 조나라 백성들이 화가 난 나머지 이인을 죽이려고 했다. 이인은 급히 여불위와 상의해 황금으로 감시관을 매수한 뒤 진나라 군사가 있는 곳으로 달아났다. 조희는 태어난 지 얼마 안 된 진시황을 안고 몸을 숨긴 뒤 진나라 군대가 철수할 때까지 은밀히 거처를 옮겨 다니며 목숨을 부지해야만 했다. 당시 여불위는 화양부인이 초나라 출신인 사실을 감안해 진나라로 돌아오면서 이인에게 초나라 복장을 입고 화양부인을 만나 볼 것을 권했다. 이를 본 화양부인이 크게 기뻐했다.

　"나는 초나라 사람이다. 너를 내 아들로 삼겠다."

　그러고는 이인의 이름을 '초나라 종자種子'라는 뜻의 '자초子楚'로 바꿨다. 조희는 이인이 보위에 오른 기원전 250년에야 어린 아들 진시황과 함께 진나라로 갈 수 있었다. 이는 조나라가 후환을 두려워해 조속히 송환한 결과였다. 진시황 출생 전후의 얘기는 비록 극적이기는 하나 전국시대 말기의 혼란스런 상황을 감안하면 크게 이상할 것도 없다. 진소양왕의 뒤를 이어 보위에 오른 진효문왕은 생모인 당팔자를 당태후로 높이고, 정실인 화양부인의 적자로 입양된 자초, 즉 이인을 태자로 삼았다. 그러자 조나라 사람들이 조희와 진시황 정 모자를 즉시 진나라로 봉송했다. 진효문왕은 부왕인 진소양왕과 달리 매우 학문이 깊었다. 진효문왕은 난세의 상황에 어떻게 해서 이토록 학문이 깊었던 것일까? 사실 진효문왕처럼 부왕이 56년간에 걸쳐 재위할 경우 책을 읽는 일을 제외하고는 특별히 할 일이 없다. 더구나 천하를 호령하려는 웅지를 품은 사람을 부왕으로 둔 경우는 더 말할 게 없다. 조금만 이상한 움직임을 보여도 가차 없이 태자의 자리에서 쫓겨나는 것은 물론 죽임을 당할 소지가 컸다.

학문에 조예가 깊었던 진효문왕은 진시황의 부친인 자초를 태자로 삼았으나 내심 그의 학문이 얼마나 되는지 궁금했다. 하루는 자초를 부른 뒤 책을 내주면서 읽어 보라고 했다. 자초가 얼굴을 붉히며 말했다.

"저는 어려서부터 외국에 버려져 일찍이 선생을 모시고 글을 배운 일이 없습니다. 아직 책을 읽는 것이 서투릅니다."

진효문왕은 그에게 책 읽는 일을 그만두게 한 뒤 궁중에 머물게 했다. 진효문왕도 당초 자초가 얼마나 학문을 깊이 닦았는지를 기준으로 해 후계자로 삼은 것이 아닌 만큼 이를 굳이 추궁할 필요를 느끼지 못했을 것이다. 그러나 자초는 내심 부끄러웠다. 부왕이 한가한 때를 틈타 이같이 진언했다.

"대왕도 일찍이 조나라에 인질로 간 적이 있습니다. 그때 조나라의 호걸들로 폐하와 사귀어 이름을 알고 지낸 자가 적지 않을 것입니다. 대왕이 귀국해보위에 오른 뒤 그들은 줄곧 서쪽을 바라보며 폐하만을 생각하고 있습니다. 그런데 대왕은 사자 한 사람이라도 보내 그들을 위로한 적이 한 번도 없습니다. 신은 그들이 그사이 원망하는 마음을 가졌을까 두렵습니다. 국경의 관문을 저녁에 일찍 닫고 아침에 늦게 열기 바랍니다."

진효문왕이 이를 옳게 여기면서 그의 재능을 기이하게 생각했다. 비록 학문이 짧기는 하나 진언의 내용 자체가 기특하기 그지없었다. 자초가 진효문왕의 후사가 되었을 때는 난세가 그 정점에 달해 있을 때였다. 56년 동안 장수한 부왕 때문에 불가피하게 학문을 연마하게 된 진효문왕의 입장에서 볼지라도 오랫동안 조나라에 인질로 가 있던 자초의 불학不學을 문제 삼을 수 있을 정도로 한가한 때가 아니었다. 더구나 자초가 학문을 닦은 사람조차 흉내 내기 어려운 명변明辯을 한 바에야 더 말할 것도 없다. 결과적으로 자초는 후계자 자격 시험을 무사히 통과한 셈이다.

기원전 250년, 진효문왕의 뒤를 이어 태자 자초가 진장양왕으로 즉위했다. 진장양왕은 적모인 화양부인을 화양태후, 생모인 하희를 하태후로 높였다. 태자비 조희는 자연히 왕후가 되었다. 기원전 248년, 대장군 몽오가 파죽지세로 한나라 군사를 대파하고 지금의 허난 성 형양 일대를 취한 뒤 삼천군을 설치했다. 몽오는 훗날 진시황이 천하를 통일한 뒤 서역을 개척할 때 대공을 세운 몽염蒙恬의 조부였다. 기원전 247년, 장군 왕흘이 상당 일대를 취하고 태원군을 설치했다. 위안희왕은 위나라 군사가 연패하자 조나라에 머물고 있는 자신의 동생 신릉군에게 사자를 보내 급히 도와줄 것을 청했다. 신릉군이 문객들을 이끌고 급히 위나라로 돌아오자 교외까지 마중나간 위안희왕이 신릉군을 붙잡고 울면서 말했다.

"어진 동생은 과인의 지난날 잘못을 너무 탓하지 말라."

상장군이 된 신릉군이 마침내 위, 한, 조, 연, 초 등의 5국 연합군을 이끌고 출정에 나섰다. 몽오는 비록 용장이기는 했으나 5국 연합군을 일시에 맞아 싸우기는 버거웠다. 이내 퇴각하자 신릉군은 틈을 주지 않고 그 뒤를 급히 추격해 마침내 진나라 군사를 함곡관 안으로 밀어 넣었다. 연합군이 함곡관 앞에 영채를 세운 뒤 무력시위를 벌이자 진나라 군사는 관문을 굳게 닫아걸고 꼼짝도 하지 않았다. 진나라의 천하 통일은 아직 시간이 더 필요했다.

형가의 척살 미수

　　　　　　기원전 247년, 진장양왕이 세상을 떠났다. 재위 4년 만이다. 뒤를 이어 태자 정이 보위에 올랐다. 진장양왕의 왕후 조희는 조태후, 진왕 정의 동생은 장안군이 되었다. 진왕 정의 나이는 겨우 13세에 불과했다. 문신후 여불위가 모든 국가 대사를 결정했다. 진왕 정은 여불위를 높여 '중부仲父'로 불렀다. 부왕인 진장양왕이 평소 여불위와 형제처럼 가까이 지낸 점을 감안한 호칭이었다.

　진왕 정 15년(기원전 232년), 진나라에 인질로 잡혀 와 있던 연나라 태자 단丹이 본국으로 탈출하는 일이 빚어졌다. 당초 태자 단은 일찍이 조나라에 인질로 가 있을 때 마침 그곳에 인질로 와 있던 이인과 사이좋게 지냈다. 이후 이인이 귀국해 진장양왕으로 즉위할 즈음 태자 단도 연나라로 귀국했다. 그러나 그는 진나라 승상을 지낸 강성군 채택의 계교로 인해 또다시 진나라에 인질로 가는 비운의 주인공이 되었다. 이전부터 알고 지내던 진장양왕은 그에게 예로써 대하지 않았다. 그러다가 이때에 이르러 진나라가 일련의 사건으로 어수선한 틈을 타 몰래 본국으로 도망친 것이다.

　당시 그의 눈에 든 사람은 협객 형가荊軻였다. 그는 곧 형가를 상경上卿으로 삼고 최상의 예를 베풀었다. 국빈이 머무는 빈관에 모신 뒤 매일 찾아가 문안을 올리고, 틈틈이 진기한 물건을 선물하고, 미녀를 포함해 그가 원하는 것은 무엇이든 빠짐없이 구해다 바쳤다. 기원전 228년에 이르러 진나라 장수 왕전이 조왕 천遷을 포로로 잡고 조나라 영토를 대부분 장악하는 일이 빚어졌다. 비록 공자 가嘉가 대代 땅으로 도주해 조왕을 칭했으나 조나라는 사실상 패망한 것이나 다름없었다. 한나라는 이에 앞서 이미 2년 전에 멸망했다. 진나라의 다음 목표는 연나라였다. 실제로 진나라 장수 왕전은 방향을 틀어 북쪽으로 진공했다. 태자 단이 급히 형가를 찾아갔다.

"진나라 군사가 조석지간에 역수를 건너면 비록 선생을 오래 모시고자 해도 이것이 어찌 가능할 수 있겠습니까?"

"그렇지 않아도 저 또한 말씀드리려고 했습니다. 지금 진나라로 갈지라도 진나라가 믿을 만한 물건을 갖고 가지 않으면 결코 진왕에게 접근할 수 없습니다. 진왕은 전에 우리 나라로 망명해 온 번오기樊於期 장군의 목에 금 1천 근과 1만 호의 성읍을 내걸고 있습니다. 만일 번 장군의 목과 연나라에서 가장 비옥한 남쪽 독항督亢 일대의 지도를 들고 가 바치면 진왕도 필시 크게 기뻐하며 기꺼이 인견코자 할 것입니다. 그리되면 신 또한 태자에게 보답할 수 있을 것입니다."

"번 장군은 궁지에 몰려 나에게 몸을 맡긴 사람입니다. 나는 내 일을 성취하기 위해 장자인 번 장군의 마음을 상하게 하는 일만큼은 차마 할 수 없습니다."

그러자 형가는 사적으로 번오기를 찾아갔다.

"진나라에 있는 장군의 부모와 일족은 이미 모두 살육되었소. 게다가 지금 장군의 목에는 금 1천 근과 1만 호의 성읍이 현상으로 내걸려 있다고 하오. 장차 이를 어찌할 셈이오?"

번오기가 눈물을 흘리며 말했다.

"나는 매번 그 일을 생각할 때마다 원한이 골수에 사무칠 정도로 괴롭소. 그러나 아무리 궁리해도 좋은 방안이 떠오르지 않소."

"지금 내게 한 가지 계책이 있소. 가히 연나라의 우환도 해결하고, 장군의 원수도 갚을 수 있는데 장군은 어찌할 생각이오?"

"내가 어찌하면 좋겠소?"

형가가 대답했다.

"원컨대 장군의 목을 진왕에게 바치고자 하오. 그리하면 진왕은 필시 크게 기뻐하며 나를 기꺼이 인견코자 할 것이오. 그때 나는 왼손으로 그의 소매를 붙잡고, 오른손으로 그의 가슴을 깊이 찌를 것이오. 그리되면 장군도 원수를 갚을 수 있고, 연나라도 능멸당하는 치욕을 면할 수 있소. 이에 동의해 주겠소?"

번오기가 비분강개한 표정으로 말했다.

"이는 내가 원한에 사무친 나머지 밤낮으로 이를 갈며 가슴을 두드린 일이오. 오늘 비로소 가르침을 듣게 되었소."

그러고는 스스로 목을 쳐 죽었다. 태자 단이 번오기의 목을 함에 넣은 뒤 봉했다. 당시 연나라에는 용사 진무양秦舞陽이 있었다. 매우 거친 인물이어서 사람들이 감히 눈길조차 마주치려 하지 않았다. 태자 단은 그를 부사副使로 삼았다. 그러나 당시 형가가 함께 가고자 한 사람은 따로 있었다. 형가는 그가 멀리 떨어져 살고 있었기 때문에 출발을 늦추며 기다렸다. 며칠을 기다려도 형가가 떠날 기미를 보이지 않자 태자 단은 혹여 형가가 변심한 것이 아닌지 의심했다. 그래서 형가를 찾아가 재촉했다.

"일정이 촉박한 데도 어찌해서 떠날 생각을 하지 않는 것입니까? 나는 진무양을 먼저 출발시켰으면 합니다."

그러자 형가가 화를 냈다.

"지금 진나라로 갔다가 거사를 성사하지 못하게 되면 이는 철부지 진무양 때문일 것입니다. 지금 비수 한 자루만 들고 교활하기 짝이 없는 진나라로 들어가야 합니다. 제가 출발을 늦추고 있는 것은 동지 한 사람을 기다렸다 같이 가려고 하기 때문입니다. 그러나 지금 태자가 시일을 늦추는 것으로 의심하고 있으니 이제 작별 인사를 고할 수밖에 없게 되었습니다."

그러고는 이내 출발했다. 형가는 함양성에 도착하자마자 곧바로 진왕 정의 총신인 몽가蒙嘉를 만났다. 1천금이나 나가는 귀한 예물을 바치자 몽가가 이내 진왕 정에게 이같이 청했다.

"연왕은 진심으로 대왕의 위세를 두려워하며 경모한 나머지 감히 대왕에게 저항할 엄두를 내지 못하고 있습니다. 장차 나라를 들어 신속할 생각으로 지금 연나라 사자가 번오기의 목과 독항의 지도를 갖고 왔습니다. 대왕이 직접 사자에게 명을 내려 주십시오.”

진왕이 이를 받아들여 곧 함양궁에서 큰 의식을 베푼 뒤 형가 일행을 인견했다. 정사 형가가 번오기의 머리가 든 함을 받쳐 들고, 부사 진무양이 독항의 지도가 든 문갑을 받쳐 든 다음 천천히 앞으로 나아갔다. 섬돌 밑에 이르자 진무양이 갑자기 안색이 변하면서 몸을 부들부들 떨었다. 진나라의 군신들이 이상하게 생각하자 형가가 사죄했다.

“북방의 만이蠻夷 출신이 일찍이 천자를 뵌 적이 없어 두려운 나머지 저토록 떨고 있는 것입니다. 원컨대 대왕은 부디 너그러이 용서해 그가 대왕 앞에서 사명使命을 완수할 수 있도록 해 주십시오.”

진왕 정이 명했다.

“일어나서 진무양이 들고 있는 지도를 갖고 오라!”

형가가 독항의 지도가 든 문갑을 들고 가 진왕 정에게 바치자 진왕 정이 지도를 펼치기 시작했다. 지도를 거의 다 펼 무렵 지도에 싸 두었던 비수의 한 끝이 얼핏 드러났다. 형가가 돌연 왼손으로 진왕 정의 소매를 꽉 붙잡은 뒤 오른손으로 비수를 들어 찔렀다. 그러나 비수가 닿기 전에 진왕 정이 소스라치듯 놀라 몸을 급히 일으키는 바람에 소매 끝만 잘려 나갔다. 황급히 몸을 빼낸 진왕 정은 검을 빼려고 했으나 검이 너무 길어 빠지지 않자 할 수 없이 칼집 채 집어 들어 저항했다. 형가가 비수를 마구 휘두르자 진왕 정은 궁전의 기둥 주위를 빙빙 돌며 정신없이 피해 다녔다.

당시 진나라 법은 군신들이 전상에 시립할 때 조그마한 무기조차 몸에 지니는 것을 엄금하고 있었다. 시위하는 낭중郎中들은 무기를 지니고 전하에 줄지어 서 있었지만 명령이 없는 한 전상에 오를 수가 없었다. 바야흐로 지극히 위급한 상황인데도 불구하고 진나라의 군신들이 어찌 대처해야 좋을지 몰라 허둥댄 이유다. 군신들은 황급한 나머지 형가를 칠 마땅한 물건이 없자 저마다 맨손으로 형가에게 달려들었다. 그때 시의侍醫 하무저夏無且가 들고 있던 약낭을 형가를 향해 내던졌다. 좌우가 입을 모아 외쳤다.

"대왕은 어서 검을 등에 메십시오."

그제야 진왕 정은 거우 검을 등에 멘 다음 뺴낼 수 있었다. 장검을 든 진왕 정과 단검을 든 형가의 전세가 역전됐다. 진왕 정이 오히려 형가를 향해 달려들어 장검을 휘둘렀다. 왼쪽 넓적다리에 깊은 상처를 입고 더 이상 움직일 수 없게 된 형가가 진왕 정을 향해 비수를 내던졌으나 비수는 진왕 정을 비껴나 기둥에 꽂히고 말았다. 형가가 기둥에 의지해 크게 웃으며 이같이 외쳤다.

"거사가 성사되지 못한 것은 진왕 정을 위협해 빼앗은 땅을 돌려주겠다는 확약을 받은 뒤 이를 연나라 태자에게 보고하려고 했기 때문이다."

척살이 원래의 목적이 아니었다는 얘기였다. 일대의 자객다운 얘기다. 사실 척살 자체가 목적이었다면 진왕 정이 목숨을 부지하기는 어려웠을 것이다. 그러나 단말마의 외침은 후대인의 가필일 공산이 크다. 연나라 태자 단의 의도는 애초부터 '협박'이 아닌 '척살'이었기 때문이다.

•

초나라 정벌

•

　　　　　　왕분이 위나라의 대량성을 함몰시킬 당시 20만 대군을 이끌고 초나라 토벌에 나선 진나라 장수 이신과 몽염은 초반에 승기를 잡고 승승장구했으나 이내 초나라 군사의 계략에 말려 패퇴하고 말았다. 7명의 도위都尉가 전사하고 이신은 패잔병을 이끌고 황급히 철군했다. 대로한 진왕 정이 이신을 크게 꾸짖은 뒤 곧바로 빈양 땅으로 가 왕전에게 사과했다.

"과인이 장군의 계책을 듣지 않아 이신이 과연 우리 군사를 욕보이게 만들고 말았소. 장군이 비록 병이 들었다고는 하나 어찌 과인을 버리기야 하겠소?"

"저는 병이 들어 더 이상 군사를 지휘할 수가 없습니다."

"장군의 마음을 알고 있으니 부디 사양치 마시오."

왕전이 제안했다.

"부득이해 꼭 저를 쓰고자 하신다면 60만 명이 아니고는 불가합니다. 옛날과 지금은 싸우는 방법이 다릅니다. 옛날에는 반드시 싸울 날짜를 통지하고 서로 진을 친 뒤 싸웠습니다. 싸울 때도 반드시 진 앞에서만 싸웠고 달아나고 뒤쫓는데도 규칙이 있었습니다. 그러나 지금은 다만 힘으로 제압하는 시대가 되었습니다. 농부들마저 무기를 잡고 어린아이들까지 병적에 오르는 총력전의 상황입니다. 숫자가 적으면 어찌할 도리가 없습니다. 더구나 초나라는 동남 일대를 모두 차지하고 있는 대국입니다. 한번 명을 내리기만 하면 즉시 1백만 명의 군사를 동원할 수 있습니다. 상황이 이러한데 어찌 60만 명도 안 되는 군사로 초나라를 칠 수 있겠습니까?"

"과인의 불찰이었소. 장군이 전장에서 늙지 않았다면 어찌 그토록 사세를 정확히 읽을 수 있었겠소? 장군의 계책을 따르도록 하겠소."

진왕 정이 왕전과 함께 수레에 올라 귀경했다. 그날로 왕전을 대장, 몽무蒙武를 부장으로 삼고 군사 60만 명을 배속시켰다. 이듬해인 기원전 224년, 왕전이 60만 대군을 이끌고 초나라 정벌에 나섰다. 출정 당일 진왕 정이 지금의 산시 성 서안시 북쪽을 흐르는 파수灞水의 강가인 파상灞上까지 따라 나와 격려했다. '파상'을 흔히 파상灞上으로 쓰기도 한다. 파灞는 통상 '패'로 읽으나 '파수'의 의미로 사용할 때는 '파'로 읽는다. 당시 왕전이 술을 가득 부어 진왕 정에게 바치며 이같이 말했다.

"떠나는 이 자리에서 대왕에게 청할 말이 있습니다."

"장군이 과인에게 무슨 할 말이 있소?"

왕전이 소매 속에서 목록을 꺼냈다. 함양 일대의 땅 중에서도 가장 좋은 밭과 저택이 적혀 있었다.

"여기에 적혀 있는 밭과 저택을 신에게 내려 주시기 바랍니다."

"장군은 출정하는 마당에 어찌 이토록 가난해질까 걱정하는 것이오?"

"신은 이미 늙었습니다. 공을 세워도 열후에 봉해지지는 못할 것입니다. 그러나 이 좋은 밭과 저택들만은 자손에게 물려줄 수 있습니다. 공을 세운 뒤 대왕의 은덕을 자손 대대로 전하려는 것입니다."

진왕 정이 크게 웃었다.

"잘 알겠소. 장군의 청대로 하겠소."

왕전은 무관에 이르는 동안 사자를 다섯 번이나 보냈다. 그러자 측근이 힐난했다.

"장군은 재물을 구하는 것이 지나칩니다."

"그렇지 않소. 지금 진왕은 나라 안의 병사를 모두 나에게 맡겨 놓고 있소. 만일 내가 자손을 위해 전택을 많이 청하는 모습을 보이지 않으면 진왕의 의심을 살 수 있소."

당시 초나라 정벌은 사실 천하 통일을 거의 완수하는 것이나 다름없었다. 이런 대공을 세우면 시기하는 사람도 많아질 뿐 아니라 군왕 또한 대공을 세운 공신에 경계심을 가질 수밖에 없다. 왕전은 이를 알고 전택 등을 요구하며 장차 편히 살겠다는 식의 비루한 모습을 짐짓 연출한 것이다. 사실상의 천하 통일에 해당하는 초나라 정벌과 같은 대공을 세울 경우 공성신퇴의 행보를 취하지 않으면 매우 위험하다. 이를 깨닫지 못해 몸을 망친 사례가 너무 많다.

왕전은 무안군 백기에 비유할 수 있을 만큼 무략이 뛰어난 당대의 명장이다. 진왕 정이 백기 사후에도 이런 명장을 거느릴 수 있었던 것은 커다란 행운이다. 하늘이 진나라의 천하 통일을 돕고 있었다. 당시 초나라는 매우 어지러웠다. 기원전 228년, 춘신군 소생인 초유왕楚幽王이 병사할 당시 아들이 없었다. 이때는 이원도 죽고 없을 때였다. 초나라 군신들이 왕실의 종친인 공자 웅학熊郝을 초애왕으로 옹립했다. 그러나 초애왕은 즉위한 지 불과 두 달 만에 서형인 부추負芻에 의해 죽임을 당했다. 왕전이 초나라 토벌군을 일으켰을 때는 부추가 스스로 보위에 오른 지 4년째 되던 기원전 224년이다. 초왕 부추는 왕전이 대군을 이끌고 쳐들어온다는 소식을 듣고 크게 놀라 곧바로 장수 항연項燕을 대장으로 삼은 뒤 군사 20여만 명을 이끌고 가 진나라 군사를 막게 했다. 숫자상으로 이미 대적이 불가능했다. 항연은 훗날 한고조 유방과 천하를 놓고 다툰 항우의 조부이다. 원래 항씨는 대대로 장수를 배출한 덕분에 지금의 허난 성 침구현인 항項 땅을 식읍으로 받고 이를 성씨로 삼게 되었다.

초나라 장수 항연은 진나라 군사가 엄청나게 많은 것을 보고 급히 초왕 부추에게 사자를 보냈다.

"진나라 군사가 60만 명이나 됩니다. 즉시 군사를 증원해 주십시오."

부추가 곧 장수 경기景騏에게 명해 군사 20만 명을 이끌고 가 항연을 돕게 했다. 60 대 40, 초나라 입장에서 볼 때 어느 정도 해 볼 만했다. 당시 왕전은 영루를 높이 쌓고 굳게 지킬 뿐 결코 교전하려 하지 않았다. 초나라 군사들이 여러 차례 도전했으나 끝내 응하지 않았다. 진나라 군사들은 매일 음식을 잘 먹고 충분히 휴식을 취했다. 왕전은 병사들과 함께 지내면서 같은 음식을 먹었다. 하루는 왕전이 휘하 군관을 내보내 병사들의 동태를 파악하게 했다.

"병사들이 무슨 놀이를 하고 있는가?"

"바야흐로 투석 놀이를 하는데 규정된 거리보다 훨씬 멀리 날아갑니다."

투석 놀이는 기계를 이용해 무려 12근에 달하는 돌덩이를 쏘아 올리는 군사훈련을 겸한 놀이를 말한다. 왕전이 이 말을 듣고 크게 기뻐했다.

"이제야 비로소 쓸 수 있다!"

당시 연일 싸움을 걸던 초나라 군사들은 크게 지친 나머지 이내 동쪽으로 철군하기 시작했다. 왕전이 마침내 전군에 하령해 이들의 뒤를 급히 추격하게 했다. 항연은 지금의 안후이 성 숙현인 기蘄 땅의 남쪽에 이르러 진나라 군사를 맞이해 반격에 나섰으나 또다시 대패하고 말았다. 이 싸움에서 항연이 전사하자 대장을 잃은 초나라 군사는 기왓장이 흩어지듯 사방으로 궤산하고 말았다. 여세를 몰아 초나라의 여러 성읍을 차례로 공략한 왕전은 몽무의 군사와 합세한 뒤 마침내 초나라 도성 수춘성을 포위했다. 성을 포위한 지 얼마 안 돼 왕전과 몽무가 전군에 총공격령을 내리자 진나라 군사가 맹공을 퍼부었다. 진나라 군사가 개미 떼처럼 성벽 위로 기어올라 가 공격을 가하자 초나라 장수 경기가 성루에서 스스로 목을 치고 자진했다. 물밀듯이 성안으로 들어간 진나라 군사는 초왕 부추를 생포했다. 승전보를 접한 진왕 정은 크게 기뻐하며 곧바로 함양성을 떠나 수춘성으로 향했다. 그는 수춘성 인근의 번구樊口에 이르러 초왕 부추를 끌어오게 했다.

"너는 초왕을 죽이고 멋대로 보위에 올랐다. 네 죄를 알겠는가? 목숨만은 살려 줄 터이니 이제부터 백성이 되어 여생을 보내도록 하라."

이로써 춘추전국시대의 열국 가운데 가장 먼저 왕을 칭하면서 한때 천하를 호령했던 초나라는 마침내 멸망하고 말았다. 가장 방대한 영토와 최다의 백성을 보유했던 초나라는 시종 자신의 강대함만을 믿고 천하를 깔보다가 패망하고 만 것이다. 60만 대군을 동원해 기필코 이뤄 낸 초나라 정벌은 진왕 정의 천하 통일 작업이 사실상 완수되었음을 의미했다. 마지막 남은 제나라는 결코 적수가 될 수 없었다.

•

천하를 단위로 파악하다

•

진나라는 초나라를 멸망시킴으로써 사실상 천하 통일을 이룬 것이나 다름없었다. 그러나 마침표를 찍을 필요가 있었다. 비록 승리하기는 했으나 진나라도 60만 대군을 동원한 까닭에 국력이 크게 소진된 상황이었다. 약간의 휴식이 필요했다. 초나라 정벌 이후 제나라 정벌까지 2년의 시간이 소요된 이유다.

당시 진나라 장수 왕분은 연나라를 멸망시키고 귀국하는 길에 서쪽으로 방향을 돌려 조나라 망명 정권의 근거지인 대代 땅을 쳤다. 조왕 가嘉는 별반 싸우지도 못하고 크게 패한 뒤 이내 흉노 땅으로 도주하다 포로로 잡혔다. 왕분이 함거에 실어 함양으로 압송하려고 하자 조왕 가가 허리띠를 풀어 스스로 목을 조르고 숨을 거두었다. 이로써 조나라 역시 역사 무대에서 완전히 자취를 감추고 말았다.

당시 오월의 고토에는 월왕 구천의 후손들이 서로 군장君長으로 칭하며 여러 곳에 흩어져 살고 있었다. 사서는 이들을 통칭해 '백월百越'로 불렀다. 왕전이 군사를 이끌고 가자 백월의 수장들이 이내 머리를 조아리며 진나라 백성이 될 것을 약속했다. 왕전은 월나라 땅의 지도와 호구 등을 조사한 뒤 곧바로 사람을 함양으로 보내 남방이 완전히 평정되었음을 보고했다. 진왕 정은 이곳에 회계군을 설치했다.

왕전과 그의 아들 왕분은 천하 통일에 결정적인 공헌을 한 당대 최고의 명장들이었다. 2대에 걸친 이들 왕씨 가문은 몽오, 몽무, 몽염으로 이어진 몽씨 가문과 쌍벽을 이뤘다. 그러나 이들 두 가문은 훗날 진 제국의 멸망과 더불어 공히 패망하고 말았다. 진왕 정은 오월 지역에 대한 평정을 계기로 제나라에 대한 남북 협격의 사전 정지 작업이 끝나자 곧바로 전국에 명을 내려 대대적인 주연을 즐기도록 했다. 천하의 신민들 모두 이를 축하하며 환호했다. 이는 제나라 정벌의 전야나 다름없었다.

실제로 천하 통일 축제의 마지막 진상 품목으로 지목된 제나라는 극히 혼란스런 모습을 보이고 있었다. 제왕 건建이 암군 행보를 보인 탓이다. 그는 나라 첩자들로부터 많은 뇌물을 받고 일신의 안녕만을 꾀한 상국 후승后勝의 말만 들었다. 산둥의 5국이 진나라의 침공으로 곤경에 처해 있을 때 수수방관하는 자세를 유지한 것도 이 때문이다. 그는 오히려 상국 후승의 말만 믿고 한나라와 위나라를 돕지 않다가 이웃 나라가 하나씩 망할 때마다 사자를 진나라로 보내 축하했다.

진나라는 제나라 사자가 올 때마다 많은 황금을 주어 돌려보냈다. 제나라 사자는 복명할 때마다 극진한 대접을 받은 사실을 칭송했다. 그럴 때마다 제왕 건은 더욱 감격해했다. 그러나 그 역시 한 해를 걸러 나머지 5국이 차례로 무너지자 불안해하기 시작했다. 기원전 222년, 비로소 서쪽 경계에 군사를 배치해 진나라의 침공을 대비하기 시작했으나 너무 늦은 뒤였다.

당시 제나라는 이미 진나라 첩자들의 소굴로 변해 있었다. 이들은 제나라의 유력 인사들을 대거 빈객으로 삼아 진나라로 들여보냈다. 진나라는 이들에게 황금을 후하게 내려 주었다. 빈객들은 귀국하는 즉시 곧바로 제왕 건을 찾아가 진왕 정을 조현토록 사주했다. 기원전 222년 말, 왕분이 요동 평정이 끝났음을 통보했다. 진왕 정이 곧 답서를 보냈다.

"장군은 군사를 이끌고 한 번 떠나 머나먼 2천 리 길을 달려가 연나라와 대 땅을 평정했으니 그 공은 부친 왕전의 공에 못지않소. 이제 단 하나 남은 제나라는 바로 장군이 돌아오는 길에 있소. 잠시 노선만 변경하면 즉시 칠 수 있을 것이오. 장군이 돌아오는 길에 제나라를 평정하면 진나라에서 장군 부자의 공보다 더 큰 공은 없을 것이오."

마음 놓고 제나라를 정벌할 수 있으니 속히 남하해 치라는 주문이었다. 왕분은 남하 시기를 저울질했다. 이듬해인 진시황 26년(기원전 221년) 초, 함양을 향해 서진하던 왕분의 군사들이 문득 방향을 틀어 제수濟水를 바라보며 곧장 남하하기 시작했다. 제수는 제나라 도성 임치 부근을 감돌아 발해만 쪽으로 빠져나가는 황하의 지류로 임치의 생명줄이나 다름없었다. 이미 5국을 평정한 진나라 군사의 사기는 하늘을 찌를 듯했다. 왕분이 제나라 경계로 들어서자 제나라 군사는 별다른 저항도 하지 못한 채 사방으로 궤산했다. 제나라 군사들은 40여 년에 걸친 평화 분위기에 익숙해져 군사훈련 한번 제대로 한 적이 없었다. 진나라 군사는 마치 무인지경을 가는 듯했다. 이때 진왕 정이 대부 진치陳馳를 제왕 건에게 보냈다. 제왕 건은 진치로부터 5백 리 땅에 봉하겠다는 진왕 정의 말을 전해 듣고 이내 항복했다. 얼마 후 사자가 와 제왕 건에게 진왕 정의 분부를 전했다.

"제왕 건은 잠시나마 우리 진나라 군사에게 항거하려고 했다. 마땅히 제나라의 종묘사직을 허물고 제나라 군신을 모두 주살할 일이다. 그러나 그간 제왕 건이 40여 년 동안 과인에게 순종한 뜻을 가상히 여겨 살려 주기로 한다. 제왕 건은 지금 곧 처자를 데리고 공共 하남 휘현 땅으로 가 여생을 마치도록 하라."

제왕 건이 공 땅으로 옮기고 보니 거처할 곳이라고는 태항산 밑의 작은 오두막뿐이었다. 사방을 둘러봐야 소나무와 잣나무만 빽빽이 우거진 깊은 산속이었다. 산속에는 아무도 살고 있지 않았다. 제왕 건은 기가 막혀 밤낮으로 울었다. 제왕 건의 최후와 관련해 『사기』는 아무런 기록도 남기지 않았다. 『자치통감』과 『전국책』은 제왕 건이 아사했다고 기록해 놓았다. 제나라 정벌로 진시황이 추진한 천하 통일 작업은 마침내 화룡점정의 마침표를 찍게 됐다.

주목할 것은 진시황의 천하 통일 위업이 천하를 단위로 생각하고 일을 추진했기에 가능했다는 점이다. 사상 최초로 황제를 칭한 것도 이런 관점에서 이해할 필요가 있다. 명命을 제制, 영令을 조詔로 부르게 한 뒤 1인칭으로 사용되던 짐朕을 오직 황제만 쓸 수 있도록 조치한 것도 같은 맥락이다. 이는 그의 다음과 같은 하명에 잘 나타나 있다.

"죽은 뒤 생전의 행적을 가지고 평해 정하는 것이 시호이다. 그러나 이는 결국 아들이 아비를 논하고 신하가 군왕을 놓고 논하는 것이다. 금후 이런 시법諡法을 없앤다. 짐은 첫 번째 황제인 시황제가 되니 후세는 순차로 2세와 3세가 되어 만세에 이르기까지 이를 무궁히 전하게 하라."

그러고는 곧 천하의 옥장玉匠에게 명해 국새를 만들었다. 이어 천하를 모두 36개 군郡으로 나누는 군현제를 실시했다. 각 군마다 군수郡守와 군위郡尉, 군감郡監을 두어 황제의 명을 일사불란하게 집행했다. 또 5백여 년에 걸친 춘추전국시대의 난세가 종식되었다는 것을 천하에 널리 알리기 위해 열국에서 사용하던 무기를 모두 함양에 모은 뒤 이를 녹여 종과 북을 매다는 틀과 금인金人 12개를 만들었다. 이어 법도를 비롯해 부피와 무게, 길이 등의 도량형도 그 단위를 통일시켰다. 이어 천하의 호걸 12만 호를 함양으로 옮겨 살게 했다. 사상 최초의 제국이 등장한 배경이다.

진시황의 천하 통일이 지닌 가장 큰 의미는 천하의 인민들이 토황제에 해당하는 열국 제후들의 착취에서 벗어나 만인이 공평한 천하인의 일원으로 살아갈 수 있게 된 점이다. 중국과 같이 방대한 영토와 많은 인구를 보유한 곳에서는 황제의 명에 의해 일사불란하게 다스려지는 제왕정이 제후들에 의해 다스려지는 봉건정보다 훨씬 효과적이다. 21세기 현재도 마찬가지다. 왕조 교체기의 난세에 수많은 토황제가 등장해 각축을 벌일 경우 예외 없이 백성들이 커다란 도탄에 빠진 사실이 이를 뒷받침한다.

민국 초기 군벌이 할거할 당시의 모습이 이를 웅변한다. 당시 거대 지주로 활약한 군벌들은 폭력적인 수단으로 농민들의 토지를 빼앗았다. 일반 민전뿐만 아니라 황전荒田과 공전公田까지 강제로 점유하거나 매입하는 형식을 취했다. 이익을 취하는 방식도 지조地租와 기타 부가세를 직접 수취하거나 고리대를 통해 재부를 축적하는 전형적인 봉건지주의 모습을 띠었다. 일부 군벌은 관할 구역 내 지주 및 향신鄕紳과 유착해 소작인을 간접 지배하는 방식을 취하기도 했다.

이들의 가장 기본적인 수입원은 전부田賦였다. 미리 징수하는 예징豫徵이 보편적으로 실시됐다. 각종 명목을 붙인 부가세 및 잡세도 그 수를 헤아릴 수 없을 정도로 많았다. 액수도 정해진 세금의 몇 배에 달했다. 악명 높은 이금釐金도 그 가운데 하나다. 이는 곳곳에 세관을 설치하고 통과하는 화물마다 매회 통과세를 부과한 것을 말한다. 쓰촨 성의 경우 중경에서 성도까지 약 50여 개의 세관이 존재했다. 세율도 지역마다 달랐다. 군벌 내전에 의해 지배자가 바뀌면 이전에 납부한 세금은 무효가 되었다.

일부 군벌은 아편 재배를 통해 군비 확충의 중요 재원으로 삼았다. 농민에게 강제적으로 양귀비인 앵속을 재배하게 하고 그에 대해 특별 지조를 징수했다. '금연국禁煙局'은 단속 기관이 아니라 아편 경영의 독점 기관이었다. 군벌의 아편 경영은 곡물 생산지를 아편 재배지로 만드는 결과를 가져와 곡물 생산량의 급격한 감소와 한발 및 수해 등에 의한 기근을 심화시켰다.

군벌이 군비 조달을 위해 자주 사용한 대표적인 조치가 화폐의 남발이다. 대소 군벌 모두 독자적인 지폐를 발행한 것은 물론 저질 동전을 대량으로 유통시켰다. 쓰촨 성에서는 1928년부터 1929년까지 불과 1년 사이에 발행된 화폐의 종류가 수백 종에 달했다. 이는 인플레이션으로 인한 농민 부담을 가중시켜 만성적인 재정 적자를 초래했다. 이를 보충하기 위해 중앙 및 각 성 정부는 많은 부분을 공채에 의존해야만 했다.

1912년부터 1926년까지 발행한 공채는 약 6억 위안에 달했다. 공채가 여의치 않을 경우 외국의 차관을 통해 부족한 군비를 충당하기도 했다. 각 군벌은 일본과 서구 열강의 경제·군사 지원을 배경으로 세력 확장을 추구했다. 군벌과 제국주의 세력의 유착은 군벌 통치를 지탱하는 중요 축이었다. 군벌의 혼전과 베이징 정부의 약체가 외세의 이권 개입과 약탈을 부추기는 빌미로 작용한 결과다. 모든 피해는 고스란히 농민이 질 수밖에 없었다. 농지에서 쫓겨난 농민들은 마적 등의 토비土匪로 변신해 약탈을 호구지책으로 삼았다. 이들은 도중에 대소 군벌의 군대에 흡수되었다. 군벌 전쟁에서 패배한 군벌의 병사는 다른 군벌 부대에 편입되거나 토비로 변신했다. 군벌의 병사가 바로 토비의 중요 원천이 되면서 토비의 증가가 토비 토벌군의 수를 늘리는 악순환의 고리가 형성됐다. 삼국시대를 비롯해 매 왕조 교체기 때마다 예외 없이 등장한 혼란상과 하등 다를 게 없다.

진시황의 천하 통일이 지니고 있는 역사적 의미가 여기에 있다. 동서고금을 통해 가장 긴 5백여 년의 봉건 분열 시대를 끝내고 중앙집권적인 제왕정 치하의 통일 시대를 연 것은 획기적인 일이었다. 주목할 것은 중앙집권적 제왕정이 시작되면서 신분 세습을 특징으로 한 봉건 체제가 종식되고, 능력을 위주로 한 관료가 황제의 명을 받들어 일사불란하게 다스리는 제국 체제가 본격 개시된 점이다.

사서의 기록을 보면 진시황은 기본적으로 치세를 이루기 위해 불철주야 노력하는 매우 부지런한 통치자였다. 그는 저울을 사용해 정확히 무게를 달듯이 똑같은 양의 정해진 과제를 매일 처리했다. 확정된 사안도 철저히 검토하기 전에는 결코 잠자리에 들지 않았다. 또 10년 동안에 무려 다섯 번이나 나라의 구석구석을 시찰하는 천하 순행을 결행하는 등 통일 천하에 대한 지극한 열정을 보여 주었다. 황제가 직접 천하의 대소사를 모두 재단하는 이른바 만기친재萬機親裁의 선구자에 해당한다.

부록 · 춘추전국시대 연표

기원전	연대		사건
781	주유왕 (周幽王)	원년	신후申侯의 딸을 왕후로 책립.
779		3년	주유왕이 포사를 총애함.
777		5년	왕후 강씨姜氏와 태자 의구宜臼를 폐함.
771		11년	신후가 견융과 결탁해 주유왕을 죽이고 평왕을 옹립함.
770	주평왕 (周平王)	원년	주평왕이 성주成周 낙읍으로 천도함. 춘추시대 개막.
767		4년	정나라가 괵나라를 멸함.
751		20년	진秦이 서융을 무찌르고 기서岐西를 빼앗음.
741		30년	초나라의 분모蚡冒가 죽고 웅통熊通이 수장이 됨.
722		49년	노은공이 주의보邾儀父와 멸蔑에서 결맹함. 『춘추좌전』의 시작.
720		51년	주환왕이 정장공을 홀대함.
719	주환왕 (周桓王)	원년	위나라 공자 주우州吁가 주군을 시해함.
715		5년	정나라가 노나라와 영지를 교환함.
712		8년	노나라 공자 휘翬가 노은공을 시해함.
710		10년	제나라 문강文姜이 노나라로 시집감.
709		11년	곡옥무공曲沃武公이 진애후晉哀侯를 사로잡음.
707		13년	주환왕이 제후들의 군사를 이끌고 나가 정나라에 패함.
705		15년	곡옥백曲沃伯이 소자후小子侯를 죽임.
704		16년	초나라의 웅통熊通이 무왕을 칭함.
698		22년	진인秦人이 출자出子를 시해함.
697		23년	정나라에서 제중祭仲 암살 계획 실패함.

기원전	연대		사건
696	주장왕 (周莊王)	원년	위선공衛宣公이 며느리를 가로챔.
695		2년	정나라 고거미高渠彌가 정소공을 시해함.
694		3년	제양공齊襄公이 팽생彭生을 시켜 노환공을 죽임.
686		11년	제나라 무지無知가 제양공을 시해함.
685		12년	포숙아鮑叔牙가 제환공齊桓公에게 관중管仲을 천거함.
684		13년	초나라가 채애공蔡哀公을 포로로 잡음.
682		15년	정여공鄭厲公이 복귀함.
680	주희왕 (周僖王)	2년	정나라 부하傅瑕가 자의子儀를 시해함.
679		3년	제환공이 첫 패자가 됨.
678		4년	곡옥의 무공武公이 진후晉侯를 칭함.
675	주혜왕 (周惠王)	2년	연나라 및 위나라가 자퇴子頹를 왕으로 옹립함.
673		4년	정백과 괵숙虢叔이 자퇴를 죽임.
672		5년	웅군熊頵이 찬위함. 전완陳完이 제나라로 망명함.
668		9년	진나라가 강絳에 도읍을 정함.
667		10년	제환공이 제후국과 회맹해 백伯이 됨.
666		11년	진헌공이 여희驪姬를 부인으로 삼음.
662		15년	노나라 경보慶父가 자반子般을 시해함.
661		16년	진나라가 위魏와 괵虢을 멸하고 2군을 창설함.
660		17년	노나라 경보가 노민공을 시해하자 3환三桓이 흥성함.
659		18년	제후들이 형邢을 이의夷儀로 옮김. 형荊이 초楚를 칭함.
658		19년	제후들이 위나라의 초구楚丘에 성을 쌓음.
656		21년	제환공이 채나라로 쳐들어가 초나라를 침.
655		22년	진나라가 괵虢과 우虞를 멸함. 중이重耳가 적狄으로 달아남.
654		23년	진나라 공자 이오夷吾가 양梁으로 달아남.
651	주양왕 (周襄王)	원년	규구葵丘의 결맹이 이뤄짐. 진나라 이극里克이 해제奚齊를 죽임.
650		2년	이극이 탁자卓子를 시해함. 진秦이 이오를 귀국시킴.
649		3년	왕자 대帶가 융인을 불러들여 경사京師를 침.
648		4년	관중이 주왕실의 내분을 평정함.

647		5년	진晉나라에 기근이 들자 진秦나라가 식량을 보냄.
646		6년	진秦나라에 기근이 드나 진晉나라가 식량을 보내지 않음.
645		7년	관중 죽음. 진목공秦穆公이 진혜공晉惠公을 잡았다가 풀어줌.
643		9년	제환공 죽음. 진나라 태자 어圉가 진秦에 인질로 감.
642		10년	중이가 제나라로 옴. 송양공宋襄公이 제효공을 옹립함.
641		11년	송양공이 증자鄫子를 희생으로 사용함.
639		13년	송양공이 녹상鹿上에서 회맹하나 초나라가 그를 잡았다가 풀어줌.
638		14년	진나라 공자 어圉가 귀국함. 초나라가 송양공을 홍泓에서 대파함.
636		16년	중이가 진회공晉懷公을 죽이고 즉위함. 주양왕이 정나라로 달아남.
635	주양왕 (周襄王)	17년	진문공晉文公이 주양왕을 복위시키자 주양왕이 왕자 대帶를 죽임.
633		19년	진나라가 3군을 창설함.
632		20년	진문공이 초군을 성복城濮에서 대파하고 천토踐土에서 결맹함.
629		23년	진나라가 5군을 창설함.
628		24년	진문공 죽음. 정문공 죽음.
627		25년	진나라가 진군秦軍을 효殽에서 격파함.
626		26년	초나라 상신商臣이 초성왕을 시해하고 초목왕으로 즉위함.
624		28년	진목공이 진晉나라를 무찔러 주왕실로부터 공인받음.
623		29년	초나라가 강江나라를 멸함.
621		31년	진나라가 2군을 감축함. 진목공 죽음.
620		32년	송성공의 아우 어禦가 태자를 죽이고 등극하자 국인들이 어를 죽임.
617		2년	진秦이 진晉나라를 침.
615	주경왕 (周頃王)	4년	진秦과 진晉이 하곡河曲에서 교전함.
614		5년	초목왕이 죽고 초장왕楚莊王이 즉위함.
613		6년	제나라 상인商人이 제소공을 시해함.

기원전	연대		사건
609	주광왕 (周匡王)	4년	노나라 양중襄仲이 노선공을 세움. 제의공齊懿公이 시해당함.
607		6년	진나라 조돈趙盾이 진영공晉靈公을 시해함.
606	주정왕 (周定王)	원년	초장왕이 육혼의 융인을 치고 구정九鼎의 무게를 물음.
605		2년	정나라 귀생歸生이 정영공을 시해함.
599		8년	진陳의 하징서夏徵舒가 진영공陳靈公을 시해함.
598		9년	초장왕이 진陳으로 들어가 하징서를 죽임.
597		10년	초장왕이 필邲에서 진군晉軍을 대파하고 청구淸丘에서 결맹함.
591		16년	초장왕 죽음.
590		17년	노나라가 구갑제丘甲制를 실시함. 왕사王師가 융인에게 대패함.
589		18년	진경공晉景公이 제후들의 군사를 이끌고 가 제나라를 대파함.
588		19년	진나라가 6군을 창설함.
585	주간왕 (周簡王)	원년	오왕 수몽壽夢이 처음으로 주 왕실에 입조함.
583		3년	진나라가 대부 조동趙同·조괄趙括을 죽임.
581		5년	진나라가 노성공을 억류함.
576		10년	진여공晉厲公이 조성공曹成公을 억류해 경사로 보냄.
575		11년	진나라 난염欒黶이 언릉에서 초군을 대파함.
574		12년	진여공이 3극三郤을 주살하자 난서欒書가 진여공을 잡음.
573		13년	난서가 주군 주포州蒲를 죽임.
566	주영왕 (周靈王)	6년	정나라 자사子駟가 조郊에서 정희공鄭僖公을 시해함.
563		9년	진생陳生과 백여伯輿가 쟁송하자 진나라 사개士匄가 결단함.
562		10년	노나라가 3군을 창설함.
559		13년	진나라가 3군으로 감축함.
557		15년	제나라가 내이萊夷를 멸함. 진나라가 거자莒子·주자邾子를 잡음.
553		19년	제후들이 전연澶淵에서 결맹함.
551		21년	공자孔子 탄생함.
550		22년	진나라 난서가 반기를 들자 국인들이 난영欒盈을 죽임.
548		24년	대부 최저崔杼가 제장공齊莊公을 시해함. 오왕 제번諸樊이 전사함.
546		26년	초나라가 진나라와 강화함. 제나라 최저가 자살함.

544		원년	오왕 여채餘祭가 혼인閣人에게 죽임을 당함.
543		2년	주경왕이 아우를 죽이자 왕자 하瑕가 진晉으로 망명함.
542		3년	거인莒人이 주군을 시해하자 거질去疾이 제나라로 망명함.
541		4년	초나라 공자 위圍가 주군을 시해하고 등극함.
538		7년	초영왕楚靈王이 오나라를 치고 제나라의 경봉慶封을 죽임.
536	주경왕	9년	정나라 자산子産이 형정刑鼎을 주조함. 제나라가 연나라를 침.
531	(周景王)	14년	초나라가 채蔡의 태자를 희생으로 사용함.
529		16년	초나라 공자 기질棄疾이 시역한 비比를 죽이고 등극함.
527		18년	진나라가 선우鮮虞를 치고 고자鼓子를 잡아감.
523		22년	허나라 세자 지止가 군주를 시해함.
522		23년	오원伍員이 오나라로 도망가고 태자 건이 송으로 망명함.
521		24년	송나라 화해華亥·상녕向寧이 남리南里에서 이반함.
520		25년	왕자 조朝가 이반함.
519		원년	진나라가 왕자 조를 치고 오나라가 6국의 군사를 격파함.
517		3년	노소공이 3환씨 토벌에 실패해 제나라로 망명. 공자 제나라로 감.
516		4년	주소왕이 귀경하자 왕자 조가 초나라로 망명.
515		5년	오나라 공자 광光 합려闔廬가 주군을 시해하고 등극함.
514		6년	진나라가 기씨祁氏와 양설씨羊舌氏를 멸함.
512		8년	오나라가 서徐나라를 멸함.
510		10년	노소공이 제나라에서 죽자 노정공이 보위에 오름.
506	주경왕	14년	오나라가 초나라 도성을 함락하자 초소왕이 낙향함.
505	(周敬王)	15년	월나라가 오나라를 침. 초나라 신포서申包胥가 오나라를 격파함.
504		16년	초나라가 약郡으로 천도하고 왕자 조의 잔당이 난을 일으킴.
498		22년	노나라가 3도三都를 무너뜨림.
497		23년	진나라 조앙趙鞅이 진양晉陽으로 들어가 이반함.
496		24년	오왕 합려가 죽음. 위나라 세자 괴외蒯聵가 송나라로 망명함.
494		26년	오왕 부차가 월왕 구천을 회계에서 항복시킴.
493		27년	조앙이 괴외를 척읍戚邑으로 들여보냄.
490		30년	진나라 순인荀寅과 사길석士吉射이 제나라로 망명함.

기원전	연대		사건
489	주경왕 (周敬王)	31년	제나라 진기陳乞가 주군 도荼를 시해함.
487		33년	송나라가 조나라를 멸하고 조백 양陽을 잡아감.
485		35년	오자서 죽음. 제도공齊悼公이 포씨鮑氏에게 살해당함.
482		38년	오왕 부차가 황지黃池에서 제후와 회맹함.
481		39년	기린을 잡는 획린獲麟이 벌어짐. 제나라 진항陳恒 田恒이 제간 공齊簡公을 시해함.
479		41년	공자 죽음. 초나라 백공白公 승勝이 반기를 들었다가 자진함.
478		42년	초나라가 진陳을 멸함. 위나라 괴외가 도망치다 살해됨.
477		43년	위나라 석포石圃가 주군을 축출함.
475	주원왕 (周元王)	원년	주경왕이 죽고 그의 아들 주원왕이 즉위함.
473		3년	오왕 부차가 월왕 구천에게 포위되어 자결함. 오나라 멸망.
469		7년	송나라 6경이 보위에 오른 공자 계啓를 축출함.
468	주정정왕 (周貞定王)	원년	노애공이 주邾나라로 갔다가 월나라로 달아남. 『춘추좌전』 의 종결.
447		22년	초나라가 채蔡나라를 멸함.
445		24년	초나라가 기杞나라를 멸함.
441		28년	주정정왕이 죽고 동생 주애왕과 주사왕, 주고왕이 차례로 찬 위함.
431	주고왕 (周考王)	10년	초나라가 거莒나라를 멸함.
430		11년	의거義渠가 진秦나라를 공격해 위남渭南으로 진출함.
426		15년	서주西周 혜공이 아들 반班을 공鞏에 세우고 동주東周를 칭함.
423	주위열왕 (周威烈王)	3년	진晉나라가 정나라를 치고 정유공鄭幽公을 죽임.
413		13년	진秦이 진晉에 패함. 제齊가 진晉을 치고 양호陽狐를 포위함.
409		17년	진秦이 백관에게 칼을 차게 함. 위魏가 진秦을 치고 축성함.
403		23년	3진三晉이 시작됨. 『자치통감』이 시작됨. 전국시대 개막.
400	주안왕 (周安王)	2년	정나라가 한韓나라의 양적陽翟을 포위함. 3진이 초나라를 침.
397		5년	섭정聶政이 한나라 재상 협루俠累를 죽임.
396		6년	위문후魏文侯가 죽고 아들 위무후가 즉위함.
387		15년	진秦이 촉蜀의 남정南鄭을 공략함.

386		16년	제나라의 전화田和를 제후로 봉함.
382		20년	제나라와 위나라가 위衛를 도와 조趙를 치고 강평剛平을 공략함.
379	주안왕 (周安王)	23년	제강공齊康公이 죽고 전씨田氏가 제나라를 병합함.
378		24년	3진이 제나라의 영구靈丘까지 진격함.
377		25년	촉나라가 초나라를 침.
375		원년	한나라가 정나라를 멸하고 양척陽翟으로 천도함.
372	주열왕 (周烈王)	4년	맹자 탄생.
369		7년	조나라와 한나라가 위나라를 포위함.
361		8년	진秦나라가 상앙商鞅을 기용함.
359		10년	진나라가 상앙을 좌서장左庶長에 기용해 제1차 개혁을 단행함.
356		13년	노공후魯共侯와 위성후衛成侯, 한소후韓昭侯가 위혜왕을 조현함.
352		17년	제후들이 위나라의 양릉襄陵을 포위함.
351		18년	신불해가 한나라의 재상이 됨.
350		19년	진나라가 함양으로 천도함. 상앙이 제2차 개혁을 단행함.
338	주현왕 (周顯王)	31년	진효공이 죽고 상앙이 피살됨.
337		32년	신불해가 죽음. 초나라 등 4국이 진나라에 사절을 파견함.
334		35년	위나라와 제나라가 서주徐州에서 만나 칭왕키로 합의함.
329		40년	진나라가 위나라의 분음汾陰과 피씨皮氏를 빼앗고 초焦를 포위함.
328		41년	진나라가 처음으로 상국相國제도를 두고 장의張儀를 상국으로 삼음.
325		44년	진나라가 처음으로 칭왕함.
323		46년	장의가 제·초齊楚 양국과 회맹함. 연·한燕韓이 칭왕함.
318	주신정왕 (周愼靚王)	3년	3진과 연나라, 초나라가 연합해 진나라를 쳤으나 패배함.
316		5년	진나라가 촉나라를 멸함.
313		2년	장의가 초나라의 재상이 되어 제나라와 단교함.
312	주난왕 (周赧王)	3년	초회왕楚懷王이 진나라를 치다가 대패함.
311		4년	장의가 각국에 유세함.

기원전	연대		사건
309		6년	장의가 위나라에서 죽음.
307		8년	진나라가 한나라의 의양宜陽과 무수武遂를 빼앗고 축성함.
302		13년	위양왕과 한나라 태자가 진나라에 입조함. 초나라 태자가 도주해 귀국함.
301		14년	진나라가 위·제·한과 함께 초나라를 중구重丘에서 격파함.
300		15년	진나라가 초나라를 대파함.
299		16년	맹상군이 진나라 승상이 됨. 진秦이 초楚를 치고 8개 성을 점거함.
298		17년	맹상군이 제나라로 도망쳐 옴. 한·위·제 3국이 진나라의 함곡관을 침.
297		18년	초회왕이 탈출에 실패함.
296		19년	초회왕이 진나라에서 죽임을 당함. 위양왕과 한양왕이 죽음.
295		20년	조나라 공자 성成이 조무령왕을 치자 조무령왕이 아사함.
293		22년	진나라 장수 백기白起가 한·위 연합군을 이궐伊闕에서 대파함.
288	주난왕 (周赧王)	27년	진소양왕이 서제西帝를 칭하고 제왕을 동제東帝로 칭함.
285		30년	진나라의 몽무蒙武가 제나라의 9성을 점령함. 진소양왕이 초왕과 화해함.
284		31년	진나라가 3진 및 연나라와 함께 제나라를 쳐 임치臨淄로 진공함.
280		35년	진나라가 초나라와 함께 조나라를 침.
279		36년	연燕의 악의樂毅가 조나라로 망명함. 제나라 전단田單이 실지를 회복함.
278		37년	진나라가 초나라 도성 영郢을 함락시킴.
277		38년	진나라가 초나라의 무巫와 검중黔中을 점령함. 굴원이 멱라에 투신함.
276		39년	초나라가 장강 유역의 15개 성읍을 수복함.
275		40년	조나라의 염파廉頗가 위나라의 방자房子와 안양安陽을 빼앗음.
273		42년	조·위가 한韓의 화양華陽을 치나 진나라가 한나라를 도와 대승함.
272		43년	초나라가 태자를 인질로 해 진秦과 강화함. 진·위·초가 연나라를 침.

263		52년	초고열왕이 즉위하자 춘신군이 재상이 됨.
262		53년	진나라가 한나라의 10개 성읍을 빼앗음.
260		55년	진나라 장수 백기가 장평長平에서 조나라 군사를 대파함.
259	주난왕 (周赧王)	56년	진시황이 탄생함. 진나라가 한·조 양국과 강화함.
257		58년	진나라 장수 백기가 자살함. 위나라가 진나라 군사를 한단에서 격파함.
256		59년	초나라가 노나라를 치고 거莒 땅으로 몰아냄. 진나라가 주 왕실을 멸함.
251	진소양왕 (秦昭襄王)	56년	진소양왕이 죽음. 조나라의 평원군이 죽음.
250	진효문왕 (秦孝文王)	원년	진효문왕이 즉위 이틀 후에 죽고 아들 진장양왕秦莊襄王이 뒤를 이음.
249	진장양왕 (秦莊襄王)	원년	여불위呂不韋가 한韓을 치고 삼천군三川郡을 둠. 노나라가 멸망함.
247		3년	위나라 신릉군이 진군秦軍을 격퇴함. 태자 정政 진시황이 즉위함.
242		5년	진나라가 위나라의 20개 성을 빼앗고 동군東郡을 설치함.
238		9년	장신후 노애嫪毐의 반란이 일어남. 초나라 춘신군이 피살됨.
237		10년	진왕 정政이 여불위를 파면함.
236		11년	진나라가 조나라의 9개 성읍을 빼앗음.
235		12년	여불위가 자살함.
233		14년	한비자韓非子가 자살함. 진나라가 조나라의 평양平陽을 점령함.
230		17년	진나라가 한나라를 멸하고 영수군潁水郡을 설치함.
228	진시황 (秦始皇)	19년	진나라가 조나라를 멸하자 조나라 공자 가嘉가 조대왕趙代王이 됨.
227		20년	형가荊軻가 암살에 실패함. 연·대燕代 연합군이 진군秦軍에 패함.
225		22년	진나라 장수 왕분王賁이 위나라를 쳐 멸망시킴.
224		23년	진나라 장수 왕전王翦과 몽무가 초나라를 대파함.
223		24년	초나라가 멸망함.
222		25년	진나라가 요동에서 연왕燕王을 생포하고 조대왕趙代王도 생포함.

기원전	연대		사건
221	진시황 (秦始皇)	26년	진시황이 제나라를 멸하고 천하를 통일함.
213		34년	이사가 분서焚書를 건의함.
210		37년	진시황이 사구沙丘에서 사망하고 호해가 2세 황제로 즉위함.

참고 문헌

1. 기본서

『논어』, 『맹자』, 『관자』, 『순자』, 『한비자』, 『도덕경』, 『장자』, 『묵자』, 『상군서』, 『안자춘추』, 『춘추좌전』, 『춘추공양전』, 『춘추곡량전』, 『여씨춘추』, 『회남자』, 『춘추번로』, 『오월춘추』, 『월절서』, 『신어』, 『세설신어』, 『잠부론』, 『염철론』, 『국어』, 『설원』, 『전국책』, 『논형』, 『공자가어』, 『정관정요』, 『자치통감』, 『독통감론』, 『일지록』, 『명이대방록』, 『근사록』, 『설문해자』, 『사기』, 『한서』, 『후한서』, 『삼국지』.

2. 저서 및 논문

• 한국어판

가리노 나오끼, 『중국철학사』, 오이환 역, 을유문화사, 1995.

가이쯔까 시게끼, 『제자백가』, 김석근 외 역, 까치, 1989.

강상중, 『오리엔탈리즘을 넘어서』, 이산, 1997.

곽말약, 『중국고대사상사』, 조성을 역, 도서출판 까치, 1991.

김 엽, 「전국·진한대의 지배계층」, 『동양사학연구』, 1989.

김승혜, 『원시유교』, 민음사, 1990.

김용옥, 『동양학 어떻게 할 것인가』, 민음사, 1985.

김충렬 외, 『논쟁으로 보는 중국철학』, 예문서원, 1995.

김학주, 『공자의 생애와 사상』, 태양문화사, 1978.

김형효, 『맹자와 순자의 철학사상』, 삼지원, 1990.

니시지마 사다오, 『중국의 역사-진한사』, 최덕경 외 역, 혜안, 2004.

라이샤워 외, 『동양문화사』, 고병익 외 역, 을유문화사, 1973.

마루야마 마사오, 『일본정치사상사연구』, 김석근 역, 한국사상사연구소, 1995.

마쓰시마 다까히로 외, 『동아시아사상사』, 조성을 역, 한울아카데미, 1991.

마준, 『손자병법강의』, 임홍빈 역, 돌베개, 2010.

마키아벨리, 『군주론』, 강정인 역, 까치, 1997.

모리모토 준이치로, 『동양정치사상사 연구』, 김수길 역, 동녘, 1985.

모리야 히로시, 『중국고전의 인간학』, 이찬도 역, 을지서적, 1991.

마오쩌둥, 『실천론·모순론』, 이승연 역, 두레, 1989.

박덕규 편, 『중국역사이야기』, 일송북, 2006.

박한제, 『중국역사기행』, 사계절, 2003.

번즈 외, 『서양문명의 역사』, 손세호 역, 소나무, 1987.

북경대중국철학사연구실 편, 『중국철학사』, 박원재 역, 자작아카데미, 1994.

사마광, 『자치통감』, 권중달 역, 삼화, 2009.

사이드, 『오리엔탈리즘』, 박홍규 역, 교보문고, 1997.

서울대동양사학연구실 편, 『강좌 중국사』, 지식산업사, 1989.

소공권, 『중국정치사상사』, 최 명 역, 서울대출판부, 2004.

솔즈베리, 『새로운 황제들』, 박월라 외 역, 다섯수레, 1993.

송영배, 『제자백가의 사상』, 현암사, 1994.

송인창, 「공자의 덕치사상」『현대사상연구』4, 1987.

슈월츠, 『중국고대사상의 세계』, 나성 역, 살림, 1996

시오노 나나미, 『로마인이야기 1~6』, 김석희 역, 한길사, 1998.

신동준, 『인물로 읽는 중국근대사』, 에버리치홀딩스, 2010

-----, 『조선국왕 대 중국황제』, 역사의 아침, 2010.

양계초, 『중국문화사상사』, 이민수 역, 정음사, 1980.

양지강, 『천추흥망』, 고예지 역, 따뜻한손, 2009.

여동방, 『삼국지강의』, 문현선 역, 돌베개, 2010.

오카다 히데히로, 『세계사의 탄생』, 이진복 역, 황금가지, 2002.

윤내현, 『상주사』, 민음사, 1988.

윤사순, 『공자 사상의 발견』, 민음사, 1992.

이강수, 「장자의 정치윤리사상」『정신문화연구』, 1986.

이성규, 『중국고대제국성립사 연구』, 일조각, 1984.

-----, 『동아사상의 왕권』, 한울아카데미, 1993.

이재권, 「순자의 명학사상」 『동서철학연구』 8, 1991.

이춘식, 「유가 정치사상의 이념적 제국주의」, 『인문논집』 27, 1982.

이종오, 『후흑학』, 신동준 역, 인간사랑, 2010.

이탁오, 『분서』, 김혜경 역, 한길사, 2004.

전락희, 「동양 정치사상의 윤리와 이상」 『한국정치학회보 24』, 1990.

전목, 『중국역대정치의 득실』, 신승하 역, 박영사, 1975.

---, 『중국역사정신』, 추헌수 역, 연세대 출판부, 1977.

---, 『중국사의 새로운 이해』, 권중달 역, 집문당, 1990.

전세영, 『공자의 정치사상』, 인간사랑, 1992.

전해종 외, 『중국의 천하사상』, 민음사, 1988.

정영훈, 「선진 도가의 정치사상」 『민주문화논총』, 1992.

조광수, 「노자 무위의 정치사상」 『중국어문논집』 4, 1988.

차하순 편, 『사관이란 무엇인가』, 청람, 1984.

최명, 『삼국지 속의 삼국지』, 인간사랑, 2003.

----, 『춘추전국의 정치사상』, 박영사, 2004.

최성철, 「선진유가의 정치사상 연구」 『한국학논집』 11, 1987.

쿨랑주, 『고대도시』, 김응종 역, 아카넷, 2000.

크레인 브린튼 외, 『세계문화사』, 민석홍 외 역, 을유문화사, 1972.

크릴, 『공자, 인간과 신화』, 이성규 역, 지식산업사, 1989.

풍우란, 『중국철학사』, 정인재 역, 형설출판사, 1995.

플라톤, 『국가·정체』, 박종현 역, 서광사, 1997.

한국공자학회 편, 『공자 사상과 현대』, 사사연, 1986.

한조기, 『사기강의』, 이인호 역, 돌베개, 2010.

헤로도토스, 『역사』, 박광순 역, 범우사, 1995.

황원구, 『중국사상의 원류』, 연세대출판부, 1988.

• 중국어판

郭志坤, 『荀學論稿』, 三聯書店, 1991.

匡亞明, 『孔子評傳』, 齊魯出版社, 1985.

喬木靑,「荀況'法後王'考辨」,『社會科學戰線』2, 1978.

金德建,『先秦諸子雜考』, 中州書畵社, 1982.

勞思光,「法家與秦之統一」,『大學生活 153−155』, 1963.

童書業,『先秦七子思想硏究』, 齊魯書社, 1982.

鄧小平,『鄧小平文選』, 人民出版社, 1993.

毛澤東,「新民主主義論」,『毛澤東選集 2』, 人民出版社, 1991.

潘富恩·毆群,『中國古代兩種認識論的鬪爭』, 上海人民出版社, 1973.

方立天,『中國古代哲學問題發展史』, 中華書局, 1990.

傅樂成,「漢法與漢儒」,『食貨月刊 復刊 5−10』, 1976.

史尙輝,「韓非−戰國末期的反孔主將」,『學習與批判 1974−9』, 1974.

徐復觀,『中國思想史論集』, 臺中印刷社, 1951.

聶文淵,「孟子政治觀中的民本思想」,『貴州社會科學 1993−1』, 1993.

蕭公權,『中國政治思想史』, 臺北聯經出版事業公司, 1980.

蘇誠鑑,「漢武帝"獨尊儒術"考實」,『中國哲學史硏究 1』, 1985.

蘇新鋈,「孟子仁政首重經濟建設的意義」,『中國哲學史硏究 1』, 1988.

蕭一山,『淸代通史』, 臺灣商務印書館, 1985.

孫 謙,「儒法法理學異同論」,『人文雜誌 6』, 1989.

孫家洲,「先秦儒家與法家"忠孝"倫理思想述評」,『貴州社會科學 4』, 1987.

孫開太,「試論孟子的"仁政"學說」,『思想戰線 1979−4』, 1979.

孫立平,「集權·民主·政治現代化」,『政治學硏究 5−15』, 1989.

梁啓超,『先秦政治思想史』, 商務印書館, 1926.

楊立著,「對法家"法治主義"的再認識」,『遼寧大學學報, 哲學社會科學2』, 1989.

楊善群,「論孟荀思想的階級屬性」,『史林 1993−2』, 1993.

楊雅婷,「荀子論道」,『中國文學硏究 2』, 1988.

楊幼炯,『中國政治思想史』, 商務印書館, 1937.

楊鴻烈,『中國法律思想史』, 商務印書館, 1937.

呂 凱,「韓非融儒道法三家成學考」,『東方雜誌 23−3』, 1989.

呂思勉,『秦學術槪論』, 中國大百科全書, 1985.

吳 康,「荀子論王霸」,『孔孟學報 22』, 1973.

吳乃恭,『儒家思想硏究』, 東北師範大學出版社, 1988.

吳辰佰,『皇權與紳權』, 儲安平, 1997.

王德敏,「管子思想對老子道德論的影響」,『中國社會科學 1991−2』, 1991.

王德昭,「馬基雅弗里與韓非思想的異同」,『新亞書院學術年刊 9』, 1967.

王道淵,「儒家的法治思想」,『中華文史論叢 19』, 1989.

王文亮,『中國聖人論』, 中國社會科學院出版社, 1993.

王錫三,「淺析韓非的極端專制獨裁論」,『天津師大學報 1982-6』, 1982.

王亞南,『中國官僚政治研究』, 中國社會科學出版社, 1990.

王威宣,「論荀子的法律思想」『山西大學學報, 哲學社會科學 2』, 1992.

王曉波,「先秦法家之發展及韓非的政治哲學」,『大陸雜誌 65-1』, 1982.

于孔寶,「論孔子對管仲的評價」,『社會科學輯刊 4』, 1990.

熊十力,『新唯識論: 原儒』, 山東友誼書社, 1989.

劉奉光,「孔孟政治思想比較」,『南開學報, 哲學社會科學 6』, 1986.

劉如瑛,「略論韓非的先王觀」,『江淮論壇 1』, 1982.

劉澤華,『先秦政治思想史』, 南開大學出版社, 1984.

游喚民,『先秦民本思想』, 湖南師範大學出版社, 1991.

李 侃,「中國近代'儒法鬪爭'駁議」,『歷史研究 3』, 1977.

李德永,「荀子的思想」,『中國古代哲學論叢 1』, 1957.

李宗吾,『厚黑學』, 求實出版社, 1990.

李澤厚,『中國古代思想史論』, 人民出版社, 1985.

人民出版社編輯部 編,『論法家和儒法鬪爭』, 人民出版社, 1974.

林聿時·關 峰,『春秋哲學史論集』, 人民出版社, 1963.

張豈之,『中國儒學思想史』, 陝西人民出版社, 1990.

張國華,「略論春秋戰國時期的"法治"與"人治"」,『法學研究 2』, 1980.

張君勱,『中國專制君主政制之評議』, 弘文館出版社, 1984.

張岱年,『中華的智慧-中國古代哲學思想精髓』, 上海人民出版社, 1989.

田久川,「孔子的霸道觀」,『遼寧師範大學學報, 社會科學 5』, 1987.

鄭良樹,『商鞅及其學派』, 上海古籍出版社, 1989.

曹 謙,『韓非法治論』, 中華書局, 1948.

趙光賢,「什麼是儒家? 什麼是法家?」,『歷史教學 1』, 1980.

曹思峰,『儒法鬪爭史話』, 上海人民出版社, 1975.

趙守正,『管子經濟思想研究』, 上海古籍出版社, 1989.

趙如河,「韓非不是性惡論者」,『湖南師範大學社會科學學報 22-4』, 1993.

曹旭華,「'管子'論富國與富民的關係」,『學術月刊 6』, 1988.

趙忠文,「論孟子'仁政'與孔子'仁'及'德政'說的關係」,『中國哲學史研究 3』, 1987.

鍾肇鵬,『孔子硏究, 增訂版』, 中國社會科學出版社, 1990.

周立升 編,『春秋哲學』, 山東大學出版社, 1988.

周雙利,「略論儒法在'名實'問題上的論爭」,『考古』4, 1974.

周燕謀 編,『治學通鑑』, 臺北, 精益書局, 1976.

曾小華,『中國政治制度史論簡編』, 中國廣播電視出版社, 1991.

陳大絡,「儒家民主法治思想的闡述」,『福建論壇, 文史哲 6』, 1989.

陳飛龍,『荀子禮學之硏究』, 文史哲出版社, 1979.

陳進坤,「論儒家的"人治"與法家的"法治"」,『廈門大學學報, 哲學社會科學 2』, 1980.

鄒華玉,「試論管子的"富國安民"之道」,『北京師範學院學報, 社會科學 6』, 1992.

湯 新,「法家對黃老之學的吸收和改造-讀馬王堆帛書『經法』等篇」,『文物 8』, 1975.

夏子賢,「儒法鬪爭的歷史眞相」,『安徽師大學報, 哲學社會科學 3』, 1978.

郝鐵川,「韓非子論法與君權」,『法學硏究 4』, 1987.

韓學宏,「荀子'法後王'思想硏究」,『中華學苑 40』, 1990.

向仍旦,『荀子通論』, 福建人民出版社, 1987.

黃公偉,『孔孟荀哲學證義』, 臺北, 幼獅文化事業公司, 1975.

黃偉合,「儒法墨三家義利觀的比較硏究」,『江淮論壇 6』, 1987.

黃俊傑,「孟子王霸三章集釋新詮」,『文史哲學報 37』, 1989.

曉 東,「政治學和政治體制改革」,『瞭望 20~21』, 1988.

• 일본어판

加藤常賢,『中國古代倫理學の發達』, 二松學舍大學出版部, 1992.

角田幸吉,「儒家と法家」,『東洋法學 12-1』, 1968.

岡田武彦,『中國思想における理想と現實』, 木耳社, 1983.

鎌田 正,『左傳の成立と其の展開』, 大修館書店, 1972.

高文堂出版社 編,『中國思想史』, 高文堂出版社, 1986.

高山方尙,「商子·荀子·韓非子の'國家'-回歸と適應-」,『中國古代史硏究 4』, 1976.

高須芳次郎,『東洋思想十六講』, 東京, 新潮社, 1924.

高田眞治,「孔子的管仲評-華夷論の一端として」,『東洋硏究 6』, 1963.

顧頡剛 著 小倉芳彦 等 譯,『中國古代の學術と政治』, 大修館書店, 1978.

菅本大二,「荀子の禮思想における法思想の影響について」,『筑波哲學 2』, 1990.

館野正美,『中國古代思想管見』, 汲古書院, 1993.

溝口雄三, 『中國の公と私』, 研文出版, 1995.

宮崎市定, 『アジア史研究, 1-V』, 同朋社, 1984.

宮島博史 外, 「明淸と李朝の時代」 『世界の 歷史』, 中央公論社, 1998.

金谷 治, 『管子の研究-中國古代思想史の一面』, 岩波書店, 1987.

內山俊彦, 『荀子-古代思想家の肖像』, 東京, 評論社, 1976.

大久保隆郞也, 『中國思想史, 上-古代.中世-』, 高文堂出版社, 1985.

大濱 晧, 『中國古代思想論』, 勁草書房, 1977.

大野實之助, 「禮と法」, 『東洋文化研究所創設30周年紀念論集, 東洋文化と明日』, 1970.

渡邊信一郞, 『中國古代國家の思想構造』, 校倉書房, 1994.

木村英一, 『法家思想の探究』, 弘文堂, 1944.

──────, 『孔子と論語』, 創文社, 1984.

茂澤方尙, 「韓非子の'聖人'について」, 『駒澤史學 38』, 1988.

服部 武, 『論語の人間學』, 東京, 富山房, 1986.

福澤諭吉, 『福澤諭吉選集』, 岩波書店, 1989.

山口義勇, 『列子研究』, 風間書房, 1976.

森 秀樹, 「韓非と荀況-思想の繼蹤と繼絶」, 『關西大學文學論集 28-4』, 1979.

森 熊男, 「孟子の王道論-善政と善教をめぐて」, 『研究集錄, 岡山大學教育學部 50-2』, 1979.

上野直明, 『中國古代思想史論』, 成文堂, 1980.

相原俊二, 「孟子の五霸について」, 『池田末利博士古稀記念東洋學論集』, 1980.

上田榮吉郞, 「韓非の法治思想」, 『中國の文化と社會 13』, 1968.

小林多加士, 「法家の社會體系理論」, 『東洋學研究 4』, 1970.

小野勝也, 「韓非.帝王思想の一側面」, 『東洋學學術研究 10-4』, 1971.

小倉芳彦, 『中國古代政治思想研究』, 靑木書店, 1975.

松浦 玲, 「'王道'論をめぐる日本と中國」, 『東洋學術研究 16-6』, 1977.

守本順一郞, 『東洋政治思想史研究』, 未來社, 1967.

狩野直禎, 『韓非子の知慧』, 講談社, 1987.

守屋 洋, 『韓非子の人間學-吾が存に善なる恃まず』, プレジデント社, 1991.

信夫淳平, 『荀子の新研究』, 研文社, 1959.

兒玉六郞, 「荀況の政治論」, 『新潟大學教育學部紀要, 人文社會科學 31-1』, 1989.

安岡正篤, 『東洋學發掘』, 明德出版社, 1986.

安居香山 編, 『讖緯思想の綜合的研究』, 國書刊行會, 1993.

栗田直躬, 『中國古代思想の研究』, 岩波書店, 1986.

伊藤道治, 『中國古代王朝の形成』, 創文社, 1985.

日原利國, 『中國思想史, 上,下』, ペリカン社, 1987.

−−−−−−−, 「王道から覇道への轉換」, 『中國哲學史の展望と模索』, 東京, 創文社, 1976.

張 柳雲, 「韓非子の治道與治術」, 『中華文化復興月刊 3−8』, 1970.

町田三郎 外, 『中國哲學史研究論集』, 葦書房, 1990.

佐川 修, 「董仲舒の王道說−その陰陽說との關連について」, 『東北大學敎養部紀要 19』, 1974.

中村 哲, 「韓非子の專制君主論」, 『法學志林 74−4』, 1977.

中村俊也, 「孟荀二者の思想と'公羊傳'の思想」, 『國文學漢文學論叢 20』, 1975.

紙屋敦之, 『大君外交と東アジア』, 吉川弘文館, 1997.

陳柱著 中村俊也 譯, 『公羊家哲學』, 百帝社, 1987.

津田左右吉, 『左傳の思想史的研究』, 東京, 岩波書店, 1987.

淺間敏太, 「孟荀における孔子」, 『中國哲學 3』, 1965.

淺井茂紀他, 『孟子の禮知と王道論』, 高文堂出版社, 1982.

村瀨裕也, 『荀子の世界』, 日中出版社, 1986.

貝塚茂樹 編, 『諸子百家』, 筑摩書房, 1982.

布施彌平治, 「申不害の政治說」, 『政經研究 4−2』, 1967.

戶山芳郎, 『古代中國の思想』, 放送大敎育振興會, 1994.

丸山松幸, 『異端と正統』, 每日新聞社, 1975.

丸山眞男, 『日本政治思想史研究』, 東京大出版會, 1993.

黃 介騫, 「荀子の政治經濟思想」, 『經濟經營論叢 5−1』, 1970.

荒木見悟, 『中國思想史の諸相』, 中國書店, 1989.

· 서양어판

Ahern, E. M., *Chinese Ritual and Politics*, Cambridge Univ. Press, 1981.

Allinson, R., ed., *Understanding the Chinese Mind: The Philosophical Roots*, Hong Kong: Oxford Univ. Press, 1989.

Ames, R. T., *The Art of Rulership − A Study in Ancient Chinese Political Thought*, Honolulu: Univ. Press of Hawaii, 1983.

Aristotle, *The Politics*, London: Oxford Univ. Press, 1969.

Barker, E., *The Political Thought of Plato and Aristotle*, New York: Dover Publications, 1959.

Bell, D. A., 「Democracy in Confucian Societies: The Challenge of Justification.」 in Daniel Bell et. al., *Towards Illiberal Democracy in Pacific Asia*, Oxford: St. Martin's Press, 1995.

Carr, E. H., *What is History*, London: Macmillan Co., 1961.

Cohen, P. A., *Between Tradition and Modernity: Wang T'ao and Reform in Late Ch'ing China*, Cambridge: Harvard Univ. Press, 1974.

Creel, H. G., *Shen Pu-hai. A Chinese Political Philosopher of The Fourth Century B.C.*, Chicago: Univ. of Chicago Press, 1975.

Cua, A. S., *Ethical Argumentation — A study in Hsün Tzu's Moral Epistemology*, Univ. Press of Hawaii, 1985.

De Bary, W. T., *The Trouble with Confucianism*, Cambridge, Mass. Harvard Univ. Press, 1991.

Fingarette, H., *Confucius. The Secular as Sacred*, New York: Harper and Row, 1972.

Fukuyama, F., *The End of History and the Last Man*, London: Hamish Hamilton, 1993.

Hegel, F., *Lectures on the Philosophy of World History*, Cambridge: Cambridge Univ. Press, 1975.

Held, D., *Models of Democracy*, Cambridge: Polity Press, 1987.

Hsü, L. S., *Political Philosophy of Confucianism*, London: George Routledge & Sons, 1932.

Huntington, S. P., "The Clash of civilization." *Foreign Affairs* 7, no.3, summer.

Johnson, C., *MITI and the Japanese Miracle*, Stanford: Stanford University Press, 1996.

Machiavelli, N., *The Prince*, Harmondsworth: Penguin, 1975.

Macpherson, C. B., *The Life and Times of Liberal Democracy*, Oxford: Oxford Univ. Press, 1977.

Mannheim, K., *Ideology and Utopia*, London: Routledge, 1963.

Marx, K., *Oeuvres Philosophie et Économie 1–5*, Paris: Gallimard, 1982.

Mills, C. W., *The Power Elite*, New York: Oxford Univ. Press, 1956.

Moritz, R., *Die Philosophie im alten China*, Berlin: Deutscher Verl. der Wissenschaften, 1990.

Munro, D. J., *The Concept of Man in Early China*, Stanford: Stanford Univ. Press, 1969.

Peerenboom, R. P., *Law and Morality in Ancient China — The Silk Manuscripts of Huang–Lao*, Albany, New York: State Univ. of New York Press, 1993.

Plato, *The Republic*, Oxford Univ. Press, 1964.

Pott, W. S., *A Chinese Political Philosophy*, Alfred. A. Knopf, 1925.

Rawls, J., *A Theory of Justice*, Cambridge, Harvard Univ. Press, 1971.

Rubin, V. A., *Individual and State in Ancient China — Essays on Four Chinese Philosophers*, Columbia Univ. Press, 1976.

Sabine, G., *A History of Political Theory*, Holt, Rinehart and Winston, 1961.

Sartori, G., *The Theory of Democracy Revisited*, Catham House Publisher, Inc., 1987.

Schumpeter, J. A., *Capitalism, Socialism and Democracy*, London: George Allen & Unwin, 1952.

Schwartz, B. I., *The World of Thought in Ancient China*, Cambridge: Harvard Univ. Press, 1985.

Strauss, L., *Natural Right and History*, Chicago Univ. of Chicago Press, 1953.

Taylor, R. L., *The Religious Dimensions of Confucianism*, Albany, New York: State Univ. of New York Press, 1990.

Tocqueville, *Alexis de, Democracy in America*, Garden City, N.Y.: Anchor Books, 1969.

Tomas, E. D., *Chinese Political Thought*, New York: Prentice-Hall, 1927.

Tu, Wei-ming, *Way, Learning and Politics— Essays on the Confucian Intellectual*, Albany, State Univ. of New York Press, 1993.

Waley, A., *Three Ways of Thought in Ancient China*, doubleday & company, 1956.

Weber, M., *The Protestant Ethics and the Spirit of Capitalism*, London: Allen and Unwin, 1971.

Wu, Geng, *Die Staatslehre des Han Fei — Ein Beitrag zur chinesischen Idee der Staatsräson*, Wien & New York: Springer-Verl., 1978.

Wu, Kang, *Trois Theories Politiques du Tch'ouen Ts'ieou*, Paris: Librairie Ernest Leroux, 1932.

Zenker, E. V., *Geschichte der Chinesischen Philosophie*, Reichenberg: Verlag Gebrüder Stiepel Ges. M. B. H., 1926.